原始创新

中国理论与高校情境

陈　劲　肖轶群　著

科学出版社
北　京

内 容 简 介

本书内容涵盖高校原始创新的时代背景、理论溯源、影响因素及评价、国际比较、典型案例分析，以及现存问题与对策路径等方面。本书系统梳理了原始创新的相关理论与实践，构建了分类型的原始创新概念框架，并从我国高校原始创新的实际出发，识别并提炼出影响原始创新的关键因素。通过总结和借鉴国外经验，本书提出了提升我国高校原始创新能力的系列对策路径，旨在为实现科技自立自强、培养原始创新人才，助力我国成为世界科技强国提供理论支持、实践指南和政策启示。

本书适合科技政策制定者、科研管理者、学者和创新实践者，尤其适合从事高等教育、科研管理、技术创新与政策研究的专业人士，以及关注中国科技发展、基础研究和原始创新的学者和研究者阅读。此外，对于期望了解如何通过优化科研战略，提升创新能力、推动学术突破的教育工作者和决策者，本书提供了原始创新理论框架和高校实践的参考。

图书在版编目（CIP）数据

原始创新 ：中国理论与高校情境 / 陈劲，肖轶群著. -- 北京 ：科学出版社，2025. 6. -- ISBN 978-7-03-081941-3

Ⅰ. G644

中国国家版本馆 CIP 数据核字第 2025JG9718 号

责任编辑：王丹妮/责任校对：贾伟娟
责任印制：张 伟/封面设计：有道设计

科学出版社 出版
北京东黄城根北街 16 号
邮政编码：100717
http://www.sciencep.com

北京中科印刷有限公司印刷

科学出版社发行 各地新华书店经销

*

2025 年 6 月第 一 版 开本：720×1000 1/16
2025 年 6 月第一次印刷 印张：18
字数：363 000

定价：208.00 元

（如有印装质量问题，我社负责调换）

前　言

在世界百年未有之大变局加速演进的关键时期，原始创新已成为国家竞争力的核心引擎。原始创新是最难的一类创新范式，是突破“卡脖子”技术瓶颈、开辟新赛道、赢得未来发展主动权的关键所在。其中，基础研究是科学之本、技术之源，是提升原始创新能力的根本途径。习近平总书记深刻指出：“基础研究是创新的源头活水。”[①]党的二十大明确要求，“加强基础研究，突出原创，鼓励自由探索。”[②]这为新时代科技发展，特别是原始创新指明了方向。重大原始创新成果往往萌发于深厚的基础研究，产生于学科交叉领域，高校在这两方面具有天然优势。高校作为科技第一生产力、人才第一资源和创新第一动力的交汇点，是畅通教育、科技、人才良性循环的关键汇聚点。相较于其他创新主体，高校具有基础研究深厚、学科交叉融合的优势，是基础研究的主力军和重大科技突破的策源地，是拔尖创新人才培养的主阵地。

当前，中国本土情境下的原始创新理论研究在政策驱动和实践需求的双重推动下取得了一定进展，但仍处于初步探索阶段，存在理论体系不完善、本土化不足、实践指导性弱等突出问题，难以有效支撑国家创新战略的深化实施。聚焦高校这一原始创新主体的相关研究更是较为零散，难以有效支撑政策制定和实践优化。

本书以“理论建构—实践解析—对策设计”为逻辑主线，立足中国本土情境，聚焦高校这一原始创新主体，系统研究原始创新的理论体系与实践路径，以期为推动中国实现高水平科技自立自强、建设科技强国提供理论借鉴、实践指南和政策启示。具体而言：

（1）系统梳理原始创新概念内涵、特征及评价体系，首次构建分层分类的高校原始创新影响因素模型，揭示个人、团队、组织以及环境等多个层次因素的协同作用机制。

（2）开展国际比较与中国案例双维透视，解析国际顶尖高校原始创新的实践路径，并深度剖析中国 21 个高校原始创新典型团队案例的重大原创成果，提炼综合性大学与行业特色型高校的原始创新实践模式。

---

① 《习近平在经济社会领域专家座谈会上的讲话》，https://jhsjk.people.cn/article/31835136[2024-12-11]。

② 《习近平：高举中国特色社会主义伟大旗帜 为全面建设社会主义现代化国家而团结奋斗——在中国共产党第二十次全国代表大会上的报告》，https://www.gov.cn/xinwen/2022-10/25/content_5721685.htm[2024-12-11]。

（3）直面中国高校原始创新的六大挑战，即统筹规划薄弱、组织模式滞后、合作潜能未释、资源支持不足、评价机制错位、人才生态欠缺，提出中国高校原始创新的优化路径。

本书的研究贡献主要体现在四个方面。

第一，通过概念溯源和理论对话，进一步厘清原始创新的内涵特征和概念边界，明确提出原始创新是具有首创性、突破性和颠覆性等特征的一类创新范式，并依据科学、技术、工程的分类思想，系统性构建原始创新的概念框架。

第二，基于实地访谈、问卷调研、资料收集等多种调研方式，运用德尔菲法、案例研究、扎根理论等多种研究方法，总结中国不同类型高校在提升原始创新能力方面采取的积极举措和特色举措，同时遴选出近年来中国高校情境下的原始创新典型案例，从创新过程、关键影响因素等角度阐述中国高校在基础研究、关键技术攻关以及工程创造过程中的原始创新实践。

第三，基于多个高校原始创新案例，采用扎根理论，识别高校原始创新的影响因素。通过与一般创新的影响因素对比，发现原始创新更加强调创新动机和创新人格，以及团队、组织层面的互动等因素。对比科学类、技术类和工程类三类原始创新的影响因素发现：在创新动机方面，技术类和工程类原始创新往往受到外部需求的强烈驱动；而科学类原始创新则更多源于研究者的内在好奇心。在不同层级的影响因素中，组织层面的因素在推动工程类原始创新中具有更为突出的作用。

第四，通过宏观数据和深入调研分析，深刻剖析当前中国高校原始创新能力整体尚不足的具体原因，针对性地提出高校原始创新在顶层设计、创新环境、资源平台配置、管理机制、人才培养等方面的优化路径。

国际经验表明，必须充分发挥高校在教育、科技、人才“三位一体”中的枢纽作用，建立“重大任务牵引”与“自由探索”并重的统筹推进机制，以原始创新催生新质生产力，赋能中国式现代化进程。未来高校原始创新研究，应依托持续涌现的原创案例，通过多场景、长周期跟踪，揭示高校原始创新中制度、文化、资源等要素的动态交互机制，构建本土化理论模型，并按高校类型、学科领域、成果形态开展分类组态分析，精准识别不同情境下的创新突破路径，破除关键环节瓶颈，最终通过理论突破与实践赋能，使高校成为科技强国建设的核心战略支点。

目　　录

理 论 篇

实 践 篇

展望篇

理 论 篇

第 1 章　原始创新：新时代发展的新要求

原始创新是最根本的创新，是最能体现智慧的一类创新，是一个民族对人类文明进步做出贡献的重要体现。2006 年，《国家中长期科学和技术发展规划纲要（2006—2020 年）》首次正式提出“原始创新”的概念；2018 年发布的《国务院关于全面加强基础科学研究的若干意见》进一步强调要“大幅提升原始创新能力”；2020 年习近平在科学家座谈会上明确指出：“我们必须走出适合国情的创新路子，特别是要把原始创新能力提升摆在更加突出的位置，努力实现更多‘从 0 到 1’的突破。”①2022 年，党的二十大报告突出强调：“加强基础研究，突出原创，鼓励自由探索。”②作为自主创新的三类创新中难度最大、要求最高的一类范式，原始创新在自主创新体系中发挥着基础性、关键性作用，是国际科技竞争中最重要的领域，也是当前中国创新发展的“牛鼻子”。

1.1　原始创新的时代背景

在全球化科技竞争格局中，原始创新不仅是一国科学技术发展的底层推动力，更是一国综合国力提升和国际竞争力增强的关键因素。目前多国将科技创新提升至战略层面，世界主要国家纷纷加大对科技前沿领域的战略部署。例如，欧盟的“地平线欧洲”等计划纷纷出台，力求抢占未来科技制高点和产业主导权。

党的十八大以来，以习近平同志为核心的党中央高度重视科技创新工作，坚持把创新作为引领发展的第一动力，把科技创新摆在国家发展全局的核心位置，全面谋划科技创新工作，加快推进科技自立自强，基础研究和原始创新不断加强，一些关键核心技术实现突破，战略性新兴产业发展壮大，重大创新成果竞相涌现，中国科技事业取得历史性成就、发生历史性变革，实现了由“跟跑”向“跟跑、并跑与领跑‘三跑并存’”转型，已在 5G 通信、新能源汽车、高铁等多个领域进行了探索。根据世界知识产权组织（World Intellectual Property Organization，WIPO）

---

① 《习近平：在科学家座谈会上的讲话》，https://www.gov.cn/xinwen/2020-09/11/content_5542862.htm[2024-12- 11]。

② 《习近平：高举中国特色社会主义伟大旗帜 为全面建设社会主义现代化国家而团结奋斗——在中国共产党第二十次全国代表大会上的报告》，https://www.gov.cn/xinwen/2022-10/25/content_5721685.htm[2024-12-11]。

最新发布的“全球创新指数”（Global Innovation Index，GII）排名，中国的综合创新实力排名已由2020年的全球前14位升至2024年的全球第11位，中国已进入全球“创新领导者”（innovation leader）行列。

然而，虽然中国科技事业发展取得了长足进步，但是相较于世界科技强国，当前中国原始创新能力尚不足。从诺贝尔自然科学奖的获奖情况来看，截至2020年，中国每千万人口获诺贝尔奖的比率仅为0.71%，远低于世界科技强国的比例。

从内部现状看，中国科技创新发展正在历经由大到强的高质量发展转型，土地、劳动力、资本等生产要素驱动高速增长的红利逐渐消失，传统依靠引进消化吸收再创新和集成创新等的发展模式面临“增长瓶颈”，难以为突破中等收入陷阱提供持续的内生增长动力。加强原始创新能力建设，探索面向未来的新增长动能，加快技术与数据等生产要素向新质生产力的转化等成为关键。

从外部环境看，近年来，随着全球科技竞争态势的不断加剧，以美国为代表的发达国家进一步通过关键核心技术“卡脖子”、产业链供应链管制、封锁与制裁等手段限制中国科技创新发展，并在面向未来科技制高点与产业主导权的核心领域推进“小院高墙”为主导的对华科技战略。同时，当前新一轮科技革命和产业变革深入发展，学科交叉融合不断推进，科学研究范式发生深刻变革，科学技术和经济社会发展加速渗透融合，基础研究转化周期明显缩短，国际科技竞争向基础前沿前移。面对复杂的国际环境与科技领域的激烈竞争局势，“关键核心技术是要不来、买不来、讨不来的”已成为人们的共识。新发展阶段需要构建新发展格局，亟须“从0到1”的原始创新，这样才能助力加快实现高水平科技自立自强。因此，开展原始创新和基础研究，抢占科技竞争和未来发展制高点，具有时代紧迫感。

1.2 原始创新的战略意义

习近平提出“我们能不能如期全面建成社会主义现代化强国，关键看科技自立自强”①“我们必须走出适合国情的创新路子，特别是要把原始创新能力提升摆在更加突出的位置，努力实现更多‘从0到1’的突破”②。当前，中国科技实力正处于从量的积累向质的飞跃、从点的突破向系统性能力提升的关键时期。要牢牢抓住这一历史机遇，实现高水平科技自立自强，就必须把提升原始创新能力

① 《习近平在参加江苏代表团审议时强调：牢牢把握高质量发展这个首要任务》，https://www.gov.cn/xinwen/2023-03/05/content_5744877.htm[2024-12-11]。

② 《习近平：在科学家座谈会上的讲话》，https://www.gov.cn/xinwen/2020-09/11/content_5542862.htm[2024-12-11]。

摆在更加突出的位置。开展基础研究和原始创新，以科技创新推动产业创新，催生新质生产力，对于推动实现高水平科技自立自强、助力世界科技强国建设具有重要的战略意义。

1.2.1　助力世界科技强国建设

2024 年 6 月，习近平在全国科技大会、国家科学技术奖励大会、两院院士大会上指出："我们要建成的科技强国，应当具有居于世界前列的科技实力和创新能力，支撑经济实力、国防实力、综合国力整体跃升，增进人类福祉，推动全球发展。"①其中，"拥有强大的基础研究和原始创新能力，持续产出重大原创性、颠覆性科技成果"①，是必须具备的第一基本要素。原始创新通过提供新的科学发现和技术发明，不仅能够解决制约产业发展的技术难题，而且能够促进国家和产业的持续创新与发展。

首先，原始创新能够从根本上打破技术封锁，破解重点产业"卡脖子"难题。"卡脖子"问题往往源于国外对关键核心技术的垄断和控制。通过开展基础研究和高技术领域的原始性研究，我们可以形成独立的技术体系和标准，能够独立研发出全新的技术路径和解决方案，从而摆脱对外部技术的依赖。例如，在半导体芯片制造领域，若能实现光刻机技术的原始创新，就能突破国外的技术封锁，实现芯片生产的自主可控。

其次，原始创新有助于构建形成完整、安全、可控的产业链。原始创新往往离不开产学研各创新主体的深度融合，通过加强基础理论研究与技术创新的有机结合，推动先进科学理论的创新、发展和运用，这种结合有助于从底层原理和问题根源上解决关键核心技术问题。而关键技术环节的原始创新可以带动上下游产业协同发展，提升产业链的核心竞争力和抗风险能力。以航空航天产业为例，自主研发高性能的航空发动机，不仅能解决飞机制造中的"卡脖子"问题，还能极大带动相关材料、制造工艺等产业链上下游环节的发展。

再次，原始创新是推动社会进步和提高人民生活质量的重要途径。科技创新能有效解决诸多发展不平衡、不充分的问题，以此推动教育、医疗、环保等社会领域的改革与发展，提升公共服务的效率和质量，增进人民福祉。这也要求在营造开放、包容的自由探索环境的同时，强化原始创新的使命定位和战略导向，加大应用基础研究的投入，分类优化科技政策环境，以此激发原始创新活力，为实现社会主义现代化强国提供强大动力和底层支撑。

最后，原始创新能够提升中国在国际科技合作中的话语权和主动权。原始创

---

① 《在全国科技大会、国家科学技术奖励大会、两院院士大会上的讲话》，https://www.gov.cn/gongbao/2024/issue_11466/202407/content_6963180.html[2024-12-11]。

新能够引领科技发展的方向。它不只是对现有技术的改进，还能开拓全新的研究领域和技术路线。通过积极开展原始创新，中国可以在未来科技发展的潮流中占据制高点，引领世界科技的发展方向。当我们在某些领域拥有独特的原始创新成果时，便能够在国际科技合作中占据更有利的地位，避免在合作中处于被动接受的局面。比如，在新能源领域，中国在电池技术方面的一系列原始创新成就，使中国在国际合作中能够更平等地参与技术交流和产业合作。

实践反复告诉我们，国际上先进技术和关键技术越来越难以获得，必须把创新主动权、发展权牢牢掌握在自己的手中。面对当前日趋复杂的国际环境，必须整合创新资源、加强创新制度保障、凝聚创新人才智慧，加速推进原创性、引领性科技攻关，才能在重点领域和关键环节实现自主可控。然而，提升原始创新能力远非一朝一夕之事，须久久为功，持续发力。其中，强化基础研究是首要任务。

习近平指出："加强基础研究，是实现高水平科技自立自强的迫切要求，是建设世界科技强国的必由之路。"①基础研究是重大科学发现和关键核心技术突破的源头，是所有技术问题的总机关，是原始创新的"源头活水"。当前全球科技竞争正向基础前沿移动。持续的科技竞争力来自突破性技术以及原始创新所提供的源源不断的底层根本驱动力。

与世界科技强国相比，中国科技创新仍面临"大而不强"的问题，在重大原始科学创新方面面临的形势仍然较为严峻，体现之一就在于中国顶尖科学家和学科带头人相对缺乏。例如，2023 年，科睿唯安的高被引学者中，美国有 2669 人次，而中国为 1275 人次。表 1.1 是 2023 年科睿唯安前十位"高被引科学家"所属机构及相关情况。在学术影响力方面，尽管中国学者的入选人数逐年上升，但与美国的差距依然显著。中国学者在全球学术界的影响力和话语权仍较为薄弱，许多国际知名学术组织和期刊由西方学者主导，中国学者在这些平台的参与度较低。例如，在威立（Wiley）旗下的 2000 多种期刊中，编辑委员会中的中国学者仅占 10%，而美国学者则占主导地位。

表 1.1　2023 年科睿唯安前十位"高被引科学家"所属机构及相关情况

所属机构	所在国家	人次
中国科学院	中国	270
哈佛大学	美国	237
斯坦福大学	美国	126

① 《习近平：加强基础研究 实现高水平科技自立自强》，https://www.gov.cn/yaowen/liebiao/202307/content_6895642.htm[2024-12-11]。

续表

所属机构	所在国家	人次
美国国立卫生研究院	美国	105
清华大学	中国	78
麻省理工学院	美国	73
加利福尼亚大学圣地亚哥分校	美国	71
宾夕法尼亚大学	美国	63
牛津大学	英国	62
马克斯·普朗克学会	德国	59

注：麻省理工学院即 Massachusetts Institute of Technology，以下简称 MIT

在全球研究前沿竞争中，美国也一直稳居领先地位。根据《2023 研究前沿热度指数》报告，美国的研究前沿热度指数得分为 207.71 分，位居全球首位；而中国的得分为 135.81 分。美国在全球前沿研究领域的主导地位，尤其是在 11 个学科领域的前沿研究中占据绝对优势。

因此，只有切实提升基础研究的原始创新能力和重大科技攻关能力，强化以自由探索与有组织科研并重的基础研究范式，促进应用需求导向下的学科交叉融合，才能不辱中华民族伟大复兴的历史使命。面向未来，应进一步加大基础研究支持力度，一方面要提高基础研究组织化程度，完善竞争性支持和稳定支持相结合的投入机制，强化面向重大科学问题的协同攻关；另一方面要鼓励自由探索，努力提出原创基础理论，掌握底层技术原理，夯实科技创新的根基和底座。

1.2.2　形成新质生产力增长极

2024 年 2 月，习近平在中共中央政治局第十一次集体学习时强调，“必须加强科技创新特别是原创性、颠覆性科技创新，加快实现高水平科技自立自强，打好关键核心技术攻坚战，使原创性、颠覆性科技创新成果竞相涌现，培育发展新质生产力的新动能”①。2024 年 3 月，习近平在出席解放军和武警部队代表团全体会议时指出：“新兴领域发展从根本上说源于科技的创新和应用。要增强创新自信，坚持以我为主，从实际出发，大力推进自主创新、原始创新，打造新质生产力和新质战斗力增长极。”②2024 年 6 月 1 日，习近平在《求是》杂志发表了

① 《习近平在中共中央政治局第十一次集体学习时强调：加快发展新质生产力 扎实推进高质量发展》，https://www.gov.cn/yaowen/liebiao/202402/content_6929446.htm[2024-12-11]。

② 《习近平在出席解放军和武警部队代表团全体会议时强调：强化使命担当 深化改革创新 全面提升新兴领域战略能力》，https://www.gov.cn/yaowen/liebiao/202403/content_6937579.htm[2024-12-11]。

重要文章《发展新质生产力是推动高质量发展的内在要求和重要着力点》①，文中强调："科技创新能够催生新产业、新模式、新动能，是发展新质生产力的核心要素。这就要求我们加强科技创新特别是原创性、颠覆性科技创新，加快实现高水平科技自立自强。"高科技、高效能、高质量是新质生产力的重要特征，其中高科技就体现在新质生产力重视科技创新，特别是原创性、颠覆性科技创新，并将科技创新成果融入生产的全过程。原始创新作为科技创新之源，具有重大突破性，并往往具有开拓性、颠覆性，能开辟全新的科技和产业领域，从根本上改变现有技术路径和产业结构，引领战略性新兴产业与未来产业的发展，因而成为催生新质生产力、引领高质量发展的核心抓手。

新质生产力是以创新为主导，突破传统经济增长方式和生产力发展路径，具备高科技、高效能、高质量特征，契合新发展理念的先进生产力质态。它由技术革命性突破、生产要素创新性配置、产业深度转型升级而催生，以劳动者、劳动资料、劳动对象及其优化组合的跃升为基本内涵，以全要素生产率大幅提升为核心标志，特点是创新，关键在质优，本质是先进生产力。其中，科技创新能够催生新产业、新模式、新动能，是发展新质生产力的核心要素。在激烈的国际竞争中，我们要开辟发展新领域、新赛道，塑造发展新动能、新优势，从根本上说，还是要依靠科技创新。

首先，原始创新通过驱动现代化产业体系建设开辟新质生产力发展的新领域、新赛道。现代化产业体系由科技创新驱动，深度应用数字技术，融合现代农业、新型工业和现代服务业，推进绿色低碳发展，具备强大的国际竞争力。现代化产业体系建设必须依靠科技创新，特别是颠覆性技术和前沿技术的引领。颠覆性技术能够突破现有技术轨道，开辟新的技术路径，以革命性的方式改变经济发展形态，形成强有力的新质生产力。前沿技术代表各技术领域最先进的创新，甚至是"从 0 到 1"的突破，如材料结构功能复合化、功能材料智能化、材料与器件集成化等新技术的开发。只有通过原始创新形成前沿技术和颠覆性技术，实现科技超越和创新引领，使科技创新进一步赋能产业创新，才能推进新型工业化，提高全要素生产率，不断塑造发展新动能、新优势，促进社会生产力实现新的跃升。同时，作为科技创新的核心，原始创新在科学、技术或工程上的重大突破性、开拓性和颠覆性，使得其往往能够开辟全新的科技和产业领域，或从根本上改变现有技术路径和产业结构，从而带来行业乃至社会范围内的深远变革，引领战略性新兴产业与未来产业的发展。因此，在以科技创新引领产业创新、积极培育和发展新质生产力的过程中，原始创新是打造新质生产力增长极的关键路径。

① 《发展新质生产力是推动高质量发展的内在要求和重要着力点》，http://www.qstheory.cn/dukan/qs/2024-05/31/c_1130154174.htm[2024-12-11]。

其次，原始创新通过“生产力三要素”（劳动者、劳动资料、劳动对象）转型塑造新质生产力发展的新动能、新优势。新质生产力是一种集劳动者、劳动资料、劳动对象及其高级组合优化于一体的先进生产力形态。在此框架内，原始创新通过“生产力三要素”的转型和跃升，创造新的生产要素组合，从而拓宽生产领域，塑造发展新动能。一是原始创新增强了劳动者对自然的认知与转化能力。5G 通信、智能网联、无人工厂、智慧港口等技术，削弱了自然条件对生产活动的限制，为劳动者营造了更优的生产环境，从而解放了劳动力。伴随着科技创新带来的劳动资料和劳动对象的升级与扩展，新型劳动者需要掌握更多专业知识并能操作先进设备，以适应新的生产模式。二是原始创新促进了劳动资料的迭代与革新，加速了产业的转型与升级。新技术、新材料、新工艺的广泛使用催生了一系列高科技属性的新型劳动资料，持续提升了生产效率和生产质量，并促使生产过程向平台化、网络化、协作化转型。随着以人工智能（Artificial Intelligence，AI）为代表的数字技术的不断突破，数字经济与实体经济的深度融合也为产业形态重塑和升级提供了原动力。三是原创性、颠覆性科技创新丰富了劳动对象的种类与形态。AI、量子科技、生物科技、元宇宙、脑机接口、大数据等新兴前沿技术极大丰富了劳动对象的多样性和形态，深空、深海、深地等探索活动拓展了人类的知识边界和生产边界，为形成新质生产力注入了强劲活力和不竭动力。

1.3　原始创新中的高校作为

党的二十大报告提出，“教育、科技、人才是全面建设社会主义现代化国家的基础性、战略性支撑”①，首次将教育、科技、人才进行统筹安排和一体化部署，为深入实施科教兴国战略、全面建成社会主义现代化强国指明了方向与路径。高校作为科技第一生产力、人才第一资源和创新第一动力的交会点，是畅通教育、科技、人才良性循环的关键汇聚点。相较于其他创新主体，高校具有基础研究深厚、学科交叉融合的优势，是基础研究的主力军和重大科技突破的策源地，是拔尖创新人才培养的主阵地。

2023 年 5 月，习近平在中共中央政治局第五次集体学习时②强调，“要把加快建设中国特色、世界一流的大学和优势学科作为重中之重，大力加强基础学科、新兴学科、交叉学科建设，瞄准世界科技前沿和国家重大战略需求推进科研创新，

① 《习近平：高举中国特色社会主义伟大旗帜 为全面建设社会主义现代化国家而团结奋斗——在中国共产党第二十次全国代表大会上的报告》，https://www.gov.cn/xinwen/2022-10/25/content_5721685.htm[2024-12-11]。

② 《习近平在中共中央政治局第五次集体学习时强调 加快建设教育强国 为中华民族伟大复兴提供有力支撑》，http://jhsjk.people.cn/article/40001818[2024-12-11]。

不断提升原始创新能力和人才培养质量”。2024 年 1 月，在主持中共中央政治局第十一次集体学习时，习近平总书记又强调，“要按照发展新质生产力要求，畅通教育、科技、人才的良性循环，完善人才培养、引进、使用、合理流动的工作机制”①。这为高校提升原始创新能力指明了方向。高校应通过不断深化改革，助力各类先进生产要素向发展新质生产力顺畅流动，为加快发展新质生产力蓄势赋能、贡献力量。

1.3.1 基础研究的主力军和重大科技突破的策源地

习近平在清华大学考察时提到，“一流大学是基础研究的主力军和重大科技突破的策源地”“重大原始创新成果往往萌发于深厚的基础研究，产生于学科交叉领域，大学在这两方面具有天然优势。要保持对基础研究的持续投入，鼓励自由探索，敢于质疑现有理论，勇于开拓新的方向”。②

中国高校，尤其是高水平研究型大学在学科、资源、人才、创新、文化等方面具有独特优势，能够在基础研究、技术开发与工程实践中产生具有突破性、颠覆性和引领性的原创性成果，是基础研究的主力军、重大科技突破的策源地。据统计，2021 年，中国高校基础研究的执行经费占执行经费总额的 50%，高校是基础研究经费的第一执行主体（973 计划基础研究共性重大问题战略研究组，2004）。近年来，中国高校承担了全国 60%以上的基础研究、80%以上的国家自然科学基金项目，为基础研究发展做出了重要贡献。2010~2020 年，科学技术部（以下简称科技部）三大奖（即国家自然科学奖、国家技术发明奖和国家科学技术进步奖）中，高校作为第一完成单位的获奖总数超过 1000 项，约占 50%。其中，60%的国家自然科学奖一等奖和 90%的国家技术发明奖一等奖的第一完成单位均为高校。此外，高校具备坚实的创新平台基础，牵头和参与建设的全国重点实验室占比超过 80%，大信息、大装备、大能源等关键核心领域的重大科研平台数均超过了 100 个。这些平台不仅加速了创新资源的汇聚，而且促进了国际科技交流与合作，提升了科技创新综合实力。

近年来，中国高校的重大原始创新成果和科技突破不断涌现，正成为科技创新向新质生产力转化的强劲动力。例如，量子反常霍尔效应首次实验观测、全新手性螺环配体骨架结构等一批重大原始创新成果出现，碳基芯片、“海牛取芯”“天鲸入海”“羲和逐日”等一系列关键核心技术被攻破。其中，薛其坤院士团队

---

① 《习近平在中共中央政治局第十一次集体学习时强调 加快发展新质生产力 扎实推进高质量发展》，http://www.qstheory.cn/yaowen/2024-02/01/c_1130071035.htm[2024-12-11]。

② 《习近平在清华大学考察时强调 坚持中国特色世界一流大学建设目标方向 为服务国家富强民族复兴人民幸福贡献力量》，http://jhsjk.people.cn/article/32082039[2024-12-11]。

观测到量子反常霍尔效应，是目前中国离诺贝尔奖最近的科技成果之一，凭借这一凝聚态物理领域的重大科技突破，薛其坤院士相继斩获 2023 年凝聚态物理领域的最高奖——巴克利奖和 2023 年度国家最高科学技术奖；清华大学自主研发的第四代先进核能技术已实现了该领域从“跟跑”到“领跑”的跨越，并且在继续扩大领先优势；北京大学自主研发的碳纳米管集成电路制备技术，有望在芯片制造领域实现真正的“换道超车”。科技创新最终要转化为产业创新，才能真正发挥社会和经济价值。一批环高校经济圈和创新带的雏形已开始显现，并逐步建立起从基础研究、关键技术突破到成果转化应用的全链条集成优势。例如，华中科技大学就通过科技成果转化孵化出 130 余家光电领域的高新技术企业，支撑中国光谷“光芯屏端网”产业集群向着万亿级产业集群发展。实践充分证明，高校在基础研究、关键核心技术攻关以及重大工程领域等方面不断积累的原创性、引领性科技创新能力，在区域和产业发展中发挥的作用日益显著，并不断推动形成新质生产力。

以国家战略和重大需求为根本遵循，构建和完善具有中国特色的高校科技创新体系，是中国高校推动加快迈向高水平科技自立自强的重要抓手。这意味着高校要平衡好自由探索和有组织科研。高质量推进有组织科研，充分发挥高校在突破产业共性技术、关键核心技术，保障产业链安全，提升供应链水平上的作用，加快中国高校拥有的全国重点实验室、国家工程研究中心、国家工程技术研究中心等平台的重组、再造与提升，发挥其在破解关键核心技术“卡脖子”难题上的优势，进一步与企业组建高能级创新联合体，联合进行产业核心技术的攻关。同时，应当从关注培育发展壮大未来科学、未来技术出发，进一步办好未来技术学院、组建未来实验室，努力培育孵化决定未来发展方向的先导性科技、影响未来发展格局的颠覆性技术、提升未来竞争能力的原创性科技，为发展壮大支撑中国经济增长的未来产业做出更多积极贡献。

1.3.2　拔尖创新人才培养的主阵地

人才是科技创新与竞争的关键，科学精英、拔尖创新人才在科技创新和国际竞争中发挥着至关重要的作用。原始创新的核心在于具有卓越创新品质和高创造力的人才，世界科技创新的竞争归根结底也是各类高水平创新人才的竞争。作为“教育、科技、人才”的有机结合点，高校是拔尖创新人才培养的主阵地。历史规律表明，高水平研究型大学在建设世界人才中心和创新高地中扮演着重要角色。16 世纪以来，全球 5 次科学中心的形成和转移与教育中心、人才中心的形成和转移都是同频共振的。纵观世界各国现代化的发展历程，无一不是以高等教育的现代化变革为牵引，形成了世界重要人才中心和创新高地。意大利、英国、法国、德国、美国等科学中心都曾通过高等教育改革等加大了对科技人才的培养力度，通过人才的大规模流动和深度交流进一步激发了创新活力。美国约翰斯·霍普金斯大学的创立，标志着美国第一所现代意义的研究型大学的诞生，开启了通过技术创新将服务社会发展和人才培养相结合的新模式。通过“128 号公路”串联起来的哈佛大学、MIT 等 65 所美国高校，奠定了“马萨诸塞奇迹”的基础。斯坦福大学是硅谷诞生的摇篮，而哈佛大学近年来则成为生命科学领域的高地。美国的众多世界一流大学通过科技创新，支持了其作为全球最强国的地位，充分说明了高校在教育、科技和创新人才培养中发挥着内在一致性和相互支撑的基础作用。统计数据表明，诺贝尔科学类奖项获得者中有 70%以上来自大学。仅美国的哈佛大学、耶鲁大学、哥伦比亚大学和普林斯顿大学等在内的 6 所高水平研究型大学，就为美国培养了半数以上的诺贝尔奖项获得者。

近年来，中国高校也培养了一批在基础研究、关键技术和工程领域的创新人才。在高水平的基础研究和国家重大科技任务实践中，中国高校培养了数百万的硕士、博士研究生，涌现出以王大中、薛其坤等为代表的领军科学家，以及以万步炎为代表的卓越工程师。目前中国规模最大的各类优秀创新人才群体也来自高校。中国高校集中了全国约 70%的国家杰出青年科学基金［自 2025 年起，国家杰出青年科学基金项目更名为青年科学基金项目（A 类）］获得者，2023 年新增两院院士中，高校人员占比近 60%。2023 年 5 月，习近平在中共中央政治局第五次集体学习时强调，要“进一步加强科学教育、工程教育，加强拔尖创新人才自主培养，为解决我国关键核心技术攻关提供人才支撑”[①]。

随着全球竞争的加剧，拔尖创新人才愈来愈成为国家的重要战略资源，拔尖创新人才培养工作成为教育强国建设的战略支点。中国高校应全面提升各类拔尖创新人才的自主培养能力，将基础研究与多学科优势转化为高质量育人能力，围绕国家战略需要，瞄准基础研究前沿、关键技术与产业领域，全面落实立德树人的根本任务，培养一支规模宏大、结构合理、素质优良的拔尖创新人才队伍，更好地支撑和服务国家重大战略需求。一方面，要根据科技发展新趋势，深化教育教学改革，优化学科专业设置，加快构建基础学科拔尖人才培养体系，不断创新拔尖人才培养模式；要有针对性地培养国家战略人才和急需紧缺人才。另一方面，要建设一批基础学科培养基地，吸引最优秀的学生立志投身基础研究，加大原始创新人才培养力度。建立学科交叉融合的动态发展引导机制，以培养高水平复合型创新人才。此外，要有针对性地制定实施基础研究人才专项，长期稳定支持一批在自然科学领域取得突出成绩且具有明显创新潜力的青年人才。

---

① 《习近平在中共中央政治局第五次集体学习时强调 加快建设教育强国 为中华民族伟大复兴提供有力支撑》，http://jhsjk.people.cn/article/40001818[2024-12-11]。

第 2 章　原始创新理论

本章对原始创新理论展开系统分析和深入探讨，旨在为原始创新实践研究和政策路径优化奠定理论基础。第一，基于国内外专家学者的已有研究，从过程、成果以及属性等视角梳理原始创新的概念释义和特征。第二，对突破性创新、颠覆性创新、朴素式创新、节俭创新以及本土创新等与原始创新接近的创新概念范式进行辨析，以进一步明晰原始创新的概念内涵。第三，依据科学、技术、工程的分类思想，系统性地构建原始创新的概念框架。第四，探讨影响原始创新的各层次因素和因素间的相互作用。第五，提出原始创新成果和原始创新能力的评价标准与方法。

2.1　原始创新的概念内涵

2.1.1　原始创新已有研究释义

阐述原始创新的概念内涵，首先要回溯“创新”这一概念的界定。中英文语境中对“创新”这一概念的理解有所区别。在英文语境下，“创新”（innovation）是一个狭义的概念。按照约瑟夫·熊彼特的定义，创新与企业经济效益紧密相连，只有当研发成果转化为新产品、新工艺、新服务或新材料时，才能称为真正的创新。欧盟统计局（Eurostat）创新调查中关注的“创新”主要在商业领域——市场和公司的产品创新。经济合作与发展组织（Organization for Economic Cooperation and Development，OECD）发布的《奥斯陆手册 2018》（Oslo Manual 2018）把“创新”定义为“与已经提供给潜在用户（产品）或投入使用的产品或流程有显著不同的一种新的或改进的产品或工艺（或其组合）”。简而言之，英文语境中的“创新”是把创造、发明商业化，“创新”聚焦的是商业领域的产品或流程创新，强调的是组合创新，而非构建性创造。而在中文语境下，“创新”的概念相对宽泛，只要与过去的思路、做法不一样，就是创新。新思路、新方法、新模式、新工艺、新技术、新产品等的产生都属于“创新”，创新与创造、发明等概念之间的边界相对模糊。

自 2002 年科技部等部门联合印发《关于进一步增强原始性创新能力的意见》以来，原始创新就得到了学术界的广泛关注。原始创新是科技创新中最高层次的创新，在中国自主创新体系中发挥着基础性和关键性作用，也是国际科技竞争至为关键的领域。原始创新在国际学术界并没有形成普遍认可的理论，但从一些经典文献中仍然可以找到原始创新概念的相关原型。围绕原始创新，国内外已有研究主要从过程、成果、属性等不同视角进行概念解析。

从原始创新的过程视角来看，多数专家学者认为，原始创新源于基础研究领域，包括纯基础研究和应用基础研究领域。Kuhn（1970）提出，科学概念是指基础研究，尤其是纯基础研究，其发展模式通常经历“前科学—常规科学—危机—革命—新常规科学”的过程，而科学范式的变革往往意味着原始创新。陈劲等（2004）、陈劲和汪欢吉（2015）、苏屹和李柏洲（2012）认为，随着科学的逐渐积累，从已有研究领域、模式经由危机阶段而形成一个全新研究领域、模式的过程就能产生原始创新，因而认为原始创新产生于基础研究领域。白春礼院士是首位提出原始创新概念的中国专家，他强调原始创新与基础研究之间联系密切。叶鑫生（2001）、汪寅（2007）、程磊（2019）认为原始创新产生于最基础和最前沿的研究中。陈雅兰等（2004）、万钢（2013）、夏保华（2012）认为原始创新更多地是指基础研究创新，因此原始创新应该涵盖纯基础研究和应用基础研究①中的科研活动。邹承鲁等（2002）认为原始创新可分为科学原始创新与技术原始创新，科学原始创新偏重基础研究方向，而技术原始创新偏重应用研究方向。朱高峰和王迪（2017）认为创新应该按照科学、技术以及工程三种类型予以区分。科技部原部长徐冠华（2001）认为原始创新是指在研究开发领域，尤其是在基础研究和高技术研究领域做出前所未有的发现或发明，从而进一步推出的创新成果。

从原始创新的成果形式来看，专家学者对原始创新的概念界定提出了不同看法。叶鑫生（2001）、陈劲等（2004）、陈劲和汪欢吉（2015）、汪寅（2007）、苏屹和李柏洲（2012）、顾超（2022）更多关注产生于基础研究领域的成果，其主要表现为研究理论、研究领域、研究方向以及研究范式的颠覆和重建。也有不少国内外学者认为覆盖到应用、产业化阶段的创新成果才能被界定为原始创新成果。洛伊丝·彼得斯（Lois Peters）认为原始创新意味着产生新产品、新工艺或者是二者的结合。以色列学者雅各布·戈登堡（Jacob Goldenberg）则认为原始创新是一种更为简单有效，但很难预测和发现的解决方案。路甬祥（2000）认为原始创新成果体现为重大的科学发现、理论创新、技术创新、实验方法以及仪器发明等。徐冠华（2001）认为原始创新是指创新者独立完成的科学发现和技术发明。刘益东（2022）强调原始创新是在开辟新领域、新蓝海之后，源源不断地进行创新，实现“从 0 到 N”。韩宇等（2001）则认为原始创新能产生新学科、新研究领域与新方向，从而促进社会的发展。李柏洲和董媛媛（2010）、夏保华（2012）

① 基础研究包含纯基础研究，即以兴趣为导向的自由探索式基础研究，以及以应用为导向的基础研究，即应用基础研究。

从企业主体视角出发，认为原始创新是企业主导而形成的首创性、引领性的战略性技术、发明及其应用。杨中楷等（2017）则认为从基础研究到技术开发，直至实现商业生产才算实现原始创新。

从原始创新的属性视角来看，已有文献通过描述原始创新的产生过程、成果以及带来的影响等特征来界定概念。洛伊丝·彼得斯认为原始创新属于根本性创新。叶鑫生（2001）认为原始创新应具备原始性和唯一性，即首次提出科学研究的思想和方法，并且在此前从未有第二人提出或实践过。从原始创新带来的影响力来看，顾超（2022）认为原始创新就是“从 0 到 1”的创新。其特征可概括为奠基性和颠覆性，其成果深刻改变研究领域的整体面貌和格局，同时具有范式革新意义。叶鑫生（2001）从统计学特征角度提出原始创新应该是不连续的小概率事件，通过与相关知识族群发生连锁反应而产生重大原始创新成果。汪寅（2007）、程磊（2019）认为原始创新具备引领性，同时具有连锁的带动效应，能引发一系列的创新性活动。陈劲等（2004）概括了原始创新的首创性与突破性这两个突出特征。首创性是指首次获得重大发现，系统性地提出此前不存在或未被预见的新概念、新理论或新技术方法；突破性是指在世界范围内以原始创新的成果为起点，吸引一批扩展性或跟踪性研究。国内外学者对于原始创新概念的观点表述不一，部分观点表述的总结如表 2.1 所示。

表 2.1　不同学者关于原始创新概念的观点总结（部分）

学者	原始创新概念的相关观点
托马斯·库恩（Thomas Kuhn）	原始创新是科学范式在经历过危机与科学革命后由旧向新的转变
洛伊丝·彼得斯	原始创新成果归属于根本性创新的研究范畴，需要采用新技术，这意味着会产生一些新东西，包括新产品、新工艺或者是二者的结合。强调对传统科学的挑战和基础科学领域的创新
雅各布·戈登堡	原始创新是指一种更多由内部因素驱动的、更动态的、更难于预测的问题解决方案，它比普通方案更简单，能够更有效地降低系统的复杂度
邹承鲁等	原始创新可分为科学与技术上的原始创新，科学上的原始创新偏重基础研究方面，而技术上的原始创新偏重应用研究方向
徐冠华	原始创新意味着研究开发方面，特别是在基础研究和高技术研究领域做出前人所没有的发现或发明，推出创新成果。它不是延长一个创新周期，而是开辟新的创新周期和掀起新的创新高潮
陈雅兰等	原始创新应涵盖基础研究和应用基础研究中的科研活动，是指通过科学实验和理论研究探索事物的现象、结构、运动及其相互作用规律，或者运用科学理论解决经济社会发展中关键的科学技术问题的过程。其成果表征为重大科学发现、重大理论创新、重大技术创新、实验方法和仪器的重大发明等
汪寅	原始创新具备连锁和带动效应的特点，能够给科学发展的研究开辟一个全新的领域

续表

学者	原始创新概念的相关观点
程磊	原始创新是在基础、前沿科学领域的重大突破，并能引发一系列的创新活动
李柏洲	企业原始创新是以企业为主体进行科研活动，形成企业战略性技术，并率先实现商业化
顾超	原始创新是“从 0 到 1”的创新，一是具有奠基性，其成果能够深刻改变研究领域的整体格局和研究面貌，一般能够开辟新的研究领域；二是具有颠覆性，其成果具有颠覆性的范式革新意义，一般能够建立或直接催生新的范式
刘益东	原始创新即开辟新领域，不仅是从无到有，而且要求这个“有”是源头活水、奔流不息的新领域、新蓝海等，即“从 0 到 *N*”
陈劲等	原始创新体现在“新”方面，第一次系统地提出基本概念、基础理论和技术方法，或首次获得重大发现，这些成果是以前不存在或没有预见到的，是该领域的“新生儿”；其成果在世界范围内是突破性的，以该项成果为起点，周围有一批国内外学者在做扩展性或跟踪性研究，其结果能够推动常规学科的范式变革，或开辟新的研究方向、新的研究领域，或开创新的学科

资料来源：笔者整理

2.1.2 概念相近创新范式

国外关于原始创新概念的研究相对较少，与之接近的概念有突破性创新、颠覆性创新、朴素式创新、节俭创新、本土创新等。

突破性创新最早是由 Abernathy 和 Utterback（1978）提出的，是指具有前所未有的性能特征或具备熟悉功能的产品、流程或服务，但这些功能在性能或成本方面有了显著的改进，从而改变了现有市场或创造了新的市场。突破性创新是指在技术、产品和市场/组织的模式上都有很高程度的创新与突破。从技术角度而言，突破性创新强调技术知识的新颖性、突破性、前沿性、不连续性和革命性；从组织和市场角度而言，学者通常将能够带来显著组织绩效和市场价值的技术改进归为突破性创新。

颠覆性创新最早是由克里斯坦森（Christensen）提出的，是指成功开发的产品、服务或商业模式显著改变了主流市场的需求，颠覆了其以前的关键参与者。颠覆性创新侧重于市场颠覆和商业模式的创新。相较于颠覆性创新，突破性创新侧重于技术和产品的创新与突破，所形成的产业会促使新企业和新顾客的产生，其不是为了满足现有顾客的需求，而是创造一种尚未被消费者认知的需求，即开辟全新的市场（刘益东，2022）。

朴素式创新是一种重新思考问题和现有解决方案的实践，以提出可持续且成本合理的解决方案。与其他现有解决方案相比，其具有更多的功能，并且可以很容易地大规模生产。与现有解决方案相比，非常大的成本优势、更简单的产品结构和使用方式、更便宜的材料等是朴素式创新的特点。在资源匮乏、经济欠发达、人民生活水平普遍不高的新兴市场，朴素式创新为服务于社会底层的群体提供了新的模式和理念。作为一种资源限制型创新范式，朴素式创新强调通过技术重组、产品重构、流程重塑等方式在保证产品质量的前提下实现降低成本的目标，从而为众多低收入消费群体提供支付得起和质量过关的产品或服务。因此，朴素式创新包含颠覆性创新的含义，包括对产品及其开发过程的重新设计，通过提供具有必要特征的产品和服务来满足广大消费群体的需求。

节俭创新的概念与朴素式创新概念非常相近，很多时候两个概念会被放在一起讨论，但两个概念之间存在区别。节俭创新最早是由拉朱（Radjou）等学者提出的，是指突破各种限制条件，用有限资源即兴设计有效解决方案的一种创新范式。节俭创新是一种能快速满足眼前需求的、临时的即兴解决方案。将节俭创新的解决方案进一步创新，使其可持续发展，从成本、流程和性能优化的角度着手进行创新就是朴素式创新。朴素式创新与节俭创新都强调用更少的资源来创造具有更多价值的因地制宜的创新，这与雅各布·戈登堡认为的原始创新是一种更加简单、有效的解决方案有概念上的相近之处。

本土创新是一种由本土主导的、受本土影响的自主创新。本土创新的概念起源于加拿大，是指利用本土的传统知识，如实践、信仰及经验等来解决问题和创建解决方案。它是一种独特的社会创新，通过应用流传下来的本土知识不断促进本土知识和实践的发展。本土创新在概念上最接近中国的自主创新，与朴素式创新、节俭创新中因地制宜的理念有相近之处。

以上几个与原始创新相近的创新范式的具体释义总结见表2.2。

表2.2 与“原始创新”接近的创新范式具体释义

创新范式	具体释义
突破性创新	具有前所未有的性能特征或具备熟悉功能的产品、流程或服务，这些功能在性能或成本方面有了显著的改进，从而改变了现有市场或创造了新的市场
颠覆性创新	成功开发的产品、服务或商业模式显著改变了主流市场的需求，颠覆了其以前的关键参与者
朴素式创新	一种重新思考问题和现有解决方案的实践，以提出可持续且成本合理的解决方案
节俭创新	突破各种限制条件，用有限资源即兴设计有效的解决方案
本土创新	利用本土的传统知识，如实践、信仰及经验来解决问题和创建解决方案

从与原始创新相近的创新范式概念的辨析中可以得出：颠覆性创新强调创造技术、服务等，以实现对原有市场/组织模式的颠覆，不强调开辟全新的市场领域，更侧重于市场的低端逆袭；而突破性创新强调在技术、产品层面以及市场/组织的模式/范式上的重大突破，其改变现有市场，甚至开辟新市场；朴素式创新与节俭创新则强调通过技术重组、产品重构、流程重塑等方式降低成本，开辟新市场，

因此也都包含一定程度的颠覆性创新。原始创新与这四种创新类型在产品、模式或者范式的颠覆性方面有相近之处。由于原始创新属于中国自主创新语境下的创新范式，因此，其与朴素式创新、节俭创新、本土创新等都有侧重于本土范围内的含义。

2.2　原始创新的特征

与一般的创新机制相比，原始创新的创新源更加广泛、创新过程更为漫长且需要持续的激励。由于原始创新的高度复杂性和矛盾冲突性，创新者应建立“泛二元制”的组织管理模式，整合规范化和灵活性两种创新管理模式，在创造性和有序管理两个维度上全面推行原始创新。在组织形式上，这种规范化和灵活性的全面推行就体现在自由探索和有组织的科研的并行与兼顾。原始创新的特点还体现在以下方面。

（1）从原始创新的成果来看，原始创新具有首创性、极度超前性以及同行承认的滞后性等特征。首先，原始创新强调“首次”，即第一次系统地提出基本概念、基本理论和技术方法或首次做出重大发现，原始创新成果是以前不存在或没有预见到的，具有首创性或独创性。任何一项原始创新，不管参与人员有多少，提出原始创新思想的人是最主要贡献者。以 2015 年获得诺贝尔生理学或医学奖的中国科学家屠呦呦为例，尽管整个青蒿素项目是科学家群体共同研究的成果，但她是首位将青蒿素引入国家科技攻关计划并成为首位提取出具有 100%活性的青蒿素的研究者，同时也是将青蒿素应用于临床并证实其有效性的研究者。屠呦呦由于在这三方面研究工作的“第一”而获奖，这个语境下的原始创新强调科学发现的优先权。其次，原始创新成果在世界范围内具有突破性，这种突破往往是极度超前的，一开始通常只有研究者个人或少数同行获得认可，即缺乏共识性。一旦获得成功，往往会开辟新的研究方向和研究领域，甚至创建新的学科。那些真正开天辟地的新发现，往往与当时流行的观点相悖，由于难以预见，人们也不易对其达成共识。因而许多原始创新并不会马上得到学术界的承认或对社会起到促进作用。对诺贝尔奖的授奖情况的统计表明，诺贝尔奖的获奖者所做出的代表性工作与获奖时的平均时间差为 16.1 年，其中化学奖为 15.4 年，生理学或医学奖为 18.1 年，物理学奖为 13.1 年。

（2）从原始创新的过程看，原始创新具有很强的探索性和不确定性。同时，它具有长期性，是长期积累的产物。首先，原始创新意味着要扩展已知领域，进入未知领域，原始创新成果通常不能被精确地预见，甚至从提出方案到取得结果的过程本身也是新方法的探索过程。在这个过程中，具体研究方法、研究方案、研究目的也要修改，甚至做根本性变动或完全抛弃。事实上，原始研究的许多重要发现的线索来自意外现象，主要是在研究过程中超出预定目的的偶然出现的新现象、新问题，一些历史上的重大发现，往往是“有意栽花花不发，无心插柳柳成荫”。既然是探索，就意味着有失败和成功两种可能。通常在探索过程中会出现多次失败，在失败中偶然出现的现象可能包含新思想的萌芽。只有不怕失败、观察敏锐的人才能在单调重复的试探中注意到新的现象或思想的萌芽，并将之发展下去。从统计上看，重要并且高度有用的原始创新成果来自基础研究、前沿技术领域中的一小部分。例如，2010 年的诺贝尔物理学奖获得者——英国曼彻斯特大学的两位科学家安德烈·盖姆（Andre Geim）和康斯坦丁·诺沃肖洛夫（Konstantin Novoselov）在石墨烯方面的开创性实验就源于一次偶然，他们用透明胶带撕下了单层石墨烯。其次，原始创新常常是从积累中产生的。科学研究是一个“厚积薄发”的过程，既需要研究者学术思想和个人研究经历的积累，也需要科学自身的积累和社会发展条件的积累，这个过程绝不是一朝一夕形成的，而是需要经过长期积累与沉淀，才能产生原始创新成果（裴云龙等，2013）。科学的重大突破往往基于传统理论与新发现的现象和实验结果之间基本矛盾的解决，源于对传统理论的质疑和充满自信的创新突破。科学史上大部分重要的原始创新，是基于前期的积累。英国剑桥大学的卡文迪许实验室是产生原始创新成果的摇篮，20 世纪的两大原始创新——DNA 双螺旋结构和蛋白质晶体结构都是该实验室科学家的杰出研究成果。卡文迪许实验室的原始创新不是凭空掉下来的，之所以能够在剑桥大学产出这种成果，和剑桥大学的两个基础分不开，一个是 X 射线衍射的基础，另一个是生物化学的基础。剑桥大学的多项成果获得诺贝尔自然科学奖，与学术思想的积累和传承有必然联系。事实上，自 1901 年首次授予诺贝尔奖以来，诺贝尔奖获得者大多集中在美、英、德、法等国的少数几个实验室，这种现象同这些实验室的积累有着密切关系，有积累才能够逐渐产生自己的想法，才能有创新。

（3）从原始创新的属性看，原始创新具有在知识创造上的强引领性、高新技术发明上的先导性以及产业发展上的带动性。原始创新是基础性/根本性的创新，因此原始创新成果往往重要程度高，社会影响力非常大，并具有很强的连锁效应，即引领性和带动性。以原始创新成果为起点，会吸引一批国内外学者做扩展性或跟踪性研究。一项重大的理论突破或科学发现，会引起一大批研究人员对该理论进行完善和发展，也会带动一系列相关研究领域的发展，进而导致一批新技术的不断发明，最终形成大产业，引起生产力的新飞跃，带来重大技术革新和技术革命，并开辟新的生产领域。在 20 世纪初，基础物理学领域诞生了两大重要科学突破——量子力学和相对论。大约在 1925 年至 1950 年，在这两大理论的基础上出现了核能、半导体、分子构造等新科技，可以说，20 世纪全部的文化和经济的发展，都是由 1925~1950 年的科技突破带来的。原始成果也是分类别的，许多成果尽管也能填补人们对科学的理解，但的确无法带来近期收益。而特定路线的基础研究带来的收益往往是如此之大，以至足以改变世界。一些重要的原创成果，如青霉素和电池技术，其重要性体现为几十年难得一遇；而意外导致的微电子和计算机产业出现的迭代显示（overlapping revelation）理论、对电流的利用、对原子结构的理解以及量子力学的发现，其重要性体现为几百年才能一遇。将这些科学发现称为改变世界的科学发现，是毫不夸张的。

2.3　原始创新的概念构建

2.3.1　基于分类的概念框架

从创造性活动的类型来看，自然科学技术领域包括科学、技术和工程三个方面。科学是人类探索自然、寻求规律的过程和结果，是由人类好奇心驱动的对自然现象本质规律的发现，并通过研究形成理论体系。技术是人类为满足生活需求而改造自然的方法和手段，方法即为技艺，手段即为工具，通常会产生以科学原理为基础的发明创造。工程是基于科学理论体系，利用现代技术手段，依靠组织体系进行的“造物”过程，是所有可用工具、设备、过程的总和，其成功依赖多种科学技术的综合集成和科学的管理。已有研究表明，原始创新可以在科学、技术和工程领域中产生。因此，明确科学、技术、工程的概念有助于进一步细化和界定原始创新的内涵。

“原始创新如何产生”通常被视为难以明确解释的问题，尤其是当科学上有新发现或者重大突破时，常用“尤里卡时刻”“直觉”“灵感”“顿悟”这样的概念来描绘科学家在突发洞见中的重大发现。这种对于非理性和非逻辑元素的强调可能引导科学向神秘主义和英雄主义倾斜，割裂了科学连续性的同时也忽视了影响创新的社会文化因素。缺乏足够科学维度的阐释导致学界对原始创新相关研究产生了畏难情绪。现有关于原始创新概念的文献通常只从某一两个视角进行讨论，且多为描述性的，缺乏对原始创新概念背后理论和对话的系统性构建，导致概念边界和层次不够清晰。不少学者在阐释原始创新概念时将其与基础研究放在同一语境下，传统观念认为原始创新就是重大的科学发现或突破，即科学创新，且源于基础研究领域。事实上，原始创新的产生领域不单局限于基础科学，也包括许多前沿与跨学科领域的应用开发研究，许多原始创新并非直接源自基础研究。例如，大语言模型开发和马可尼的无线电技术，都是在基础科学尚未完全成熟时实现的。原始创新既可以来源于好奇心驱动下的想象力、偶发的灵感，也可以来自市场和应用需求的驱动，关键在于发现新应用和解决实际问题。本章对原始创新的产生过程、成果形式、属性特征以及与相近创新范式的区别开展了详尽辨析，提供了一个清晰的原始创新概念辨析框架（图 2.1）。

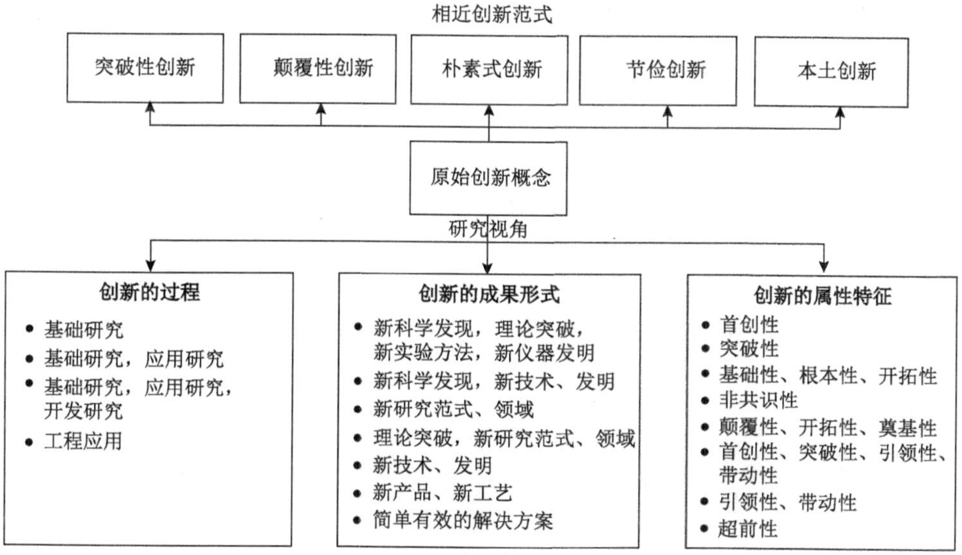

图 2.1　原始创新概念辨析框架

基于概念辨析的框架，本节从原始创新的过程、成果以及属性三个视角构建了一个分类的原始创新概念。原始创新是指在基础研究、技术开发、工程实践过程中产生的具有首创性、突破性且往往是颠覆性和引领性的创新成果。相应地，原始创新成果被分为三类——原始性科学创新、原始性技术创新和原始性工程创新。

原始性科学创新是指具有突破性的新科学理论、新科学发现、新科学方法，通常会开辟新的学科、研究领域、研究方向，或引领新的研究范式等。例如，由清华大学薛其坤团队牵头的首次从实验上观测到的量子反常霍尔效应，是中国物理学家发现的最重要的物理效应之一，被称为诺贝尔奖级别的科学新发现，就属于原始性科学创新的范畴。

原始性技术创新通常是以科学原理为基础的发明创造，因此原始性技术创新是指具有突破性的新技术或新发明、新工艺或新产品、新工具或新技术路线，通常会开辟新技术领域或引领新的技术范式等。例如，复旦大学赵东元团队革新功能介孔材料的合成方法和理论，为大幅提升原油资源利用率提供了核心技术支撑，就属于原始性技术创新的范畴。

原始性工程创新则是在工程应用中突破原有工程难题，产生新工程范式，带动一批跟踪应用，解决国家重大需求或产生巨大社会效益的创新实践。例如，中国第一套海上大型绞吸疏浚装备“天鲲号”，实现了海上大型绞吸疏浚装备自主研发和产业化，就属于原始性工程创新的范畴。

为了更直观地理解基于科学、技术、工程分类的原始创新概念，可结合线性科学范式和科研链/创新链等相关概念做进一步阐释。这里需要先就常提的“从 0 到 1”的概念做一点解释。在科学哲学或基础研究经济学的相关论述中，狭义的“从 0 到 1”是针对在科研链与创新链（图 2.2）中所处阶段而言的。其中，“0”指基础研究阶段，“1”指应用研究阶段。“从 0 到 1”，是指以基础研究为起点开展科学研究，产生了科学新发现、理论/范式的重大突破，是“基于科学的创新”。因此，原始创新概念中的“从 0 到 1”，是指源于基础研究的原始性科学创新，当然在后面的阶段也可衍生出技术或工程领域的原始创新。而广义的“从 0 到 1”是指“从无到有”——这样的说法并不少见。它本身就是强调科学、技术或工程的首创性、突破性和开拓性等。然而，“从 0 到 1”用来修饰原始创新的话，其实与原始创新概念中的“原始”语义重复。因此在狭义上，常见的“‘从 0 到 1’的基础研究”这一表述在语义上有所重复。

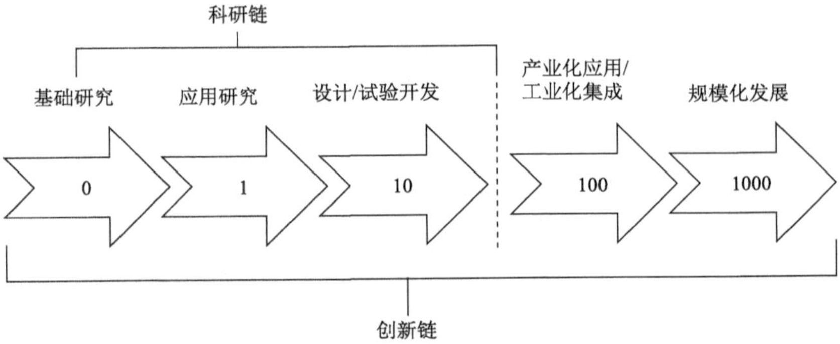

图 2.2　科研链与创新链示意图

在大科学时代，科研范式趋于复杂和非线性。那么，什么是线性科研范式？“线性”强调的是原点和演进方向。根据美国万尼瓦尔·布什（Vannevar Bush）在《科学：无尽的前沿》中指出的，线性科研范式是指从基础研究（即图 2.2 中的“0”）发端，将基础研究成果推向应用研究，甚至试验开发阶段的单向演进的科研范式。基于科学的创新遵循的就是线性科研范式，是以科学的新发现推动的创新。非线性即原点不唯一，可以是基础研究、应用研究甚至产业需求，是非单向发展，是回溯或演进的多情况组合。类比图像学中的 RoI（region of interest，感兴趣区域）概念，这里引入 ToI（time of interest，感兴趣的时间），结合创新链环节对原始创新概念加以说明。原始性科学创新是指发端于基础研究阶段，在 ToI 内，所获成果在基础研究阶段有重大突破性、开拓性，可发展成基于科学的创新；原始性技术创新是指发端于应用研究或者设计/试验开发阶段，或经过非线性科研过程，在 ToI 内，所获得成果在应用研究或者设计/试验开发阶段有首创性和重大突破性的创新；原始性工程创新则是指发端于产业化应用/工业化集成阶段，或经过非线性科研过程，在 ToI 内，所获得成果在规模化发展阶段有首创性和重大突破性的创新。

2.3.2　原始创新分类概念的导向

完整的创新链包括“基础研究—应用研究—设计/试验开发—产业化应用/工业化集成—规模化发展”的全过程。从原始创新成果覆盖创新链各环节的情况看，原始性科学创新只覆盖创新链的前端——基础研究（包括纯基础研究和应用基础研究），其成果在科学领域有所突破，如取得新的科学发现、开辟新的研究领域、采用新的科学范式等，通常未覆盖创新链后端环节。

原始性技术创新所涉及的新技术/发明、新工艺/产品、新工具/技术路线，其核心功能采用的技术原理或表现形态具有首创性，往往也涉及底层科学原理的突破，覆盖基础研究，有些创新成果覆盖产业化应用/工业化集成阶段甚至规模化发展阶段。因此，原始性技术创新在创新链各环节实现局部突破的情况较为普遍，仅有极少数案例能够贯穿创新全链条，推进至大规模产业化阶段，从而在科学、技术与产业层面均实现原始性突破。

原始性工程创新一定是到达了产业化应用/工业化集成阶段，在产业化应用/工业化集成上有原创性突破。这一突破可以是原始性技术创新带来的工程创新，也可以是通过将已有技术、工艺、方法和路线应用于新场景，产生新工程范式，带动一批跟踪应用，解决国家重大需求或产生巨大社会效益的工程创新。重大原始性工程创新往往是在创新链所有环节都有突破（创新全链条）的原始创新成果，是基于底层科学原理的突破产生的开拓性、引领性技术创新，从而服务于重大科学问题的解决，产生巨大的经济或社会价值。

基于以上讨论，按成果类型分类的原始创新概念阐释如表 2.3 所示。

表 2.3　按成果类型分类的原始创新概念阐释

按成果类型分类的原始创新	概念界定
原始性科学创新	具有突破性的新理论、新发现、新方法，开辟新的学科、研究领域或方向，或引领新的研究范式等
原始性技术创新	新技术或发明、新工艺或产品、新工具或技术路线，开辟新的技术领域或引领新的技术范式等
原始性工程创新	突破原有工程难题，产生新工程范式，引领带动一批跟踪应用，解决国家重大需求或产生巨大社会效益

由于原始创新的探索性、不确定性以及非共识性等特征，许多基于基础研究的重大科学发现、理论突破、新研究领域或范式，即使被认为是在未来具有重大

影响的，却也未覆盖创新链后端，当然也未覆盖创新全链条。例如，原始性科学创新未能在短时间内形成产品或服务于工程，未能产生巨大的经济效益或社会价值。原始创新成果的产生具有时间跨度长、空间跨度大的特征，因此科学、技术、工程三类原始创新无法单独比较孰优孰劣。然而，科技史上重大的原始创新成果往往源于底层科学原理的突破或新发现，而创新最终是需要形成产品、服务产业以及工程的，进而会产生社会与经济价值。因此，突破环节覆盖创新链的范围更广的原始创新，尤其是在科学、技术、工程三个层面都有突破的原始创新成果，往往能带来巨大的效益，是最被期待的原始创新成果类型，也是中国原始创新需要不断努力的方向。

不同类型的原始创新覆盖的创新环节如表 2.4 所示。其中，“111”类型的原始创新成果又被称为全链条原始创新成果，是指既在底层科学原理上有突破，又成功将科学突破转化成技术、产品或工艺，并进一步运用到产业与工程中，或解决了国家重大需求，或产生了巨大的社会、经济价值的原始创新。

表 2.4 不同类型的原始创新覆盖的创新环节

不同类型的原始创新	覆盖的创新环节		
	科学环节突破	技术环节突破	产业化环节突破
原始性科学创新	1	0	0
原始性技术创新	0	1	0
	0	1	1
	1	1	0
	1	1	1
原始性工程创新	0	0	1
	0	1	1
	1	1	1

注：“1”代表包含此类创新/突破，“0”代表不包含此类创新/突破

“111”类型的全链条原始创新是我们迫切需要和期待的原始创新，也是我们所需要倡导的原始创新方向。“汉字信息处理与激光照排系统”就属于“111”类型的全链条原始创新。该成果在科学、技术以及产业化三个层面都有突破。在科学突破性上，“激光照排之父”王选首创性地将数学、汉字与计算机科学结合起来，采用“轮廓加参数”的数学方法分别描述不同类型的汉字笔画。在技术突破性上，王选实现了多个“首次”：新科学方法极大压缩了汉字字形信息，精密汉字成功地被存入计算机——这在当时是世界首次；设计出加速字形复原的超大规模专用芯片，其强大的汉字字形变化功能居于世界首位；采用了当时超前的激光照排技术，成功地从计算机里输出了汉字。在产业化突破性上，20 世纪 90 年代，

国内 99%的报社、90%的出版社和印刷厂都选择采用王选教授发明的方正激光照排系统。

此外，该技术在国外也引起了轰动，产品远销日本、新加坡以及欧美等发达国家和地区。21 世纪初，方正激光照排系统就已经创造了数亿元利润，奠定了北大方正集团有限公司（以下简称方正集团）的软件产业基础。在首创性方面，王选院士领衔的方正集团拥有世界上首个“汉字信息处理与激光照排系统”，开辟了中国汉字印刷技术“告别铅与火，迎来光与电”的时代。在颠覆性和引领性方面，这一发明颠覆性地改造了中国的出版印刷行业，将中国印刷业的发展历程缩短了近半个世纪，推动了中国印刷技术走向世界，引领了汉字印刷革命。

2.4　原始创新的影响因素

2.4.1　影响因素

组织创新的影响因素相关研究是众多领域研究者关注的热点。原始创新是中国处于后发追赶历史阶段，在自主创新语境下形成的一类创新范式。现有关于组织创新影响因素的经典文献与理论范式，大多基于西方科技强国的管理实践，其中的创新概念往往等同于首创，较少针对原始创新所处的特定情境展开研究。因此，中国高校情境下的原始创新影响因素理论对话应从一般性的组织创新影响因素研究出发，对不同的组织主体和因素层次展开讨论和辨析。

已有的组织创新影响因素研究主体多聚焦于企业和商业。针对大中型企业原始创新影响因素的弹性分析得出了研发人员、研发经费和环境等影响因素对于原始创新产出的重要性；基于解释结构模型，企业创新意志被认为是企业原始创新的众多影响因素中的突出要素。产学研合作被认为是企业原始创新中越来越重要的影响因素。高校是原始创新的重要组织主体，但目前针对高校原始创新关键影响因素的研究相对较少，且尚未形成系统的研究体系。在分散的文献中，科学研究场域、重大科技基础设施等被认为是影响高校原始创新的重要因素。通过对典型高校原始创新团队的案例剖析，陈劲和汪欢吉（2015）提炼了个人层面（海外经历和职位荣誉、浓厚的科研兴趣、长期的知识积累）、团队层面（坚持不懈的精神、创新方法与环境、跨学科团队合作）和制度层面（合理的激励机制）影响高校原始创新的主要因素。聚焦高校科研团队，季小天等（2023）将影响因素按照团队的内、外部因素进行区分，团队内部因素包括团队核心成员能力水平（即团队负责人）和团队目标等，团队外部影响因素包括宏观政策、高校环境、激励制度等。综合来看，现有文献主要从个人、团队、组织三个层面系统地讨论原始创新的关键影响因素。

1. 个人层面的影响因素

个人层面的影响因素被视为组织创新的关键要素，这是由于组织创新产出最终需依托组织内个体的创新行为来实现。根据已有研究，个人层面的创新因素分析往往归因到个人创造力方面。而从影响个人创造力的内因来看，个人创造力主要由个人的创新素养决定。已有研究强调创新思维、认知能力、认知风格、知识结构、创新人格、内在动机、创新实践与能动性等关键因素的影响。创新人格和创新思维被普遍认为是个人创造力的核心要素。然而，仅靠创新人格和创新思维等内在要素还无法支撑起创造性过程从而产生原始创新，在整体性、综合性创新情境下的影响因素也包含创新实践。此外，基于个人创造行为理论（theory of individual creative action），个人层面的关键影响因素涵盖两方面：一是自信、情绪、专业知识、创新能力等内在因素；二是在外部因素作用下形成的创新目标、沟通网络、奖励系统、资源支持以及对不确定性的包容程度等因素。

2. 团队层面的影响因素

组织创造力成分理论中，个人层面的关键影响因素被提炼为专业知识、个人创造力以及内在动机。个人创造力除了受个体自身特质的因素影响，也受其所处情境的其他个体影响。因此，团队因素作为重要的情境变量，被引入为影响原始创新行为和产出的一个关键因素层面。团队层面的原始创新关键影响因素的已有文献强调了有利于激发成员创新的团队过程与团队氛围的影响，如团队目标和愿景、团队领导力、团队成员异质性与团队氛围等。其中，创新团队氛围相关理论研究被讨论得较多，远景目标、参与安全、外部沟通交流、任务导向和创新支持等因素被认为是影响创新的关键因素，而团队组成和团队结构的影响相对较小。组织创造力成分理论强调团队层面的影响因素主要是团队支持。组织创新交互理论（interactionist theory of organizational innovation）认为团队层面的关键影响因素包括团队规范、凝聚力、团队学习、团队多样性、团队成员角色、任务以及解决问题的策略。

3. 组织层面的影响因素

个人和团队层面影响因素的研究关注的是在创新活动中直接参与的个体的内因、团队成员之间的相互影响，以及个体/团队受外部环境影响而表征出来的影响因素。从原始创新活动来说，创新产出的基本单元是参与创新过程并最终获得成果的个人和团队，聚焦的是“人”的范畴。而影响创新的外部影响因素，如组织氛围、外部环境等，已有研究多将其放在组织层面进行研究，未对其做进一步细分。值得注意的是，由于现有组织原始创新影响因素的研究多聚焦于商业和企业，已有文献对团队和组织层面的边界界定相对模糊一些。例如，崔淼等（2019）认为组织战略、组织内部关系、领导风格、组织结构特征等组织因素与外部环境因素共同影响组织氛围。

组织创造力理论视角下，组织层面的主要影响因素包含组织文化、创新资源、奖励、战略、组织结构、技术基础等。组织创造力成分理论则认为组织层面的关键因素包括组织监督激励、创新资源、工作挑战性、自由度、任务压力、组织障碍。

场域理论对组织层面因素与外部环境层面因素进行了区分，并将除人之外的各类因素都纳入了该视角的研究框架之中。场域理论从任务场域和社会场域展开探讨，其中任务场域的影响因素包含工作复杂度、目标和工作要求；社会场域的影响因素则包含领导与监督、同事影响、社会影响（反馈、评价）、社会网络、组织认同、创新资源、冒险意愿以及信息保密等。契克森米哈赖（Csikszentmihalyi）在其创造力系统理论（systematic theory of creativity）中指出，个人的创造力并非仅在大脑内独立产生，而是通过个体的观点和知识与外部的社会文化环境互动形成的结果。该理论着眼于创造过程的个体，并纳入文化背景下的领域和社会环境中的场域这两个重要外部元素。这里的个体并非仅指单个人，而是一个拥有创新能力和综合素质的实体，其涵盖发散思维、兼具广度与深度的专业知识认知结构，以及内在动机、任务投入度和对不确定性的容忍等人格特质。领域代表着文化资本所属的专业或学科范畴，涵盖专业知识、技能以及核心价值观等要素，为个体发挥创造力提供必要的前提与基础。场域则体现社会资本，由在专业领域内具有权威性和社会影响力的团体所构成，这些团体成员掌握着最前沿的知识和技能，从事创新性研究活动，例如专家、资深行业人士等。因此，个体创造力的形成是个体、领域与场域三者在系统内相互作用的结果。

2.4.2　影响因素相互作用

在多层次原始创新影响因素研究的基础上，已有文献及相关理论视角进一步深入关注各层面因素之间的交互机制与模式。企业场域视角下，组织创新交互理论认为创新行为需要考虑个人因素（如认知风格、创新能力、性格和内在动机等）、团队因素（如团队组成等）以及组织因素（如任务特征、组织氛围等）三个层次因素间的相互作用，如领导支持力与工作场所的相互作用等，以激励员工参与创新行动（Amabile et al.，1996）。认知资源理论（cognitive resource theory）强调团队或组织成员之间的差异性，这种差异性被视为包容多样化观点的基础，有助于在团队或组织内部营造创新氛围。相反地，地位特征理论（status characteristics theory）却认为人口多样性（如组织成员在年龄、性别和职位等方面的差异）往往使高地位群体发言权占据主导，不利于组织创新氛围的形成。创造力成分理论则认为创新的产生由与个体相关的三要素相互作用，包括创造力相关技能、领域相关技能和工作动机（Anderson and West，1998）。在该理论的拓展过程中，社会环境因素被纳入其中。这一补充进一步凸显了社会环境对个体工作动机的影响，同时构建起“个人创造力推动组织创新”与“组织环境影响个人创造力”的双向作用模式，用以阐释个人创造力与组织创新环境相互影响的内在机制。

相关学者进一步展开了原始创新关键影响因素间的交互作用机理的研究。例如，Oldham 和 Cummings（1996）讨论了个人层面创新人格、任务复杂性与团队领导支持对员工创新的交互作用；Zhou 和 George（2001）则研究了创新动机、组织承诺以及组织环境因素对员工创造性的交互作用；张文勤等（2010）聚焦企业团队成员创新行为中的个体与团队层次影响因素，认为个人目标取向与团队创新气氛之间存在相互作用；Lee 等（2011）以企业场域中的工作满意度作为中间变量，探究了个人创新意向、自我效能感与组织创新氛围、技术激励之间的相互作用关系。总体而言，虽然有关各因素间交互作用机理的实证研究仍需深入开展，但学者已普遍认可个体层面的创造人格与组织社会支持对于员工创新的影响，以及这两个层面因素的相互影响存在显著作用。

2.5　原始创新评价

2.5.1　原始创新成果评价

1. 定性评价

1）基于外在指标的原始创新成果评价

对于原始创新的定性评价，建立在对原始创新概念的清晰界定基础之上。基于长期同行评议的外在指标在一定程度上反映了原始创新成果的原创度和影响力。陈雅兰等（2004）认为，基于纯基础研究领域的成果多以学术论文形式发表，需要得到同行、专家的认可与引用，方可体现出其学术价值的大小，因此成果评价注重对科学界的影响，通常指对科学发展做出的贡献。其形式通常包括被世界权威检索系统 SCI（Science Citation Index，科学引文索引）所收录、获得国家自然科学奖等。而应用基础研究领域成果紧密结合当前社会的经济技术发展需要，有产业化应用前景，能取得一定的经济效益，需要得到市场的认可，因此成果多涉及知识产权的保护范畴，具体形式有获得国家技术发明奖、国家科学技术进步奖等相关科技奖励，或者获得发明专利以及涉及技术秘密等。

由于原创成果往往具有滞后性，各类别科技奖项的评选经过了广泛而相对长期的同行评议过程，因此相较于期刊论文，其对原始性科技创新成果的认定更加客观精准。科技界的重量级奖项，如国际上众所周知的诺贝尔奖，是评价原始创新成果的一个突出标准。按照 1999 年诺贝尔奖的分类，原始创新成果可按照重大科学发现、重大理论突破以及重大技术和方法发明三种类型划分。诺贝尔奖的获奖人数也一直是衡量一个国家拥有世界一流原创性研究能力的重要指标。当然，也有专家指出，获得科技大奖可使原始创新成果得到承认，但其也有三点不足：一是获奖时间延迟现象普遍，通常需要在成果面世后几年、十几年甚至更久才能获奖，不利于原创成果与原创人才及时显露并发挥作用；二是许多科技大奖覆盖面相对较窄，不少具有重要科研价值的学科交叉领域、新兴学科领域以及综合研究领域等却没有设置权威大奖；三是国内学者当前在国际上往往不能获得公平的获奖机会等。

从国内来说，以基于纯基础研究的原始性科学创新成果为例，国家自然科学奖一等奖成果具有较高的原创性。《国家科学技术奖励条例实施细则》第十六条提出："在科学上取得突破性进展，发现的自然现象、揭示的科学规律、提出的学术观点或者其研究方法为国内外学术界所公认和广泛引用，推动了本学科或者相关学科的发展，或者对经济建设、社会发展有重大影响的，可以评为一等奖。"这个标准本身就要求科学家具有较高的原创素养和精神。事实上，一等奖成果中不乏经过历史检验的、国际公认的重大成就。例如，首届获奖成果——华罗庚的"典型域上的多元复变数函数论"，被丘成桐称为中国现代数学家能够超越西方或与之并驾齐驱的三项成果之一，丘成桐认为华罗庚这一成果比西方至少早了 10 年；邹承鲁的"胰岛素分子 A 链和 B 链的拆合"以及"蛋白质功能基团的修饰及其生物活性之间的定量关系"等工作，也赢得了很高的国际声誉。因此，可以探索使用相对客观和权威的国家级奖项，如国家自然科学奖一等奖获奖成果来检视中国基础研究领域的原始创新能力。

2）基于内涵特征的原始创新成果评价

不同学者也在逐步探索以原始创新内在特征为主导的成果评价。苏屹等（2013）从知识、价值网络以及创新性等多个维度对原始创新的概念进行了较为严格的定性描述。原始创新在知识层面更多包含的是模组型创新（molecular innovation）而非架构型创新（architectural innovation），这意味着原始创新会产生全新的知识、原理或方法而非现有知识的重组；其在创新性上是突破性而非渐进性；在价值网络上一定是破坏型而非延续型。顾超（2022）通过梳理高温超导领域的诺贝尔奖成果，将原始创新聚焦于科学上的创新，同时把创新分为了三个层次："0-1 阶""1 阶"以及"2 阶"创新。他认为从世界范围来看，即使是诺贝尔奖成果，大多数也不是"从 0 到 1"的原始创新，这一标准需要考量的层面比较多，中国的"从 0 到 1"的原始创新成果更是寥寥无几。基于成果的首创性和开拓性等特征，原始创新包括"0-1 阶"的创新和"1 阶"创新。刘益东（2022）

等对原始性科技创新的结构、过程和特点进行了系统性阐述，他认为原始性科技创新是通过重大突破引领新科技领域的创新成果。这些突破具有四个关键特征：首先是突破的对象，可能涉及学术定论、研究范式、技术或应用系统、技术范式、技术僵局、生产方式等多个方面；其次是突破的方式，即通过解决特定问题实现技术或学术上的突破；再次是新领域的开辟所带来的意义和前景，这一特征定义了原创性成果的核心属性，明确了原创研究与跟进研究的区别，并点明了原始创新是"从无到有"的创新；最后是原创成果的主要创见和核心贡献。鉴于可开辟的细分科技领域存在的广泛性，他认为原创科技创新成果并非凤毛麟角。从过程特征看，原创成果往往是长期坚持、孜孜以求的结果，经历了反复的研究发表和学术反馈，即接受了长期的同行评议。从综合特征上看，原始创新成果代表着长期积淀的学术成就，可以通过四个要素来概括这一"学术利剑"：一是标志性贡献和四个突破点（剑尖）；二是相关论文、著作或专利集（剑身）；三是获得的奖项、引用情况及学术邀请等认可（剑柄）；四是其在全球范围内的定位与竞争优势（剑鞘）。这些特征具有显著的辨识度。从原始创新成果的内在特征出发，当前主要由同行评议主导的评价体系可以通过两种方式得到优化：一是克服同行评议的局限性，采用开放评价体系和简化版的"互联网+代表作"评价方法，旨在实现学术评价的客观化；二是针对原始创新成果的四大特征进行标准化展示，以便于更加高效地进行评鉴，从而实现对原始创新成果及其研究人员的及时评价和筛选。例如，以原始创新关键词作为标定原始创新成果的重要指标，以知识点、创新点替代论文，基于原始创新成果特征的原始创新成果展评模板能实施及时有效的评价。

2. 定量评价

已有研究对原始创新的界定多是定性描述，缺乏对原始创新项目或成果综合创新度的定量化评价，这在一定程度上反映了及时甄别和评价原始创新成果的难度。周露阳（2006）对现有的创新因素进行了梳理，构建了一个以新论点和新论据为核心的创新因素体系，并通过逐层细化的方式进行量化分析。蒋伟伟和钱玲飞（2016）提出了一个三阶段创新测度体系，包括创新采纳、创新产出以及创新扩散，测度体系涵盖了数量、质量、时间和空间四个维度。张兴等（2011）从创新类型、层次和性质三个方面提出了一种三维评价方法，以对研究项目/成果的创新性进行半定量评价，为原始创新项目或成果的创新多维度评价提供了参考。

不同学者基于学术论文和专利视角对原始性科学创新开展了测度指标研究。Dirk（1999）的研究开创了基于科技论文原创性测量的研究方法。英国建立了基于同行评议和分类评价的"卓越研究框架"（Research Excellence Framework，REF），用于评估物质科学、生物医学、社会科学和人文艺术等领域的科研成果的原创性。

该框架将科研成果分为一星到四星四个等级，其中四星和三星级别代表较高的原创性。四星级科研工作通常是指开创了新的研究议程，推动了其他科学家的后续研究，处于世界前沿，提出了新方法、新思维或新概念，对科研、社会和生产有重大影响；三星级则在国际层面为某个领域做出了重要贡献，影响了领域内的知识、思想和应用。二星和一星级别则更多体现为渐进性的创新，影响力相对较小。Hicks 等（2015）做了一些基于论文新颖性和创造性来反映论文原创性的研究。Wu 等（2019）通过分析论文和专利的引用网络，计算出了每篇文献的“颠覆性得分”（disruption score），这一指标用于评估作品所体现的创新性。如果后续研究在引用该文献时，还同时引用了其参考文献中的多篇，则该文献被认为是“发展性”（developing）的。相反，如果后续研究仅引用了该文献而未引用其参考文献，则该文献被视为“颠覆性”（disruptive）的。随着 AI 等技术的不断发展，基于语义分析的机器分析方法被有效应用于判定学术论文与专利的原创性。Shibayama 等（2021）根据科学词向量，提出以一篇文章引用文献语义的遥远性来判定论文的新颖性，并基于引用文献和随后引用论文之间的定向引用网络，有效衡量了理论领域论文的原创性。Verhoeven 等（2016）提出了以前向引用方向的分散性与高引用率两个指标作为技术新颖性的事前衡量标准。

2.5.2　原始创新能力评价

目前原始创新能力评价研究仍处于初步探索阶段。早期大部分学者认为衡量原始创新能力的指标中，重大研究成果仍然是最核心的维度。例如，陈雅兰等（2004）认为，原始创新应以权威学术论文体现，应用领域应通过重大发明专利、知识产权以及国家和国际重大科学奖项来衡量。随着理论的不断深入，当前大多数学者将评价重点由外在的论文数等指标转向内在的投入与产出。李柏洲和董媛媛（2010）基于层次分析法进行的实证分析指出，原始创新中环境支撑、创新研发投入在衡量原始创新能力时应占较大权重。李海超等（2015）提出，应综合考虑投入与产出，采用熵值法，以人力资本、科研经费、环境支撑、产出水平作为客观权重，对中国原始创新能力指标进行赋权，同时构建了纵向与横向并行的原始创新能力评价方法。黄羽翼和郭茜（2019）在此基础上将主观因素与负面效应加入了原始创新能力评价体系。陈凯华和官建成（2012）则从科技投入和产出两方面构建了高校科学创新动态绩效的测度框架。

第 3 章　高校原始创新影响因素及评价

3.1　高校原始创新影响因素

中国在科技领域基础薄弱、起步较晚等历史现状导致科技创新长期处于“跟跑”状态。因此，中国学者少有关于原始创新的深入、系统研究，研究者往往只能通过挖掘国际案例或者极个别本土案例进行阐述，鲜有对于中国高校情境下的原始创新研究。然而必须看到的是，近年中国在各科技领域的快速发展过程中，涌现了一批重大科技创新成果，其中就有首创性、突破性甚至是开拓性的高影响力创新成果。

现有文献中，针对高校层面的研究，在高校原始创新的关键成功因素、整体模式以及经验总结等方面的探讨相对不足。陈劲和汪欢吉（2015）通过对清华大学薛其坤团队（首次观测到量子反常霍尔效应）、北京大学邓宏魁团队（用小分子化合物诱导体细胞重编程为多潜能干细胞）、复旦大学张卫团队（提出并实现了一种新型的微电子基础器件：半浮栅晶体管）、中国科学技术大学潘建伟团队（首次在国际上完成了设备无关量子密钥分发的原理性演示实验）四个案例的对比，总结出了国内高校在基础研究方面取得突破性进展的先进经验，并将其归纳为三个层面七个要素：个人层面（浓厚的科研兴趣、知识积累、海外背景与职位荣誉）、团队层面（跨学科团队合作、创新方法与环境、坚持不懈的精神）以及制度层面（合理的激励机制）。对于原始创新的演化机制，陈雅兰等（2003）认为相较于一般的科技创新，原始性科技创新具有独特的影响因素，具体可分为内因和外因两类，其中内因包括原始积累、核心人物、团队协作、原创技巧、科研兴趣；外因包括创新氛围、激励机制（经费支持、合理的立项审查和成果评价体系、待遇等政策体系及相应制度）等。该模型考虑到了原始创新的长期性、高度不确定性、成果滞后性等特点。同时，在这样的机制中，不论项目是基础研究，还是应用研究，都应该寻求与国家经济社会发展目标的最佳结合点，即应缩短与生产实践的距离，这样有利于成果转化。但是上述研究将原始创新概念局限于基础研究领域的科学创新，观点较为片面，且对高校这一组织情境缺乏深入探讨。

因此，本节以中国高校原始创新案例库（附录 3）作为初步数据集，遵循 Eisenhardt 和 Graebner（2007）提出的案例选择标准，课题组团队以背对背方式开展评估，识别和锚定具有典型性的科研团队原始创新成果，经过反复协商，最终确定了 30 个案例[①]。这些案例团队的科研领军专家大多具备院士、“长江学者”、国家杰出青年科学基金获得者等高层次人才称号，或拥有正教授等高级职称。并且，他们绝大多数都拥有 10 年及以上的研究经验。这些案例团队的研究领域广泛，涵盖理工农医等多个学科，以此确保研究数据资料具有可靠性、典型性和权威性。

课题组团队基于专家共识，从所选的原始创新成果项目中，全面搜集一手与二手数据资源，资料收集相关情况见表 3.1，其中深度访谈信息见表 3.2。一是自 2021 年开始，课题组团队对 16 个原始创新团队进行实地调研，并开展半结构化访谈；二是搜集项目相关的网络公开资料，包括文档和报告等二手数据；三是进行沉浸式实地观察以及情境化分析；四是参与针对创新项目的第三方论证会议，进行间接观察。在数据收集方面，研究团队构建了多元化的数据源，并针对不同创新项目建立了分类数据库。研究过程中，采用“三角验证”方法对多源数据进行交叉验证，以减少单一数据源可能带来的偏差，从而提高研究的信度与效度。

表 3.1　资料收集相关情况

资料来源	资料收集结果	优势
深度访谈	对 16 个高校原始创新团队开展深度访谈，共计 48 小时，访谈 20 人次，形成一手资料 20 余万字	以探索原始创新影响因素为导向，针对性地访谈与研讨，便于因果推断
网络公开数据	收集了高校 23 个原始创新团队 58 份团队成果介绍、访谈新闻或宣传资料，共计 15 万字	以研究问题的细节化为导向，网络公开资料不仅具有权威性，还能有效实现信息的细化，便于与访谈、问卷所获资料相互对照验证
直接观察	对清华大学、北京大学、浙江大学等多个高校原始创新团队进行了 12 次直观式调研并收集了 46 张图片	深入研究情境，针对理论问题形成直观认知
间接观察	参加了 4 次关于高校创新体系建设、基础研究的会议和论坛，并与来自高校不同领域的多名院士及专家学者进行了 9 场非正式交流	以研究问题为导向，从开放式交流中获得关于理论问题的间接认知

表 3.2　深度访谈信息表

编号	访谈对象	团队经历	从事领域	访谈次数/次	共计时长/小时
M1	院士	20 年以上	物理学	1	2.1
M2	院士	20 年以上	计算机	1	2.3
M3	院士	20 年以上	数学	1	2.2
M4	院士	20 年以上	自动化	1	2.8
M5	院士	20 年以上	机械	1	2.5

① 鉴于素材的丰富性、完整性等因素，本节素材与第 5 章的典型团队案例有重合，但不局限于第 5 章中所列举案例。

续表

编号	访谈对象	团队经历	从事领域	访谈次数/次	共计时长/小时
M6	院士	20 年以上	材料学	2	4.7
M7	院士	20 年以上	能源工程	1	2.4
M8	“长江学者”	20 年以上	光电子	2	5.1
M9	“长江学者”	20 年以上	自动控制	1	2.6
M10	国家杰出青年科学基金获得者	20 年以上	AI	2	4.6
M11	国家杰出青年科学基金获得者	20 年以上	化学材料	2	4.9
M12	优秀青年科学基金获得者	10~20 年	AI	1	2.3
M13	正教授	10~20 年	化学	1	2.5
M14	正教授	5~10 年	光电信息	1	2.2
M15	正教授	5~10 年	数学	1	2.6
M16	正教授	5~10 年	物理	1	2.2

3.1.1 分层次的影响因素分析

1. 个人因素

基于原始创新典型案例及调研资料，提取的个人层面的高校原始创新影响因素主要包含创新动机、创新知识、创新思维、创新人格以及创新实践等五个方面的内容，其中，创新知识、创新思维以及创新实践又可归为创新能力。

（1）创新动机。整体上看，创新动机有内生动机和外部动机两种类型。内生动机是创新个体的内在驱动力，主要包含好奇心、求知欲和探索欲等。外部动机是由外部需求驱动产生的，其主要来源包括国家战略需求、重大任务要求以及市场需求等。外部动机往往也能激发科研工作者从事原始创新工作的强烈使命感。例如，北京化工大学张立群院士多年致力于橡胶新材料的原创性研究，他强调：“创新应聚焦于重大课题，力求在前沿领域有所突破，解决国家和社会亟需的关键问题。研究应从国家的紧迫需求和长远战略出发，避免单纯模仿与跟随，专注于开发具有原创性的产品。”

（2）创新知识。创新知识包含基于积累的专业领域知识、广博的知识面以及人文艺术素养等。例如，清华大学黄翊东教授团队研制出一系列引领世界的、具有新功能的光电子芯片，在采访中她曾提到，“我们在团队积累的光子晶体等技术经验基础上，克服了制备工艺、算法配合等难题，完成了实时超光谱成像芯片的初步研发”，这充分体现了长期的创新知识积累对原始创新的积极作用。

（3）创新思维。根据数据分析，创新思维包括辩证思维、批判思维、抽象思维、发散思维、类比思维等多种思维方式。其中，批判思维是指敢于质疑并从反常中探索新发现。香港科技大学唐本忠在讲述聚集诱导发光（aggregation-induced emission，AIE）现象的发现经历时就提到，“当时发光材料是全世界的研究热点。实际上以前就有人观察到这种‘反常现象’，但是不知道为什么没有引起人们的注意”。为了和这个反常现象“杠”到底，唐本忠团队投入了大量时间和精力研究其原理。

（4）创新人格。创新人格主要是指在从事原始创新研究过程中，研究者个体或团队所体现的人格特质与精神品质，如勇于突破、追求真理、坚持不懈、甘坐“冷板凳”、实事求是等。北京大学占肖卫教授带领团队在基于非富勒烯受体的有机太阳能电池领域做出了开创性和引领性贡献，他结合自身成长和工作经历指出：“要做原创成果，我认为对于个人来说，要甘于‘啃骨头’，愿意吃苦，要有韧性，不畏艰险。要不怕‘吃亏’，不要贪图捷径，搭别人的顺风车，急于求成。”这是创新人格推动原始创新的生动体现。

（5）创新实践。创新实践主要是指从事原始创新研究工作的想法落地能力与科研执行力。例如，坚持深耕稀土材料、填补国内技术领域空白的清华大学张洪杰提出：“我认为必须有一个执行力很强的科研团队，要保持着旺盛的精力，深入细致地做好基础研究。基础研究做得越踏实，对应用研究越有利，这样才能成功解决产业化过程中遇到的科学和技术问题。”

2. 团队因素

团队层面影响高校原始创新成果的因素主要可以归纳为团队合作和团队氛围两个方面。

（1）团队合作。团队合作主要是指团队在从事原始创新研究过程中所体现的团队交流、分工配合以及知识共享。浙江大学谢涛提到，“做原始创新，一个重要的点是，你要愿意跟团队的人交流讨论。有很多人很聪明，学习基础也很好，遇到问题想要自己去解决。但一方面，创新度高的想法往往需要交流碰撞，集思广益。另一方面，实验科学可能跟理论科学不太一样，它需要很多操作层面的东西，多跟别人讨论，可能你遇到的那些问题别人也都遇到过，别人很快就可以给你解决问题”。

（2）团队氛围。团队氛围主要体现在团队成员之间的合作精神以及团队带头人所秉持的创新理念。开辟碳基芯片新赛道的北京大学彭练矛提到，“老一辈科学家是在物质条件匮乏的条件下，兢兢业业地扎根科研；现在的条件改善很多，很多年轻人反而‘坐不住’了”。因此，对科研态度的秉承与对先进技术的传承同样重要。

3. 组织因素

高校是产生原始创新的重要场域。不同高校为原始创新提供了差异化的组织情境。因此，本节首先分析与总结高校这一组织层面影响原始创新产出的主要因素。数据涌现的组织层面影响因素主要包含组织间合作、资源支撑、管理与服务、考核与激励等四个方面。

（1）组织间合作。组织间合作又可具体分为四个层面，分别为多团队攻关、跨学科交叉、产学研协同、国际合作与交流。清华大学薛其坤团队的原始创新成果的灵感来源于国际合作与交流，即由清华大学、中国科学院物理研究所和斯坦福大学三方研究机构合作。薛其坤团队与斯坦福大学的科学家张首晟，中国科学院物理研究所的方忠、戴希，清华大学的朱邦芬、段文晖等理论物理学家开展过诸多有益的讨论和合作。

（2）资源支撑。资源支撑主要是指学校或院系层面所提供的资金、人才、设备、场地、平台等方面的支持，如原始创新过程中的经费投入、人才培养与引进、场地与平台支撑。以北京大学黄铁军团队为例，黄铁军团队是北京市“脑科学研究”专项的重要参与力量之一。自 2015 年以来，他们团队得到了北京市科学技术委员会每两年 1 期、连续 3 期的资助。

（3）管理与服务。管理机制主要是指学校、院系为原始创新团队及个人提供的科研管理、行政服务等。科研管理主要体现在项目审批、经费管理、设备和场地分配等方面，行政服务主要体现在实验设备管理及维护、财务报销、项目申报管理及服务、日常事务管理等方面。北京理工大学姚裕贵团队曾在访谈中强调：“由专业的人管理专业的事情，让懂实验设备的人负责管理运营实验设备，在设备使用上给予激励。……从学校到学院都在推进数字化。与以往老师需要一遍一遍地填写表格，事务性工作占据大量时间精力不同，现在只需在学校系统里填写一遍，这能让教师从事务性工作中解放出来，有利于催生更多更强的活力和创新力。”

（4）考核与激励。考核与激励主要是指原始创新活动过程中的人才与成果评价、项目考核、人才激励等举措。例如，在 6G 通信领域做出引领性成果的东南大学尤肖虎院士团队强调：“紫金山实验室实行的是目标导向性和需求导向性研究，对于具有重大潜在研究价值的科研目标，我们能以实际的科研需求配置所需的资源，打破传统科研体制条条框框的限制。”

4. 环境因素

环境层面的高校原始创新影响因素主要包含创新氛围和政策环境两个方面的内容。

（1）创新氛围。创新氛围是指国家层面和社会层面整体的创新需求、创新文化氛围、科研风气以及国家创新生态等。例如，清华大学薛其坤团队曾提到，“量子反常霍尔效应的发现是中国基础研究的一个重大成果，这得益于日益强大的国力、完善的科技政策、科学系统的科技规划以及催人奋进的创新氛围”。

（2）政策环境。政策环境包含合作交流渠道、评价与激励、资金投入、知识产权保护政策以及成果转化政策等五个方面。以合作交流渠道为例，清华大学李路明团队曾提到，“我们将清华研制的脑起搏器设备在巴基斯坦、孟加拉国等国家成功应用，这也标志着中国高端医疗器械响应国家‘一带一路’政策走出国门的新起点，此外，在越南、新加坡等国，也已经在开展清华脑起搏器手术应用准备工作”。

表 3.3 汇总了高校原始创新的多层次影响因素。

表 3.3　高校原始创新多层次影响因素汇总

因素层面	创新因素	因素举例	出现次数/次
个人	创新动机	内生动机（好奇心、求知欲、探索欲）；外部动机（国家战略需求、重大任务要求、市场需求）	30
	创新知识	基于积累的专业领域知识、广博的知识面、人文艺术素养	13
	创新思维	辩证思维、批判思维、抽象思维、发散思维、类比思维	27
	创新人格	勇于突破、追求真理、坚持不懈、甘坐“冷板凳”、实事求是	30
	创新实践	想法落地能力、科研执行力	26
团队	团队合作	团队交流、分工配合、知识共享	16
	团队氛围	合作精神、创新理念	21
组织	组织间合作	多团队攻关、跨学科交叉、产学研协同、国际合作与交流	28
	资源支撑	资金、人才、设备、场地、平台	19
	管理与服务	科研管理、行政服务	18
	考核与激励	人才与成果评价、项目考核、人才激励	23
环境	创新氛围	创新需求、创新文化氛围、科研风气、国家创新生态	19
	政策环境	合作交流渠道、评价与激励、资金投入、知识产权保护政策、成果转化政策	25

根据个人、团队、组织以及环境层面所涌现出来的影响因素，以及各层面因素间的相互作用，本节初步构建了高校原始创新的多层次关键影响因素模型，如图 3.1 所示。需要说明的是，对于组织因素和个人因素，图 3.1 中只列出了最为重要的因素，分别为组织间合作、考核与激励（组织因素），以及创新人格、创新能力（个人因素）。团队、组织以及环境层面的因素都是外部因素，外部因素中

组织因素占据主导地位，但高校原始创新因素的最终落脚点是内在因素，即个人因素。通过深入探究多层次因素间的相互关系发现，其主要作用机制表现为组织、团队和环境等层次因素协同作用于个人层次因素，最终催生出高校原始创新成果（图 3.1）。

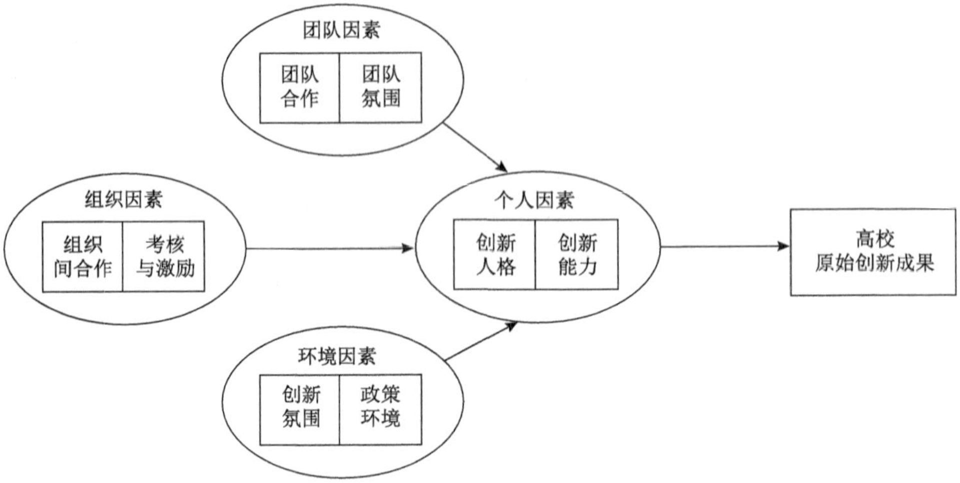

图 3.1　高校原始创新的多层次关键影响因素模型

创新能力包括创新知识、创新思维和创新实践

3.1.2　分类型的影响因素分析

本节首先对随机抽取的高校科研团队所回收的有效调研问卷（见附录 2）进行统计分析，对比原始创新与一般创新在各层次影响因素上的差异；其次，对科学、技术与工程三类原始创新的影响因素差异进行总结。

1. 原始创新与一般创新的区别

原始创新难度大，因而难以实现。为了指导产生更多的原始创新成果，需要对影响原始创新和一般创新的因素加以区分。通过问卷调研得到的高校一般创新的各层次影响因素如表 3.4 所示[①]。按照统计频次高低，个人层面一般创新的影响因素排名前三的依次为“精深的知识积累”、“勇于突破”和“长期坚持”；团队层面的影响因素排名前三的分别为“差异化学科背景”、“团队文化传承”和“跨校交流与合作”；组织层面的影响因素排名前三的分别为“拔尖创新人才的

① 共回收有效问卷 318 份，原始创新团队填写的有效问卷 46 份，一般创新团队填写的有效问卷 272 份，具体问卷设计见附录 2。

引进和培养”、“合理的科研评价机制”和“宽松的科研管理体系”；环境层面的影响因素排名前三的分别为“宏观科研评价机制”“稳定的科研经费支持”“良好的科研生态环境”。

表 3.4　高校一般创新的各层次影响因素汇总

因素层面	第一因素	第二因素	第三因素
个人	精深的知识积累	勇于突破	长期坚持
团队	差异化学科背景	团队文化传承	跨校交流与合作
组织	拔尖创新人才的引进和培养	合理的科研评价机制	宽松的科研管理体系
环境	宏观科研评价机制	稳定的科研经费支持	良好的科研生态环境

对比表 3.3 和表 3.4 的内容可以看出，个人层面的原始创新影响因素中，创新能力和创新人格发挥着最为重要的作用，而一般创新中精深的知识积累是排名第一的因素，其次才是勇于突破和长期坚持的创新人格因素。原始创新作为最高层次、难度最大的一种创新范式，呈现出与一般创新不同的个人层面要求。做出原始创新成果的高校团队往往都是高水平研究型大学中的具备高创新素质的科研人员，这意味着其通常都具备非常扎实的知识素养。从事原始创新往往需要有敏锐的洞察力、敢于批判和挑战的精神以及实事求是、坚持不懈的精神，这意味着原始创新的产生，依赖于具备高度创新思维素养与创新人格的个体，这一要求远高于一般的科技创新。

类似地，原始创新案例中涌现的团队层面的影响因素中强调团队合作，如对团队攻关任务进行分工、沟通碰撞以产生新想法等，而一般创新则更多地强调团队的差异化学科背景，原因是一般创新的科研工作者可能在知识素养上还未达到一流水准，而原始创新中这些因素已经是必要而非充分因素。

组织层面也呈现出类似的差异：原始创新强调包括跨学科交叉、产学研协同以及国际合作交流等多种形式的组织间合作，一般创新则强调人才引进与培养是第一要素，这也从侧面反映出创新人才或个体是创新的关键。原始创新往往是由在创新能力上达至顶尖的创新个体或团体完成的，通过有利环境的赋能以及内在创新人格的激发与牵引，最终产出具有重大影响力的原始性科技创新成果。

2. 基于分类的原始创新影响因素

高校是基础研究的主力军，在知识创造与积累、学科交叉与融合、创新人才汇聚与培养等多方面具有天然优势，因而成为萌发重大原始创新的重要场域。与其他创新主体不同，高校这一特定组织所萌生的原始创新具有以下特点：第一，高校的原始创新活动通常侧重于基础研究和应用研究，主要聚焦创新链的前端，即“研究”的部分。少部分高校产出的原始创新成果最终也能延伸至创新链的后端，成功实现转化甚至大规模产业化。第二，高校注重知识创造和理论创新，即在底层原理和知识创新方面实现重大突破。即使是原始性工程创新，也侧重于在理论原理和底层知识体系上的突破。第三，高校的非营利性和公益性导向使得高校的原始创新更强调知识创造和知识的公共产品属性，这些原始创新能够为社会带来福祉，并通过知识溢出惠及产业、区域和社会。第四，高校的原始创新成果不仅具有突破性的特点，还更加注重长期导向和引领，能够改变研究范式，重构产业架构，改变知识生产和创造的方式，具有长期的社会影响。第五，高校重视人才培养，因此高校的原始创新依赖于科学家和科技创新人才的知识集聚，创新过程中注重人才的培养和成长，如战略科学家和拔尖创新人才的培养。

根据 2.3.1 节的定义，原始性科学创新是指发端于基础研究阶段，在 ToI 内，所获成果在基础研究阶段有重大突破性、开拓性，可发展成基于科学的创新。也就是说，在 ToI 内，原始性科学创新往往还未被转化成为真正的技术。因此，从相对狭义的语境来看，原始性科学创新是潜在的“基于科学的创新”，而非真正实现了全链条式创新。本书中的高校原始创新典型案例都是原始性科学创新案例，其技术的商品化、市场化甚至是产业化的阶段往往尚不成熟。原始创新的来源十分广泛，一方面体现为“从 0 到 1”的突破，即基于科学发现逐步向应用研究和技术开发转化；另一方面则源于国家战略需求、市场需求等外部诉求。其中，原始性工程创新区别于原始性科学创新与原始性技术创新，其有着明确的目标指向，聚焦于解决与国家重大战略需求、重大工程相关的科技任务，即其开展研究的根本目的在于攻克特定的工程目标或任务。

表 3.5 初步统计了按照科学、技术、工程分类的高校原始创新的影响因素。可以看出，不同类型的原始创新中，都将个人因素作为第一因素。不同的是，原始性科学创新和原始性技术创新中，第二因素均为团队因素，即强调团队交流、分工配合等，而工程创新则更强调产学研协同、跨学科交叉等组织层面的因素，充分体现了分工协作在重大工程项目中的重要性，这将为之后进一步细化基于分类的原始创新能力提升的路径提供有益启示。

表 3.5 基于分类视角的原始创新影响因素排序表

成果类型	第一因素	第二因素	第三因素
科学创新	个人因素	团队因素	组织因素
技术创新	个人因素	团队因素	组织因素
工程创新	个人因素	组织因素	环境因素

3.2　高校原始创新评价

3.2.1　高校原始创新成果评价

借鉴已有的高校原始创新成果评价相关研究，本节主要综合基于同行评议的外部指标性成果评价和基于原始创新内在特征的评价，提出高校原始创新成果识别与评价的定性指标体系，如表 3.6 所示。其中，外部指标[①]包括国际顶级期刊论文、国家自然科学奖、国家技术发明奖、国家科学技术进步奖、十大科技进展、中国专利金奖、改革开放 40 年高校科技创新成就[②]、教育部“中国高等学校十大科技进展”以及其他重要科技奖项。以外部指标为基础筛选池，结合突破性及路径（突破什么及怎么突破）、开拓性及影响力（开辟的新领域及其意义和前景）、成果核心价值（核心创见及核心贡献）以及相对长期而广泛的同行评议等四个方面的原始创新内在特征，共同识别与评价原始创新成果。

表 3.6　高校原始创新成果识别与评价的定性指标体系

项目	内容
外部指标	国际顶级期刊论文
	国家自然科学奖
	国家技术发明奖
	国家科学技术进步奖
	十大科技进展
	中国专利金奖
	改革开放 40 年高校科技创新成就
	教育部“中国高等学校十大科技进展”
	其他重要科技奖项
内在特征	突破性及路径
	开拓性及影响力
	成果核心价值
	相对长期而广泛的同行评议

① 这个指标是定性范围，不涉及数量带来的排名，这些外部指标只是用于确定筛选范围的初步指标。

② 参见 http://www.moe.gov.cn/s78/A16/tongzhi/201807/t20180716_343191.html。

3.2.2 高校原始创新能力评价

定量分析被应用于创新绩效视角来评价高校原始创新能力。例如，花芳等（2017）通过文献计量方法对清华大学航天航空学院 5 个研究方向的原始创新绩效水平进行评估，提出构造研究者论文集合相关比较标准，并将其运用于大学院系小团体微观层面的绩效评估研究。数据包络分析（data envelopment analysis，DEA）模型被广泛用于评估不同国家教育机构的科技创新效率，并探讨这些评估的合理性。例如，胡德鑫和王轶玮（2017）基于 DEA 模型评价了 32 所“985”高校的科研竞争力，发现高校间科研资源投入与成果产出存在极大的不平衡。

不同学者从高校这一组织层面构建指标体系来定量评估高校的原始创新能力。骆嘉琪和匡海波（2015）尝试运用层次分析法构建高校科技创新团队的科研资源绩效评价体系。姚思宇和武康平（2021）分析了“211”高校科研人员的专利行为对其学术影响力的影响，发现专利申请数量与学术影响力之间存在倒“U”形关系，并指出独占许可的专利交易对学术影响力存在显著的抑制作用。这些研究为高校在专利全过程管理和评价指标的制定方面提供了宝贵的参考，从而更好地凸显和促进高校这一组织的原始创新产出。李玉琼等（2007）探讨了作为原始创新重要主体的高校在人才积累、文献资源等方面的优势，并设计出一个由原始创新基础支撑能力、原始创新投入能力、原始创新产出能力、原始创新管理能力四模块构成的评价指标体系，分别涵盖物质条件、研究基地、信息资源、人力资源投入、财力资源投入、论文著作、科技奖励、专利、项目承接、人才培养、科技管理人员和科技管理工作等细分指标，以系统性地、科学公正地评价高校的原始创新能力，基于科学评价诊断现状中的不足，从而进一步提升高校的原始创新能力。邢纪红和龚惠群（2017）基于南京多个高校数据建立了一个结构方程评价模型，实证分析了从资源水平、创新氛围、管理水平和产出水平四个方面构建的评价指标体系的有效性；该研究指出，高校在进行原始创新时，不仅需要关注人力、财力及物力资源，还需重视创新氛围和管理水平；而产出指标，如专利和论文则是最能反映原始创新能力的关键；此外，这项研究工作还强调了管理水平对提升高校原始创新能力的关键作用。

在已有评价指标构建相关研究的基础上，本节提出了以基础支撑、投入能力、产出能力以及管理能力四个维度为一级指标的高校原始创新能力评价指标体系（表 3.7）。基础支撑主要包括基地平台这一个二级指标，进一步细分的三级指标为科研基地数和基地平台（如国家级、省部级平台）质量。投入能力包括人才投入和财力投入两个二级指标。产出能力为核心指标，主要体现为成果产出。原始创新的成果产出的质量要高于一般创新产出。因此，对应的三级指标主要包括前 1%专利发明数、领域内前 1%论文数、国家级项目数、获得国际大奖数和获得国家级大奖数。管理能力包含团队能力、创新氛围两个二级指标和七个三级指标。与一般创新能力不同的是，多元化的知识文化往往影响原始创新能力，原始创新通常也需要长时间积累，具有强探索性和高不确定性等特征，开展原始创新工作要求创新成员的高创新素质和驱动力。因而，在团队能力指标下，包含了团队成员学科异质性和科研时间冗余度等三级指标；在创新氛围指标下，包含了创新理念和家国情怀这两项三级指标。

表 3.7 高校原始创新能力评价指标体系

一级指标	二级指标	三级指标	指标单位
基础支撑	基地平台	科研基地数	个
		基地平台质量	国家级与省部级总分（定性）
投入能力	人才投入	科研人员总数	人
		两院院士人数	人
		“长江学者”人数	人
		博士学位占比	%
		国际交流人次	次
	财力投入	科研经费总量	万元
		人均经费	万元/人
产出能力	成果产出	前 1%专利发明数	个
		领域内前 1%论文数	篇
		国家级项目数	个
		获得国际大奖数	个
		获得国家级大奖数	个
管理能力	团队能力	产学研项目量	个
		团队执行力	分（定性）
		团队积累年限	年
		团队成员学科异质性	分（定性）
		科研时间冗余度	分（定性）
	创新氛围	创新理念	分（定性）
		家国情怀	分（定性）

实践篇

第 4 章　国际高校原始创新实践

世界一流高校的原始创新实践具有面向未来的创新导向、宽松自由的创新氛围、注重积累的创新能力以及多元国际的创新环境等特点。他山之石，可以攻玉。本章聚焦于在原始创新上有突出表现的世界一流名校，提炼其典型做法与成功经验，以期为中国高校开展原始创新实践提供借鉴与参考。

4.1　面向未来的创新导向

4.1.1　问题导向的前瞻项目

1. 美国高校

在全球化和区域发展的大背景下，世界一流大学，如美国加利福尼亚大学洛杉矶分校（University of California, Los Angeles，UCLA）等，已认识到自身在推动社会进步和满足区域发展需求中的关键作用。以 2013 年 UCLA 发布的“重大挑战”计划为例，该计划响应了能源、水资源、可持续发展及气候变化等全球性议题，旨在通过教育、研究和社会服务的综合途径，探索科技创新，以应对人类社会和地方经济发展的紧迫挑战。

遵循“宏伟目标，巨大影响”的核心理念，UCLA 不仅推出了“洛杉矶可持续大挑战”，还启动了“抑郁症大挑战”。前者旨在到 2050 年将洛杉矶建设成一个完全依赖可再生能源且实现水资源自给自足的城市；后者则承诺在 2050 年将抑郁症患者数量减半，并在 21 世纪末找到治愈抑郁症的方法。这些宏大目标旨在应对未来战略需求，通过跨学科合作实现解决方案。

“重大挑战”计划的成功实施，展示了高校在学科建设、原始创新能力和人才培养等方面的全面提升。它不仅整合了科研、人才培养和公众参与等多个方面，也极大地拓宽了学术活动的边界和深度，在提升人才培养质量、推进前沿领域创新和提升社会服务标准等方面发挥了显著作用。“重大挑战”计划尤其体现了在学科交叉环境中研究合作的新模式。UCLA 通过设定宏伟的目标，组建强大的团队，来应对复杂的全球性挑战。在具体实施上，UCLA 成立了专家顾问团队，设立了跨学科研究委员会负责项目的组织与实施、日常管理，以及团队运作和学生培养等环节。UCLA 的“重大挑战”计划为我们提供了宝贵的借鉴。通过制订具有未来导向的项目计划，并充分发挥学科优势，高校可以更有效地促进自身建设，推动原始创新，同时培养出能够引领未来发展的优秀人才。

美国不同的高校都注重多样化的前瞻性项目。在众多的前瞻性项目中，“MIT 智能探索”计划专注于技术领域。与此同时，UCLA、明尼苏达大学双城分校、俄亥俄州立大学、印第安纳大学的重大挑战计划则更加注重社会关怀，力图实现技术到应用场景的全过程发展。这些大学的重大挑战计划各具特色，例如，UCLA 的“重大挑战”计划以“洛杉矶可持续大挑战”和“抑郁症大挑战”为核心，打造了全方位的政产学研合作网络，致力于推动学术与学科组织的突破，促进前沿领域与重大战略领域的原始创新；俄亥俄州立大学通过投入巨资吸引跨学科人才，并通过灵活的聘任制度，改革传统的院系人事和科研管理模式，为重大挑战计划提供有力支持；印第安纳大学则通过构建以项目为载体、以学科为支撑的矩阵式组织架构，解决印第安纳州面临的各种社会问题，提供开放且灵活的管理空间。尽管各具侧重点，这些顶尖大学通过前瞻性的重大挑战计划，在项目组织、资源集成和人事管理方面实现了突破，探索出跨学科交叉、跨界融合和创新模式的新路径，突出其需求导向特征。

2. 日本高校

为了促进高校跨学科研究者合力推进前沿科学研究，确立共同愿景至关重要。东京大学的“未来社会倡议”（Future Society Initiative）便是对此理念的生动实践。日本预计人类社会将进入知识主导的第五发展阶段，即社会 5.0 阶段。在这个阶段，AI、大数据与信息通信技术的融合应用将成为核心驱动力。

2017 年，东京大学便推出了“未来社会倡议”，旨在促进全球服务、深化合作，并对人类未来发展做出贡献。该计划遵循全球服务宪章的使命，致力于推动科技和创新，实现联合国可持续发展目标。该计划的核心在于整合生物技术、认知科学、信息技术等对全球及公共生活具有深远影响的领域，以实现共同设定的可持续发展目标。该计划汇聚了来自科学、工程、人文、社会科学等多学科的学术力量，激励学者跨学科合作，加强大学与产业界的交流合作，加速关键科技的创新发展，特别是原始创新，并培育新一代的创新人才。该计划不仅是东京大学研究和教育革新的一项关键举措，还是连接社会各界及国际合作伙伴，共同应对重大社会挑战和战略问题的宝贵机遇。“未来社会倡议”追求的可持续发展目标与联合国 2030 年可持续发展目标一致，涵盖了消除贫困、消除饥饿、提升健康福祉、提供优质教育、实现和平与正义等 17 项关键目标。这些目标促进了学科间的协作与交流，也加强了产学研各方的合作。东京大学将可持续发展目标视为与工业界合作的新增长领域。为支持这一计划，东京大学设立了专项基金，举办了论坛、研讨会、讲座等活动，以增强其国际影响力。

4.1.2　强化战略的基础研究

世界科技强国通过政府的统筹与引导推动一流大学的基础研究与核心技术攻关，以服务于国家战略需求。以美国为例，联邦政府通过对 MIT 投资，成立了林肯实验室，其宗旨是集中力量于原始创新，开发尖端技术以保障国家安全。澳大利亚研究理事会通过专项资金激励，促进了高校科技与社会紧急需求的紧密结合，从而更有针对性地促进原始创新的突破。法国政府颁布了《法国-欧洲 2020》科研战略，通过整合跨学科研究平台，促进了人文科学、生命科学和信息科学等领域的科研创新。

此外，日本通过实施基础研究振兴计划和高等教育改革，显著提高了大学的原始创新能力，为其在科技领域的国际竞争力和影响力奠定了坚实基础。日本政府推行的“世界顶级国际研究基地计划”（World Premier International Research Center Initiative，WPI）为高校提供了长达 10~15 年的战略基础研究资助，用于支持与国家战略需求相契合的科技创新活动。具体而言，日本金泽大学的纳米生命科学研究所每年获得的政府资助占该研究所经费总量的比例为 79.5%，专注于满足国家战略需求的科研项目。自 20 世纪 90 年代末开始，日本通过实施一系列教育改革，提升了高等教育质量和国际竞争力。这些举措的成效在 2019 年 QS（Quacquarelli Symonds）世界大学排名中得到充分体现，五所日本高校跻身全球前 100 名。1992 年，日本学术审议会提出设立卓越中心（Center of Excellence，COE）的建议，旨在构建高水平科研环境，聚集顶尖科研人员和年轻学者，推动前沿科学领域的原创性、颠覆性研究。

随后，日本文部科学省根据时代和社会需求调整资助方案，依次实施了“高校 COE 基地建设计划”、“21 世纪 COE 计划”和“全球 COE 计划”。这些计划通过多样化的资助和严格的评审退出机制，有效推动了顶尖学科建设，加速了拔尖创新人才的培养进程，重点扶持有潜力的学科，建立世界级研究基地，提升了大学的国际地位。特别是“21 世纪 COE 计划”，政府投资 1634 亿日元，支持 93 所大学建立 274 个研究中心，极大地推动了日本研究型大学原始创新能力的提升。“全球 COE 计划”继续支持高水平科研基地的建设，并强调国际合作与研究生教育的质量提升，该计划实施五年后，参与国际合作的研究课题和外国教师数量显著增加。2014 年，日本政府启动了“全球顶级大学计划”（Top Global University Project），这是日本高等教育国际化的重要举措。它通过对全球一流大学和具备国际化潜力的大学进行分类资助，提高日本高等教育的国际兼容性和竞争力，目标是让更多日本大学跻身世界前列。这种战略性支持不仅帮助日本大学加强了国际科研合作，还通过改革高等教育体制，强化了大学的治理能力和创新环境，从而促进基础研究在全球层面的持续突破。

4.1.3 立足前沿的科学装置

在大科学时代，科研装置和平台在推动高校原始创新方面扮演着越来越重要的角色。这些尖端的科学设备，如斯坦福同步辐射光源（Stanford Synchrotron Radiation Lightsource，SSRL）、大型强子对撞机（Large Hadron Collider，LHC）以及高性能计算机，不仅是科研工作的基本工具，更是探索宇宙奥秘、解开科学难题的关键途径；不仅是科技进步的重要驱动力，也为突破性的原创成果提供了肥沃的土壤。正如“工欲善其事，必先利其器”这句古话所言，先进的科研设施为科学创新提供了坚实的基础和深厚的支持。特别是 SSRL，其在材料科学和生物医学领域的诸多里程碑式成果的产生中起到了关键作用。它不仅推动了众多高水平研究项目的开展，还在这些领域取得了重大突破。

澳大利亚高校同样通过运用大型科研设备，在创新促进方面取得了显著成效。澳大利亚国立大学（Australian National University，ANU）与 CSIRO（Commonwealth Scientific and Industrial Research Organisation，联邦科学与工业研究组织）利用 SSRL 等先进设备，在多个科研项目中实现了突破，并推动了新技术的开发与应用。

2015 年 9 月，美国利用其顶尖的科研设备——高级激光干涉引力波天文台（Advanced Laser Interferometer Gravitational-Wave Observatory，aLIGO）——实现了对两个黑洞合并所产生的引力波（GW150914）的观测，这一成果确认了引力波的存在。美国在这一领域的领先地位，在很大程度上得益于其当时所拥有的领先的科学仪器（aLIGO）。

继 aLIGO 成功探测到引力波后，法国也迅速对 Virgo 引力波探测器（Virgo Gravitational-Wave Telescope）进行了升级，并于 2016 年与美国的 aLIGO 开展合作，共同证实了来自距离地球 18 亿光年之外的恒星质量黑洞合并产生的引力波信号。这一国际合作充分证明了顶级科研设施在推动全球科学合作中的关键作用，同时也展现了科研设备在国际科研竞争中的重要地位。

在科学社会学的框架下，罗伯特·K. 默顿（Robert K. Merton）揭示了科学界中一个重要的现象：多重发现的并存。这种现象表明，科学知识的积累和发展并非孤立事件，而是不同地域的科研工作者在相似时间框架内独立进行探索的结果。在此背景下，科学发现的优先权成为一个核心议题，它不仅关乎科学家个人的声誉，也是其研究成果得到社会认可和回报的关键因素。在大科学时代的背景下，科学前沿的突破往往与科研设施的性能密切相关。科研设备的精确度和性能水平，对于科学家的研究贡献具有不可忽视的影响。例如，在引力波探测技术上，阿雷西博天文台（Arecibo Observatory）和 aLIGO 的高性能帮助美国科学家在优先权竞争中占据优势。加拿大天文学家布鲁斯·坎贝尔（Bruce Campbell）的案例进一步说明了这一点。坎贝尔在 1988 年基于当时的技术条件提出了系外行星存在的预测，但由于观测技术的局限性，他的发现未能及时得到验证。直到 2002 年，麦克唐纳天文台利用更新的观测技术证实了这一理论，但坎贝尔已无法享有首位发现者的荣誉，也未能获得诺贝尔奖的认可。在科学探索的前沿领域，先进的大科学装置的作用日益凸显。它们不仅为科研人员提供了探索未知世界的工具，也决定了国家在科学竞争中的地位。缺乏这些设施的国家，将难以参与科学前沿的竞争，可能永远无法进入科学探索的主流。

4.2　宽松自由的创新氛围

4.2.1　包容的评价制度

1. 美国

美国在科技创新评价领域居于全球前列，特别重视对科研效能的全面审视。其评价机制多元且侧重衡量科研活动的学术价值与社会效应，能够有效激发创新动力并筛选出优质的科研成果。美国的科技评价体系可以大致分为三大模块。

首先，国会和联邦政府主导的科技评价在国家层面发挥关键作用。科技评价并非集中于单一机构，而是由多个科研管理机构中的独立部门负责。以美国国家科学基金会（National Science Foundation，NSF）为例，其评价体系不仅涵盖学术贡献，还注重项目对社会的广泛影响，强调多样性与包容性等社会议题。其次是社会化评价，涉及专业非营利机构和商业实体的参与。政府通过授权，委托这些机构执行评估工作，从而确保了独立性与公正性。最后是由学术团体、研究机构和大学进行的评价。美国国家科学院、国家工程院及国家医学院等机构通常承接国会或联邦政府的特定评估任务，而各高校也会根据自身特点制定科研评价标准。例如，加利福尼亚大学伯克利分校更注重研究深度，以此为基础评估教师薪酬、晋升及终身教职的决策。

美国的科技评价体系因其多样性和规范化的流程广受认可。评价方法可根据不同对象分为六类：同行评议作为核心手段，贯穿于联邦机构的科研项目评估的始终；文献计量分析则通过引用分析评估科研成果的影响力；经济收益分析用于衡量科研活动对经济的贡献；案例分析针对特定的科学事件或技术应用展开深入研究；回顾性分析从历史角度评价科研进展；代表性指标分析则结合定量与定性数据进行综合评价。这些评价过程通常包括五个阶段：评估准备、基础研究、数据收集、数据分析以及报告撰写和发布，确保了评价的科学性与公正性。

2. 英国

全球范围内，英国的大学科研评估体系对学术研究产生了显著影响。2008 年，英国建立的 REF 取代了 1984 年的“研究评估练习”（Research Assessment Exercise，RAE），成为英国高校科研评价的共同准则。REF 每五年进行一次更新，其核心任务是评价大学的科研水准及研究生教育质量，评价结果与高校能否获得高等教育基金委员会资金有着直接关联。在理念上，REF 延续 RAE 的宗旨，通过评审过程对政府资助的科研经费进行合理分配，旨在提高资金分配的透明性和准确性，并激发科研水平的提升。在操作层面，REF 强调减少专家评审的负担，力求程序的简化和成本效益。

REF 的评价内容主要分为三个部分：首先，研究产出占总评价权重的 60%，包括学术论文、专著、艺术展览等多种形式。其次，研究影响力占 25%，着重评估科研成果在经济增长、社会进步、文化发展等方面的贡献。最后，研究环境占 15%，评估大学提供的科研支持和条件。在评价方法上，REF 主要采用两种途径：一是优化评审小组的构成，减少主评估小组和学科单元的数量，以促进跨学科研究；二是以同行评议为主，结合文献计量分析，保障评价过程的透明度。评价结果主要用于指导政府资金分配，根据科研成果的等级决定资助额度。

英国在科研人才评价领域的创新举措具有里程碑意义，其创立的“发展性评价”理念和方式在全球得到了广泛推广。这种评价模式注重评价者与被评价者之间的互动、积极、建设性沟通，旨在实现组织目标的同时，促进被评价者的持续发展。“发展性评价”的核心理念涵盖六个方面：一是双向、积极、建设性的评价方式；二是互动的建构过程，平衡组织目标与个人发展；三是关注评价对象的发展潜力和创新能力，鼓励设定目标和行动计划；四是重视评价过程，寻求个人愿望、发展需求与组织目标之间的平衡；五是关注个体差异，探索评价对象的学习与训练机会；六是强调评价的诊断作用，旨在识别并解决影响效率的问题和障碍。

剑桥大学的“员工评议与发展计划”是该评价体系的成功案例，其特点是将“发展性评价”理念贯穿于员工评价的全过程，通过定期、积极、建设性的互动激发员工激情和活力，支持职业发展，达成组织目标。其实践经验主要包括三个方面：一是聚焦共同发展，通过平衡员工和组织的目标，激发各方主动性和积极性，确保评价的常态化和可持续性；二是建立互信，通过以发展为核心的交流和互评，增进双方的信任和尊重，实现共识，确保沟通的真实和有效；三是提供保障，建立细致和人性化的支持体系，促进员工的职业成长。

3. 日本

日本文部科学省于 1992 年启动的 COE 计划，成为科技评估领域的里程碑事件。这一由政府引领的计划，旨在通过构筑科研基础设施、革新高等教育体系、培育卓越科技创新人才等措施，增强国家科研实力。项目历经三个阶段：1992 年至 1998 年“高校 COE 基地建设计划”，2002 年至 2009 年的“21 世纪 COE 计划”，以及 2007 年至 2015 年的“全球 COE 计划”。每个阶段都依据时代发展和社会需求对资助对象和方案进行调整，并建立了严谨的评审与退出机制。COE 计划着力打造顶级教育科研平台，尤其注重博士生课程设置和培育世界级人才。COE 计划的评估针对不同阶段采取差异化的标准，涵盖项目初始的选拔、过程中进展的监控以及最终成果的总结。这些评估活动有助于合理分配资金、调整项目策略，并确保评估过程的公开透明，使公众能够参与其中。评估结果将以报告形式对外公开，推动教育和研究的持续进步。

具体而言，COE 计划的评价内容随项目阶段变化而有所不同。项目启动前，评估重点在于挑选出应获得资助的研究中心，关注的是大学的发展规划及其可持续性，以及研究中心的未来发展潜力和项目实施的可行性。项目进行时，检查研究中心是否按照计划实现了既定目标，评估其运行状况、资金使用效果以及未来展望。项目结束后，根据一系列标准对研究中心的表现进行评估，包括建设规划、教育研究成果、对外影响力以及资金使用的合理性和有效性。

从评价方法上看，COE 计划主要采用同行评议的方式，包括书面评价、会议讨论和实地考察等。评价过程分为三个阶段：项目启动前的评价、项目进行中的评价，以及项目完成后的评价。这些评估结果不仅为资金分配提供依据，还为项目的后续调整和完善提供指导。在项目启动前，评价结果主要用于挑选资助项目，同时评审团会汇总评价结果，并向研究中心项目负责人反馈，以便优化项目方案。项目进行中的评价关注项目进展和未来潜力，文部科学省将根据评价结果对未来的四年资助重点进行调整。项目结束后，评价结果将分为四个等级：完全达成目标、大部分达成目标、部分达成目标以及未达成目标。评审团将评价结果报告给文部科学省，并向参与中心公开，以支持其后续的教育和研究活动。最终，各中心的成果和评估结果将以报告形式对外公开，确保活动的透明性和公众的知情权。通过这样详细的评估体系，COE 计划旨在不断提高教育和研究的品质，培养能在全球舞台上发光发热的原始创新人才。

4.2.2　人本的培养氛围

原始创新往往不是简单的增量和改进，而是遵循第一性原理从根本上重新考虑问题和解决方案，指的是那些具有突破性和颠覆性的新思想、新理论、新技术、新工艺或新产品、新工程。在相对宽松自由的氛围中，研究人员更有可能跳出传统框架，从根本性问题出发展开思考。

1. 英国做法

英国在塑造自由浓厚的科学研究氛围上底蕴深厚。以剑桥大学的卡文迪许实验室为例，该机构在弘扬科学精神、推崇优质教学方面建立了卓越声誉。实验室中多数习题课由正式教职工或教授亲自授课，且每堂课均为小型班级，最多容纳二三人，教师秉承着“不容学生蒙混过关，必须严格要求”的原则。在詹姆斯·克拉克·麦克斯韦（James Clerk Maxwell）的引领下，实验室强调通过实验揭示自然规律，并借助数学分析构建物理理论，随后进行实验验证。麦克斯韦的课程不仅涉及理论，还辅以实验，要求学生在课堂中亲手制作仪器，亲自进行实验，以强化对理论的感知与理解。这些做法激发了学生的探索热情，锻炼了他们的实践技能，并在无形中培养了科学精神。卡文迪许实验室不仅打破了传统物理学的理论框架，更在科学方法论上带来了革新。实验室营造了一种开放自由的学术环境，鼓励创新思维，允许学生自由探索感兴趣的课题，并允许学生自主选择导师。这种氛围源于麦克斯韦的教学理念，他鼓励学生大胆提出想法，并与他人分享、交流。卡文迪许实验室的跨学科讨论相当开放，学术交流多以自由方式进行，学生甚至可以直接质疑教师的观点，这种学术自由激发了众多创新思想的碰撞。此外，实验室鼓励学科间的交叉融合，如 DNA 分子螺旋结构的发现，便是这种交叉合作的成果。卡文迪许实验室作为剑桥大学的物理学实验室，涌现出众多跨学科的人才，赢得了诺贝尔化学奖、诺贝尔生理学或医学奖等荣誉。

此外，格拉斯哥大学以其深厚的学术氛围和不断完善的基础设施，为原始创新提供了优越条件。近六个世纪的发展历程中，格拉斯哥大学培养出众多科技领域的杰出人物，包括蒸汽机的发明和改良者瓦特、热力学的开创者开尔文、物理学家麦克斯韦等。截至 2023 年，格拉斯哥大学共培养了 8 位诺贝尔自然科学奖得主（物理学、化学、生理学或医学）。

曼彻斯特大学也以其宽松包容的自由探索科研氛围培养了许多原始性科学创新的人物。曼彻斯特大学教授、诺贝尔奖获得者盖姆就生动地诠释了在这样的科研氛围下由好奇心驱动的原始创新。以目标为导向的研究和以好奇心驱动的研究，这两者之间的不同就好比一群坐在香蕉树上的猩猩，前者正思考找到一种剥香蕉的技术，而后者思考如何下地走路。盖姆教授以自己的两个实验为例，阐释了好奇心驱动的基础研究的重要性，展示了好奇心如何推动自由探索式的基础研究取得突破性进展。其中的一个实验是，1997 年，受磁化水除垢剂的启发，盖姆对超强磁场对水的影响产生了好奇，最终通过磁悬浮技术让青蛙飘了起来，因此获得了“搞笑诺贝尔奖”。另一个实验是，因为好奇石墨片材料能达到的薄度极致，盖姆最终成功分离出石墨烯，也因这一成就获得了 2010 年的诺贝尔物理学奖。这两个诺贝尔奖的获得恰恰印证了好奇心驱动的研究是原始性科学创新的一个重要原动力。我们也要为这样的研究创造空间，因为对于做此类研究的科学家而言，在其研究被发现有重大意义之前，可能会在长达四五十年的时间内处于不被关注的状态。

此外，英国华威大学通过沃里克制造业集团进行针对性的创新人才培养，以增强原始创新能力，其人才培养策略集中在以下方面：首先，建立多层次的人才培养目标。沃里克制造业集团提供的教育计划高度重视学生的层次性培养，在四个不同层次的学习阶段均实现了与企业和科研机构的合作，每个阶段都设定了明确的人才培养目标。这些目标几乎全面覆盖了市场需求，这也是沃里克制造业集团与多个企业合作的原因。其次，制定具有针对性的人才培养模式。例如，对于本科生，沃里克制造业集团与工程学院合作授课，使学生能同时接触到学校和企业的专业知识，并与具有国际教学经验的教师以及沃里克制造业集团研究基地的企业人员开展合作研究。针对研究生，沃里克制造业集团采取项目研究和实习对接的形式，学生可以选择合作企业的项目或雇主企业的项目进行研究，与资深的学术领导和有丰富企业经营经验的行业领导共同工作。

2. *日本做法*

在日本，研究型大学作为高等学府的旗舰，高度重视在基础研究和前沿技术领域培养顶尖创新人才。这些人才不仅专注于科学研究，而且在国内外科研舞台上扮演着不可或缺的角色。他们通过不懈的探索和突破，为科技发展和创新驱动贡献了巨大力量。日本文部科学省科学技术·学术政策研究所发布的研究报告显示，截至 2017 年，日本在全球高影响力论文的份额中排名第九，总论文数排名全球第四。这一成绩证明了日本在全球科研领域的显著地位。同时，日本科学家在诺贝尔奖的获得上也取得了辉煌成就。截至 2023 年，已有 29 名日本科学家荣获诺贝尔奖，其中自然科学领域（物理学、化学、生理学或医学）获奖 25 项（含美籍日裔科学家）。尤其是进入 21 世纪以来，日本学者获得诺贝尔奖的频率和数量都大幅增加，彰显了其在科研领域的卓越表现。

这些成就的背后，是日本研究型大学百年来的辛勤耕耘。这些学府不仅在科研实力上取得了举世瞩目的成绩，还培养出了众多诺贝尔奖得主。日本的研究型大学，如东京大学、京都大学等，已成为全球科研创新的典范。这些大学以“开放”为核心理念，通过整合内部资源与外部环境，促进了供需平衡，培育出了具备卓越学习能力、深厚专业知识以及创新思维的人才。这些复合型顶尖人才，不仅在国内外科研领域发挥着重要作用，也在推动社会进步和经济发展方面做出了积极贡献。

3. 德国做法

德国高等教育体系以其深厚的历史底蕴和独特的教育理念而闻名于世。19 世纪初，德国哲学家洪堡提出了高等教育理念，强调教学与科研的结合、通识教育与专业教育的融合，以及基础研究与应用研究的平衡。这一理念深刻影响了德国高校的发展，使其成为全球高等教育创新的典范。在塑造高校原始创新氛围方面，德国高校采取了一系列行之有效的举措。

首先，德国高校高度重视学术自由和学术自治，鼓励教授和研究人员在各自领域内进行自由探索，从而推动基础研究和前沿技术的创新。这种自由探索的学术环境为创新人才的成长提供了丰富的土壤。

其次，德国高校致力于激发学生的自主学习意识，培养其批判性思维、自主学习能力、问题解决能力和反思能力。具体做法包括：推行项目式学习，鼓励学生投身科研项目，通过实际操作强化问题解决能力，在实践中实现学习与创新的双重提升；开设跨学科课程，为学生提供丰富的跨学科学习机会，引导其突破专业界限，拓宽知识视野，激发创新思维；开展批判性思维训练，借助辩论、研讨等形式，帮助学生掌握独立思考方法，培养敢于质疑、勇于创新的精神；推进国际化交流，积极搭建与海外高校的合作平台，构建国际化学习环境，促进多元创新思想的交流与碰撞。近年来，这些做法取得了显著成效。德国高校在科研创新方面取得了丰硕的成果，论文发表数量和质量稳步提升，国际学术影响力不断增强。

最后，德国高校还注重与企业和科研机构的合作，形成了产学研紧密结合的创新生态。这种合作模式不仅为学生提供了实践机会，也促进了研究成果的高效转化，进一步提升了高校的原始创新能力。

4.2.3 合理的激励机制

世界一流名校均构建了独特的激励机制，以此激发校内科技工作者开展原始创新的热情。以美国哈佛大学为例，哈佛大学创新实验室（Harvard Innovation Lab）自 2011 年创立以来，已成为全球高校创新创业教育的标杆。其成功之处在于构建了一套系统化的原始创新激励机制，涵盖了跨学科协同创新环境的营造、全方位资源支持体系的构建、激励与容错并重的制度设计、以成果为导向的评估机制，以及创新文化的培育与传播。首先，该实验室致力于打破传统学科界限，营造一个跨学科协同创新的环境。它鼓励具有不同学科背景的学生、教师和校友共同参与创新项目，从而促进思想的碰撞和知识的融合，为原始创新提供源源不断的灵感。其次，该实验室为创新项目提供了全方位的资源支持，包括物理空间、资源对接、专家指导和启动资金等。这些支持极大地降低了创新门槛，提高了创新效率，使得创新者能够更加专注于核心问题的研究。在制度设计方面，该实验室采取了激励与容错并重的策略。通过设立奖学金和竞赛奖金，奖励优秀的创新项目，同时建立容错机制，鼓励学生在实践中勇于尝试，即使失败也不会受到惩罚。在评价机制方面，该实验室还注重以成果为导向，重视创新项目的市场潜力、社会影响和学术价值。通过对优秀项目的进一步支持和推广，该实验室促使创新者更加关注项目的实际效果和长远影响。最后，该实验室通过举办创新创业赛事、讲座和研讨会等活动，培育和传播创新文化。这种文化氛围不仅提升了创新者的创新意识和能力，还吸引了更多优秀人才投身于创新事业。

英国剑桥大学秉持以发明者为核心的科研激励机制，显著提升了个人科研热情。为推动科技园区的发展，该校实施了多项鼓励科技成果校外转移的政策。允许专利权人——无论是个人、课题组，还是院系——自主转化其专利权。沃夫森产业联络办公室的成立，更是专注于促进校内知识产权的转让，其采用“抓大放小”的收益分配策略，根据收入（净收益）的不同水平，设定了发明者、所在院系及大学之间的分配比例，依次为：1 万英镑以下，发明者获得 90%，院系和大学各占 5%；1 万至 3 万英镑（不含），发明者获得 70%，院系和大学各占 15%；3 万至 5 万英镑（不含），发明者、院系和大学各占 50%；5 万英镑及以上，发明者、院系和大学各占 33.3%。这种分级的激励机制对原始创新成果的转化起到了至关重要的作用。

德国的“创新型高校”协议则是针对中小型大学和应用科学大学的一项重要政策。该协议主要针对这些高校在满足区域经济发展需求和企业需求方面的作用，为其提供了政策上的倾斜。协议的实施期限为 2017 年至 2027 年，分两轮进行，每轮 5 年，资助总额高达 5.5 亿欧元，其中联邦政府出资 90%，获批高校所在的州政府出资 10%。每所入选高校可获得最高 200 万欧元的年度资助，每个高校联盟可获得最高 300 万欧元的年度资助。该协议覆盖了众多高校，这种大规模的投入不仅为高校提供了资金支持，更为研究成果的转化创造了有利条件，有助于加强高校与企业和社会的联系，打造高校在创新转化领域的特色。

瑞典政府同样采取了积极的措施，支持和推动高校原始创新成果的转移转化。其开发的两种主要工具——由高等教育机构管理的控股公司和创新办公室——各自发挥着重要作用。一是由高等教育机构管理的控股公司，这些公司自 1994 年起相继成立，旨在将研究成果和创意商业化，并在政府融资的早期阶段提供支持。此外，它们还提供合同教育。目前，瑞典有多家这样的公司，其规模和可投资资金各不相同。并非所有大学都拥有控股公司，这些公司在其他大学也可能进行类似活动。没有这类控股公司的高校，其商业化活动难以获得同等支持，一些高校已向政府申请设立此类公司。二是创新办公室，这些办公室旨在促进私营部门对研究成果的应用。每个创新办公室都为研究人员、学生和员工提供商业建议，它们直接从政府获得资金，高等教育机构可提供额外资金支持。设有创新办公室的高校也为未设置创新办公室的高校提供支撑，推动其原创性成果成功转化。

4.3 注重积累的创新能力

4.3.1 长期投入

深入研究型的基础探索往往能够导向重要的原始创新，然而这一过程伴随着较高的风险与潜在的巨大回报。众多发达国家政府与顶尖学府通过实施较长周期的基础研究资助与评审体系，为高校的重大基础研究成果提供了坚实保障。其中，美国康奈尔大学的蛋白质折叠研究项目，就获得了美国国立卫生研究院长达 52 年的不间断资助，成为经典案例。日本文部科学省下的日本科学技术振兴机构（Japan Science and Technology Agency，JST）管理了一系列战略性的基础研究项目，其成熟机制和丰富经验尤为突出。例如，“先进技术探索性研究”（Exploratory Research for Advanced Technology，ERATO）项目[①]助力众多科学家取得了诺贝尔奖级别的成就。日本还推出了面向融合的颠覆性科学技术研究（Fusion Oriented REsearch for disruptive Science and Technology，FOREST）项目，成为全球基础研究长期支持机制探索的先行者，其长周期支持机制值得借鉴。

JST 设立了 FOREST 项目主任委员会，负责审慎决策、规划与选择项目执行策略。基于委员会的决策，JST 指派专门的 FOREST 项目专员，负责具体审查挑战性研究，并支持研究者突破传统思维框架，孕育颠覆性创新思维。在这一过程中，顾问将为专员提供协助，对研究人员进行指导并管理研究进度，确保研究效益最大化。截至 2023 年，FOREST 项目拥有 15 位专员，每位专员配备 7 至 15 位顾问，共同管理并指导项目。专员在项目选拔与评估工作中发挥着关键作用，他们需严谨审查项目的研究内容与预算，并与相关机构协作，以此保障为研究提供优质环境。专员收集的评估结果将提交给主任委员会审议，并由 JST 最终决定是否批准。资助对象为个人研究者及其团队，包括研究员、博士后、研究助理和学生等。申请者通常应在获得博士学位后的 15 年内，医学、牙医学或兽医学领域的申请者，此期限可延长至 17 年。该项目旨在激励年轻研究人员，尤其是助教级别的，提出创新多元的研究方案，独立开展研究，培养其创新能力。资助范围涵盖自然科学、制造技术、纳米技术、生命科学、信息通信和人文社会等多个领域。研究提案需具有挑战性和独创性，研究周期长，选题包括新知识发现或创造、多学科交叉融合研究、新技术知识和创新技术开发，以及成果转化与应用等方面。

FOREST 项目有效地促进了日本高校科研工作者长周期基础研究的发展。

① 详细信息可参考 https://www.jst.go.jp/erato/about/index.html。

2020 年，前 15 名的资助项目均来自日本大学，2021 年，前 15 名资助项目中，有 13 所来自高校。FOREST 项目的资金支持采用了创新的“3+4+3”阶段性资助机制。研究周期通常为 7 年，分为两个阶段：第一阶段 3 年，第二阶段 4 年。少部分项目进入“3+4+3”阶段的第三个周期（3 年）。第一阶段结束时，所有项目需接受审查，只有通过的项目方可进入第二阶段。审查标准包括研究进度是否符合计划、团队面对挑战的勇气和风险承受能力、研究环境是否利于创新、团队是否积极参与学术活动等。未通过第一阶段审查的项目将终止。第一阶段审查结果将影响第二阶段的研究计划，可能包括经费和团队结构调整，甚至导致某些课题提前终止。第二阶段结束后，项目专员可批准最多 3 年延期，前提是预计延期后将产生显著成果，且终止将对研究产生负面影响。直接经费总额原则上 7 年内不超过 5000 万日元（约合人民币 250 万元），其中第一阶段不超过 2000 万日元（约合人民币 100 万元）。关于第二阶段结束后延期的经费追加方式及金额，目前尚无明确规定。主任委员会及专员可依据课题实际情况调整经费上限。直接经费预算包含设备、差旅、人力等费用，其中人力费用包括项目负责人（年度上限 70 万日元，约合人民币 3.4 万元）和研究参与者薪酬。JST 根据研究合同支付直接经费及最多 30%的间接经费给研究机构。

4.3.2　师承效应

在科学史的演进过程中，原始创新人才的培养对于重大科学突破的贡献至关重要。其中，“师从名师”的现象在原始创新的崛起中占据了核心地位。“名师出高徒”的古训在科学领域得到了充分的验证，尤其是在诺贝尔奖获得者的群体中，师承效应的表现尤为突出。

保罗·萨缪尔森（Paul Samuelson），这位诺贝尔经济学奖的获得者，曾明确提出，获得诺贝尔奖的一个重要诀窍就是得到名师的指导。通过对 1901 年至 2012 年诺贝尔物理学奖得主的师承效应进行量化分析，我们发现，导师是不是诺贝尔奖得主与其门生的“最高学位年龄”、“成就年龄”和“获奖年龄”之间存在显著的负相关性。具体数据显示，师承关系每延伸一代，学生的“最高学位年龄”平均减少 0.274 岁，“成就年龄”平均减少 2.577 岁，“获奖年龄”平均减少 2.892 岁。这一分析结果充分说明了名师在培养原始创新型人才中的关键作用，他们能够显著缩短学生掌握新知识、取得重大创新成就以及获得学术认可的时间。

剑桥大学的卡文迪许实验室，被誉为“诺贝尔奖的摇篮”，它外观简朴，然而自 1901 年诺贝尔奖首次颁发以来，已有超过 30 位实验室成员荣获这一奖项，在物理学发展进程中做出了巨大贡献。自 1874 年建成以来，卡文迪许实验室作为近代科学史上首个社会化和专业化的科学实验室，始终处于物理学发现的前沿。实验室的名师不仅注重科学精神的传承，更是将人才培养视为核心任务，这无疑是卡文迪许实验室能够取得巨大成功并持续引领物理学发展的关键因素。在 20 世纪的物理学史上，欧内斯特·卢瑟福（Ernest Rutherford）以其在放射性和原子结构领域的开创性工作而被誉为近代原子核物理学之父。作为 1908 年诺贝尔化学奖的获得者，卢瑟福不仅以其卓越的科学成就影响了物理学的发展，还以其深厚的学识和独特的人格魅力，对年轻一代科学家产生了深远的影响。他不仅自己荣膺诺贝尔奖，还培养出了多位诺贝尔奖得主，这一成就充分体现在表 4.1 所示的师承效应中，彰显了卢瑟福在培养原始创新人才方面的卓越贡献。

表 4.1 师承效应（卢瑟福及其获得诺贝尔奖的弟子）相关情况

中文名	英文名	生卒年份	获诺贝尔奖年份及奖项
欧内斯特·卢瑟福	Ernest Rutherford	1871~1937 年	1908 年化学奖
弗罗德里克·索迪	Frederick Soddy	1877~1956 年	1921 年化学奖
弗朗西斯·威廉·阿斯顿	Francis William Aston	1877~1945 年	1922 年化学奖
尼尔斯·亨里克·大卫·玻尔	Niels Henrik David Bohr	1885~1962 年	1922 年物理学奖
查尔斯·威尔逊	Charles Wilson	1869~1959 年	1927 年物理学奖
詹姆斯·查德威克	James Chadwick	1891~1974 年	1935 年物理学奖
帕特里克·布莱克特	Patrick Blackett	1897~1974 年	1948 年物理学奖
约翰·考克饶夫	John Cockcroft	1897~1967 年	1951 年物理学奖
欧内斯特·沃尔顿	Ernest Walton	1903~1995 年	1951 年物理学奖
彼得·L. 卡皮察	Pyotr L. Kapitsa	1894~1984 年	1978 年物理学奖

马克斯·玻恩（Max Born）在哥廷根大学创立的物理学派同样体现了师承效应的重要性。玻恩在多个学术中心，包括哥廷根、法兰克福和爱丁堡，培养和影响了众多年轻科学家，帮助他们获得了诺贝尔奖，从而确立了其作为 20 世纪伟大的物理教育家的地位。玻恩的教学和研究工作不仅深入理论探索，还重视理论与实践的结合，他擅长根据学生的个性特点进行个性化指导。这种教学理念被认为是玻恩能够培养出众多诺贝尔奖得主的关键所在。

在科学领域，名师的指导对于培养原始创新人才至关重要。他们不仅传授知识，更通过自身的榜样作用和个性化教学，激发学生的创新潜能，从而推动了科学的发展和社会的进步。加利福尼亚理工学院的物理学家理查德·费曼（Richard Feynman）不仅因其对量子电动力学的杰出贡献而获得诺贝尔奖，更以其独树一帜的教学风格和深邃的科学洞察力，深刻影响了无数学生的成长。他倡导学生挑战权威，追求创新，其教学和研究工作传递了一种探索未知、解决问题的精神。

同样，芝加哥大学的生物学家詹姆斯·沃森（James Watson），作为 DNA 双螺旋结构发现者之一，不仅在生物学领域贡献了革命性的成果，也在导师的角色中，鼓励学生进行大胆的思考和创新研究，培养了一批优秀的生物学家。良好的师生关系是科学不断进步的推动力，它孕育了重大原始创新的成果。意大利微生物学家萨尔瓦多·卢里亚（Salvador Luria）因揭示病毒复制机制和遗传结构而获得诺贝尔奖。在印第安纳大学任教期间，他培养了一位名叫沃森的研究生，后者后来因发现 DNA 的双螺旋结构而成为诺贝尔奖得主，开启了分子生物学的新纪元。卢里亚对沃森的个性化发展提供了重要支持。当沃森发现自己对化学不感兴趣时，卢里亚安排他前往哥本哈根，在赫尔曼·卡尔卡（Herman Kalckar）所在实验室做博士后研究，并为他申请了奖学金，以便他能够学习基因研究所需的化学知识。随后，在卢里亚的推荐下，沃森来到剑桥卡文迪许实验室，与弗朗西斯·克里克（Francis Crick）合作，最终确立了 DNA 分子的双螺旋结构。虽然卢里亚未直接参与这一突破性成果，但他在科研和职业发展上对沃森给予了极大的帮助和指导。卢里亚的工作将微生物学引入了亚细胞水平，而沃森的研究进一步深入到了生物分子水平，为基因研究奠定了基础。这一过程凸显了医学发展对具备广阔视野的医疗工作者的需求。他们不仅要传承前人的理论成果，还需肩负起推动理论发展与创新的重任。

在原始创新人才的培养过程中，导师与学生之间的关系，不只是知识的传递，更是对学生独立思考及解决复杂问题能力的培养过程。有效的指导应帮助学生形成自己的见解和研究方法，使他们在科学道路上不断前进，创造出更多的创新成果。名师在原始创新人才培养上的作用可以从横向和纵向两个维度来理解。纵向上，名师的楷模影响和师承效应成为加速人才成长的正向催化剂。横向上，名师的科研团队吸引了具有不同知识结构和能力的高水平创新人才，共同营造了一种互相学习、互相砥砺的研究氛围。原始创新中的师承效应强调的是导师的前瞻视野、学术洞见、深厚的学术根基以及启发式教育的能力，而非仅仅基于名誉或头衔。杰出的科学家通过启发式教学激发学生的好奇心和创造力，鼓励他们提出问题、探索解答，并勇于尝试新的研究方向，从而培养学生的独立思考精神和创新性解决科学问题的能力。导师在其领域的前沿研究位置使得学生能够接触到最新的科学问题和技术，了解未解决的大问题，并在此基础上进行创新。这种紧贴学科前沿的研究环境为原始创新提供了肥沃的土壤。名师通过自己对学术的深刻理解和对科研的独到洞察，影响和塑造学生的科研思维和价值观，帮助他们建立起追求真理、勇于创新的科研态度。此外，名师往往拥有广泛的学术网络和丰富的资源，为学生提供了开展高水平研究和创新工作所需的关键要素。他们能够为学生提供与其他顶尖科学家交流的机会，以及接触最先进设备和技术的渠道，从而进一步促进学生的科研成长和创新能力的提升。

4.3.3 团队建设

在全球科学研究的舞台上，顶尖高等学府的团队构建实践展现出了独特的魅力和深远的影响力。这些学府不仅重视知识的积累与传承，更注重培养独立思维和创造力，同时积极推动多学科交融和国际化交流。这些做法已经成为激发原创性科研成果的关键路径。

以引力波探测领域的重大突破为例，这一成就不仅是全球科学家与技术人员集体智慧的结晶，更是知识沉淀、持续探索和团队协作在高等教育原创性研究中的重要价值的生动体现。加利福尼亚理工学院在引力波探测领域历史悠久。经过一个世纪的艰辛探索与辉煌实践，该校参与管理与营运的 LIGO 不仅成功验证了引力波理论，更成为科技创新团队建设和顶尖科技人才培养的典范。在管理与营运 LIGO 的过程中，加利福尼亚理工学院的研究团队持续发展壮大，孕育出独具特色的 LIGO 团队文化。在此过程中，科学家凭借持之以恒的努力与代代接力，不断推动引力波研究前进。例如，约瑟夫·泰勒（Joseph Taylor）和拉塞尔·赫尔斯（Russell Hulse）曾借助射电望远镜，间接证实了引力波的存在；而 LIGO 项目则实现了人类对引力波的首次直接探测。LIGO 的卓越成就不仅为爱因斯坦的广义相对论提供了实证支持，更开启了天文学和物理学的新纪元，使人类得以以全新的视角探索宇宙的奥秘。

引力波探测技术的进步，源自核心团队长期的积累与不断的创新。从最初的共振探测器发展到采用大规模激光干涉技术，每一次技术革新都是在无数次的试验与失败中逐步实现的。这些技术进步不仅为引力波探测提供了必要的工具，也推动了物理学、天文学等相关科技领域的整体进步。美国国家科学基金会自 LIGO 项目启动伊始便给予了持续的支持，并特别设立了专门的部门，以确保引力波研究领域的科研经费充足。这种长期稳定的支持为引力波研究核心团队的发展提供了坚实的保障。

当然，LIGO 项目的成功，离不开全球科学家、技术人员和工程师团队的密切合作。引力波研究团队与平台建设的显著成绩，吸引了众多勇于创新的科学家和技术人才。这些人才在引力波领域取得成就后，又转向其他科技行业，如 SpaceX 公司，为商用太空飞行器的传感器开发提供了技术支持。这些来自世界各地的专家共同攻克引力波探测中的种种难题，展现了跨学科、跨国界合作的强大力量。他们的故事充分证明了长期的技术积累、跨学科合作，以及持续的科研投入和科学家开拓精神，是推动科技进步与人才培养的关键要素。

在科学研究的现代范式下，除了集中攻关重大项目，高校科研团队在科技前沿领域的自由探索已成为推动原始创新的重要途径。UCLA 的杨阳教授在科研团队文化建设方面有着丰富的实践经验，特别是在促进原始创新能力的持续积累上。

他在担任科研团队领导期间，以独到的管理和教育理念，打造了一支高产出、充满创新活力的研究团队。在他的领导下，该团队在科研领域取得了显著成就，并培养了一批具有高创造力和影响力的科研人才。这些成就的取得，离不开杨阳对团队文化、传承与积累的深刻认识和高度重视。

杨阳教授认为，团队文化的核心在于师生之间的相互信任与支持。他坚信，当学生的成长和教师的指导得到同等的重视时，团队的成功概率将大幅提升。这一理念在他的科研实践中得到了充分体现。杨阳通过与学生建立深厚的互信关系，激发他们的潜能，帮助他们在科研和职业发展上取得突破。他经常说："学生的成功，就是我们团队的成功。"

杨阳教授领导的团队强调基础科学知识和科研习惯的培养，要求新加入的研究生在第一年专注于课程学习和博士资格考试的准备。他相信，坚实的基础是科研成功的基石。这一做法不仅为学生打下了坚实的知识基础，还培养了他们严谨、诚实的科研态度。杨阳还注重激发学生的创新思维，鼓励学生在完成博士论文后，利用剩余时间探索新的研究方向，提出创新性的想法，并为此提供一定的启动资金支持。这种"毕业礼"不仅激发了学生的创新思维，也为团队带来了新的研究方向和突破。

例如，一名学生提出的三线态分子掺杂有机太阳能电池的研究创意，为团队在新的研究领域取得了重要突破，并发表了具有高影响力的科研成果。杨阳通过这种方式，不断激发学生的创造力，为团队的持续创新提供了源源不断的动力。他通过启发式教育，鼓励学生提问、探索解答，并勇于尝试新的研究方向。在杨阳的理念中，实验记录本也占有重要地位。他认为，详细记录实验过程和心得体会，不仅有助于科研的回顾和总结，还能帮助学生养成诚实、严谨的科研态度。

杨阳教授还注重团队成员之间的交流和学生全球视野的拓展。他倡导团队合作与交流，创造了一个相互学习、取长补短的环境。他鼓励跨学科合作，通过多学科交叉研究，激发创新灵感，实现科研突破。在有机太阳能电池的研究中，杨阳的团队通过多学科合作，取得了多项重要突破，并发表了多篇具有高影响力的论文。与国际顶尖科研机构和学者的合作，让杨阳的团队吸收了最新的科学前沿知识和技术，也为团队带来了新的研究方向和发展机遇。这种国际合作不仅提升了团队的科研水平，也扩大了团队在国际科研界的影响力。

杨阳教授通过加强团队文化的培养与积累，建立互信与传承，鼓励创意和独立思考，营造合作与交流的科研环境，成功提升了团队的原始创新能力。这些举措不仅为团队带来了丰硕的科研成果，也为学生的职业发展开辟了广阔的前景，展现了团队建设和团队文化在原始创新中的核心作用。

4.4　国际多元的创新环境

4.4.1　跨组织交流与共享

大科学时代，科研范式日趋复杂化。原始创新成果往往萌发在不同学科领域的交会地带。国际知名大学通过建立跨学科研究中心和项目，鼓励不同背景的学者共同工作，促进知识的交流和融合，激发新的创新点。

世界一流名校都非常注重跨组织、跨边界的交流与合作，这极大地促进了高校的原始创新人才培养，并提高了科研产出。跨学科和跨院校的学术研究能够实现具有颠覆性、开拓性的创新。首都师范大学沈蕾娜就曾以哈佛大学与MIT的跨校合作模式所建立的布罗德研究所（Broad Institute）为研究对象，总结出原创性知识的生产和发展需要推进跨学科、跨行业和跨国家的学术整合，使知识创新与学科建设、地区经济和全球资源配置能力协同发展。其中跨学科的协同，可以推动不同学科的互动；跨行业的协同，可以推动科研创新与城市发展；跨国家的协同，可以使全球高等教育资源优化配置，从而提升“差异的建设性管理”（即能够发现问题不同方面的各方，建设性地探讨他们的分歧，并超越自身有限的视野范围寻求解决办法的过程）能力，在前沿知识领域取得重大突破。不同学科、不同院系、不同高校以及高校院所间的科研人员之间的互动交流合作称为学术共同体间的合作。

促进原始创新的跨组织交流合作中最为典型的一种就是学研产协同创新。高校与研究机构、企业之间的合作，由于创新主体的异质性，突出体现了协同创新的特点。以日本高校为例，其通过设立合作研究中心开展广泛的科研交流与合作。截至2020年，日本共设有86所国立大学。其中，已有52所国立大学设立了共同研究中心。各个中心都有很强的区域性，其核心宗旨都是为本地区的经济发展服务。中心的仪器设备应用面很广，除开展与民间的合作研究和受托研究之外，还为民间企业的研发事宜及其相关人员提供技术咨询和技术教育。

自20世纪80年代以来，跨学科交叉已逐渐成为原始创新的主要驱动力。以哈佛大学、斯坦福大学、MIT、哥伦比亚大学为代表的美国顶尖大学纷纷设立交叉学科平台或机构，促进学科交叉研究，形成新的科研优势。以MIT为例，其不断根据不同时代科技发展和人才培养的需要增设新的学科，构建了以文理学科为基础，以医学、工程、经济、管理等应用性学科为主干的多学科交叉融合的体系。这使得高校成为基础研究的主力军和重大科技突破的发源地。例如，哈佛大学医学院的基因编辑技术、斯坦福大学的自动驾驶汽车研究、MIT的AI技术等。

交叉学科的发展面临着组织、制度和文化等多方面的挑战。美国亚利桑那州立大学（Arizona State University，ASU）通过 20 余年的学术重组，克服了传统学科相对孤立的弊端，开创了以交叉学科组织与文化为特征的“新美国大学”模式，在传统学科竞争之外，开辟了新的科学研究增长点。亚利桑那州立大学的“新美国大学”模式始于 2002 年。当年 7 月，曾在哥伦比亚大学担任交叉学科研究中心主任和副教务长近 20 年的迈克尔·克劳（Michael Crow）成为亚利桑那州立大学第 16 任校长。在他的就职演说中，克劳指出，传统哈佛式学科组织已不再是培养学生、创造知识、解决社会问题的最佳途径，必须融合传统院系和学科，创建新的大学模式。自此，克劳领导下的亚利桑那州立大学在“新美国大学”理念的指引下，开启了全面的改革与重组，计划在 2025 年建成一所致力于交叉性研究、发现与发展的全球领先大学。根据美国国家科学基金会 2018 年的调查，亚利桑那州立大学已成为美国发展速度最快的研究型大学之一，交叉学科研究经费开支位居全美第三，自 2016 年以来连续 9 年被《美国新闻与世界报道》评为最具创新力大学。

亚利桑那州立大学通过长达二十余年的持续改革，在交叉学科发展上取得了显著成就。该校以学院为单元，成立了设计团队，征求校内外各界的意见，并在此基础上制定了《新美国大学模式综合发展规划》，通过学科交叉融合，构建起了以学院为中心的发展模式，并重新明确了各校区的发展定位。例如，凤凰城校区着重发展公共与社会服务的交叉学科研究，而坦佩校区则致力于应用技术、科学和工程的整合发展。通过创建交叉性专业及研究所，亚利桑那州立大学促进了不同学科间的合作研究，不断优化组织结构，同时实施联合聘任制度，明确岗位职责和晋升条件，从而激励教师积极参与交叉学科研究。

亚利桑那州立大学的成功经验为交叉学科发展提供了宝贵借鉴。校长在这一转型过程中发挥了关键作用，克劳运用其在哥伦比亚大学的交叉学科研究经验推动亚利桑那州立大学的改革就是最好的例证。此外，学校还重视建设强大的设计与实施团队，推动跨学科的组织变革，改革资源配置，为交叉学科研究提供专项资金，其在保持既有学院的基础上，逐步进行渐进式组织重组，并建立了适应交叉学科研究的聘任与评价制度。中国高校可以借鉴这些经验，结合自身特色，推动学科交叉发展，构建具有中国特色的高等教育新模式。

深化国际合作与交流是促进原始创新和培养拔尖创新人才的有效途径。例如，MIT 和耶鲁大学吸引了来自全球上百个国家的国际学者；而德国则通过设立教育种子基金，依托高水平研究型大学引育世界英才，为科技创新体系注入强大动力。

除了交流，科技资源共享也非常重要。美国十分重视科技资源的共享，出台了《信息公开法》《版权法》《信息自由法》等，其中均提到数据科技资源的共享问题。例如，《信息自由法》和《版权法》明确提出，数据资源完全开放应当作为科技资源信息共享的基本政策，并强调保护技术资源所有者的权益和用户使用资源的权利。资源共享的领域包括科学文献、自然科技领域信息、高精尖仪器装备设施、资源数据等。在共享政策方面，各领域都想尽最大可能降低生产研发成本，以此提高质量和效益，因而具有强烈的合作意愿。政府鼓励并支持创建共享平台，针对不同领域给予不同支持。

4.4.2 多元化的研发投入

世界一流名校在研发投入来源上呈现出高度的多样性。此外，在资金投入和项目管理上也形成了一系列有利于创造科学价值、产业价值的有益做法。

1. 美国

美国的顶级高等教育机构，无论是公立的还是私立的，在研发经费的来源上均呈现出显著多样性。这些高校的科研资金主要依赖于政府拨款，特别是联邦政府部门，如国防部、国家航空航天局（National Aeronautics and Space Administration，NASA）、卫生与公众服务部（Department of Health & Human Services）等，这些部门的资助构成了高校研发经费的主体部分。以约翰斯·霍普金斯大学医学院的创新团队为例，该团队在 2010 年获得的资助总额高达 6.2 亿美元，其中联邦政府的资助占比高达 77%，即约 4.754 亿美元，而私人及非营利性机构的资助比例达到 11%，即约 6820 万美元。该团队通过将科研成果转化为临床应用和商业产品，不仅提升了自身的学术声誉，还增强了市场吸引力，吸引了更多的资金投入。

此外，州政府的资金支持也是重要的来源。在多数情况下，公立大学得到的研发资金比私立大学更为丰富。

除了政府资金，美国高校还广泛吸收社会资金，这一机制为高校科学研究提供了坚实的物质基础。捐赠活动在美国高校有着悠久的历史，捐赠额度和形式极为多样，捐赠者群体包括校友、慈善家、企业家以及众多基金会。以 MIT 为例，作为一所顶尖私立高等教育机构，私人资助在其中发挥了至关重要的作用。尽管工业界与 MIT 在科技研发方面保持着紧密合作，但 MIT 为了维持众多实验室的高效运作，保障探索性、长周期性科学研究的正常开展，必须寻找更多的资金渠道。调整财务策略以适应资助模式的变化成为关键，这包括增加来自校友、独立捐赠者和基金会的捐赠份额。从 2014 年到 2024 年，MIT 的资金来源发生了显著变化。在此期间，MIT 获得的资助总额从 124 亿美元增至 246 亿美元（不包括认捐），几乎翻了一番。MIT 长期致力于利用社会资源促进发展。例如，柯达公司创始人乔治·伊斯曼（George Eastman）的重要匿名捐赠，为学院开辟了新的私人资助渠道。2023 财政年度，MIT 获得的礼赠和承诺捐款总额为 5.363 亿美元，其中基金会捐赠为 2.644 亿美元，个人捐赠为 1.738 亿美元，企业捐赠为 0.981 亿美元。

至今，MIT 继续采用多元化的筹资方式，包括联邦政府、州及地方政府、企业、非营利组织等，以确保学院获得稳定而充裕的经费支持，进而推动其在科研和教育领域的卓越表现。2024 年的最新数据（表 4.2）证明了这一点。这不仅为各类基础研究、科技创新向产业创新的转化以及创造实际社会价值提供了有力支持，也为高校自身的长远发展奠定了坚实基础。

表 4.2　MIT 2024 财年研究经费支出来源①

主要赞助商	金额/百万美元	占比
卫生与公众服务部	182.49	21%
企业	166.80	19%
国防部	130.05	15%
基金会和其他非营利组织	103.62	12%
国家科学基金会	97.44	11%
能源部	93.05	11%
NASA	36.05	4%
MIT 校内资金	25.66	3%
州、市及外国政府	22.76	3%
所有其他联邦机构	21.19	2%
总计	879.12	100%

注：数据为四舍五入后的数值

在美国，不论是公立大学还是私立大学，普遍设立了专业的研发投资管理机构。例如，2019 年纽约理工大学科研副教务长办公室成功争取到的政府研发资金达到了 2500 万美元。哈佛大学作为知名的私立学府，其科研管理办公室拥有 70 余名专职管理人员，负责全校科研项目的管理。据哈佛大学 2018 年的年度报告，该办公室管理的科研项目资金总额超过 8 亿美元。相较于中国高校科研人员个人申报项目的方式，美国高校的科研管理机制更加高效。例如，美国国家研究委员会（National Research Council）发布的数据显示，美国高校的科研管理人员通过专业的项目管理和资金申请策略，平均为每位科研人员节约了 20%的工作时间，从而使其能够更加专注于科研工作。

2. 英国

在英国高校的科研活动中，资金来源的多元化同样显著。政府拨款是主要来源之一，除此之外，资金还来自慈善机构、企业以及国际组织等。根据英国高等

① 具体数据参见 https://facts.mit.edu/research-highlights/。

教育统计局（Higher Education Statistics Agency）发布的数据，2019 年英国高等教育机构的研发资金中，政府拨款占到了总资金的约 45%，其余 55%则来自其他渠道。

“双重资助体系”在英国科研资金分配中起到了关键作用。该体系是指英国通过高等教育拨款委员会[①]提供稳定支持，以及通过英国研究与创新署（United Kingdom Research and Innovation，UKRI）下属的七大研究委员会提供竞争性支持，共同为高校和科研机构的科研活动提供资金保障的一种资助模式。例如，2018/2019 财年，英国高等教育拨款委员会为高校的科研基础设施建设提供了稳定支持，经费总额达到 22 亿英镑。此外，针对具体项目的资金支持，UKRI 下属的七大研究委员会根据各自学科领域的研究特性，设立了不同的评审标准。据统计，2019 年这些委员会共资助了超过 4000 个科研项目，资助总额达到了 30 亿英镑。这种多元化的资金筹集和管理机制，不仅保障了高校科研活动的持续性和创新性，而且促进了科研与市场的紧密结合，为科研创新提供了强有力的支持。

3. 德国

德国在基础研究领域的多元化特色投入机制，体现了该国科研体系的高度系统化和制度化。在德国，基础研究的投入机制由中央政府与地方政府共同承担，形成了分工明确、协调联动的资助体系。具体而言，联邦政府与州政府依据特定的比例分担基础研究经费。例如，2021 年德国联邦政府在机构资助方面的研发预算支出为 81 亿欧元，而各州政府提供了 28 亿欧元的机构资助。联邦政府承担的比例总体高于 58%，州政府承担较小部分，共同构建了促进基础研究发展的多元化投入良好格局。

在科研执行层面，德国的科研工作主要由四类主体承担：高校、科学协会（如马克斯·普朗克学会）、州立科学院和企业。其中，高校作为科研的支柱，其科研经费约占总投入的三分之一。德国高校的基础研究经费来源多元，课题类型丰富，且研究项目通常规模较小，与教学紧密结合，实现了教学与科研的相互促进。

德国的研究资助体系以德意志研究联合会为核心，其主要任务是对大学和公共研究机构的科研工作进行资助，重点支持基础研究。在协调与咨询层面，德国设有两个主要委员会：联邦和州教育规划和研究促进委员会（Bund-Länder-

---

① 2018 年，英格兰高等教育拨款委员会（Higher Education Funding Council for England，HEFCE）被废除，其职能由两个新机构接管：英国学生事务办公室（Office for Students，OfS）+UKRI；而苏格兰的 SFC（Scottish Funding Council，苏格兰拨款委员会）仍保留；威尔士的 HEFCW（Higher Education Funding Council for Wales，威尔士高等教育拨款委员会）2023 年 4 月起被新机构 TERCW（Tertiary Education and Research Commission for Wales，威尔士高等教育与研究委员会）取代；北爱尔兰的高等教育拨款由北爱尔兰政府的经济部（Department for the Economy，DfE）直接管理，无独立拨款委员会。

Kommission für Bildungsplanung und Forschungsförderung，BLK）与德国科学顾问委员会。BLK 负责协调联邦和各州的科研政策规划和决策，制订科研中期规划，并向政府提出资助建议。德国科学顾问委员会则提供整体评估和科学政策咨询。在管理和规划方面，德国基础研究由德国联邦教育及研究部（Bundesministerium für Bildung und Forschung，BMBF）负责，其负责制定宏观发展政策、大型科研项目规划、资助计划及课题重点，并管理研究经费。根据德国法律，教育和研究首先是州政府的任务，因此基础研究主要由州政府资助和实施，但联邦政府与州政府会共同资助具有跨地区意义的重大设备和研究计划。BMBF 通过项目资助和机构资助两种方式对基础研究进行资助，项目管理单位在 BMBF 的直接领导下负责项目规划与管理。

德国的基础研究体系由一个联邦部（BMBF）、两个委员会（BLK 和德国科学顾问委员会）和三个科研主体（高校、科学协会、州立科学院）构成，形成了一个涵盖政策制定、宏观管理与监控、研究规划与协调、政策咨询、研究评估以及研究任务承担的高效协调的完整体系。这一体系体现了德国对基础研究多元化投入的重视，也展示了其在科研管理上的精细化与系统性，为德国高校的基础研究提供了坚实的支撑保障。

4. 日本

日本政府高度重视对高等教育机构基础研究经费的投入与监管。在研发资金的运用上，日本的高等教育机构，尤其是国立大学，主要将资金投注于基础研究领域（基础研究经费约占 33.24%）。日本政府通过经济产业省这一渠道为高等教育机构的基础研究提供资金支持。具体操作中，经济产业省通过一系列研究项目来资助科学技术研究，通过基础性投资来促进投资的创新和先进技术的引进，并努力优化研究项目的外部条件。作为基础科学研究的主要机构，国立大学因而获得了中央财政的优先资助，而私立大学的研究经费则主要来源于其法人单位。

在日本高等教育机构的研发资金管理机制中，国家实施了由政府和公众共同监督的资金使用体系。日本政府通过事后监督的方式对高等教育机构的研发资金使用进行监管，法律规定行政法人必须公开经费使用信息，并在公众监督下不断优化体制，确保信息的透明。政府要求行政法人和高等教育机构进行内部审计，由财务部门审核并签署反映研发资金使用状况的财务报告，并主动接受外部审计，及时向公众披露年度财务信息，以此反映财务状况和运营细节。

日本政府通过这种公开透明的三方监督机制，一方面提升了研发资金使用的透明度，加强了监管力度，降低了违规违法的风险；另一方面，为了提高政府研发资金的使用效率和效益，简化了科研项目申请的审批流程，于 2008 年设立了“府省共同研究开发系统”。该系统以搜集科研项目相关预备信息为核心，围绕具有竞争性和原创性的科研项目进行管理，具体流程包括：接收项目申请、审核项目可行性、成立项目、管理项目以及提交科研成果报告。这种“一站式”的服务模式使得全国科研资金的分配和使用情况变得清晰可见，同时加强了地区间项目管理的紧密协作与横向联系。日本的这一政策有效地防止了政府部门在科研项目上的重复投资、科研资产和资源的闲置以及资金浪费，同时也便于政府控制和及时调整研发资金的分配比例。

5. 新加坡

新加坡制定了“研究、创新与企业 2020 计划”（Research Innovation Enterprise 2020 Plan，以下简称“RIE 2020 计划”），预算投资 28 亿新元支持学术型科技研究。包括量子技术中心（Centre for Quantum Technologies）、新加坡机械生物学研究所（Mechanobiology Institute, Singapore）、新加坡环境生命科学工程中心（Singapore Centre on Environmental Life Sciences Engineering）、数字分子分析与科学研究所（Institute for Digital Molecular Analytics & Science）和新加坡科技研究局（Agency for Science, Technology and Research）在内的五大中心的建设与发展，对标建设全球水平的研究中心。“RIE 2020 计划”预算投资 25 亿新元设立空白基金，着重投资见效慢、周期长、颠覆性的基础技术研究。2024 年，新加坡政府还设立了未来经济咨询委员会，主要围绕企业未来的创新能力等领域探讨发展未来经济，推动新加坡向创新型经济体转型。

4.4.3 产学研协同促转化

促进产学研的深度合作与协同是将原始创新最终转化为经济、社会效益的必要途径。

1. 美国

美国在 20 世纪末成立的多项产学研联盟，如 MIT 产学研联盟、美国半导体制造技术联盟、美国全球生物技术工业组织等，成为推动科技成果转化的有力平台。这些联盟通过高校与产业界的紧密合作，形成了利益共享、风险共担的利益共同体。在这一模式下，高校与产业界共同界定权利关系，携手开展产业技术研发及其转化应用，极大地加速了科技创新的步伐。

芝加哥大学、杜兰大学等美国高校通过与知名创新企业建立紧密的联系，并创新筹资机制，有效促进了创新产品的市场化。这些高校不仅提供了学术研究的基础，还为企业的产品研发提供了智力支持和市场渠道，从而实现了学术成果与市场需求的对接。美国依托其一流研究型大学建立的区域技术转移中心，如斯坦福大学技术转移中心和 MIT 技术转移中心，成为科技成果转化的重要桥梁。这些中心有效地弥合了大学与企业之间的“断裂带”，加速了科技成果从实验室到市场的转移转化过程。特别是在硅谷，斯坦福大学提出的“斯坦福大学 2025 计划”引入了“开环大学”模式，这一模式给予学生更多的自由时间接触和了解现实社会，旨在培养具有创新创业精神的人才。这种教育模式鼓励学生将课堂上学到的知识应用于实际问题的解决，从而激发了学生的创新潜能和创业热情。

2. 欧洲

欧洲领先的高等学府在推动科技成果转化方面展现出显著成效，构建了多层次的产学研协同体系，以加快技术创新向产业应用的转化过程。通过构建平台从物理空间上促进产学研的紧密结合是欧洲一流高校推动原始创新的有力举措。

以剑桥大学为例，剑桥大学采取以学校为核心，推动校区互动的策略，以此促进科技园区的有序开发及其产业的持续升级与进步。追溯至 1968 年 11 月，剑桥大学的小组委员会提交了莫特报告，建议利用剑桥大学的声誉和综合实力吸引科技企业入驻；次年，剑桥大学启动了“大学公司”战略。到了 1970 年，剑桥大学的三一学院贡献出自家土地，用于建设剑桥科技园。此后，剑桥大学设立了产业联络办公室，旨在协调和支持校内各院系、研究机构及人员与产业界的互动与合作，从而促进科技企业的孵化与衍生，加快科研成果的商业化转化。剑桥大学的科研活动与园区产业发展紧密相连，成为科学园技术创新的重要发源地。其在自然科学领域，尤其是应用技术方面的优势，是牛津大学所难以匹敌的。剑桥大学的科研成果主要集中在生命健康、信息技术、光电学等关键领域，有力地推动了园区从科学研究到科学教育再到科技创新的转变与发展。英国的华威大学秉持“学术创业、知识应用”的实用主义导向，通过建立华威科学园吸引大批科技企业入驻校园，为创新科研成果的转化提供平台。

此外，德国高校与经济界的紧密创新合作正是德国创新体系的重要特点和优势所在。高校作为德国创新体系的重要组成部分，与企业共同解决研发问题，培养高科技专业人才，这一长期战略合作关系有利于形成良性的社会运作机制，对于激发德国的知识创新潜力贡献巨大。无论是在研发经费的投入力度与分布上，还是在合作机制和人才的培养模式上，德国高校与企业的研发合作都独具特色。通过加强与经济界的合作，提高知识转化，高校可以接触到工业生产实践中的问题、技术和专门知识，实现社会价值。以卡尔斯鲁厄理工学院 2022 年建立的研究工厂为例，德国通过高等院校和专业研究机构开展联合办学，有效应用大学研究成果，并有针对性地推动科学技术向产业转移。

荷兰的埃因霍芬理工大学的开放性政策促进了紧密的校企合作关系。埃因霍芬理工大学自成立以来，在不到 40 年的时间里迅速跻身世界一流大学行列。2003

年，该校在欧洲研究型大学中排名第三，仅次于剑桥大学和牛津大学，并与慕尼黑工业大学并列第三。许多世界 500 强企业将其研发中心直接设在埃因霍芬理工大学校园内，几乎无法区分校园与企业的研发中心。2017 年，《泰晤士报》发布“全球 25 所与创新企业合作最紧密大学”榜单，埃因霍芬理工大学名列第一，成为全球与企业合作最为密切的高校。该校采用独特的开放式研究模式，面向社会需求，推动科研成果的市场化。埃因霍芬理工大学拥有 14 个大型研究实验室和 40 个小型实验室，每个实验室均可以独立对外合作，并设有专门的外部合作联系人和成果转化负责人。这些实验室与各类企业广泛展开合作研究，涵盖从基础研究到应用研究的各类项目。许多知名企业，如荷兰的先进半导体材料光刻（Advanced Semiconductor Material Lithography，ASML）公司、壳牌公司、通用电气公司、恩智浦半导体公司等都在该校设有联合研究中心，直接参与校园内的科研活动。

之所以有如此多的企业愿意与埃因霍芬理工大学深度合作，除了学校强大的科研实力外，另一个关键因素在于该校对科研成果归属的开放政策。企业能够从合作中获得最大比例的回报，这一点吸引了许多大型科技公司。在近年的合作中，学校的联合研究中心为企业带来了多达 500 项突破性基础专利，而学校仅持有 60 个专利家族①。学校还设立了完备的研究支持网络，包括基金、技术、法律、知识产权等专业服务，为科研人员提供全方位的支持。学校非常鼓励师生将科研成果应用于创业领域，并提供全方位的服务，涵盖从成果保护到企业成立和资金支持的一条龙服务。凭借这一体制，学校每年涌现出大量的科技型创业公司，并已成功孵化出上百家企业，每年新成立约 30 家科技企业。在这样一个充满支持的环境中，埃因霍芬理工大学不仅为师生提供了广阔的科研创新和创业平台，也为科技成果转化提供了良好机制，帮助科研人员专注于创新，持续产出原创性和突破性成果。

3. 日本

日本在推动高校原创性科研成果的有效转化方面，采取了基地与集群建设的战略，以此促进产学研深度融合，提升国家创新体系的整体效能。自 20 世纪 80 年代日本提出“技术立国”战略以来，该国在促进大学成果转化方面已形成了一套独具特色的模式。

首先，日本积极兴建产学研基地，以此作为成果转化的物理载体和平台。这些基地整合了高校、研究机构与企业的资源，为科研人员提供了将理论成果转化

---

① 专利家族指的是一组相互关联的专利，它们通常基于同一项发明或创新，但可能在不同的国家或地区申请，或者针对发明的不同方面或应用进行申请。

为实际产品的环境和条件。

其次，日本大力推动产业集群及知识密集区的建设。2002 年，文部科学省启动了“知识集群计划”，选定 12 个地区作为重点研究开发的区域，聚焦于信息技术、生命科学、纳米技术等前沿领域。该计划不仅要求大学、研究机构、企业等构成的知识密集区在创新方向上与地方产业基础相匹配，还强调区域内的协同创新和资源共享，以实现科研成果与产业需求的紧密结合。例如，东京大学的机器人研究集群、九州大学的纳米技术研究集群等，这些集群通过集中投入研发资源，加速了关键技术的突破和产业的升级。

最后，日本创办了科技中介机构，以专业化服务推动大学成果的转化。这些中介机构扮演着连接高校与企业的重要角色，为科研成果的商业化提供了桥梁。以筑波大学为例，该校作为筑波科学城的核心，不仅是人才培养的重要基地，也是产学研合作的关键推动力。筑波科学城通过整合高校、研究机构、企业等多方资源，形成了强大的原创性、颠覆性科技创新能力，有力地推动了当地产业的转型升级。数据显示，截至 2023 年，筑波科学城已吸引超过 300 家企业入驻，形成了以生物技术、信息技术、环境科学为主导的高新技术产业集群。这些企业的年产值达到数万亿日元，为日本的经济增长和科技创新做出了重要贡献。

4. 以色列

以色列高度重视产业导向在推动高校原始性创新方面所发挥的作用。以色列十分重视工业界与高校之间的联系和融合，采取了多种形式的策略，构造了市场导向的产学研协同创新平台，以此推动高校原始创新。

以色列高校周边通常聚集了众多高科技企业，这些企业成为高校科研成果转化的天然温床。高校与企业的互动频繁，形成了良好的创新生态。以以色列理工学院为例，该校因其与以色列航天局的合作而闻名，是全球最早自行设计并发射人造卫星的大学之一。以色列理工学院深刻理解创业和商业化的核心需求，积极鼓励学生将科学发现转化为实际的应用解决方案。

作为该学院研发基金会的重要组成部分，技术实验室为研究人员、学生和校友提供支持，帮助他们将尖端技术成果商业化。实验室不仅支持内部创新，还通过在以色列及全球范围内与科学家、工业合作伙伴、企业家和投资者建立紧密联系，实现了技术的广泛转移和应用。

与此同时，以色列理工学院对于创业者的支持模式极具灵活性。学院不仅接受企业或其他机构的直接资金和物资支持，还鼓励企业向科研创业团队提出具体需求。这种模式使得一些研发项目在启动之前就已经锁定了“潜在客户”，从而极大地提升了项目成功的可能性。

4.4.4　注重通识教育及工程教育

1. 多学科通识教育

多学科通识教育（interdisciplinary liberal education）已成为全球高等教育领域的一个显著趋势，特别是在美国、英国、新加坡等国家和地区，这一教育模式得到了广泛的重视和推广。其核心目标是培养具有广泛知识和批判性思维的创新型人才，以适应全球化时代的复杂挑战和需求。这种教育模式强调跨学科的学习与协作，旨在为学生提供一个综合性的教育平台，使他们不仅掌握专业技能，还能够面对全球化挑战，激发创新活力。多学科通识教育通过融合不同学科的知识，培养学生的全局视野和解决问题的能力，为原始创新成果的产生和人才培养提供了坚实的基础。

在美国，多学科通识教育特别强调跨学科协作和创新驱动。以哈佛大学为例，其通识教育课程要求学生在专业学习之前，必须完成一系列跨学科的通识课程。这些课程涵盖了从人文学科到自然科学、社会科学的广泛领域，旨在培养学生全面的知识视野。例如，“科学与技术的前沿”课程由不同学科的教授联合授课，内容涉及生物学、化学、环境科学以及社会伦理等多个方面，使学生能够从多角度理解科技进步对社会的影响。哈佛大学还通过跨学科项目，如哈佛创新实验室，为学生提供了一个将多学科知识应用于实际问题解决的平台。这些项目聚集了来自不同专业背景的学生，他们共同投身于产品开发、创业项目实践以及社会创新等活动，在这一过程中，学生的创新思维与团队协作能力得以有效培养。

在英国，多学科通识教育同样得到了重视，其特色之一是强调社会责任感和批判性思维。英国高校推行“知识广度与深度并重”的教育理念，学生除了专业学习外，还需要完成一定数量的社会科学、人文学科等通识课程。牛津大学的“文理交融”式课程设计，就是一个强调跨学科综合性学习的例子。这些课程不仅要求学生对核心学科有深入的理解，还鼓励他们跳出自己的学科框架，思考其他学科如何影响自己的研究领域。牛津大学还注重批判性思维的培养，通过在所有课程中加入辩证分析，要求学生对学术观点提出独立思考。这种教育模式不仅要求学生对专业领域有深入的理解，还要求他们对跨学科的知识有广泛的认识，能够在多学科的语境下进行跨领域的思考和实践。

在新加坡，多学科通识教育注重培养学生的创新意识和全球化视野。新加坡国立大学（National University of Singapore，NUS）的通识教育要求所有本科生在专业学习的基础上，修读跨学科的通识课程。这些课程内容涵盖了自然科学、社会科学、人文学科等多个领域，注重社会问题、科技创新、全球化等热点话题的探讨。例如，“全球视野与社会责任”课程结合了政治学、经济学、社会学等学科，帮助学生理解全球化背景下的社会变革、环境挑战及其对科技创新的需求。新加坡高校还鼓励学生参与国际交流项目，以拓宽他们的国际视野，增强跨文化沟通能力。

多学科通识教育通过其跨学科的学习模式，不仅促进了原始创新成果的产生，还为人才培养提供了强有力的支持。这种教育模式为学生在全球化时代中取得成功奠定了坚实的基础，使他们能够更好地适应和推动社会的发展。

2. 工程教育

除了多学科通识教育之外，工程教育在教育体系中有着特殊地位。创新最终要落到创新实践上，因此工程教育是培养新质生产力所需的原始创新实践人才的重要路径。

1）美国

美国的工程教育体系强调理论与实践的深度融合，这一教育理念的核心在于培养学生的创新能力和实践技能，使其能够应对现实世界中的复杂挑战。在这种教育模式下，学生不仅需要掌握深厚的理论基础，还要通过实验室实践、项目式学习和实习等途径，将理论知识应用于实际工程问题的解决中。例如，MIT 和斯坦福大学等世界顶尖学府的工程课程，以其严谨的学术氛围和实践导向的教学方法而闻名。这些课程通常包括大量的实验和项目，学生需要通过团队合作，运用所学知识解决实际问题。MIT 的“2.007 机器人设计竞赛”就是一个典型的例子，它要求学生设计并制造一个能够完成特定任务的机器人，这一过程不仅锻炼了学生的技术技能，也激发了他们的创新思维。

此外，美国工程教育在学科交叉合作方面也表现出其独特优势。在新兴工程技术领域，如 AI、机器人技术、量子计算等，学科之间的界限变得越来越模糊。这种趋势促使工程教育向跨学科方向发展，鼓励学生打破传统学科的界限，吸收其他领域的基础知识，以提出创新性的解决方案。例如，斯坦福大学的“生物工程”课程就是一个跨学科的典范，它将生物学、化学、物理学和工程学等多个学科的知识融合在一起，培养学生从不同角度审视问题并提出解决方案的能力。这种跨学科学习模式，既拓宽了学生的知识视野，又为其创造了在技术前沿领域开展原始创新的契机。美国工程教育还通过与企业界的紧密合作，为学生提供了将学术研究转化为实际应用的途径。这种合作模式不仅促进了知识的转化和技术的创新，还为学生提供了了解行业需求和发展趋势的机会，使他们能够更好地将研究成果应用于实际工程实践中。

2）法国

在法国，工程教育随着国家政府结构和工业发展而进步。作为国家教育体系的核心，精英教育模式为工程师培养设定了高标准。法国精英教育模式的特点在于其高标准要求、精英化架构、实践创新培养以及个性化人才培养等方面。这些特点共同构成了法国工程师培养的独特模式，为培养具有原始创新能力的高素质工程师提供了有力保障。

首先，精英教育模式强调严格的选拔标准和个性化培养。在大学生工程实践创新团队的培育与发展中，团队的人员选拔、项目布置、能力要求、任务考核以及指导教师都对学生有着严格的要求和目标考核制度。这种选拔机制确保了学生具备一定的能力和潜力，为后续的个性化培养奠定了基础。其次，精英教育模式注重实践创新和工程素养的培养。在团队中，学生根据各自的特点进行分工协作，自由发挥，教师在旁协助，从而让学生在专利申报、学科竞赛、论文撰写等方面得到全面的训练，基本具备进行社会工程实践的能力。法国建立了一些为了满足特定新兴工业部门需求的工程学校，如采矿和机械制造类学校，这为传统农业和工厂提供了创新的技术解决方案，赋能传统产业发展。这些学校继续维持其精英化的架构和重视理论训练的传统。再次，法国精英教育模式在课程设置和教学方法上具有独特性。法国工程教育的一个重要理念是：数学和科学的普遍理论是提升技术水平的基石，有助于将基于实践和技能的技术提升至新的层次。例如，“高等数学”作为高校基础课程之一，在法国工程师预科阶段的教学中展现出特有的教学模式，包括课堂教学、课外教学、考核方式的实施，以及教学效果的数据统计分析。具体而言，首先，法国工程师预科的“高等数学”课程采用小班化教学，每班人数通常不超过 20 人，确保学生与教师之间能够充分互动，教师能够针对学生的个性化需求提供指导。课程还强调理论与实践一体化，通过实验课和习题课将数学知识与实际操作相结合，帮助学生更好地理解复杂的数学概念。其次，考核方式也十分多样，不仅包括传统的笔试，还增加了口试、项目报告等形式，全面评估学生的学习成果。这种教学模式的创新有助于提高教学质量、培养学生的数学素养和逻辑思维能力。例如，学生在跨学科综合实验项目中，需要运用数学建模、物理分析和计算机编程等多学科知识解决实际问题，这种跨学科的综合应用不仅加深了学生对数学知识的理解，还提升了他们的实践能力和创新思维。再次，在新工科背景下，法国精英教育模式也在探索个性化人才培养模式。在软件工程专业个性化人才培养模式的探索与实践中，法国提出了一套从理论到实践都切实可行的解决方案。例如，法国工程师学校在软件工程专业中广泛采用项目型教学模式，学生以团队形式完成与企业实际需求紧密结合的项目，从需求分析、设计、编码到测试，全程模拟真实的工作场景。这种模式不仅培养了学生的团队合作能力，还提高了他们的实践能力和创新能力。最后，学校还采用渐进式分段实习，让学生逐步适应企业的工作环境，积累丰富的实践经验。法国工程师学校为学生提供了个性化学习路径的选择，学生可以根据自己的兴趣和职业规划，选择不同的课程模块和研究方向，如专注于 AI、大数据或云计算等方向。

这种个性化的学习路径能够激发学生的学习兴趣，促进他们在最适合自己的方向上发展。学校还注重培养学生的创新创业能力，设立创新中心，为学生提供创新创业的平台和资源，支持学生开展创业项目，培养他们的创新思维和职业竞争力。

3）北欧

在北欧地区，工程教育体系呈现出两种主要模式，其差异主要体现在学生来源和教育方法上。第一种模式为实践导向型工程教育，其历史可追溯至 19 世纪末，主要面向具有工业背景的技能工人。该模式旨在为手工业学徒和工人提供从制图到微积分等理论知识，以提升其在工程实践中的综合能力。第二种模式则更接近传统大学的学术型工程教育，其特点在于不局限于某一自然科学领域，而是注重跨学科知识的融合与应用。这两种模式的主要区别在于对技能操作能力的重视程度。实践导向型模式强调从实践经验丰富的技工中选拔学生，而学术型模式则主要从高中毕业生中招生。学术型工程教育之所以能够获得社会的广泛认可，是因为其在技术发展方面做出了显著贡献，特别是在提高技术质量和实际工程能力方面。在 20 世纪后半段，学术型模式培养出的工程师在社会基础设施建设、各类机构的完善以及化学和电子等工业领域的发展中发挥了重要作用。

相比之下，实践导向型教育模式培养出的工程师在 19 世纪的机械和采矿工业的创新与发展中起到了关键作用。尽管德国在将理论教育引入工程学院并在大型公司设立研发部门方面走在前列，但德国工程师对工业创新的贡献仍然主要依赖于实践经验和系统化实验，科学知识的应用仅占一小部分。实践导向型工程教育通过强化工程实践，拓宽了高校学生的创新知识，提升了学生的创新实践能力。这种教育模式不仅培养了学生的实践技能，还促进了技术创新和工程实践的深度融合，为北欧地区的工业发展提供了坚实的人才支持。

4）新加坡

新加坡科技设计大学（Singapore University of Technology and Design，SUTD）在工程教育的实施上采取了全方位学科融合的策略，将工程教育的理念深度融入课程设计、教学方法和人才培养模式。SUTD 不仅重视在工程基础、专业技术、人文艺术、社会科学等领域的理论知识的传授，致力于帮助学生构建全面而系统化的设计理论知识体系，而且特别强调以解决复杂问题为核心的教育导向。在课程设置上，SUTD 以设计项目为核心载体，采用小班化教学模式，以增强师生互动和个性化学习体验。课程设计涵盖了不同维度的设计体验。在 1D[①]设计体验中，学生在单门课程中深入探究特定设计主题，通过实践操作，掌握基本的设计方法和技能；2D 设计体验侧重跨越多门课程，使学生能够将不同学科的知识融合应用，形成更为综合的设计思路；3D 设计体验通过跨越时间的项目设计，使学生

① 这里的 D 是 dimension（维度）的缩写。

理解设计过程中的时间维度，学会如何将短期目标与长期规划相结合；4D 设计体验通过学生主导的设计项目，使学生能够充分发挥主观能动性，通过实践探索，提升自我管理和项目执行能力。此外，系统的、综合的顶峰设计项目使学生能够将之前所学知识与技能进行整合，完成高难度、高复杂度的设计挑战。

这种高度整合的课程体系，不仅循序渐进地加深了学生对工程设计的理解，而且培养了学生从多角度审视现实世界的工程问题，并运用跨学科知识解决问题的能力。此外，SUTD 还注重激发学生的创造力和创新实践能力，通过实际设计项目的实施，使学生在解决复杂工程问题的过程中，不断尝试、迭代和优化设计方案。例如，SUTD 的一门跨学科设计课程中，学生被要求设计一款结合环保与实用性的智能城市交通工具。学生需要运用机械工程、电子工程、计算机科学、环境科学等多学科知识，同时考虑市场需求、用户体验和可持续性等因素，完成从概念设计到原型制作的整个过程。这样的教学案例充分体现了 SUTD 工程教育的特色和优势，为学生的全面发展奠定了坚实的基础。

第 5 章　原始创新的中国高校实践

本章主要聚焦高校原始创新实践的两个层面。一是聚焦中国不同高校的原始创新典型团队案例。结合实地访谈、问卷调研、网上公开资料搜集等多种方式获取的素材，从不同原始创新的典型团队背景及成果介绍、取得原始创新成果的过程以及关键成功因素总结等方面阐述高校原始创新的中国故事。二是从高校这一组织层面总结当前中国走在科技创新前列的不同类型高校在原始创新上的经验。中国高校的科技创新已经取得了一系列有目共睹的重大成果。事实上，原始创新可“大”也可“小”，具有重大影响力的原始创新诚然是被高度期待的，但在相对“小”的技术领域或方向取得高原创性成果的案例同样值得深入研究，通过挖掘这些案例背后的关键影响因素，能够为中国高校催生更多高影响力原始创新成果提供可供借鉴的范例与启示。

5.1　中国高校原始创新典型团队案例

本节遴选了 21 个中国高校原始创新的典型案例，其团队所在高校及其类型、创新成果类型、创新链覆盖度以及成果名称的梳理见表 5.1。从表 5.1 可以看到，综合性大学在高校原始创新产出中占据绝对主导地位，21 个案例中，大多数案例的创新成果类型都是技术创新（13 例），科学创新（6 例）和工程创新（2 例）案例偏少。本节统一从不同团队的团队及成果简介、创新过程以及关键成功因素总结等三个部分进行阐释和提炼，以加深读者对中国高校情境下原始创新的直观理解。

表 5.1　高校原始创新典型团队案例信息表

高校类型	高校	团队	创新成果类型	创新链覆盖度	成果名称
综合性大学	北京大学	王选	技术创新	111	汉字激光照排系统
综合性大学	清华大学	薛其坤	科学创新	100	量子反常霍尔效应实验观测
综合性大学	中国科学技术大学	潘建伟	技术创新	110	量子保密通信技术及应用
综合性大学	清华大学	王大中	工程创新	011	第四代高温气冷堆核电站
综合性大学	复旦大学	赵东元	技术创新	110	有序介孔高分子和碳材料的创制和应用

续表

高校类型	高校	团队	创新成果类型	创新链覆盖度	成果名称
综合性大学	北京大学	彭练矛	技术创新	110	碳基 CMOS 集成电路
综合性大学	香港科技大学	唐本忠	科学创新	110	聚集诱导发光
综合性大学	东南大学	尤肖虎	技术创新	110	6G 通信
综合性大学	浙江大学	胡海岚	科学创新	100	新型抗抑郁药物机制
综合性大学	清华大学	张洪杰	技术创新	111	稀土材料研究与产业化
综合性大学	清华大学	李路明	技术创新	011	脑起搏器
综合性大学	北京大学	黄铁军	技术创新	110	超高脉冲相机
综合性大学	北京大学	占肖卫	技术创新	110	非富勒烯稠环电子受体
综合性大学	同济大学	李杰	科学创新	101	广义概率密度演化方程
行业特色型大学	北京化工大学	张立群	技术创新	111	合成橡胶材料与产业化
综合性大学	清华大学	黄翊东	技术创新	011	实时超光谱成像芯片
国防类大学	北京理工大学	姚裕贵	科学创新	110	固体材料第一性原理研究
综合性大学	浙江大学	邱建荣	技术创新	110	飞秒激光与材料相互作用
国防类大学	哈尔滨工程大学	张阿漫	科学创新	101	气泡统一方程
综合性大学	浙江大学	高翔	工程创新	011	燃煤机组超低排放关键技术研发及应用
综合性大学	清华大学	戴琼海	技术创新	110	立体视频获取与重建技术

注：CMOS 即 complementary metal oxide semiconductor，中文含义为互补金属氧化物半导体器件

5.1.1 北京大学王选团队：汉字激光照排系统

1. 团队及成果简介

王选，中国科学院院士，中国计算机文字信息处理领域的先驱和计算机汉字激光照排技术的创始人。他是国家最高科学技术奖的获得者，曾任北京大学计算机研究所所长，同时也是中国科学院和中国工程院的院士。王选 1958 年从北京大学数学力学系毕业后留校任教，并从 1975 年开始负责“748”工程的总体设计和研制工作，直至 1995 年担任北京大学计算机研究所所长。他在 1984 年晋升为教授，1987 年荣获首届毕昇印刷技术奖，1991 年和 1994 年分别当选为中国科学院院士和中国工程院院士。他还积极参与社会活动，1995 年加入九三学社并成为

中央委员会副主席，2003 年被选为中国人民政治协商会议第十届全国委员会副主席。

王选的科研工作主要集中在计算机处理文字、图形、图像等方面，在汉字激光照排系统的研制上取得了显著成就，特别是在华光和方正型计算机激光汉字编排系统的研制上，他解决了多字体、高分辨率照排的技术难题，提出了高分辨率字形的高倍率信息压缩和高速复原方法。在他的领导下，华光和方正系统不仅在国内广泛应用，还成功出口至美国和马来西亚等地，为新闻出版行业的计算机化奠定了坚实的基础。王选院士在 2009 年和 2018 年分别被评为“100 位新中国成立以来感动中国人物”和“改革先锋”，并在 2019 年被评为“最美奋斗者”。在中国的大型科研攻关项目中，像汉字激光照排系统这样，完整地走过基础研究、原理性样机研制、中间试验、定型生产、大面积推广各阶段，并在市场需求的拉动下最终实现产业化，成功地跨越创新过程中的“死亡谷”的并不多见。依照本书对于原始创新成果的界定，王选院士牵头的汉字激光照排系统属于在科学、技术、工程上都有突破的“111”型原始性技术创新。

2. 创新过程

20 世纪 60 年代末至 70 年代初，随着计算机技术的发展及汉字信息处理需求的增长，中国政府与科研机构开始重视汉字信息处理技术的研究开发。1973 年，第四机械工业部对国内计算机产业发展进行调研，明确指出必须解决汉字信息处理问题。1974 年，第四机械工业部联合其他单位向国家提交请示报告，提议将汉字信息处理系统工程作为国家重点科研项目。8 月，该工程正式获批，启动了“748”工程，并细分为汉字精密照排系统、汉字信息检索系统及汉字新闻通信系统三个子项目。当时还是北京大学教授的王选对汉字精密照排系统子项目产生浓厚兴趣，经过深入研究，提出使用轮廓和参数描述汉字字模的方法，大幅减少了汉字字模的信息量，提高了还原质量。他于 1975 年成功模拟出含有撇、捺、点的“义”字；1976 年，王选团队被正式确认为项目的总体设计和研制单位，为汉字精密照排系统的研发奠定了基础，并最终促进了汉字激光照排技术的产业化。

1979 年，面对外国技术的竞争，尤其是英国蒙纳公司的挑战，北京大学团队加快了原理性样机的研发进程。1979 年 7 月 27 日，在北京大学计算机机房内，王选团队成功使用原理性样机输出了中国第一张使用激光照排系统输出的报纸样张。由于样机性能尚不稳定，且软件尚未完全开发完成，大多数新闻媒体因顾虑其性能和稳定性，起初并不愿进行报道。然而，1979 年 8 月 11 日，《光明日报》报道了“我国自行设计的计算机—激光汉字编辑排版系统主体工程研制成功”的消息，这一报道显著提升了社会对该项目的关注，并为华光Ⅱ型照排系统的推广和认可奠定了基础。华光Ⅱ型照排系统研制成功后，北京大学和合作伙伴进一步完善了系统的各项功能，包括提高系统的稳定性和输出质量等。经过这些改进，华光Ⅱ型照排系统于 1985 年正式通过国家经济委员会主持的国家级鉴定，这一验证进一步证明了系统的技术成熟度和实用性。之后，新华社开始使用华光Ⅱ型照排系统进行实际的出版工作，标志着中国自主研发的汉字激光照排技术正式进入实用阶段。华光Ⅱ型照排系统是北京大学汉字激光照排项目的关键成果，它的研发和成功部署标志着中国汉字信息处理技术的重大进步。

华光Ⅲ型照排系统是在华光Ⅱ型的基础上进一步改进而来的，旨在解决先前系统在稳定性和功能性上的不足。为提升性能，北京大学团队与国内外合作伙伴共同对华光Ⅲ型照排系统进行了关键技术升级，改进了处理器和存储系统，提高了汉字输出的精度和速度。1986 年，该系统作为试点项目被纳入国家高技术研究发展计划（“863”计划），其中经济日报社承担了使用华光Ⅲ型照排系统进行日常出版的任务。系统正式投入使用后，在经济日报社表现出高效的性能和印刷效率，逐渐获得其他新闻媒体和出版单位的认可。尽管初期存在字体处理和抗干扰方面的问题，但这些问题通过北京大学和技术团队的努力于 1987 年得到解决，系统性能进一步稳定。1987 年 12 月，华光Ⅲ型照排系统通过电子工业部和国家经济委员会的全面评估和验收，确认符合国家级标准。华光Ⅲ型照排系统在国内多个重要新闻和出版单位的成功推广，标志着中国自主研发的汉字激光照排技术在市场上的重要亮相，并为后续华光系列产品的开发和推广奠定了坚实基础。

华光Ⅳ型照排系统的研发和推出旨在进一步巩固中国在汉字激光照排技术领域的领先地位，并应对日益激烈的国际竞争。该系统是在华光Ⅲ型的基础上进行了进一步的优化和升级，特别是在性能、稳定性和兼容性方面进行了显著改进。华光Ⅳ型采用了最新的大规模集成电路和先进的存储技术，显著提高了处理速度和数据容量，同时改进了系统的自动化水平和操作界面，提升了用户体验。面对 1987 年世界银行的国际招标，该系统吸引了包括美国、英国、日本等国的激光照排系统制造商的竞争。为了应对这些来自西方公司的激烈竞争，华光Ⅳ型照排系统的推广团队不仅进行了技术上的全面升级，还积极与国际合作伙伴进行技术交流和合作，并强化了营销和服务网络，以提供更优质的客户支持和维护服务。凭借其先进的技术特性和优异的性能，华光Ⅳ型照排系统成功中标，这不仅是对北京大学及其研发团队技术水平的国际认可，也显著提升了中国在全球高端印刷市场的竞争力。

随后，该系统在全球范围内得到了广泛应用，尤其是在亚洲、非洲和拉丁美洲的发展中国家。华光Ⅳ型照排系统的成功推广和应用不仅提高了中国在国际市场上的影响力，还促进了中国高技术产品的出口，成为中国科技自主创新和国际化战略的重要体现，并为中国其他高技术产品的国际竞争提供了宝贵经验。

3. 关键成功因素总结

1）坚持创新，敢于挑战

团队带头人的创新思维和创新人格是推动产出重大原始创新成果的关键因素。王选院士就是方正集团坚持自主创新的精神领袖。这不仅是因为是他发明的激光照排技术，更是因为他倡导的创新理念已成为方正集团持续发展的不竭动力。王选院士曾在《试谈科研成功的因素》一文中这样写道："好奇心、研究中难题和挑战带来的吸引力、取得突破后对科学或工业可能产生的深远影响，是科学研究的真正动力。只有这种动力才能使人痴迷、执着、甘愿放弃常人能享受的乐趣，充满激情地持续奋斗十几年。"1975 年，王选投身于北京大学的"748"工程，这是一个旨在发展国家汉字信息处理系统的重大项目。他从设计之初亲力亲为，直至 1993 年春节，持续投入了将近 18 年的时间。王选的这一经历生动诠释了：无论多么天赋异禀，培养动手实践的习惯至关重要。仅有想法而缺乏行动的人，难以取得重大成就。通常，新思想和新方案的提出者往往也应是首位践行者。

"748"工程三大分支中王选对汉字精密照排系统情有独钟，认为它既是最具价值，也是难度最大的挑战。在长达近 18 年的艰苦研究中，他无休止地工作，不分周末、节假日。王选形容这一时期为逆水行舟、生死存亡之际。正是这种坚韧不拔的精神，推动了中国激光排版技术的巨大飞跃，一次性跨越了西方 40 年的发展历程。王选认为，创新之路充满质疑，只有发明者能深刻体会到实现过程中的艰辛。他强调，仅有理论而不付诸实践，难以迅速将有价值的发明转化为现实。在科技迅猛发展的时代，新方案的有效期非常有限，任何延误都可能导致他人抢占先机。

1993 年，王选提出"顶天立地"的创新模式，并将之视为方正集团生命力的体现，他坚信创新是高科技行业的核心。在他看来，"顶天"意味着追求全球科技前沿，基于现有技术的不足和前人的成就不断探索新的突破，通过自主创新形成核心的自有知识产权。"立地"则是针对市场紧迫需求，创新方法以实现新目标，并迅速实现产品化及市场占领。他极度推崇索尼公司董事长的原创精神——独创，绝不模仿他人——并将之融入其"顶天立地"的理念，即在深入理解前人成就和分析现有系统缺陷的基础上进行创新。在王选看来，市场的需求和技术的不足是创新的双重驱动力。

王选院士是一个在创新思维和创新人格方面表现杰出的科学家，也是科技产业化的先驱和实施者。他认为中国科研成果商品化的比例远低于发达国家，在很大程度上归因于创新意识的缺失。许多研究成果仅仅是模仿国外市场上的热销产品，而当我们努力开发出原型时，国外市场上已经出现了新一代的产品。即便这些成果在评估会上受到赞扬，比如"达到了国际水平"或"填补了国内空缺"，它们仍无法在市场上与国际新产品竞争。王选的敏锐洞察力和对创新价值的深刻认识促使中国报业和出版业直接跳跃到先进的第四代激光照排技术，迅速推广这一技术，显著增强了国产照排系统在市场上的竞争力，使国外产品难以在中国市场站稳脚跟。王选曾坦诚地分享自己在最初从事激光照排技术研究时，并未完全预见到后续的发展。但他有一个坚定的意识，那就是将汉字激光照排技术商业化、产业化，促进中国出版印刷业彻底转型。

正是这个目标驱动他和团队不满足于仅仅获得奖项，而是坚定地走向市场竞争。1994 年，王选在方正集团提出了“持续创新”的理念。他不断地对方正人发出“盛世危言”：一个新潮流到来之时，领先厂商过去的技术和市场积累可以成为宝贵的财富，也可能成为迎接新潮流的包袱，从而给新兴企业以可乘之机。只有始终充满危机感，才能不被淘汰出局。经过对国内外多家企业的走访，他清醒地意识到，过去引领过潮流的企业也会被新潮流所抛弃！每个领域都有自己的潮流，每次潮流都意味着新的挑战和机遇。

王选强调方正集团走的是自主创新技术的国际化道路。1995 年，方正集团的国产排版系统在全球华文报业市场占据了 70%的市场份额。然而，王选认为仅将中文排版系统推向海外市场并不能代表真正的国际化，只有当非中文领域的产品进入发达国家市场，才能称为国际化的成功。因此方正集团选择日本市场作为突破口。王选认为先进的日本市场能够带来许多创新需求，这将激发方正集团年轻团队的创造力，助力他们实现在全球技术领域发挥领导作用的愿景。正因为这样明智的国际化策略，方正集团在日本市场通过拥有自主知识产权的技术取得了成功，超过 300 种日本报刊，包括《日刊体育》等知名媒体，已经采用了中国技术制造的日文激光排版系统，实现了王选的初衷，即中国在全球高科技行业中占据应有的地位。

2）政府的持续推动

政府的持续推动奠定了汉字激光照排系统创新的成功基础。“748”工程作为一个国家级科研项目，是出于国家发展战略和市场需求而启动的，其驱动力来源于市场需求而非技术进步。在该项目的规划和论证阶段，政府部门扮演了关键角色，进行了广泛的调研并基于公正的竞争和优选原则确定了汉字激光照排系统的开发方向及承担单位。政府的介入对于合作伙伴的选择尤为关键，确保了能够集结跨区域、跨行业的专业团队来满足项目需求。此外，当项目遭遇不同利益方的分歧时，政府部门能够站在国家整体利益的高度，保证项目继续沿着自主创新的轨道前进。如果政府部门缺乏有效介入或者存在行政上的疏漏，汉字激光照排系统可能无法实现自主创新，导致国内出版印刷行业过度依赖进口设备，从而错失自主发展的机遇。

一项费时较长、投入较大、风险较高的创新工程，若无政府的支持，只是靠科研单位，或生产企业独自努力，很难实现预期目标。因此，在强调企业应该成为科技创新的主体之时，还应看到，依靠市场竞争和盈利激励并不能完全解决中国企业创新动力不足问题。实际上，即使是在日本这样的发达国家，也会不时地由政府所属机构牵头或资助组织一些技术创新联盟来推动那些研发周期长、资金投入大、风险比较高的研发项目。何况国内的很多企业目前仍不具备进行技术创新的能力，即使一些企业具备了一定程度的技术创新能力，它们也并非只处于国内市场的竞争压力之中。在全球化竞争日益加剧的环境下，如果我们不正视后发劣势，盲目强调市场的调节功能，因顾虑如“708 工程”（“运-10”大飞机项目）般遭受产业化受阻的风险，而不重点扶持涉及国家安全和核心竞争力的战略性产业的技术创新，那么我们将会越来越多地受制于人。后发国家赶超先发国家，一味地迷信市场机制是不可能取得成功的。

汉字激光照排系统是中国少数覆盖完整创新链的重大原始创新成果。尽管汉字激光照排系统这一原始创新的成功具有一定的特殊性，但它仍然给我们留下了不少有益的启示。一是政府应不失时机地选择一批战略性新兴产业，像当年的“748”工程一样给予扶持，以不断提升中国科技竞争力和综合国力。二是政府既要大力推动产学研合作，也要积极引导用户支持自主创新。在必要情况下，可通过政府首购、订购等方式，激发用户对国内新研制产品的需求，同时着力营造优先选购国货的社会氛围。三是政府既要重视创新服务平台的建设，又要重视特惠政策或单项扶持政策的制定与实施，以确保那些具有本土资源和本土市场优势的技术产品能够脱颖而出，快速实现产业化。

3）用户的高度参与

对于技术开发者来说，没有用户的实际使用和反馈，他们无法获得对产品持续改进所必需的信息，这直接影响了技术的市场接受度和商业化前景。《经济日报》的印刷厂之所以能成为华光III型照排系统的中试用户，部分得益于政府的政策支持和资金扶持，这凸显了政府在技术创新和市场推广中的作用。许多企业倾向于选择成熟的技术和设备，尤其是来自西方发达国家的产品，这种倾向可能抑制国内科研机构和生产企业的创新动力，增加自主创新的难度。因此，鼓励用户参与创新过程不仅是提高技术接受度的必要条件，也是科技创新成功的关键。产学研合作的效果在很大程度上依赖于用户的支持和参与。在市场经济体制下，政府的引导作用虽有限，但仍需通过政策创新激发企业和用户的参与热情。因此，建立一个能够动态适应市场需求，同时促进各方协作的创新生态系统，是推动技术从实验室到市场的关键。在这一过程中，用户的早期参与和反馈在确保技术创新的市场相关性和实用性方面发挥着至关重要的作用。

4）注重产学研合作

产学研合作在推动汉字激光照排系统抢占市场先机中发挥了关键作用。在

“748”工程办公室的精心协调下，北京大学精选了具有相关经验的合作伙伴：潍坊计算机厂参与照排控制器的联合研制；无锡计算机厂负责汉字终端的开发；杭州通信设备厂初期参与激光照排机的研制，并与中国科学院长春光学精密机械与物理研究所、四平市电子技术研究所合作研发平面转镜式照排机。这些合作单位在各自领域具有丰富的研究经验，参与热情高涨，使得汉字激光照排系统能够在蒙纳公司进入中国市场前迅速推出原理性样机，并于 1984 年成功交付新华社试运行华光Ⅱ型实用性样机。这一系列迅速的动作不仅挫败了蒙纳系统进军中国市场的计划，还有效抵御了来自海外的竞争压力。海外同类产品尚不成熟，为汉字激光照排系统的市场开拓提供了难得的机遇。汉字激光照排系统项目与“运-10”大飞机项目有截然不同的命运，主要在于市场竞争环境的不同。当“运-10”大飞机项目启动时，美欧市场已有多款成熟的支线和干线飞机，这些产品正积极尝试进入中国市场。相反，汉字激光照排系统在其发展初期，国际上尚未有成熟的对应技术，即使在 20 世纪 80 年代中后期，国际市场上的相关产品仍处于初步的市场测试阶段。这为华光汉字激光照排系统的市场开拓提供了一个较为有利的起点，因为它未遭遇来自成熟产品的直接竞争。

汉字激光照排系统的成功部分源于其在项目初期就明确提出的全新产品概念，包括采用轮廓加参数的汉字字形信息压缩技术和整版激光照排输出技术。随着海外公司相继推出类似产品，项目组结合中国国情，进一步推出成本更低的轻型印刷系统，并研制了大屏幕交互式报纸排版系统软件。通过引入国际先进的激光照排打印设备，项目组显著提升了产品的性能和经济性，确立了“人无我有，人有我优”的市场策略。这种策略使华光汉字激光照排系统在技术上不仅追赶，甚至在多个方面超越了国际产品，为其成功创造了有利条件。

若非采用产学研合作的模式，单靠某一单位进行技术攻关可能难以在短时间内取得突破。在竞争激烈的市场环境中，快速响应和技术创新是至关重要的，稍有延误就可能丧失市场先机。在全球技术竞争的格局下，能否在早期精准识别市场需求并迅速做出响应，同时在技术发展伊始就开展创新活动并实现成果商品化，是决定项目能否成功实现产业化的关键所在。同时，这也反映了面对国际竞争时，本土创新与适应本国国情的重要性，这些都是在高科技产业发展中不可或缺的战略思维。汉字激光照排系统的案例明确表明了产学研合作模式在加速原创技术开发和应对全球化竞争中的重要价值。

5）领军人物的创业精神

在汉字激光照排系统的开发和产业化过程中，创业型科学家的作用是不可忽视的。王选博士的领导和创新精神是推动这一技术从概念到商品化的关键因素。在面对技术难题时，王选通过创新的汉字字形信息描述法，解决了在有限的存储空间中高效压缩和快速还原大量汉字信息的问题，这一突破为汉字激光照排系统的发展奠定了坚实的基础。

王选不仅在技术开发上有所突破，他还积极参与市场和产业策略的制定，如在欧洲申请技术专利以保护创新成果，使用进口高质量元器件提升产品的竞争力，以及推动高等教育机构参与科技创新和企业化。这些举措不仅提高了汉字激光照排系统的市场份额，也有效抑制了外国竞争者的威胁。然而，像王选这样既懂技术又深谙市场规律的创业型科学家十分稀缺。这种人才的缺乏，被称为“死亡谷”，是许多高新技术项目无法从研发阶段成功过渡到商业化生产的重要原因。因此，培养和保留这类科学家对于任何国家的技术创新和产业发展都至关重要。

高薪待遇和优越的研究条件常常吸引国内人才流向发达国家。如果王选接受了国外的邀请，汉字激光照排系统可能会在美国而不是中国实现商业化。因此，要制定针对性的政策，吸引和留住优秀科技人才。要重视杰出科技人才，尤其是创业型科技人才的培养与引进，特别是那些能够桥接基础研究和产业实际需要的创业型科学家，这对于维护国家战略利益和促进科技领域的原始创新具有重大的意义。

5.1.2　清华大学薛其坤团队：量子反常霍尔效应实验观测

1. 团队及成果简介

薛其坤，材料物理学家，理学博士，教授，中国科学院院士。薛其坤的研究工作主要涉及利用扫描隧道显微镜、高/低能电子衍射、光学探针以及各种表面分析手段，研究各种金属、半导体表面晶体结构/化学性质、异/同质结薄膜外延和低维纳米结构的生长动力学和控制。薛其坤长期从事超薄膜材料的制备、表征及其物理性能研究，是中国量子信息科学领域的领军人物之一，所率领的团队在量子信息领域做出了多项重大贡献；在微电子工业领域具有广泛用途的化合物半导体 GaAs 和 GaN 生长表面的两维晶体结构、光学性质以及相关异质结外延中应力释放问题、InAs/GaAs 量子点的形成机理和稳定性、纳米团簇的生长、C60/C84/C70 在半导体上的薄膜生长等研究中做过比较系统的工作。其研究兴趣还包括稀磁半导体的分子束外延生长和自旋注入、低维纳米结构的磁性和在自旋电子学中的应用、量子效应对低维纳米结构电子性质的影响（比如催化）等。2013 年，薛其坤带领他的研究团队，在国际上首次实现了量子反常霍尔效应的实验观测。截至 2024 年，薛其坤获得了国家最高科学技术奖、国家自然科学奖一等奖、北京市科学技术奖突出贡献中关村奖、中国青年科技奖、未来科学大奖物质科学奖、腾冲科学大奖、菲列兹·伦敦奖（Fritz London Memorial Prize）、美国物理学会巴克利奖（American Physical Society's Buckley Prize）等多项重要奖项。薛其坤院士领衔的量子反常霍尔效应实验观测属于“100”型原始性科学创新。

2. 创新过程

量子霍尔效应在凝聚态物理中占据着举足轻重的地位，整数量子霍尔效应和分数量子霍尔效应的实验发现分别于 1985 年和 1998 年获得诺贝尔物理学奖。与传统的量子霍尔效应不同，量子反常霍尔效应无须外加磁场，因此在应用方面更具优势。正因如此，量子反常霍尔效应的实验实现一直是凝聚态物理学中的重要研究方向和科学难题。然而，尽管量子力学效应在微观尺度中普遍存在，但将其展现于宏观尺度的量子材料却极为困难，实验中对量子反常霍尔效应的探索进展长期受阻。

薛其坤院士团队的研究起始于 20 世纪 80 年代，初期关注低维半导体材料中的电子输运性质，逐步深入拓展至量子效应领域。随着技术进步，他们不断采用更先进的实验手段与理论模型，对量子反常霍尔效应的本质展开深入研究，揭示了一些此前未曾发现的现象。例如，团队发现在特定材料中，量子反常霍尔效应能够得到显著增强，这为理解量子物理学的基本规律提供了新的视角。2006 年，由张首晟教授领导的团队预测了拓扑绝缘体的存在，并提出通过在拓扑绝缘体中引入磁性，可能实现量子反常霍尔效应的理论构想。2008 年，薛其坤团队在这一理论的基础上，针对拓扑绝缘体展开了实验验证，并在国际上率先揭示了拓扑绝缘体薄膜的生长动力学机制，展示了拓扑表面态的拓扑保护性和朗道量子化特性。

尽管取得了重要的理论和实验进展，量子反常霍尔效应的实验条件仍极为苛刻，突破性进展始终面临巨大挑战。然而，随着团队不懈地努力，2009 年薛其坤带领实验团队终于攻克了这一难题。2012 年底，团队首次成功观测到量子反常霍尔效应，实现了自 1880 年霍尔效应被发现以来的量子化突破，标志着量子反常霍尔效应在实验上的首次实现。这一重要突破不仅为低能耗电子器件的发展提供了理论基础，也为电子学器件的应用开辟了新天地。量子反常霍尔效应的出现可显著改变电子运动的轨迹，将其引导得如同在高速公路上行驶的汽车般有序。该成果的应用潜力巨大，特别是在低能耗电子器件领域，能够有效解决当前计算机发热、能量损耗等问题，提升设备的运行效率和稳定性。这项突破引发了国际学术界的广泛关注，具有重要的科学价值与深远的应用前景，预计将为新一代低能耗晶体管和电子学器件的研发提供强大的推动力，推动信息技术革命的加速进程。

3. 关键成功因素总结

1）敢于挑战，坚持不懈

观察量子反常霍尔效应需要材料性质同时满足三个严格条件：绝缘、拓扑和磁性，但在实际材料中实现任一条件均极具挑战性，更不用说同时满足三者。这如同要求一个人同时具备短跑运动员的速度、篮球运动员的高度和体操运动员的灵巧，是一项“自相矛盾”的任务。从 1992 年攻读博士学位起，薛其坤就一直从事薄膜生长动力学的系统研究，累积了二十余年的经验。他曾因相关的研究两次获得国家自然科学奖二等奖。在薛其坤的指导下，团队仅用三四个月的时间，就在国际上率先建立了拓扑绝缘体薄膜的分子束外延生长动力学，实现了对样品生长过程在原子水平上的精确控制，薄膜样品的质量达到了国际领先水平。此后两年多，在常翠祖、张金松、冯硝等的努力下，研究不断取得阶段性进展——2010 年，完成对 1 纳米到 6 纳米（头发丝粗细的万分之一）厚度薄膜的生长和输运测量，得到系统的结果，从而使准二维拓扑绝缘体的制备和输运测量成为可能。2011 年，实现对拓扑绝缘体能带结构的精密调控，使其成为真正的绝缘体，去除了体内电子对输运性质的影响；2011 年底，在准二维、体绝缘的拓扑绝缘体中发现了自发长程铁磁性现象，并利用外加栅极电压对其电子结构进行原位精密调控。但此后，研究工作陷入了停滞不前的状态。

理论物理学家预言的一个假说，往往需要实验物理学家长时间的实验去验证。在研究团队的眼里，发现量子反常霍尔效应的过程是一个遇到困难，不断克服困难的“升级打怪”的过程，是否成功是未知数，抱着大胆尝试的想法，团队的实验室仿佛一个科幻世界。复杂的管线连接银白色锡纸裹着的不锈钢腔体，就在这些金属腔体中，原子飞行、凝聚，并慢慢形成具有特殊性质的物质。实验过程需要非常谨慎，因为仪器很复杂，碰坏一个小配件都有可能使得整个仪器系统瘫痪，需要耗费几个月时间从国外进货。科学发现可以是偶然的，但是为科学发现进行准备是必然的。薛其坤深深地明白这一点，他把大家召集在一起进行一番热情洋溢的讲话后，团队成员们瞬间感到“浑身发热”、干劲十足。薛其坤心里非常笃定，要想完成科学规律的发现，那就得在严谨、重复的基础上努力。

逆向思维，摆脱思维定式，往往对于做出原始创新成果非常关键。以往的实验中，研究团队担心几纳米厚的拓扑绝缘体材料被破坏，所以会设置一个衬底和一个保护层，并不断优化。“优化完衬底后就有一个明显提升，但后来又到了平台期。”感觉自己无路可走的团队成员冯硝决定反其道而行之，看看去除材料保护层会怎样，没想到这样反而获得了显示量子反常霍尔效应迹象的样品。

天道酬勤。尽管当时全世界很多顶尖实验室都在攻克这个实验，团队不知道谁在做，也不知道其他人什么时候能做出来，抱着这样的未知，薛其坤表现得很冷静，他坚信这些年大家的努力奋斗一定会有回报。团队经过连续一个半月的紧张奋战，进一步提高了样品质量，并与中国科学院物理研究所的吕力研究组通力合作，对样品进行了 30 毫开尔文温度下的极低温运输测量，他们终于在 12 月 6 日观测到了完美的量子化平台，这也意味着量子反常霍尔效应被发现。2013 年 3 月，成果顺利发表在《科学》杂志上。诺贝尔物理学奖得主杨振宁先生兴奋地表示：“这是第一次从中国实验室里发表的诺贝尔奖级的物理学论文。”此后，媒体的密集报道让社会在短时间内了解到“不明觉厉”的量子反常霍尔效应，薛其坤的名字也越来越变得家喻户晓。

2）团队合作，攻坚克难

薛其坤团队高度重视团队合作。每当有人赞誉量子反常霍尔效应的发现，薛其坤总是回应：“这是我们团队精诚合作、联合攻关的共同成果，是中国科学家的集体荣誉。”在他看来，团队协作、攻坚克难的创新模式是成功的关键因素。他认为，每一位科学家都拥有某种专业知识和专业技能，可以相对独立地完成自己所设定的科学目标。然而，当“量子反常霍尔效应”此类重大科学目标出现时，只依靠一个独立团队或一个独立的教授是无法完成的。那么，就需要拥有不同专业特长和不同专业知识背景的人共同参与，并根据进一步的研究需要，与更多相关研究团队建立有效的合作，包括理论和实验的合作、实验和实验的合作等，通过高效的协作，最终实现目标。

薛其坤团队瞄准同一重大科学目标，擅长不同领域但相对独立的科研团队成员间形成了高效合作，其深度和持久性在国内外也不多见。薛其坤曾自豪地称自己的团队是“世界上最有战斗力的团队”，因为团队中的科学家在各自领域都是一流的“专业选手”。他们为了共同的不确定目标，从单兵作战走到了一起。自 2009 年起，在薛其坤的带领下，团队在近 4 年的时间里生长和测量了超过 1000 个样品。现在，这个诞生于中国本土的优秀科研团队仍在为量子反常霍尔效应的应用前景奋斗着。薛其坤表示，从原理性发现走向应用需要不同领域科学家和工业界的共同努力，他和团队愿意与更多人合作，努力发展这个领域，不断推动它向应用方向发展。薛其坤强调，量子反常霍尔效应的观测成功是几个优秀实验团队紧密高效合作的一个结果，同时也是实验团队与理论团队紧密合作的结果。在量子反常霍尔效应的实验中，研究团队分为两组，一组负责生长符合实验条件的样品，另一组则负责测量样品的性质和物理效应。高质量的材料是实现量子反常霍尔效应的关键，薛其坤亲自担任样品生长的总负责人，并安排马旭村教授和何珂教授带领几位研究生具体进行实验，测量工作则由清华大学物理系王亚愚教授负责。

3）国家政策与资源支持

薛其坤团队认为，他们基础研究领域做出原创性科学成果离不开强大的国家支持。科研环境的支撑，如具备良好的研究和生活条件也非常重要。薛其坤回忆起 1999 年回国时，国家开始对基础研究的重视让他得到了较大的经费支持和很好的实验平台支撑，研究条件上的保障使得他对科学的热爱和好奇心得以实现，科学研究得以坚持。

在进行基础研究项目时，薛其坤认为最大的挑战并非来自技术层面，而是目标的不确定性。在实验过程中，他和他的团队依托精密的实验系统，通过生长、测量、反馈和调整，一步一个脚印地推进研究。实验室位于清华大学内，有五套世界独一无二的精密实验系统，这些系统使实验技术水平达到了最高水平。为保障研究开展，清华大学通过各种途径创造最优工作环境，而这在很大程度上得益于中国对基础研究的大力投入和重视。

基础研究是建立新的科学理论、发现新的科学效应和科学规律的皇冠上的明珠，量子反常霍尔效应的发现是薛其坤团队为人类科学知识宝库贡献的一颗璀璨明珠。为人类发展和科学进步做贡献，是一个国家强大的标志，中国科学家应该为人类命运共同体的建设和世界科学的进步贡献自己的力量，因为科学技术应用无国界。因此，薛其坤认为科学家怀抱家国情怀非常重要。高科技决定了国家的安全和国际竞争实力，科研工作者要有报效国家的情怀，为中华民族伟大复兴做贡献，要有成为大才的愿望，积极投身到科技事业中。

4）因材施教，培养创新人才

薛其坤在学生培养方面秉持着严谨与关怀并重的原则，致力于培养具备卓越科研能力和创新精神的科研人才。他不仅要求学生在科研中追求学术的极致，更注重学生从中体验到科研的乐趣。薛教授以其乐观幽默、充满活力的个性，赢得了学生的尊敬与喜爱，然而，他在科研训练中对学生的要求却异常严格。无论是论文的标点符号，还是实验操作的精确度，他都力求做到完美。薛教授强调实验操作的规范性，要求学生在仪器使用中做到细致入微，甚至在闭眼操作时也能不出差错。他认为，只有在精益求精的科研训练中，才能培养出在学术上持续创新的科研人员。一次，他在审阅学生的重要论文时，发现其英文写作水平不尽如人意，便要求学生在短时间内反复修改，并严格逐词逐句进行指导。这种严谨的态度，不仅培养了学生的专业能力，更塑造了他们严谨的科研作风。

在团队建设与学生个性发展方面，薛其坤教授强调平衡个性与合作的重要性。团队成员的个性和特长应该得到充分尊重，教师应根据学生的兴趣与优势量体裁衣，因材施教。在薛其坤看来，现代科研不仅依赖于学生的独立思考能力，还强调跨学科、跨领域的合作。教师的角色不仅是传授知识，更要启发学生的思维，鼓励他们挑战传统观念，培养解决实际问题的能力。此外，薛教授特别重视团队协作意识的培养，认为学生必须在团队合作中学会沟通、协作解决问题，这对于培养他们的领导力与团队精神至关重要。在薛教授的团队中，学生不仅是个体研究者，还是集体合作的核心成员，通过共同参与科研项目，学生深刻体会到跨学科协作的力量，这进一步促进了他们综合素质的提升。

在人才培养的实践中，薛其坤教授强调基础知识的积累与实践操作的结合。他认为，扎实的理论基础是创新能力培养的前提，学生应在早期阶段通过深入学习为未来的科研奠定坚实的基础。尤其是在研究生阶段，学生应专注于某一学术方向，充分利用课程学习与科研实践加深对该领域的理解和掌握。与此同时，薛教授鼓励学生拓宽视野，关注学科之间的交叉与融合，形成多维度的知识体系。在实践方面，薛教授特别注重将理论与实践结合，鼓励学生积极参与实验操作，并在遇到困难时及时给予指导。他认为，只有通过反复实践和思考，才能不断激发学生的创新思维与实践能力，培养他们成为能够在科研领域不断突破的创新型人才。

5）宽容失败的科研文化

薛其坤教授团队在科研文化的建设上，始终秉承着宽容失败的理念，这一理念不仅是科研探索中的宽容态度，更是一种对创新精神的深刻理解。科学研究，尤其是原始创新的探索，常常充满了不确定性与未知风险。失败，并不等同于无价值，相反，它是创新过程中的不可或缺的一部分。在薛其坤团队的科研实践中，尤其是在量子反常霍尔效应的实验探索中，尽管经过了大量的前期投入与反复尝试，团队依然经历了数次失败，但这些“失败”并没有被视为研究过程中的负面结果，反而成为推动该领域进一步发展的关键经验。

薛教授强调，科研过程中的失败能够为整个学术共同体提供重要的启示。正如在量子反常霍尔效应的实验中，尽管某些路径未能如预期般通向成功，但这些实验结果却为其他研究者指出了错误的方向，避免了重复性工作，并为后续的科学研究奠定了坚实的基础。这样的一种失败观，不仅体现了对个体科研努力的尊重，更强化了科研工作中对探索精神的宽容度。

从团队的角度来看，宽容失败也是一种对科研人员创造性思维的尊重。原始创新的突破，往往来源于对传统认知的挑战和打破常规的实验设计。在这个过程中，科研人员不可避免地会面临各种不确定因素，实验结果无法预见是常态，而非个别现象。因此，薛其坤教授团队倡导的宽容失败文化，不仅体现在对个别科研失败的包容上，更是一种对失败过程中积累的宝贵经验的认可与尊重。

这种宽容失败的文化，也为团队成员提供了勇于尝试和大胆探索的空间。团队成员在科研过程中能够更加自由地挑战未知领域，避免因过度担忧失败而产生心理负担。实际上，这种文化上的宽容与支持，正是创新得以孵化的重要条件。尤其是在原始创新的探索中，科研人员的每一次尝试，都是从已知迈向未知的过程，只有在包容失败的环境中，才可能孕育出真正的创新突破。

此外，宽容失败的科学文化还延伸到对科研成果评价机制的思考中。薛其坤教授认为，评价科研成果时，不能仅仅依赖最终的实验结果或直接产出，更为重要的是要关注科研过程中的探索精神与创新价值。因此，科学评价体系应当更加注重对科研过程的宽容和理解，以支持科研人员在不断地尝试与改进中，积累经验、积淀智慧。只有在这样的宽容文化下，科研人员才能够敢于冒险、敢于挑战，推动科学技术不断向前发展。

5.1.3　中国科学技术大学潘建伟团队：量子保密通信技术及应用

1. 团队及成果简介

潘建伟，著名量子物理学家。现任全国政协委员、安徽省政协常委、九三学社第十五届中央副主席、中国科学技术大学常务副校长、中国科学技术协会副主席、欧美同学会副会长、中国科学院院士、发展中国家科学院院士。潘建伟主要从事量子光学、量子信息和量子力学基础问题检验等方面的研究。潘建伟团队率先突破量子信息处理关键技术，全面解决了量子保密通信在现实条件下的安全性问题；牵头研制成功国际上首颗量子科学实验卫星“墨子号”；建成国际上首条量子保密通信骨干网络“京沪干线”；构建了首个空地一体的广域量子保密通信网络雏形……使中国量子保密通信的实验研究和应用研究处于国际领先水平。作为国际上量子信息实验研究领域的开拓者之一，潘建伟的系统性创新工作赢得了国际学术界的高度评价。《自然》杂志在报道潘建伟团队的成果时评价道：“在量子通信领域，中国用了不到十年的时间，由一个不起眼的国家发展成为现在的世界劲旅，将领先于欧洲和北美。”潘建伟院士团队的量子保密通信技术及应用属于在科学、技术上均有突破的“110”型原始性技术创新。

2. 创新过程

早在 2008 年秋，潘建伟团队就在合肥建立了世界上第一个光量子电话网，实现了“一次一密”加密方式的实时网络通话，真正实现了“电话互联互通、语音实时加密、安全牢不可破”的量子保密电话网络系统。2012 年和 2014 年，潘建伟团队分别建成了当时国际上规模最大的量子通信网络“合肥城域量子通信试验示范网”以及“济南量子通信试验网”，这标志着大容量的城域量子通信网络技术已经成熟。

2016 年 8 月 16 日，“墨子号”量子科学实验卫星成功发射升空。“墨子号”科学实验任务的完成，使中国率先在国际上实现了星地量子通信；2017 年，量子保密通信骨干网络“京沪干线”正式开通，并与“墨子号”连接，实现世界上首次洲际量子通信。在量子计算领域，“九章”光量子计算原型机、“祖冲之二号”超导量子计算原型机先后实现“量子计算优越性”里程碑，使中国成为目前唯一在两种物理体系中都实现这一关键技术突破的国家。2014 年 1 月，依托于中国科学技术大学的研究力量，中国科学院成立了量子信息与量子科技前沿卓越创新中心，同时通过整合院内相关研究所和南京大学、国防科技大学等高校的优质资源，在教育部支持下成立了量子信息与量子科技前沿协同创新中心，潘建伟分别出任中心主任。从组建团队至今，潘建伟取得了一系列让人惊艳的研究成果，数次创造世界第一：首次实现五光子纠缠和终端开放的量子态隐形传输；首次实现 16 公里自由空间量子态隐形传输；首次实现八光子薛定谔猫态……

2023 年 7 月 12 日，“51 个超导量子比特簇态制备和验证”这一成果在线发表于国际学术期刊《自然》上。这项由中国科学院量子信息与量子科技创新研究院（以下简称创新院）和北京大学研究团队合作完成的研究成果，刷新了所有物理体系中纠缠比特数目的纪录，为基于测量的量子计算方案走向实用奠定了基础。此前不久，来自中国科学技术大学、清华大学、济南量子技术研究院、中国科学院上海微系统与信息技术研究所等单位的中国科学家通过合作，实现了千公里光纤点对点远距离量子密钥分发，创下了光纤无中继量子密钥分发距离的世界纪录，为城际量子通信高速率主干链路提供了方案。

3. 关键成功因素总结

1）兴趣驱动

兴趣是最好的老师，这一观点在潘建伟的学术生涯中得到了生动而深刻的体现。潘建伟选择物理学科，完全是出于对科学的热爱与兴趣。高考时，他本有机会被保送到浙江大学，但因保送专业并非物理，他毅然放弃。高考成绩公布后，他凭借优异的成绩被中国科学技术大学近代物理系录取。1987 年，在大学的一堂实验课上，潘建伟第一次接触量子力学，便被其蕴含的神秘与深邃所吸引。这种源自内心的热爱，成为他日后深耕量子领域的强大动力。

本科毕业后，潘建伟继续在校攻读理论物理硕士，研究方向为量子基本理论。随着研究的深入，他愈发认识到，量子理论中的诸多悬疑需要尖端实验技术才能得以验证。于是，1996 年，他前往奥地利因斯布鲁克大学，师从塞林格教授攻读博士。在与塞林格教授的交流中，潘建伟坚定地表达了自己的梦想——在中国建立一个世界领先的量子实验室。这一梦想的萌生，既源于他对量子科学的热爱，也得益于他对该领域未来发展的深刻洞察。

在因斯布鲁克大学，潘建伟凭借对量子研究的浓厚兴趣与执着探索，迅速取得了突破性成果。一年后，他与同事合作在《自然》杂志上发表了首次实现量子隐形传态的学术论文。这一成果不仅被公认为量子信息实验领域的开山之作，还被美国物理学会、欧洲物理学会和《科学》杂志评为年度十大进展，并入选《自然》杂志“百年物理学 21 篇经典论文”。此后，潘建伟又在国际上首次完成了量子纠缠交换、三光子、四光子纠缠及其非定域性检验、量子纠缠纯化等一系列重要实验。

潘建伟的学术成就，充分彰显了兴趣驱动在促进原始创新中的关键作用。兴趣不仅为他指明了研究方向，更赋予了他在面对困难时坚持不懈的精神力量。在量子科学这一充满挑战的前沿领域，潘建伟始终保持着对未知的好奇与探索的热情，这种热情促使他不断突破自我，实现从理论到实验的跨越。同时，他也深刻认识到，兴趣驱动不仅适用于个人成长，更是推动整个科研团队创新发展的核心要素。在组建团队时，潘建伟强调尊重成员的兴趣，帮助他们找到最适合的研究方向。

2）以国家重大需求为导向

能瞄准世界科学前沿和国家重大需求，为国民经济发展和社会进步做出贡献，是潘建伟一直以来的奋斗目标。2001 年，国内量子信息领域的研究水平和人才储备都较为薄弱，但潘建伟凭借对国家需求的敏锐洞察和对科学的执着追求，开启了艰苦的创业之路。他像“候鸟”一样，往返于国内和欧洲，一边在欧洲继续从事合作研究，一边指导国内的研究生建立实验室。他深知，“我们必须与国际先进小组保持密切联系，才能更快地前进”。这种跨洲的科研布局，不仅为国内实验室的建设积累了宝贵经验，也为后续的科研突破奠定了坚实基础。

在这一时期，潘建伟的国内研究组取得了显著成果，先后在《物理评论快报》上发表了 7 篇论文，并获得《自然》杂志的高度评价。2004 年，潘建伟研究组在国际上首次实现五光子纠缠和终端开放的量子态隐形传输，该成果同时入选欧洲物理学会和美国物理学会评选出的年度国际物理学重大进展，这是中国科学家在该领域取得的“第一次”。这标志着国内研究组在量子纠缠方面的工作已经成功跃居国际领先水平，也彰显了潘建伟以国家需求为导向的科研布局的前瞻性。

量子信息作为计算机、信息科学与量子物理相结合的交叉学科，对不同学科背景的人才提出了极高要求。在快速推进国内实验室建设的同时，潘建伟继续在欧洲从事冷原子量子调控方面的学习与合作研究，并通过从国内招收研究生和博士后，选派学生到国际先进小组学习等方式，培养了大批量子信息领域的研究力量。他的人才布局从中国科学技术大学起步，辐射至奥地利因斯布鲁克大学、英国剑桥大学、德国马克斯·普朗克量子光学研究所、瑞士日内瓦大学、美国斯坦福大学等国际顶尖科研机构，完成了光与冷原子量子信息技术方面至关重要的人才和技术原始积累。

潘建伟有着明确的科研目标：通过量子通信研究，从初步实现局域的量子通信网络，到构建多横多纵的全球范围网络，保证信息传输的绝对安全；通过量子计算研究，实现大数据时代信息的有效挖掘；通过量子精密测量研究，推动新一代定位导航技术的发展。这些目标不仅契合国家在信息安全、信息技术和高端装备制造等领域的重大需求，也为中国在全球科技竞争中抢占制高点提供了有力支撑。

潘建伟曾多次强调，科学家要进行原始创新，为国服务。他指出，科学研究不仅要仰望星空，也要脚踏实地；不仅要关注原始创新，也要鼓励成果转化。“墨子号”的成功发射和“京沪干线”的成功建成不仅为中国量子通信技术的实用化奠定了基础，也为国家信息安全提供了全新的技术保障。

此外，潘建伟还积极推动量子计算技术的突破。2020 年，其团队成功构建了 76 个光子的量子计算原型机“九章”，使中国成为全球第二个实现“量子优越性”的国家。这一成果不仅展示了中国在量子计算领域的强大实力，也为未来大数据处理和 AI 发展提供了新的技术路径。

在量子精密测量领域，潘建伟团队也在不断探索其在极弱磁场测量、惯性导航、引力波探测等方面的应用。这些研究不仅有望突破传统测量技术的瓶颈，还将为中国在资源勘探、环境监测和国防安全等领域提供高精度的技术支持。

3）领军人物与师承效应

一个科研团队的整体水平和学术成就往往与其领军人物的视野、学术深度及领导风格密切相关。对于潘建伟而言，这一观点在他求学及后来组建团队的过程中得到了充分体现。1996 年，当潘建伟首次走进导师塞林格教授的实验室时，他便下定决心，要在中国建立一个世界领先的量子实验室。2001 年，潘建伟毅然放弃了国外优渥的待遇，选择回归祖国，将自己的人生与中国量子科技的发展紧密相连，开辟了中国量子科技的崭新天地。在这一过程中，潘建伟不仅以其卓越的科研眼光和非凡的个人魅力成了学术界的领军人物，还以其高度的责任感与远见卓识培养了大批青年才俊，为中国科学界的长期发展与人才储备奠定了坚实基础。潘建伟自回国以来，便积极识才、育才，以全球化的视野选拔具备潜力和志向的青年学子，并通过系统性的培养机制助力其成长。他为年轻科研人员创造前往国际顶尖实验室学习深造的机会，使其在最前沿的学术环境中拓展视野、锤炼能力。为了学习国外顶尖实验室的先进技术，潘建伟陆续推荐实验室的学生们分赴英国、美国、瑞士、奥地利等高水平国际小组中学习，有的学生赴德国海德堡大学学习冷原子量子调控，有的学生则被派往英国剑桥大学学习基于半导体量子点的固态体系量子调控技术等。

同时，潘建伟与学生之间的关系，远不仅是学术上的传承，更是精神与情怀的延续。他的培养不仅限于学术训练，更注重精神层面的引导。2006 年，他在北京参观“复兴之路”主题展后，便向海外求学的学生们发去短信，表达他对青年学子投身科研、服务国家的殷切期望。这种情感共鸣不仅是一种激励，更成为青年学者心中的坚定承诺，塑造了团队成员强烈的责任感和使命感。潘建伟是第一位获得欧洲物理学会菲涅尔奖的中国科学家，这一荣誉成为他个人成就的象征。多年之后，他的两位弟子——陈宇翱和陆朝阳——也分别荣获此奖，成为中国科学界目前仅有的三位菲涅尔奖得主。这个“潘之队”不仅将学术荣誉代代传承，更承载着潘建伟培养的科研精神和家国情怀。可以说，潘建伟的领导力和师门文化所创造的团队效应，正是中国量子科技取得突破性进展的重要推动力之一。

4）体制创新下的有组织科研

在科技创新体系日益复杂的背景下，原始创新的实现已不再依赖于单一技术的突破，而是需要多学科、多领域的深度融合与技术整合。中国科学技术大学深刻把握这一趋势，依托中国科学院的系统化组织模式，建立起一套高效的科研协同机制，推动量子信息领域的重大突破。

围绕量子科技的战略布局，中国科学技术大学充分整合国内顶尖科研机构的技术优势，形成覆盖关键核心环节的创新体系。例如，核探测与核电子学国家重点实验室在单光子电子学探测与调控领域的技术积累，为高性能探测设备的研制奠定了基础；中国科学院上海技术物理研究所在空间光机终端系统上的长期积淀，为星地量子通信系统的构建提供了关键支撑；中国科学院微小卫星创新研究院与中国科学院光电技术研究所在卫星平台与地面望远镜技术方面的深厚储备，确保了量子卫星工程的稳定实施。这一协同网络不仅涵盖了从核心器件研发到复杂载荷集成的全链条技术支撑，还构建起从空间技术到地面光学系统的跨领域技术生态，为原始创新提供了强有力的保障。

在这一体系化科研模式下，潘建伟团队通过深度整合各单位的核心技术，成功推进了一系列开创性成果，包括"墨子号"量子科学实验卫星、量子"京沪干线"以及空间量子通信实验等。这些重大进展并非单点技术突破的偶然结果，而是有组织科研模式下多学科交叉融合、团队协作攻关的必然产物。中国科学院作为国家级科研体系的重要支撑力量，凭借强大的组织协调能力，使多个单位的科研资源得以高效整合，确保了前沿科技攻关任务的顺利推进。与此同时，创新院的成立进一步优化了跨单位协作机制，通过科学的组织管理和高效的资源整合，使得不同学科背景的科研人员能够聚焦国家重大科技任务，集中攻克技术瓶颈。在具体实施过程中，创新院不仅提供资金支持，还统筹各单位的任务分工，确保了科技成果的有效转化与共享，突破了传统科研体系在跨学科合作中的体制机制壁垒，为国家重大科技任务的顺利实施提供了制度保障。潘建伟曾总结道，正是基于团队成员之间的紧密合作与高效协同，科研团队才得以在量子科技的多个核心方向上不断取得突破，既为国家重大科技任务提供了强有力的支撑，也为青年科研人才提供了一个面向国家需求、勇攀科技高峰的创新平台。中国科学技术大学依托这一体系化科研组织模式，不仅推动了中国量子科技的持续领先，也为未来更多前沿科技领域的协同创新提供了可借鉴的范式。

5）青年人才团队建设

青年人才的培养不仅关乎个体的成长，更是推动科技创新、奠定学科未来发展的关键环节。在这一培养理念的指引下，至 2011 年，潘建伟团队的核心成员大多来自世界顶尖学府，尽管团队的平均年龄尚不足 30 岁，却已在新量子革命的进程中屡创佳绩。这一成果不仅彰显了潘建伟在科研领域的卓越领导力，更体现了其在人才培养与团队建设上的前瞻性布局。他鼓励青年学者承担重大科研任务，以实践锤炼其独立创新能力，并给予充分的支持与信任。例如，在"墨子号"量子科学实验卫星项目的推进过程中，他大胆起用年轻科研人员担当重任。2011 年 12 月，项目进入工程研制阶段时，潘建伟 41 岁，团队核心成员彭承志仅 35 岁便担任卫星系统副总设计师。事实上，早在 2003 年，该团队便已着手量子纠缠是否能穿透大气层的原理性实验，面对工程转化的挑战，潘建伟敏锐地判断量子通信的基本原理已然清晰，遂将 27 岁的彭承志推至前沿，负责量子保密通信的工程实现。尽管彭承志的研究背景为电子学，但潘建伟始终鼓励其“大胆尝试”，并在资源、平台和决策上给予充分支持。这种实践导向的人才培养模式，使青年科研人员得以快速成长，并在推动重大科技突破的过程中积累关键经验。

潘建伟在人才培养方面的核心策略在于“实践赋能”：让具备能力且愿意承担责任的年轻人直接参与科研攻关，以实践促成长，以挑战促突破。2013 年，时年 31 岁的陆朝阳随潘建伟赴德国交流，归国后即专注于光量子计算研究。历经七年攻坚，他作为核心成员之一，成功研制出量子计算原型机“九章”。这一案例进一步验证了潘建伟人才培养战略的有效性——通过强化学科交叉与协同合作，使青年科研人员在攻克关键科学问题的过程中成长为引领未来的创新人才。

在组织层面，潘建伟所在的中国科学技术大学亦致力于构建体系化的量子科技人才培养模式，推动教育与科研的深度融合。2020 年，为适应量子科技高速发展的需求，中国科学技术大学设立了国内首个量子信息科学本科专业，并获批中国首个量子科学与技术博士学位授权点。同年 7 月，学校进一步成立未来技术学院，旨在面向国家战略需求，培养具备前沿视野和创新能力的量子科技领军人才。这一体系化的培养布局，不仅填补了国内量子科技人才梯队建设的空白，也为中国在未来科技竞争中保持领先优势奠定了坚实基础。

5.1.4　清华大学王大中团队：第四代高温气冷堆核电站

1. 团队及成果简介

王大中，享誉国际的核能学者和战略科学专家，专注于推进具备固有安全特点的高级核能系统的发展。他领导清华大学跨领域团队开展产学研合作，推动中国在高温气冷反应堆技术领域实现了重大跨越，从追随、并行到领先，这一进展为中国在先进核能技术领域向全球领先地位的转变打下了坚实的基础。1960 年，清华大学在北京昌平南口虎峪村开工建设了原子能实验基地，项目编号“200 号”，这也是清华大学核能与新能源技术研究院（以下简称清华核研院）的前身。目前，清华核研院在核行业内和清华校内常被称为“200 号”，是清华大学下属的最大研究实体，“200 号”工程是中国核能技术从“跟跑”到“领跑”的重要标志。在以王大中为代表的战略科学家的带领下以及多方研发力量的大力支持下，清华核研院先后建成屏蔽试验反应堆、5 兆瓦低温核供热堆、10 兆瓦高温气冷实验堆，取得了中国核电技术的多个“首次突破”。1964 年，“200 号”团队成功建成中国第一座自行设计建造的核反应堆，打破了国际技术封锁。研发过程中，团队攻克了多项世界性技术难题，设备国产化率高达 93.4%。王大中院士团队的第四代高温气冷堆核电站研究属于在技术以及工程上均有突破的“011”型原始性工程创新。

2. 创新过程

自 1956 年清华大学设立原子能专业后，到 1958 年，清华大学开始自主研究、设计并建造中国第一座反应堆——屏蔽试验反应堆；与此同时，还创建了集原子能教学、科研与生产于一体的联合基地。1960 年，试验反应堆项目在昌平虎峪村正式动工，标志着清华核研院的成立。2003 年 1 月 29 日，清华大学的 10 兆瓦高温气冷实验堆成功实现了 72 小时的连续满功率运行，标志着这一关键技术的突破。在高温气冷堆技术的重大项目立项阶段，清华核研院已在科研成果和实验堆领域处于领先地位。与此同时，当时的大型国有企业主要负责建设采用第三代技术的压水堆核电站，且在第四代核电技术的研发上仍处于起步阶段。由于全面投资新技术研发面临较大挑战，这些企业对第四代核电技术深入研究的兴趣较低，认为该技术实施的可能性较小。得益于在高温气冷堆建设中的丰富经验，清华核研院被选为高温气冷堆核电站示范工程的牵头单位。高温气冷堆之所以具有高安全性，主要归功于四层包覆颗粒组成的全陶瓷型核燃料元件，这一核心技术必须自行开发，无法从市场上直接购买。清华大学在实验室突破这一技术后，借助国家科技重大专项的支持，与中核北方核燃料元件有限公司展开合作攻关，将实验室技术转化为工程化生产力。作为全球首堆，示范工程缺乏可供借鉴的经验，面临诸多技术难题。蒸汽发生器被誉为“核电之肺”，是高温气冷堆的关键设备之一。2008 年，承担蒸汽发生器制造任务的哈尔滨电气集团有限公司（以下简称哈电集团）组建了新团队并建设了新厂房，准备顺利完成新技术的攻关。然而，在原创性项目的设计过程中，最初的设计方案试图将 10 兆瓦实验堆的小规模设备的数据提升两到三个量级，但制造难度较大，经济性差且后续可检验性不足。

为了加速蒸汽发生器的制造进程并确保按期交付，2015 年春，项目业主单位华能山东石岛湾核电有限公司组织了以设计-采购-施工总承包模式为主的联合攻关。中核能源科技有限公司（以下简称中核能源）推动哈电集团制造专家、清华核研院设计专家以及设备采购和安装管理人员的协同创新。在与高温堆 1:1 比例的工程实验室内，联合攻关团队历经 8 个月的不懈努力，完成了 8 版设计，修改了 100 多处细项，并进行了逐项验证。最终，经过 10 年的攻关，团队成功突破了 30 多项关键技术，打造出了被誉为“高温气冷堆之肺”的蒸汽发生器，其中 18 项重大工艺，包括高精密换热管对接焊工艺，均为国内首创。

3. 关键成功因素总结

1）战略科学家引领

在中国核能发展的历史长河中，清华大学的“200 号”工程项目占据着至关重要的地位。王大中教授作为这一项目的核心人物之一，毕业于清华大学工程物理系，并在 1958 年毕业后留校工作。就在同年，他参与了清华大学提出的一个宏伟计划——自主设计和建造一座 2000 千瓦功率的反应堆。这个计划获得了国家的批准，王大中成为该项目的关键成员之一。位于燕山脚下虎峪村的反应堆建设，象征着新中国在核能领域迈出的自主创新的步伐，项目随后被命名为“200 号”，并成为清华核研院的象征。

然而，项目初期，团队面临着巨大的挑战：缺乏相关经验和资源，必须从零开始，自力更生。这个年轻的团队，平均年龄仅为 23.5 岁，凭借手摇计算机和坚定的信念，克服了种种困难。从建设简易住所开始，他们独立完成了电力、建筑等多项任务。王大中，作为团队中的年轻骨干，不畏艰难，积极参与到重修水渠、架设高压供电线路、挖地基、搞土建等基础工作中。在模型制作过程中，王大中从马粪纸模型开始，一步步探索，直至完成有机玻璃模型。他与老师、同学们频繁讨论、查阅资料、设计和验证，最终呈现出一个长、宽、高各约 2 米的玻璃模型，反应堆堆芯、各种工艺系统管道和建筑结构清晰可见。

历经六年艰苦奋斗，1964 年反应堆建成。在此过程中，王大中与团队共突破技术难关 37 项、自制仪器设备 67 种、建立专业实验室 11 个。王大中的领导与战略眼光，起到了关键作用，使得这个原本资源匮乏、技术落后的团队能够在艰难条件下迎难而上，最终实现了技术突破。

进入 20 世纪 80 年代，全球核能发展遇冷，核反应堆的安全性研究尚未成为主流。凭借德国洪堡奖学金的支持，王大中赴于利希研究中心深造，并跟随球床高温气冷堆的创始人苏尔登教授进行研究。在苏尔登教授提出的四个研究课题中，王大中独辟蹊径，选择了“模块式高温气冷堆的设计研究”这一前沿领域。当时，模块式高温气冷堆还只是德国科学家提出的新概念，其核心目标是实现“固有安全性”，即从根本上消除堆芯熔毁的风险。王大中选择这一新兴概念作为研究导向，不仅体现了他的前瞻性和胆识，也预示了他对未来核能技术发展的深刻洞察。随着时间的推移，特别是进入 21 世纪后，模块式高温气冷堆技术逐渐获得了国际核能界的广泛认可，成为第四代先进核能技术的典范。而王大中在十几年前便已准确锁定这一研究方向，其战略眼光之独特和前瞻性可见一斑。

然而，将理论概念转化为实际应用的过程充满了挑战。王大中教授创造性提出了“双区球床堆”的构想，在堆芯中央设置石墨球区，以降低热点温度，进而在不牺牲模块式高温堆安全性能的基础上，显著提升了单堆的设计功率。当王大中将这一创新方案及验算结果展示给苏尔登教授时，后者欣喜若狂，表示：“以往认为单堆功率提升 10%已属不易，而现在你的设计竟能实现大幅提升，这无疑是巨大的突破，环形堆的设计应当申请专利。”在短短五个月内，王大中便完成了环形堆的初步概念设计，并以此为基础完成了博士论文。这篇论文以“全优”成绩通过答辩，王大中仅用一年多时间便获得了亚琛工业大学自然科学博士学位，这一成就被当地媒体誉为“中国人创造的一个奇迹”。

于是，王大中做出了果敢的战略决策：选择模块化球床高温气冷堆作为研究对象，规划了从小型实验堆到大型工业示范站的发展蓝图，并始终坚持自主创新的原则。在“863”计划的支持下，王大中的团队启动了 10 兆瓦模块化球床高温气冷堆的开发工作，这一技术要求极高，涉及精确度和质量控制等多方面的挑战。经过数年的持续攻关，他们成功生产出了符合国际先进水平的燃料球。

2000 年，清华大学建成了世界首个具有固有安全特性的第四代高温气冷实验堆。这一突破不仅标志着清华大学在核能领域的技术领先地位，更是王大中和其团队在原始性工程创新方面的巨大成功。王大中的远见卓识和科学家精神，推动了这一关键技术的突破。王大中用攀登山峰来比喻科研的旅程，强调科研过程中克服困难需要智慧、勇气和坚韧。即便在年逾八旬时，他依然坚守科技事业，视其为终生追求和奋斗的目标，彰显了战略科学家在重大工程创新中的核心作用。

2）聚焦国家战略开展有组织科研

科技创新是核工业的立业之本，是核工业发展之魂。在当前历史阶段，核科技创新的重要地位丝毫不亚于任何一个历史时期。高温气冷堆的建设历程与成果，是清华大学服务国家战略需求、开展有组织科研所积累的宝贵经验与财富。第一是要针对国家战略需求，瞄准重大前沿问题，知难而进、打硬仗、啃硬骨头。第二是实施团队攻关，做大项目、出大成果。突破分散、低效的小作坊式科研模式，建设以“知难而进、众志成城”的“200 号”精神为代表的团队文化，打造一支通过研发和工程验证，把一个创新型先进核反应堆从概念发展成可以商业化的产品的核心创新团队。第三是要多学科深度交叉，提升设计研发与装备制造深度融合的协同创新能力。

长期以来，中国核电产业采用“引进、消化、吸收、再创新”的技术路线。经过多年探索，形成了以压水堆（第三代核电）为主力堆型的发展格局。然而，在吸收国外先进技术、尝试再创新的过程中，多是在既有技术路线基础上进行非原始性创新，尚未形成引领核电产业发展的能力，与构建全产业链自主知识产权的目标仍有一段距离。尤其是在百年变局加速演进的背景下，外部环境的不确定性给技术引进带来不可控的风险，关键核心技术受制于人的风险隐患仍然存在。随着中国逐渐进入第四代核电发展阶段，社会各界更加关注技术路线上的自主研发，这不仅是产业发展所需，更是把握国家战略产业自主权和主导权的必然要求。

在国家战略领域拥有完整的全产业链自主知识产权、提升系统性科技攻关能力至关重要。只有一条完备、成熟的产业链才能支撑起系统化、规模化的核能应用发展，只有实现全产业链自主创新才能彻底消除关键核心技术受制于人的风险隐患。高温气冷堆核电站项目的启动，堪称服务国家重大战略需求的典范。

有组织科研体现在清华核研院组建的各个环节。清华核研院始终以全流程技术攻关为目标，集结反应堆热工水力、核化工、核燃料后处理、环境技术、电子信息等多学科研究力量，每一个科室负责攻关产业链中某个环节的具体问题。在清华内部，各个学科方向的院系是大学的二级单位，校级层面对不同院系具有较强的指导性和约束性，能够通过顶层设计和统筹协调，组织不同单位集中骨干力量和优势资源参与同一项工作。“200 号”当时是举全校之力来建设，老师非常年轻，学生也很优秀，而且之后基本都留在了清华工作。这批人对清华、对核学科发展贡献了重要力量。通过重大工程集结多学科资源，进而沉淀形成新学科，并培养领域所需的创新人才，这些能力是科研院所、大型企业所不具备的，也是高校通过有组织科研推进原始创新的必要基础和典型特征。

3）政产学研协同攻关

清华大学通过整合资源和优化技术实现了一系列技术突破。核工业产业链以核电站建设为中心，上游的原材料和设备供应、下游的核电站运营管理和核废料处理与中游的核电站建设相互依赖。产业链上游的燃料元件和设备供应是其发展的基础，在第三代核电发展路径中，核电站建造的主要设备依靠进口，自主化水平较低。为了突破第四代高温气冷堆燃料元件和主氦风机等关键技术，清华核研院 5 个研究室各司其职，在工程推进中持续开展技术攻关。在中游的核电站建设上，4 个相关研究室通过进行计算、实验等多种方式加强安全基础方面的科技创新。对于产业链的下游，清华核研院主要由 2 个研究室承担核废料处理和环境保护相关科研工作。核电站的具体运营管理则交由大型企业主导，充分发挥企业在经营管理中的丰富经验和市场优势。清华核研院的实践表明，重大战略领域的科研攻关、大工程落地都需要多学科协同创新、产学研多主体协同攻坚。从企业方来说，中国核工业集团有限公司坚持“小核心、大协作”的理念，发挥协同创新单位的优势，共同解决企业关注的科学问题，成为企业研发体系的重要组成部分和科技创新的“新势力”。

从实验室成果产出到大工程实际落地，需要充分发挥社会主义市场经济条件下关键核心技术攻关新型举国体制的制度优势。只有健全分工协作体系，激励各主体发挥长处，才能凝聚各方力量及创新要素，形成科研攻关优势。在“200 号”高温气冷堆示范工程的实践中，设计方、业主、工程实施主体（总包方）、建设方和监理的合作方式就是政产学研深度融合的体现。

清华大学作为设计方，承担技术攻关任务；在华能石岛湾核电站示范工程的建设和运行管理上，中国华能集团有限公司是业主单位，工程实施主体是由清华大学和中国核工业集团公司（2017 年 12 月之后更名为中国核工业集团有限公司）于 2003 年 8 月共同出资组建的中核能源，中国核工业二四建设有限公司是土建施工承包单位；国家核安全局、国家国防科技工业局等部门负责项目审查和监管工作。面对诸多困难时，团队始终不断寻求解决方案。中国核动力研究设计院拥有数千名员工，内部实行高度专业化分工，依据专业领域进行细致划分，涵盖土建、电气、堆物理等多个方面。中国华能集团有限公司的人员相对较少，组织结构按照系统进行划分，每个系统的成员涵盖多个专业领域，如土建、力学等，且各成员的职责涉及多个方向。随着项目经验的积累，许多成员逐渐掌握了多种技能。

高温气冷堆的建成，是政府有效开展顶层设计、高校牵头组织科研进行技术攻关、大型央企充分发挥工程建设经验，实现多主体有机结合、集中力量协同攻关的成果。这一实践充分发挥了各创新主体优势，是一次成功的政产学研协同创新探索。清华大学、中国核工业集团有限公司、中国华能集团有限公司三方合作近 20 载，联合一批大型企业，推动中国高温气冷堆从“样品”变为“产品”。通过政产学研用深度融合，从 10 兆瓦实验堆到 20 万千瓦示范工程，首台套设备达 2200 多台（套），创新型设备有 600 余台（套），设备国产化率高达 93.4%。

4）机制保障下的协调分工

2003 年 1 月，清华大学 10 兆瓦高温气冷实验堆成功实现 72 小时连续满功率运行。实验成功后，清华大学希望寻找志同道合且具有雄厚实力的央企，合作推动成果产业化。当时，中国核工业建设集团有限公司（2018 年与中国核工业集团有限公司重组）正谋求更高质量发展，寻找发展突破方向，在这样的背景下，清华大学抛出的合作意向，对其而言无异于天赐良机。双方一拍即合，通过校企合作正式启动高温气冷堆工程转化研究。因为是第一次，大家都是摸着石头过河，过程很艰苦，但也卓有成效，包括成立高温气冷堆科技成果转化平台——中核能源，推动高温气冷堆技术从实验室走向市场并实现产业化等。然而，“一拍即合”并不意味着“一帆风顺”。合作之初，双方均心存顾虑：资本方对技术方能否研发出契合市场需求的产品、实现投资价值持怀疑态度；技术方则对资本方合作的诚意，以及其能否持续支持技术研发与商业推广缺乏信心。

在合作中，明确各方的分工协作方式、优势互补机制、责任分担细则以及收益预期规划至关重要，唯有如此，才能充分保障合作积极性，维系合作的紧密程度，确保各方持续保持充足的投入力度。中核能源成立之初采用了双方各占 50% 的股权分配方式，为“小核心、大协作”的创新体系奠定了重要基础。2004 年，随着中国华能集团有限公司的加入，高温气冷堆示范工程三方合作、强强联合的新格局正式形成，校企合作、协同创新迈上新台阶。作为首堆工程，即便合同条款详尽细致，施工过程中仍不可避免地会遭遇诸多未曾预见的状况。中国华能集团有限公司并未将与清华大学的合作视为普通的商业化工程，而是将其定位为联合攻关行动，认为双方是在共同肩负国家使命。基于这一认知，三方合作逐步走上正轨，协作也越来越顺畅。

5）独特的人才培养文化

除创新难度巨大之外，合作初期，三方还面临着文化冲突的挑战，这种情况在示范工程设计工作中表现得尤为明显。清华核研院老师习惯于学术研究，喜欢不断探索、追求完美，对设计成果精益求精。中核能源设计人员则更多是工程思维，更加注重进度、成本、可靠性。中国华能集团有限公司设计管理人员更强调项目安全、质量、进度、成本“四大控制”。中核能源通过推动与清华大学共同成立“联合总体室”、联合举办核工程硕士班、建立师徒制等多种举措，全面促进双方相互理解与深度融合。多年来，文化融合成效显著：清华的老师更加重视工程技术工作中“合理可行、规范变更”的原则，中核能源的员工也对老师们对创新的追求有了更多理解与尊重。以中核能源原副总经理杨明德为例，他是清华核研院教授，曾在示范工程现场坚守了 4 年。他认为自己既是“清华人”，也是“中核人”。如今，中核能源 52%的员工拥有硕士及以上学历，40%拥有高级职称，其中大部分经过了清华核研院核工程硕士班的培养。在共同的事业中，高校文化和工程文化和谐共生、相得益彰。

在长期的科研实践中，清华大学在成为世界顶尖学府的征途中也沉淀出其独特的人才培养文化——以杰出的师资、优良的设施和鲜明的大学精神这三大要素推动顶尖创新人才的培养。杰出的师资是高水平教育质量的保障，优良的设施为教育和科研提供了坚实的基础，鲜明的大学精神则是学校的灵魂与动力。以王大中为例，他不仅在核物理技术领域取得了卓越成就，在担任校长期间，王大中还总结出了自己独特的教育理念：倡导严谨求学与诚信为人的核心价值观。

5.1.5 复旦大学赵东元团队：有序介孔高分子和碳材料的创制和应用

1. 团队及成果简介

赵东元，中国科学院院士，复旦大学化学与材料学院教授、博士生导师。赵东元专注于先进能源材料与器件研究，他的团队致力于锂离子电池、超级电容器、燃料电池等能源存储与转化材料与器件的研究。在锂离子电池领域，团队取得了重要突破，研究成果具有广泛的应用前景。赵东元院士及其团队在能源材料领域发表了高水平学术论文，为解决能源问题提供了创新解决方案。赵东元院士的团队以其在新能源材料与器件设计、制备、性能优化等方面的高水平研究而备受瞩目，为中国能源科技创新和产业升级做出积极贡献。在复旦，赵东元取得了一系列创新研究成果，从一名年轻的科研人员成长为享誉国际的科学家——2000 年获得国家自然科学基金委员会国家杰出青年科学基金，同年获得教育部“长江学者”特聘教授称号，2004 年获得国家自然科学奖二等奖，2007 年 44 岁的他当选为中国科学院院士。2021 年 11 月 3 日，国家科技奖励获奖情况公布，中国科学院院士、复旦大学化学系教授赵东元、教授李伟等完成的“有序介孔高分子和碳材料的创制和应用”项目，原创性地提出了有机-有机自组装思想，创制了有序功能介孔高分子和碳材料，揭示了介孔独特的物质输运和界面反应规律，获得国家自然科学奖一等奖。赵东元院士领衔的有序介孔高分子和碳材料的创制和应用属于在科学和技术上都有突破的“110”型原始性技术创新。

2. 创新过程

赵东元院士在有序介孔材料领域取得了诸多开创性成果，并以其持久的贡献奠定了他在该领域的重要地位。1998 年，赵东元加入复旦大学，并带领团队从事功能介孔材料的研究。在当时，介孔材料的研究主要集中于无机材料领域。然而，赵东元提出了一个颠覆性的想法：能否合成有机高分子介孔材料？这一设想的创新性在于它不仅具备柔性和轻便的优势，还能够在国民经济中发挥巨大作用。经过五年的艰苦探索，团队在前期遇到了诸多挑战和失败。转折点发生在 2003 年，当时一位本科生顾栋通过一种反常规的方法取得了重要数据。他提出的把高分子先聚集再合成的做法，一下子把制备步骤从 5 个简化成 2 个，这激发了赵东元的灵感。2005 年，赵东元在《德国应用化学》上发表文章，首次提出有机-有机自组装的新思想，迅速引发全球关注。该方法推动了世界范围内对介孔高分子和碳材料的深入研究。截至 2023 年，这一开创性方法已吸引 60 多个国家和地区的 1500 余家科研机构开展跟踪研究。这些机构运用相似方法对介孔高分子和碳材料等进行探索，相关研究成果已发表论文 4 万多篇。由于介孔材料的成功，赵东元的团队也“活”了起来，这个先驱性质的团队吸引了不少优秀的青年研究者。赵东元团队的研究不仅在基础科学领域取得了显著进展，还在实际应用中展现了巨大潜力。其团队发明的介孔材料被广泛应用于催化剂、电池、传感器等领域，特别是在提高能源效率和材料性能方面产生了深远影响。

3. 关键成功因素总结

1）兴趣驱动下的坚持不懈

赵东元院士在功能介孔材料研究领域取得的突破性成就，充分印证了兴趣驱动下的长期坚持对原始创新的促进作用。从认知科学的角度来看，科学家对特定研究领域的浓厚兴趣能够激发持续的内在动机，这种动机与外在奖励无关，而是源于对科学问题本身的求知欲和探索欲。赵东元自大学时期就表现出对化学，特别是有机化学的强烈兴趣，这为其后续的科研生涯奠定了坚实的基础。这种兴趣驱动的学习模式使他能够深入钻研化学领域的经典著作，构建起系统的知识体系，为日后的创新研究提供了必要的知识储备。

在 1998 年回国后，他带领团队在复旦大学开展功能介孔材料研究，这一选择本身就体现了其对科研环境的理性考量。复旦大学优质的学术生态为其团队提供了持续创新的土壤，而他对科研工作的执着投入——每周超过 80 小时的工作时长，连续数十小时的实验观察——则展现了科学家在兴趣驱动下的非凡毅力。这种持之以恒的科研态度与介孔材料领域的研究特点高度契合：作为一种具有 2~50 纳米孔径的多孔材料，介孔材料在大分子催化、吸附与分离等领域的应用潜力需要通过大量实验来验证和优化。

原始创新往往产生于长期专注的研究积累。赵东元院士 23 年如一日专注于功能介孔材料研究，这种持续性的投入使其团队在该领域取得了系列突破性成果。他们的研究不仅推动了介孔材料从无机到有机、从无孔到多孔的理论创新，更实现了从实验室到实际应用的跨越。北京奥运会 LED 路灯和上海世博会电动汽车等应用实例，正是其研究成果转化的重要体现。这种从基础研究到应用创新的完整链条，充分证明了长期坚持在原始创新中的关键作用。兴趣驱动、对科学充满好奇和热爱使得赵东元非常注重通过国际学术研讨会和教学活动吸收新思想，以保持科研思路的前沿性，这种开放式的学习态度与其对介孔材料的专注研究形成了良性互动。

2021 年获得国家自然科学奖一等奖是对赵东元院士多年坚持的最好肯定，而他以“布袋院士”的形象示人，则体现了其对科学本质的深刻理解：真正的科学创新源于对研究本身的热爱，而非外在的荣誉。正如赵东元所言，科研需要“像小蚂蚁一样”地踏实积累，这种在兴趣驱动下的长期坚持，才是实现科学突破的关键所在。

2）科学精神牵引

赵东元教授始终强调科学精神在原始创新中的促进作用，尤其是在教育和科研工作中的深远影响。作为一位严谨的教育者，赵东元对学生的培养充满热忱。他的课程设计注重融入深刻的科学思考与远见，从而激发学生对科研本质的理解与探索。在讲授化学学科的过程中，他不仅回顾了从古希腊哲学到现代化学的曲折历程，还深入探讨了科研的根本精神与创新思维。他强调，化学并非如数学般精确，也不像物理学那样高大上，常常涉及抽象且看不见摸不着的内容。因此，化学研究要求学者具备强烈的想象力与探索精神，仿佛一位冒险家，在未知的领域中开辟新天地。

在讲述科研中的独立性时，赵东元以“有机合成天才”罗伯特·伯恩斯·伍德沃德（Rober Burns Woodward）为例，阐明了科学研究中的独立性和创新性的重要性。他认为，原始创新成果的取得需要从“正确的选题”到“科学方法”的精准运用，再到“深邃的思维”和“大胆的质疑”，同时保持科学合作和坚守科学道德。他深信，只有这样，才可能在学术的道路上取得突破性进展。

赵东元还通过引用 1981 年诺贝尔奖得主罗阿尔德•霍夫曼（Roald Hoffmann）的话，强调了科研中脚踏实地的重要性。他鼓励学生们不要追求短期的成果和表面上的“高远目标”，而要在看似细小但有意义的问题中不断探索。他的科学哲学并非追求解答一个个宏大的疑问，而是在于精致地研究化学领域中的细节，关注问题之间的关联和内在联系。

在讨论基础研究与应用之间的关系时，赵东元认为，虽然化学与工业应用关系紧密，但科研的核心应始终专注于提出和解决科学问题，而非单纯为应用而研究。他引用化学的历史，指出当化学仅为获取黄金而存在时，它已经偏离了科学的轨道。他深知，基础研究不能过度关注经济效益和应用价值，而应保持独立思考和探索问题的本质。他坚信，只有在解决了基础问题之后，才能将研究成果转化为广泛的应用。2023 年 11 月，复旦大学相辉研究院成立，赵东元作为首任院长，继续推动这一理念的实践。该研究院聚焦前瞻性、挑战性和高价值的科学难题，致力于营造一个宽容、开放、活跃、自由的学术环境，支持科研人才在深耕科研的过程中不懈追求创新。赵东元倡导的“只问是非，不计利害”的科学精神，已成为这一环境中的核心理念。他期望与更多的科学家携手并肩，心无旁骛，推动科学精神成为中国文化的核心基因，伴随国家的未来发展与梦想的实现。

3）理论紧密结合应用

赵东元院士的研究工作始终贯穿着理论与实践的紧密结合，这种结合不仅推动了基础科学的突破，更在原始创新和实际应用中取得了显著成效。作为介孔材料领域的领军人物，赵东元团队从理论出发，提出了“有机-有机自组装”和“界面取向组装”等创新理论框架，为介孔材料的可控合成提供了全新的科学指导。这些理论并非停留在纸面上，而是迅速转化为实际应用，推动了介孔材料在能源、环境、催化等领域的广泛应用。

赵东元秉持“天生我材必有用”的理念，认为每一种新材料的出现都蕴藏着独特的应用潜力，即便在初期其成本较高。凭借持续的技术攻关和成本优化，赵东元带领的团队将科研成果成功转化为工业化生产，推动了其在各个领域的大规模应用。具体来说，介孔材料在催化领域的应用显著提升了重油的转化效率，通过全国范围的推广，每年可增产约 150 万吨高品质油品；此外，介孔碳和介孔高分子材料在超级电容器中的应用，也在北京奥运会的 LED 路灯和上海世博会的电动汽车中得到了展示和推广。这些技术的成功应用不仅限于能源领域，还广泛渗透到生物检测、环境治理、电子材料等多个行业，展现了其广泛的市场前景与价值。

在民用领域，虽然介孔材料目前尚未实现广泛应用，但赵东元早已对其发展前景有了远大构想。他指出，介孔材料已在工业上成功应用于绝缘和隔热领域，未来有可能将其应用于衣物制造。例如，通过纳米孔技术制成的衣物，不仅轻薄，而且具有极好的保暖性。实际上，赵东元团队目前已经在研究利用介孔高分子材料制成的液体，这种液体在未来可以涂抹在衣物上，形成一层极薄的隔热膜，既不显眼又能有效隔绝极寒天气，即使在−30□的环境下也能提供保护。赵东元对这一前景满怀兴奋之情，曾自嘲道，自己除了做孔，几乎别的什么也不会。但这一笑谈背后，正是其数十年如一日默默开展实验与计算工作所沉淀积累的成果。

赵东元提到，获得祖国的认可不仅是对他个人的鼓励，也将激励更多的基础研究科学家，鼓励他们脚踏实地、不断深入研究，并最终将科研成果转化为切实服务社会的产品。

4）因材施教，培养创新人才

赵东元教授提倡教师在教育实践中应根据学生的个体差异，实施因材施教的原则。他认为，每个学生都具有独特性，或擅长实践操作，或偏好理论分析。在指导研究生时，教师需充分考虑到学生的个性特点，并发挥其优势，方能实现教学相长。

赵东元教授积极倡导学术探讨与交流，他在研究生培养方面成果显著，复旦大学首届“校长奖”得主田博之就曾是他指导的研究生。在硕士学习期间，田博之作为第一作者，发表了 8 篇 SCI 论文，其中不乏在化学领域顶尖杂志上发表的作品。赵东元教授指出，田博之经常与其交流科研问题，而一些学生在实验结果不理想时往往选择闭门不出，不愿与人交流，然而，缺乏交流将无法发现实验失败的根源。

尽管工作日程紧凑，赵东元教授始终坚持每年为本科生讲授“基础化学”课程。他致力于从本科阶段起培养学生的科研素养，深信自己的学生未来将超越自己。他每天晚上都会回到实验室，与研究生进行交流并提供指导。即便出国或在外地开会，也会通过电话和电子邮件对学生进行答疑和指导。赵东元教授在提供文献给学生之前，必定亲自阅读过。他在修改学生论文或指导实验时极为严谨，每篇论文都会逐字逐句进行修改，直至达到其要求的水平才允许投稿。每周，实验室成员都会汇报工作进展，赵东元教授会根据每个人的研究结果进行个性化辅导。

赵东元教授性格平易近人，善于与学生打成一片，同时他也非常重视国际合作，定期与国外合作组交流，并指导合作组的学生。他对激发学生从事原始性基础研究充满热情，认为博士生应更多地从事基础研究项目，而不是应用或工程项目，因为基础研究更具原创性。

5.1.6 北京大学彭练矛团队：碳基 CMOS 集成电路

1. 团队及成果简介

彭练矛，电子和材料物理学家，中国科学院院士，目前主要从事电子显微学和碳基电子学领域研究。现任北京大学电子学院院长、北京元芯碳基集成电路研究院院长。在电子显微学领域，彭练矛团队发展了可以精确处理一般材料体系反射和透射电子衍射、弹性和非弹性电子散射的理论框架，建立了确定材料结构所需的重要参数库。在碳基电子学领域，彭练矛团队发展形成了整套碳基 CMOS 集成电路无掺杂制备新技术。采用不同功函数的金属作为电极，实现了碳管理想的欧姆接触，解决了制备性能超越硅基晶体管的碳管 CMOS 晶体管这一世界难题，利用钇金属可以与碳纳米结构形成完美浸润，获得了高质量的超薄氧化钇栅介质层。在此基础上，首次制备出性能接近理论极限、栅长仅 5 纳米的碳管晶体管，综合性能超过硅基器件十余倍。

彭练矛团队的相关工作获得 2010 年和 2016 年国家自然科学奖二等奖；入选 2000 年和 2017 年“中国高等学校十大科技进展”、2000 年“中国基础科学研究十大新闻”、2011 年度“中国科学十大进展”；2015 年彭练矛荣获第四届推动“北京创造”的十大科技人物称号；2018 年彭练矛荣获何梁何利基金科学与技术进步奖。2019 年，彭练矛当选中国科学院院士。彭练矛团队的碳基 CMOS 集成电路属于在科学和技术上都有突破的“110”型原始性技术创新。

2. 创新过程

芯片是一个国家发展高科技产业的核心要素。在过去几十年间，中国基于硅基 CMOS 技术的传统芯片产业长期处于相对落后状态，在发展过程中一直面临西方技术封锁。步入 21 世纪以来，传统硅基芯片受摩尔定律的限制，发展速度日益缓慢，科学家一直试图寻找能够替代硅的芯片材料，其中碳管就是颇具研究价值的方向。时代的发展呼唤性能更优的技术。是传承还是突破、是跟踪还是引领，成为摆在彭练矛这一代中国电子科学家面前的难题。

经过十几年对碳纳米管工艺的攻关，2017 年，彭练矛团队成功研发出一套无掺杂的高性能碳纳米管晶体管（以下简称碳管）制备工艺，并首次制备出栅长仅 5 纳米的晶体管。这款晶体管被视为全球最小的高性能晶体管。随后，团队在 2018 年再次取得重要突破，开发出基于新原理的超低功耗狄拉克源晶体管，为超低功耗纳米电子学的发展奠定了基础。同年，团队用高性能的晶体管制备出小规模集成电路，最高速度达到 5000 兆赫兹。2020 年，该团队首次制备出满足大规模碳基集成电路需求的高纯、高密碳纳米管阵列材料，并基于此材料率先实现了性能超越硅基集成电路的碳纳米管集成电路，电路频率超过 8000 兆赫兹，跻身国际领跑行列。

事实证明，团队多年来的坚持是对的。这一系列成就背后，是团队多年来对核心技术的执着追求和对技术瓶颈的不断克服。通过自主研发和持续创新，团队不仅成功应对了材料制备、性能优化等一系列挑战，还奠定了碳基芯片技术在后摩尔时代的重要基础。当前彭练矛团队基本掌握了碳纳米管集成电路制备技术，能够在实验室把碳纳米管集成电路加工出来，性能是目前为止世界上最好的，电路频率比美国研发的高了几十倍。中国在碳基芯片领域的突破，不仅展示了领先的技术水平，也为全球集成电路产业的发展提供了全新路径。

3. 关键成功因素总结

1）报国情怀驱动

1978 年，年仅 16 岁的彭练矛考入北京大学无线电电子学系，在恩师西门纪业教授的带领下，他与电子显微学结下了不解之缘。作为恢复高考后的新一代大学生，彭练矛深知贫乏的知识与苍白的思维无法推动科研巨轮行进，格外珍惜在北京大学的每一个学习的机会。1983 年，在西门纪业教授的鼓励下，彭练矛以优异的成绩通过中美联合招考物理研究生项目选拔，前往亚利桑那州立大学美国国家高分辨电子显微学中心攻读博士学位，师从 J. M. 考利（J. M. Cowley）教授。在美国顺利拿到博士学位后，彭练矛又先后前往挪威奥斯陆大学和英国牛津大学继续研究工作，在电子显微学领域崭露头角，做出了一系列瞩目的成绩。然而，在海外的岁月里，亲人的温暖和祖国的进步常使他心潮澎湃，欧洲生活纵使安逸也无法留住他的心。1994 年底，彭练矛回到阔别十余年的祖国。英国剑桥大学卡文迪许实验室教授豪伊曾感叹，彭练矛的离去是英国电子显微学界的一大损失。

伴随着“985 工程”“211 工程”的全面实施，彭练矛在 1999 年回到母校，将自己在电子显微学领域的知识应用于纳米材料的研究，并致力于纳米电子学方向的探索。彭练矛说自己科研报国的初心发轫于“爱国”，而并不止于“爱国”。彭练矛希望发挥出中国人的聪明才智和创造力，使得中国人的科研成果能推动整个人类文明的发展，让祖国真正屹立于科技强国之林。这份初心也成为激励彭练矛在科学道路上攻坚克难的“法宝”。在他看来，努力路途上的艰辛皆可抛诸脑后。2000 年，北京大学“组队”，着手研究面向未来的电子学。当时彭练矛还不到 40 岁，他觉得自己“还有精力再做一件新的事情”。

2）长期坚持

2000 年，彭练矛带领研究团队从零开始，探究用碳纳米管材料制备集成电路的方法。当时，纳米电子学尚属新兴领域。在研究初期的几年里，彭练矛团队始终对标西方先进技术，在持续摸索中前行。经过探索，他们发现碳纳米管是用于制造芯片的绝佳材料，它的物理性能和化学性能、机械性能都非常适合做电子元器件。尽管没有现成的工艺可供借鉴，但根据理论预测，碳纳米管芯片的综合性能相较于现有的硅基集成电路，有望实现成百上千倍的提升。

在摸索中，彭练矛团队提出了用碳纳米管来做集成电路的完整方案，碳纳米管拥有完美的结构、超薄的导电通道、极高的载流子迁移率和稳定性。基于碳纳米管的电子技术有望成为后硅时代主流的集成电路技术。但如何让它变为现实？对团队来说，这个过程中碰到的大部分问题都是新的，只能团队自己一一想办法来解决。首先是突破材料瓶颈，掌握碳纳米管制备技术。碳纳米管材料非常微小，肉眼不可见。彭练矛形容，人的一根头发丝直径差不多是几十微米或几万纳米，而这种材料的直径是头发丝的几万分之一。光学显微镜看不到，只能用电子显微镜来看，同时，还要操纵它，让它按照一定秩序排列。这是一个挑战。彭练矛基于前期大量电子显微镜的相关研究，对于观察和操纵“小东西”有一定经验。功夫不负有心人，在经过多年的技术追赶之后，卧薪尝胆的彭练矛终于迎来了他在纳米电子学研究中的第一项标志性成果——碳管制备技术的初步突破，同时，正式将碳管材料和碳基芯片作为团队主要研究方向。经过不断的技术攻坚，彭练矛团队放弃传统掺杂工艺，终于突破了 N 型碳管制备这一跨世纪难题，在 2017 年首次制备出栅长 5 纳米的晶体管。2018 年，团队开发出超低功耗狄拉克源晶体管以及最高速度达到 5000 兆赫兹的小规模集成电路，不仅与斯坦福大学、MIT 等研究机构同步跻身国际领跑行列，而且在最关键的核心技术上是世界领先的。彭练矛始终坚守在科研攻关的一线，凭借着在碳基芯片上的原创性突出成就，于 2019 年当选中国科学院技术科学部院士，开启了科研人生新的精彩篇章。

在一次采访中，在被问及彭练矛生活和工作中一直坚守的东西时，他回答道：“将事情做到最好，不分大小，养成一个习惯，以最高标准要求自己。就像学校学生考试一样，拿到 90 分达到优秀并不难，但坚持要拿 100 分，始终都要求自己拿出全力去拼 100 分就不一样。可能需要拿出 200%或更多的努力才能多拿 3~5 分，但坚持下来，必能受益。”在被问及“什么时候是你认为最艰难的时候？能够坚持下去的原因是什么”时，他的回答是大概在 2017 年的时候，当时他开始认识到光在学校做芯片相关的研究已经不够，不足以推动相关领域继续向前走，需要走出学校，争取更多资源，开展碳基电子的工程化和未来的产业化研究。这要求彭练矛去接触更大的世界，去求之前不熟悉的人，这是在此之前他不太擅长且极力避免的。尽管当时觉得非常困难，但是一句名言激励了他，大意是——失败并非末日，失去向前的勇气才是最可怕的。国家需要有自己的芯片技术，现在这个历史机遇出现了，不论多么困难，都得坚持下去。展望未来，彭练矛希望最终将他们研发的碳基芯片技术推至主流，使大家的日常生活因碳基芯片而变得更美好！

3）国家政策支持

造出性能更好、能耗更低的碳纳米管，让团队的技术尽快、尽可能多地运用到后摩尔时代的芯片制造业，使中国科技也能引领世界文明的发展，这是彭练矛团队的“中国梦”。彭练矛也因而时常感到被压力“裹挟”，感到寝食难安。他认为尽管我们国家有许多优秀的科研团队，国家为科研每年也投入了巨大的金额，但还是在很多方面被欧美“卡脖子”。相较于美国发展硅基芯片已经有 60 多年的时间，中国在硅基芯片领域的材料、设备、计算机软件、制造工艺等都是购买别人的，因此这不光是“卡脖子”，而是完完全全受制于人。在短时间内硅基芯片“弯道超车”不太现实。在碳基芯片这一全球前沿领域，中国在彭练矛等科学家的带领下已取得相对领先优势。

彭练矛团队一系列鼓舞人心的“战绩”背后，除了整个团队对于核心技术孜孜不倦地追求，也离不开国家政策的大力支持。仅在理论基础研究方面，科技部就提供了连续 20 年、总经费近 1 亿元的支持。2012 年，北京市科学技术委员会主导成立了北京元芯碳基集成电路研究院，按照新型研发机构的方式给予长期支持。北京大学的碳基技术正在逐渐完善的机制体制保障和国际顶尖科研团队的协作攻关下蓄势而出。

在彭练矛看来，当选院士只是对于团队此前工作成果的认可和肯定，但未来的工作规划和愿景并不会因此发生根本性的变化。他还是会一如既往地在碳芯片技术研发领域投入全部心力，为国家繁荣和人类进步做出贡献。如果一定要说有变化，那就是责任和担子更重了。彭练矛深知，要实现技术的产业化，不仅需要团队的创新和努力，还需要政府和学校的支持。彭练矛团队对碳基芯片技术的研发取得的成就表明，即使在传统硅基芯片领域落后，中国也有潜力在新兴领域取得突破。北京市科学技术委员会和北京大学对彭练矛团队的支持，为碳基芯片技术的发展提供了重要的助力。

4）师承效应

彭练矛是一位极为重视人才培养与队伍建设的科学家。他直言自己的学生时代非常幸运，在北京大学读书期间跟随严谨治学的西门纪业教授打下了坚实的基础。“尽管西门老师在理论电子光学领域的研究成果当时已经处于国际领先水平，但他还是建议我出国看看。西门老师说美国的电子显微学水平远远领先中国，技术上一定要虚心地向人家学习。”在亚利桑那州立大学攻读博士期间，彭练矛的导师是高分辨电子显微学派的“掌门人”考利教授，他们一起开展了电子显微学领域大量的基础研究工作。“考利教授对科学是发自内心的热爱，也非常愿意指导学生。他每周固定安排两个半天训练学生使用实验设备。只要他在办公室，任何学生都可以敲门，他会就一个科研问题和学生讲解、讨论很久。”考利教授对于科研和教学的热忱令彭练矛感动不已。“就在恩师去世前两天，竟然还在做实验。其实像他这样的大科学家，完全不必亲自下一线，可他就是喜欢摆弄设备、带学生，这是一种对于学术纯粹的爱。我希望自己也能够成为这样的人。”彭练矛感怀道。

深受老师影响的彭练矛在科研攻关的同时，在教学和团队建设上投入了大量心血。彭练矛对有志于投身科研的学生满怀恳切期许。他认为，秉承端正的科研态度与传承先进技术同等重要。“老一辈科学家是在物质条件匮乏的条件下，兢兢业业地扎根科研；现在的条件改善很多，很多年轻人反而‘坐不住’了。”彭练矛希望有志青年能够把眼光放得更长远，把目标立得更远大。“也就是人们常说的‘脚踏实地、仰望星空’。年轻人不该局限于赚钱、发论文的小目标，更要有强国之志、振兴民族的使命和胸怀宇宙的精神。”他曾经获得全国优秀博士学位论文指导教师、北京大学首届“十佳导师”等荣誉称号。他认为，学科的繁荣不可能由某一位杰出的科学家来实现，所有突破性成果都离不开一个前赴后继、薪火相传的创新研究群体。昔日的学生如今已成长为教师，彭练矛希望自己能像一棵大树一样，在中国纳米电子学人才培养领域结出更多丰硕果实。

面对芯片这类复杂的关键技术问题，仅依靠匠心精神远远不够。芯片问题的解决，不仅需要相关行业从业者勤勉工作、发扬匠心精神，更需要具备前瞻视野的领军人物来统筹协调，推动各行业协同发展，持续稳步提升全产业链水平。

5）注重产业化

在彭练矛团队关于碳基芯片的研究中，产业化的议题被详细探讨。彭练矛强调，尽管基于碳纳米管的无掺杂 CMOS 技术在理论上可行，但从实验室到工业化生产仍需跨越重大障碍。碳基芯片的工程化和产业化面临众多挑战，如果要实现碳基集成电路规模扩大，哪怕在实验室里也需要大量资金，更不用说建设工厂、添置先进设备、每一步的精加工等，因而需要社会各界的广泛支持和大量的投资。他主张在技术成熟后，迅速推动其产业化进程，通过与企业开展合作或进行技术转化，构建起完整的产学研链条。彭练矛认为，基于碳纳米管的无掺杂 CMOS 技术目前已经不存在原理上不可克服的障碍，但仅在实验室完成存在性验证和可能性研究和演示，并不意味着碳基芯片技术就可以自行完成技术落地，从而具备商业竞争力。要建设一个完整的碳基芯片产业，还有很多工程化的工作待进一步完成，还需要很长的时间和大量的投入。

5.1.7　香港科技大学唐本忠团队：AIE

1. 团队及成果简介

唐本忠，中国卓越的高分子化学家，担任中国科学院院士、发展中国家科学院院士、亚太材料科学院院士、英国皇家化学会会士。1994 年，他加入香港科技大学；2008 年，晋升为香港科技大学讲座教授；2009 年，成为中国科学院院士。2017 年，他荣获国家自然科学奖一等奖和何梁何利基金科学与技术进步奖，标志着其多年来的严谨实践和持续努力取得了巨大成功。2018 年，他被选为 2018 年度 CCTV 科技创新人物。唐本忠的 AIE 研究在发光材料领域取得了显著的原创性突破，为新的应用领域开辟了道路。唐本忠因提出 AIE 概念及引领全球 AIE 研究，被认为是该领域的奠基人之一。他对 AIE 领域的深入研究促使中国在发光材料研究方面由"跟跑"逐渐走向"并跑"，并为未来实现"带跑"奠定了基础。这一原创性的科研成果在国际上引起了广泛关注，被认为是一项具有重大影响的科学突破。唐本忠院士领衔的 AIE 研究属于在科学和技术上都有突破的"110"型原始性科学创新。

2. 创新过程

在光物理教科书中，有一种现象被称为"聚集猝灭发光"效应，即发光分子在稀溶液中能够高效发光，但在浓溶液或聚集状态下，其发光会减弱甚至完全消失。这一效应限制了发光材料的应用范围，尤其对传统有机发光材料，如固态有机发光二极管（organic light emitting diode，OLED）的效率和能耗构成了限制。为了突破这一产业瓶颈，科学家采用了降低发光材料浓度的传统方法，通过将发光材料掺杂到基质中，减弱其聚集程度。然而，这些方法存在掺杂分子分离导致发光性能下降的问题。

转折发生在 2001 年，唐本忠课题组的一名学生在实验中发现了一个反常现象。在紫外灯下照射，样品点在薄层色谱板上未发出预期的荧光，但随着时间推移，样品中的溶剂挥发，发光效果却变得十分明亮。唐本忠团队对这一现象展开深入研究，最终确认这是因为分子在聚集状态下发生结构变化，导致发光效果增强。唐本忠将这一发光现象命名为 AIE。

AIE 概念的提出彻底改变了光物理学的局面。全球 80 多个国家和地区超过 1500 家研究单位的科学家纷纷进入 AIE 领域，中国科学家在 AIE 研究中取得了一系列重大突破，构建了具有原创性和自主知识产权的新材料与新技术体系。AIE 不仅在生物检测领域取得了成功，还广泛应用于生物成像、化学传感、光电器件、癌症诊疗、纳米药物递送、低碳城市建设等多个领域。唐本忠带领团队一直致力于推动 AIE 研究，并取得了许多显著成果。在生物检测领域，AIE 水溶性生色团成为一种敏感的生物传感器，通过与生物大分子的接触而发光，为细胞分子的鉴别提供了新的工具。唐本忠及其团队的研究不仅丰富了对 AIE 过程的认知，还为光电器件、化学检测和生物传感等领域的技术应用提供了有力支持。

3. 关键成功因素总结

1）兴趣驱动，坚持不懈

唐本忠出身湖北农家，家境拮据。尽管生活困顿，父母对教育极为看重。除了课业的学习，唐本忠对文学艺术也充满浓厚兴趣。1982 年，唐本忠以优异成绩取得华南理工大学高分子专业学士学位，成为首批公费留学生，赴日本京都大学攻读高分子专业博士学位。他非常珍惜在日本学习的机会，成为改革开放后首批博士学位获得者。获得博士学位后，唐本忠前往加拿大多伦多大学进行博士后研究。唐本忠对 AIE 研究的发展经历进行了深刻的反思。在谈到科研体会时，他指出 AIE 研究的发展过程并不是一帆风顺的，正如任何新兴事物一样。最初提出 AIE 概念的文章未曾发表在知名期刊上，AIE 在初期并未引起广泛关注，甚至遭到一些人的嘲讽，沉寂在相对冷清的“冷板凳”上。然而，团队始终怀着十二分的热情，勇敢面对问题，秉持匠人精神兢兢业业地克服困难，最终使“冷板凳”变得热闹非凡，将 AIE 塑造成一个具有广泛国际影响力且深刻承载着中国特色的科学品牌。

2）紧扣国家战略需求

唐本忠对自己一路走来的求学和科研之路充满感恩之情，从寒门子弟到大学教授，他始终对抚育他成长的这片热土和培养他成才的祖国母亲怀有最深沉的感激。作为一名科研者和教育者，唐本忠一直希望在自己的岗位上，尽一己之力，为国家做贡献。AIE 的发现让唐本忠坚信，中国科学家完全有能力引领新的研究领域。他表示，要迈向成功，关键在于要立大志，为国家和人民做出贡献。唐本忠认为，中国已经是科技大国，但要变成强国，需要更多原创性和引领性的研究。他憧憬中国能够成为世界原创科研的重要输出国，为中华民族全面领航的盛世做出更大的贡献。AIE 的成功不仅让发光材料领域焕发新生，也成为中国科学家展示科技实力、引领科学潮流的一面旗帜。唐本忠坚信，中国科学人有能力在世界科学舞台上领舞，让中国从科技大国迈向科技强国。唐本忠渴望他的科研成果能在祖国大地上开花结果。他坚定地认为“前人栽树，后人乘凉”，全身心投入到广州市黄埔区的聚集诱导发光高等研究院的建设中，以完成他的两个宏伟目标：实现现有 AIE 技术的产业化，为提升人民生活质量做出贡献；培养一批高技术人才，将原始科学创新转化为源头技术革新。

3）大胆证伪的科学精神

唐本忠强调科研人员应具备做原创研究的自觉和胆识，同时指出社会需要建立良好的创新文化。唐本忠表达了对科学和创新的热爱，并鼓励学生保持与他一样的研究热情，呼吁年轻人应集中精力打好基础。他认为，科学需要突破传统的条框，追求创造力，这一点与技术所追求的匠人精神有所区别，科学更需要丰富的想象力和坚韧不拔的努力。他通过 AIE 研究的经历强调了从事科学研究要敢于挑战“常识”、推翻“常理”。他呼吁科学家要跳出传统观念，方有可能开创新天地。他强调科学研究需要具备想象力，比如 AIE 的突破就是在解决“聚集猝灭发光”效应问题时实现的。

4）平台支撑前沿突破

截至 2024 年，唐本忠在香港科技大学任职已有 30 年，同时还担任华南理工大学-香港科技大学联合研究院院长，致力于推动香港和内地的科研交流与融合，在基础研究与技术创新两个方面都取得了显著进展。他深谙两地科研的优势，并相信吸取双方的长处能够产生更多的原创性成果。2017 年，他领导的国家自然科学基金基础科学中心项目“分子聚集发光”取得了成功。作为国家自然科学基金中资助强度最高的项目类型，基础科学中心聚焦于国际科学前沿，其为期 10 年的资助经费预计可达 4 亿元。唐本忠深切地感受到，国家为了鼓励科学家心无旁骛地创新，对科学中心的强力支持。

在唐本忠研究之前的许多年里，为了解释 AIE 现象，研究人员通过实验验证和理论模拟提出了“分子内运动受限”的机理模型。随着对这一机理的不断认识和理解，研究视角从单个分子的微观层面提升到分子聚集的介观层面。唐本忠一直强调介观世界有着无限的空间待探索和挖掘。由于 AIE 在基础研究领域取得的成就和在产业转化方面的潜力，唐本忠团队受邀在广州推动 AIE 技术的产业化，聚集诱导发光高等研究院便是由广州市科学技术局、广州高新技术产业开发区管理委员会和华南理工大学共同支持建设的。唐本忠致力于将这个研究院打造成为基础研究和技术创新的平台，使其成为中国的“贝尔实验室”。

5）产业技术“反哺”科学

唐本忠怀揣着一个愿景，希望将其发明应用于临床医学领域，用于血液、尿液等的检测。唐本忠团队的研究不仅突破了发光材料的传统局限，还成功应用于癌症诊疗领域。AIE 荧光探针通过充分利用 AIE 的特殊性质，在水中不发光，但与蛋白质、DNA、脂肪、糖等生物分子聚集时会发光。经过结构优化，AIE 荧光探针越来越“聪明”，能够分辨不同的细胞器，甚至能区分癌细胞和正常细胞。唐本忠介绍说：“AIE 荧光探针可以告诉我们哪里有癌细胞，可直接对癌细胞进行光激活荧光成像，并可同时产生活性氧杀死肿瘤组织。它既可以做诊断，也可以做治疗，还可追踪癌细胞的扩散路径。”

这一创新应用拓展了 AIE 在医学领域的应用潜力，为癌症治疗提供了新的手段。唐本忠团队不仅在原创理论上取得突破，还成功推动 AIE 技术的产业化应用，几乎贯通了一整条创新价值链。AIE 在生物成像、化学传感、光电器件、纳米药物递送、癌症诊疗等众多领域都展现出卓越的应用潜力。例如，独特的点亮型 AIE 荧光材料不仅可以制成超薄耐摔的柔性显示屏，还可用于细胞成像、肿瘤甄别、生物过程跟踪和成像指导治疗等领域。在他看来，当前科学技术迅猛发展，基础研究与技术创新之间并非总是线性的上下游关系。很多时候，基础研究催生技术创新，而技术创新过程又能够凝练出新的科学问题，反过来促进基础研究，形成了一种相辅相成的螺旋上升关系。唐本忠心中描绘着 AIE 应用的宏伟蓝图，期待着这种协同的模式在未来继续推动认知水平和生产力的螺旋上升。

6）鼓励创新，培养后学

唐本忠以“快乐做科研”为座右铭。他认为科学并不沉闷，而是充满激动人心的活力。他鼓励学生主动、充满热情地从事科研工作，追求具有突破性和原创性的研究，并享受整个科研过程。他反对“艰苦”“刻苦”的说法，反对过于艰辛的努力，以及像苦行僧一样的摸索方式。“这个过程应该是令人愉悦的。”他以这样的理念开展科研工作，而科学也以“真实”的快乐回报着他。

唐本忠的最大愿望是为国家培养一批创新型高技术人才，以满足祖国发展的需求。他认为，以前人们倾向于出国进行研究，但如今中国的科研条件和实验室水平逐渐提升，吸引着越来越多的青年才俊学成归国。“如果你想有所作为，现在回国是最佳时机！”他鼓励学生：“要热爱自己所从事的事业，用充沛的热情迎接未来，珍惜美好的大学生活和同窗友谊，努力成为让母校自豪的人。”他认为年轻人应该选择他们喜欢的事情。他说：“我们说兴趣是成功之母，就是这个意思。”唐本忠认为，如果你对某事感兴趣，你就会全身心投入；如果你投入其中，你就会把它做得出色。

任何事情都需要进入状态。他向学生解释：“什么是状态？就是早上醒来睁开眼睛，你就会有一种冲动，想要跑到实验室去，那就是进入状态了。”对于大学教育，唐本忠认为中国的大学教育应该加强学生创新能力的培养，不仅要传授知识，还要培养批判精神。“我们应该摆脱应试教育带来的弊病，摆脱对书本的盲目崇拜和对权威的过度崇拜。我们的学生经常说，某某某权威怎么说的。在科学中，迷信权威是最不可取的，实际上科学没有绝对的权威，没有永远的真理。”

截至 2022 年，唐本忠已培养了 500 多名博士和硕士研究生，其中有 160 多人活跃在科研一线，8 人获得国家杰出青年科学基金项目资助，11 人获得国家自然科学基金优秀青年科学基金项目或国家高层次青年人才项目资助。

在建设科技强国的伟大征程中，唐本忠强调必须大力培养具有源头创新意识和开疆拓土本领的青年才俊。他表示，教育领域需强化素质教育，倡导批判精神，提升学生的人文修养与学科交叉能力。他主张培养学生丰富的想象力、高雅的鉴赏力、严谨的推断力和敬业的行动力，并指出应让理想、事业、探索、追求、创新成为教育、宣传和舆论的主旋律。

5.1.8 东南大学尤肖虎团队：6G 通信

1. 团队及成果简介

尤肖虎，中国科学院院士，通信学专家，东南大学首席教授、博士生导师，东南大学移动通信国家重点实验室主任、紫金山实验室主任兼首席科学家、鹏城实验室副主任，主要研究方向为无线与移动通信系统、现代数字信号处理等。

1999 年起，尤肖虎先后领衔实施了国家“863”计划及国家重点研发计划的 3G、4G、5G 和 6G 研究，主持中国宽带移动通信发展战略研究并拟定整体技术框架，为推动该领域主流技术的形成、促进中国技术研发从落后到走向世界前列做出重大贡献，取得了系统性、原创性的科研成就。因在“宽带移动通信容量逼近传输技术及产业化应用”方面的首创性贡献，尤肖虎以第一完成人获得 2011 年度国家技术发明奖一等奖。此外，尤肖虎也因在分布式多输入多输出（multiple-input multiple-output，MIMO）和无蜂窝（cell-free）无线传输理论的先锋研究，荣获 2021 年英国工程技术学会（Institution of Engineering and Technology，IET）成就奖和 2014 年陈嘉庚信息技术科学奖。在国际通信界，尤肖虎教授以其深入的研究和广泛的影响而享有高度声誉。尤肖虎团队的 6G 通信研究属于在科学和技术上都有突破的“110”型原始性技术创新。

2. 创新过程

尤肖虎教授作为我国移动通信领域的领军人物，长期致力于宽带通信技术的原始创新与战略布局，推动我国从 3G 到 6G 实现了从“跟跑”、“并跑”到多点“领跑”的历史性跨越。他的 6G 研究路径始于 1997 年，彼时他获得了国家杰出青年科学基金支持，正式开启对移动宽带技术理论基础的系统探索，这也标志着我国通信技术从模仿学习走向自主研发的转折点。

1999 年，尤肖虎被推选为国家“863”计划重大项目“中国第三代移动通信系统研究开发项目”总体专家组组长，负责协调全国 20 余家科研单位、3000 余名科研人员协同攻关，开启了我国在移动通信领域有组织科研的重要实践。经过数年奋战，2002 年该项目取得重大突破，入选当年全国十大科技新闻，并于次年荣获国家科技进步奖二等奖（排名第一），标志着中国在 3G 技术领域取得具有战略意义的原创成果。

进入 4G 及后续阶段，尤肖虎团队持续深耕宽带移动通信关键技术。2011 年，其主持的“宽带移动通信容量逼近传输技术及产业化应用”项目荣获国家技术发明奖一等奖，核心成果使移动通信传输速率在 3G 基础上提升近百倍，全面提升了我国宽带移动通信技术的自主创新能力与国际竞争力。

2018 年，在中国信息通信大会上，尤肖虎首次系统性地提出了中国视角的 6G 技术发展路径，明确指出 6G 将实现“全覆盖、全频谱、全应用”，强调其在能力、连接和智能三方面的深度融合特征。此后，尤肖虎带领团队在关键技术领域持续突破。2023 年，团队解决了硅基 CMOS 毫米波 Ka 频段相控阵芯片及天线大规模推广应用的核心瓶颈问题，提出了具有工程可行性的低成本解决方案，为 6G 高频通信提供了硬件支撑。

2025 年，在全球 6G 技术与产业生态大会上，尤肖虎系统阐述了“空时二维信道编码”“无蜂窝架构”等具有开创性的理论框架，成功突破传统无线通信面临的“容量、时延、连接密度”的不可能三角困境，并推动相关 6G 核心技术进入试验验证阶段。同时，紫金山实验室围绕 6G 提出的六大典型应用场景开展系统研究，在通信感知融合、空地网络协同、超大容量传输等方向取得实质性进展。

尤肖虎亦高度重视 6G 的系统性与交叉性特征，积极推动跨学科融合创新。他提出 DOICT 超融合架构，即融合数据技术（data technology，DT）、运营技术（operation technology，OT）、信息与通信技术（information and communication technology，ICT）和 AI，构建多技术协同的 6G 生态体系，推动通信与感知、智能计算等领域的深度融合。

3. 关键成功因素总结

1）国家需求驱动

尤肖虎团队长期致力于满足国家战略需求，推动移动通信领域的原始创新。在全球 6G 技术竞争日益激烈的背景下，团队以突破技术瓶颈、填补核心空白为目标，围绕超高速无线通信、太赫兹通信、光载无线融合等前沿方向展开系统性研究。尤肖虎强调，基础研究与应用研究必须紧密结合，确保科研成果不仅在学术层面具备突破性，更能满足国家重大需求，实现技术价值向产业价值的高效转化。他指出，只要能让系统性能提升十倍甚至百倍，同时大幅降低成本和功耗，相关技术便有望广泛应用于未来信息通信领域，为国家科技竞争提供有力支撑。

在 5G 及 6G 技术的研发过程中，尤肖虎团队始终坚持目标导向与需求导向并重，围绕中国未来信息基础设施建设需求，攻克关键技术难题。团队依托紫金山实验室，成功创造了太赫兹实时无线通信的最高实时传输纪录，并推动该技术与现有光纤网络融合，为 6G 时代的超高速室内外广覆盖通信奠定了坚实基础。围绕光载太赫兹通信这一前沿方向，团队进行了大量探索和资源投入，逐步明确了核心技术路径，为未来 6G 超高速低延迟通信提供了可行性方案。

尤肖虎始终强调，科技创新距离市场越近，产业化见效越快；但距离市场越远，科研风险也随之增加。因此，他高度关注核心技术的自主可控，并坚信要通过持续攻关突破“卡脖子”难题，增强中国在通信领域的技术自主权。他认为，解决芯片与通信核心技术的短板，不仅需要科研人员坚定信念，也需要政府和企业形成合力，共同推动技术研发及产业落地。

在国家重大战略需求的牵引下，尤肖虎团队始终坚持以原始创新为核心导向，聚焦信息通信领域的“无人区”突破，积极承担在全球科技竞争中为国家争取战略主动的关键使命。在人才培养方面，团队将服务国家战略目标作为科研训练的起点与归宿，鼓励青年科研人员敢于探索未知，勇于挑战前沿，以科研报国为信念。在实践中，团队通过设定高标准、严要求的训练体系，引导青年学生锤炼问题意识和表达能力。例如，要求学生在 300 字内精准表述研究问题，并能在 5 分钟内清晰阐述创新价值。这一做法旨在培养青年人才的战略思维与科学表达力，确保科研工作始终瞄准国家所需、科技前沿所缺。

尤肖虎将自主科研比喻为“填坑、堆土、垒山”的过程，强调科研从“跟跑”、“并跑”到“领跑”的跃升，必须经历长期积淀与持续突破。他对团队提出三项核心要求：其一，研究方向必须紧扣全球科技战略博弈，具备国家级的竞争价值；其二，聚焦于现有体系尚未覆盖的“关键空白”，力求实现原创性突破；其三，推动技术不断跨越，构建自主可控的通信技术体系。正是在这一理念引领下，团队在 6G 光载太赫兹通信领域率先布局，逐步形成具有自主知识体系的原始创新成果，为我国信息通信产业在全球竞争中赢得战略优势提供了坚实支撑。

尤肖虎所代表的东南大学科研传统，始终坚持“服务国家重大战略、产业重大需求、社会重大关切”的使命导向。在他的带领下，青年科研人员，如赵涤燹、张川等怀抱家国情怀，将个人成长融入国家发展大势，主动放下聚光灯下的个人荣誉，默默耕耘于 5G/6G 核心技术的研发前沿。他们虽鲜为人知，却在技术积累、标准制定、系统建设等关键环节中做出了不可替代的贡献，其成果已深刻嵌入国家科技崛起的战略进程。

放眼全球通信技术博弈，中国虽然在集成电路、操作系统等领域尚有短板，但在基站部署和网络设备建设方面已形成领先优势，全球约 70%的通信基站部署在中国，令西方国家在多个关键环节感受到来自中国的技术牵制。尤肖虎和他的团队正是在这样的大国科技竞争背景下，肩负国家赋予的战略使命，作为通信科技“山巅执剑者”，勇毅前行。他们的努力不仅代表着技术突破本身，更体现了以原始创新回应国家战略需求的坚定意志与实际成效。

2）敢于挑战

尤肖虎团队在信息通信领域的原始创新探索，始终伴随着艰苦奋斗与技术攻坚。早年间，尤肖虎曾面临是留在国外从事科研，还是回国投身技术攻关的抉择。在获得博士学位后，他在美国参加学术会议，发现身边许多同行选择留在海外，而回国意味着将面临基础薄弱、资源匮乏的科研环境。他认为，中国与发达国家在通信技术领域的差距犹如一道鸿沟，而填平这道技术鸿沟的唯一方式，便是依靠持续的技术积累和人才培养。最终，他选择回国，与程时昕教授共同投身“863”计划，在基础条件极其有限的情况下，开启了中国自主通信技术的研发之路。

当时，国内通信科研尚处于起步阶段，所有研发工作几乎都是从零开始。研究团队不仅要自主设计电路板，还要亲手完成焊接，每一个焊点都需精细打磨。2G 时代，国内的实验设备不过是一堆性能简陋的电路板，科研人员甚至需要乘坐火车前往北京查阅资料，用老式打字机逐字敲打，再用剪刀和胶水整理文献资料。面对资源有限、研究环境艰苦的挑战，团队始终坚持目标导向，力求在通信技术领域实现自主可控。然而，在 2G 到 4G 的发展过程中，外界质疑不断，科研团队也曾遭遇科研氛围不佳、社会支持不足的现实困境。尽管如此，尤肖虎始终坚定信念，他认为，真正的技术创新必须依靠自主突破，而不是依赖外部支持。他提出，只有掌握核心技术，才能真正主导未来。

通过不断优化技术路径、攻克关键难题，团队在 2G 时代的实验中，成功利用自主研发的通信设备完成了与商业基站的电话连接，实现了从基础研发到实际应用的突破。这一成果极大地增强了国内工业界和政府对自主通信技术的信心，为国家加大投入、系统推进通信技术研发奠定了基础。随着科研体系的逐步完善，中国成功参与制定第三代 CDMA（code division multiple access，码分多路访问）国际标准，并推动该标准的全球化应用。在 4G 时代，中国的通信技术水平与国际主流保持同步，实现了从“跟跑”到“并跑”的跨越式发展。进入 5G 阶段，中国的技术实力已处于全球领先地位，在国际标准制定中的贡献率超过三分之一，核心专利占比同样超过三分之一，标志着自主创新能力的全面提升。华为、中兴等中国通信企业在全球市场中的竞争力跃升至第一梯队，为国家信息通信产业的腾飞奠定了坚实基础。

尤肖虎团队的发展历程，充分展现了敢于挑战、甘于吃苦的科研精神，他们以长期的积累和坚持，为中国自主信息通信体系的建立提供了有力支撑。这种坚持目标导向、直面技术难题的科研态度，充分证明了原始创新的本质——只有持续突破核心技术，才能真正掌握科技发展的主动权。

3）注重团队建设

尤肖虎团队始终秉持敢于挑战前沿、甘于吃苦攻坚的科研精神，致力于突破信息通信领域的技术壁垒，推动原始创新向纵深发展。团队长期坚持“戳破天”的研究目标，强调科研工作必须具备高强度投入与高度自信，才能在科技无人区中抢占先机，实现真正的突破。面对跨学科交叉的研究挑战，团队成员被要求在芯片电路、系统设计和器件集成等方向上形成协同创新模式，以构建完整的前沿技术体系。

在团队建设方面，尤肖虎强调，科技创新的成功需要人才梯队的持续接力。他常以中国体育界的“梦之队”为例，指出长期的高水平人才培养才是保持技术领先的关键。团队不仅关注单个研究人员的成长，更注重构建稳定而高效的科研梯队，以确保核心技术研究不断向前推进。

2022 年 4 月，神舟十三号载人飞船成功着陆，其中东南大学研发的毫米波芯片与超大规模集成相控阵技术在航天员返回通信保障中实现了全球首次应用，为神舟十三号安全返回提供了至关重要的技术支撑。这一突破由东南大学科学与工程学院赵涤燹教授、尤肖虎教授等人共同推进，团队成功攻克了硅基 CMOS 毫米波 Ka 频段相控阵芯片与天线的核心技术难题，为毫米波通信技术的大规模推广应用奠定了基础，并提出了一套低成本毫米波大规模集成阵列天线解决方案。多项关键技术均属国际首创，为中国毫米波通信领域的自主可控提供了坚实支撑。

尤肖虎团队的青年科研骨干均具有海外顶尖学术机构的学习背景，且在各自研究领域具备卓越的学术积累。然而，他们无一例外地选择回国投身科研，推动中国通信科技迈向世界前沿。赵涤燹曾在比利时鲁汶大学的 ESAT-MICAS 实验室从事研究，该实验室长期专注于前沿芯片技术开发，在全球范围内享有盛誉。作为实验室的高潜力人才，他本有机会留在海外继续研究，但在博士毕业前，他坚定地表示："报国需趁早！"同样，张川博士毕业于美国明尼苏达大学，在加入尤肖虎团队后迅速成为研究核心成员。他们与团队的年轻科研人员一起，在不为人知的科研战线上默默深耕、攻坚克难，通过长期的学术积累和科研实战，最终成长为国家信息通信领域的中坚力量。

通信科技的发展，始终依赖于一代又一代年轻科研人员的持续探索。尤肖虎团队始终坚持以原始创新为核心驱动力，依托多年积累的科研体系，不断培养和锻炼科研新生力量。团队中的年轻研究员在 5~10 年的科研磨砺后，逐步成长为"国家队"的核心成员，在关键攻关任务中发挥着重要作用。尤肖虎团队的科研精神，不仅展现了信息通信领域攻坚克难、勇闯无人区的使命担当，也为推动中国科技自立自强奠定了坚实基础。

4）重大战略平台支撑

在 2018 年，江苏省与南京市联合发起了紫金山实验室的建设项目。该项目以中国工程院院士刘韵洁、东南大学教授尤肖虎、中国工程院院士邬江兴领衔的三大"全明星"团队为核心，围绕未来网络、普适通信和内生安全三大研究方向，成立了未来网络研究中心、普适通信研究中心和内生安全研究中心，开展网络通信与安全领域的基础性、前沿性研究和"卡脖子"技术攻关。2020 年 10 月，紫金山实验室正式被纳入国家战略科技力量序列。实验室遵循加速建设网络强国的国家要求，专注于原始创新，并围绕"中国网络 2030"新型体系等重大科研任务开展研究，为互联网发展的新阶段提供有力支持。

自成立之初，紫金山实验室就坚守原始创新的战略定位，立志成为世界一流的国家战略科技创新基地，为建设科技强国提供战略支持。实验室在未来网络、

5G/6G 通信、网络安全等关键领域取得了一系列自主创新成果，承担和参与了接近 20 项由科技部与工业和信息化部领导的重大项目，创造了多项全球领先成果。具体来说，在网络领域，紫金山实验室领衔的团队完成了确定性网络技术的大规模全国试验，并在 2022 年 8 月召开的第六届未来网络发展大会上发布了全球首个广域确定性网络系统重大突破成果。2023 年底紫金山实验室尤肖虎教授团队在 6G 光子太赫兹实时无线传输通信实验中实现了 1 Tbps（terabits per second，太比特每秒）的传输速率，在太赫兹无线传输领域创下全球最高纪录。在网络安全方面，邬江兴院士领导的团队研发的网络内生安全试验场，在全球范围内经受住了各种黑客攻击的考验，至今仍坚不可摧。

5.1.9　浙江大学胡海岚团队：新型抗抑郁药物机制

1. 团队及成果简介

胡海岚，浙江大学教授。2008 年自美国学成归国后，专注于脑的高级功能及相关疾病的研究，取得了一系列创新性的研究成果，在情绪、抑郁症的分子机制、社会竞争的神经调控等脑科学前沿方向做出了系统的、创造性的成就和重大贡献。抑郁症成为当下影响人类生活最严重的精神疾病之一，抑郁症领域的突破性研究显得弥足珍贵。

传统抗抑郁药普遍存在起效慢、靶点广、副作用大的缺点。2018 年，胡海岚团队在氯胺酮如何对抑郁症有效的方向上取得了重大研究突破，发现了社会竞争中“胜利者效应”的脑机制，揭示了后天的经历经验可以通过重塑神经环路来改变先天的弱势，从分子、细胞和系统等多层面对抑郁症的成因提出了新的阐释，为研发更好、更安全的抗抑郁药物提供了新思路。胡海岚也因在该领域的突出原创成果获得了何梁何利基金科学与技术进步奖、第 12 届国际脑研究组织-凯默理（IBRO-Kemali）[①]国际奖、世界杰出女科学家奖等多个奖项。胡海岚团队的新型抗抑郁药物机制研究属于“100”型原始性科学创新。

2. 创新过程

2018 年，胡海岚团队在抑郁症神经环路研究中取得了重要突破，揭示了大脑“反奖赏中心”——外侧缰核在抑郁情绪调控中的核心作用。团队研究发现，外侧缰核神经元通过簇状放电模式，抑制了大脑“奖赏中心”的活动，从而导致绝望、快感缺失等抑郁样行为。实验结果表明，仅仅诱发外侧缰核神经元的簇状放电，即可导致动物出现类似抑郁的表现，这直接证明了簇状放电是抑郁情绪产生

① IBRO 即国际脑研究组织（International Brain Research Organization）。

的充分条件。

进一步的研究揭示，这种簇状放电模式由 N-甲基-D-天冬氨酸受体介导，而作为N-甲基-D-天冬氨酸受体阻断剂的氯胺酮（Ketamine），能够通过抑制外侧缰核的簇状放电，快速解除其对“奖赏中心”的抑制，从而在极短时间内改善抑郁症状。这一发现从神经环路水平颠覆了传统的“单胺假说”，提供了一种全新的抗抑郁机制解释，并为研发氯胺酮替代药物提供了科学依据。

尽管氯胺酮的快速抗抑郁作用已得到验证，但其临床应用中的一个显著特征引发了更深入的研究：尽管氯胺酮的半衰期仅约 3 小时，但其抗抑郁效果却可维持长达一周。这一现象远超一般药物的药效持续时间，提示其可能存在一种特殊的长效作用机制。为揭示这一机制，胡海岚团队展开了系统性研究，并在 2023 年取得了新的突破，研究成果发表于《自然》杂志。研究发现，氯胺酮能够“滞留”于外侧缰核神经元的谷氨酸受体上，从而避免被快速代谢，使对簇状放电的抑制效应得以长期维持。进一步的细胞实验和在体实验显示，即便氯胺酮在血液中已被代谢清除，外侧缰核神经元的簇状放电仍持续受到抑制，这一现象解释了氯胺酮的长效抗抑郁作用。

研究团队推测，这种现象的本质在于氯胺酮的特殊结合模式。不同于一般药物进入细胞内部后被迅速代谢，氯胺酮被谷氨酸受体捕获并嵌入离子通道内，进而避开了代谢酶的降解。这种“藏身”机制确保了氯胺酮能够长时间阻断谷氨酸受体通道的开放，维持对外侧缰核簇状放电的抑制作用。为验证这一假设，研究人员在脑片实验中洗脱细胞外的氯胺酮，随后重新激活外侧缰核神经元，发现谷氨酸受体中的氯胺酮“脱落”，抗抑郁作用也随之终止。这一结果直接证明了氯胺酮与谷氨酸受体的结合模式是其长效作用的关键。此外，研究团队还发现，调控外侧缰核神经元的活性，可显著影响氯胺酮的药效持续时间，这为未来通过精准干预来延长抗抑郁效果提供了新的方向。这一研究成果为新型抗抑郁药物的研发提供了科学依据，未来可通过模拟氯胺酮的作用模式，开发出具有更长效、更低副作用的抗抑郁药物。

从 2018 年对抑郁环路机制的发现，到 2023 年对氯胺酮长效机制的深入解析，胡海岚团队通过持续的创新探索，突破了传统抑郁症治疗理论的局限，为全球抗抑郁药物研发开辟了新的路径。这一系列研究不仅深化了对抑郁症神经机制的理解，也为开发更安全、更有效的治疗方案奠定了科学基础，对最终战胜抑郁症具有深远意义。

3. 关键成功因素总结

1）敢于挑战

胡海岚团队的科研路径展现了勇于挑战未知、不断突破学科边界的原始创新精神。胡海岚一直是一个不折不扣的学霸，起初她被保送到北京大学物理系，但她敏锐地察觉到相较于发展相对成熟的物理学科，生命科学领域还存在很多未知有待发掘，于是她选择转向生物，期望在更具挑战性的领域探索未知。在生物系学习期间，她对生物化学和分子生物学产生了浓厚兴趣，这一方向因研究体系完备、技术成熟，被认为是竞争最为激烈的领域之一。然而，在学习过程中，她被神经生物学深深吸引，尤其是《神经生物学：从神经元到脑》一书，让她意识到脑科学不仅涉及个体认知、情绪和行为的核心机制，而且仍处于探索初期，许多问题尚未得到系统解答。强烈的未知感促使她坚定选择这一方向，投身于脑科学研究，并将其视为毕生事业。

面对相对成熟的研究领域，胡海岚始终保持对突破性创新的追求。在博士阶段，她的研究聚焦于果蝇的神经发育，这一方向因模型稳定、研究方法完善，已形成较为成熟的知识体系。尽管她的研究进展顺利，但她很快意识到，该领域的核心科学问题已基本得到回答，留在这一领域虽然可稳步产出研究成果，但难以实现根本性突破。为了寻求真正的原始创新，她在博士后阶段主动调整研究方向，毅然投身于更具挑战性的动物行为及其神经机制研究。这个领域的研究范式与她此前的工作截然不同，需要掌握行为学分析、神经环路解析及先进的神经影像技术。然而，正是这一决定，使她在抑郁症神经环路机制研究中取得了重大突破，为后续的创新奠定了坚实基础。

胡海岚团队在科研推进过程中，不断从基础研究迈向应用转化，以期推动抗抑郁治疗的新突破。在取得一系列基础研究成果后，团队开始探索研究成果的临床应用，确保科学发现不仅具有学术价值，也能在实际医疗领域发挥作用。当前，团队的应用研究主要集中在两个方向：一是优化氯胺酮的分子结构，以保留其抗抑郁效果的同时降低成瘾性和其他副作用；二是扩展作用靶点，寻找与氯胺酮作用于相同通路的替代分子，从而开发出更安全的新型抗抑郁药物。这些研究不仅涉及神经生物学和药理学的交叉，还需要与临床医学及药物研发紧密结合，充分体现了团队从基础研究到临床应用的系统性探索。胡海岚团队始终在科研前沿不断探索，寻求真正的创新。研究的每一步都依赖于对科学问题的深刻洞察，以及对未知挑战的主动迎接。在未来，团队将继续保持这一研究传统，深化对抑郁症神经机制的理解，并推动更安全、更有效的治疗策略，为精神疾病患者提供科学的解决方案。

2）长期坚持

胡海岚团队在科研道路上的长期坚持，不仅体现了科学探索所需的韧性，也为原始创新提供了关键支撑。在研究生阶段，她已展现出对科学问题的敏锐洞察力和强烈的学术追求，但真正的科研挑战始于她主动调整研究方向。面对完全陌生的研究领域，她需要重新掌握实验技术、学习新的分析方法，并在大量试错中不断调整思路。最初的两年几乎是在不断摸索与实验失败中度过的，但她始终坚信，真正具有创新价值的科学问题往往伴随着高度的不确定性，而只有长期的坚持才能带来根本性的突破。在她看来，科学研究不仅是解决问题的过程，更是持续深入探索未知的实践，需要科学家保持足够的耐心与韧性，以在失败中不断积累经验，最终找到突破口。

科学探索的道路充满未知，每一次实验失败都可能带来短期的挫折，但胡海岚始终保持对科研的热情，并坚定认为，科学研究是一项极富魅力的职业。在她看来，科学家是世界上最幸运的职业之一，因为国家和社会给予资源支持，使得研究者能够专注于自己真正感兴趣的问题，而无须受外部因素的干扰。这种职业认同感支撑着她长期投入基础科学的探索中，即便面对高度不确定性的研究方向，她也始终保持积极的探索态度。她认为，真正有价值的研究，往往意味着进入一个没有现成答案的领域，需要科学家主动去开辟新方向，而这正是原始创新的本质。因此，她始终强调，科研的核心素质不仅在于聪明才智，更在于长期的坚持和强大的抗挫折能力。

胡海岚团队的科研文化也深刻反映了这种坚持不懈的精神。为了确保研究的高效推进，她坚持每周组织一次组会，确保团队成员能够深入讨论最新的实验进展、分析问题，并及时调整研究方向。某次在韩国访问时，她观察到当地科研人员的高效工作状态，受此启发，她提出了对团队成员的基本时间投入期望，以保证研究的稳定进展。她明确要求研究生每周至少投入 50 小时进行实验与数据分析，以确保研究质量。在她看来，高质量的科研不仅依赖于创新的想法和敏锐的科学判断力，更需要扎实的时间投入。她认同施一公提出的观点，即成功的年轻科学家每周需要投入 60 小时以上的时间进行实验研究。尽管科研讲求效率，但在探索最前沿科学问题的过程中，投入足够的时间是不可或缺的，这种高强度的科研训练不仅能提高研究产出，也能帮助团队成员建立长期的科研韧性。

胡海岚团队的长期坚持，不仅为团队成员提供了稳定的研究环境，也推动了一系列基础研究的突破。从揭示氯胺酮快速抗抑郁的神经环路机制，到深入探究其长效作用的分子机制，每一步都经历了漫长的实验积累和严谨的科学分析。从科学发现到实际应用的过程往往需要长期积累，胡海岚团队始终坚持科学研究的长期主义。从基础研究取得突破到临床药物研发，通常需要 10 年至 20 年的持续探索，涉及化学结构优化、动物实验、大规模临床试验及安全性评估等多个阶段。团队深知，科学研究的突破并非一蹴而就，任何急功近利的尝试都可能影响研究的严谨性。因此，在推进研究的过程中，他们保持理性，不急于求成，采取循序渐进的方法，确保每一步都建立在坚实的科学基础之上。他们相信，真正的原始创新来源于对基础科学问题的深刻理解，而不仅是技术层面的迭代。科学研究的本质在于长期积累，而真正具有突破性的发现，往往需要科学家反复探索，直至找到科学问题的关键答案。胡海岚团队的科研历程，正是这一理念的生动体现。

3）创新思维

胡海岚团队在科研创新过程中所展现的独特思维方式，为原始创新的突破奠定了坚实的基础。在探讨科研成功的决定性因素时，她强调，“天赋”实际上包含两个层面：一方面是基本的逻辑推理能力，这是科学研究的基础，如果先天不足，较难在后天弥补；另一方面则是对科学问题的敏感度与选题的判断力，即对研究方向的把握。她认为，尽管逻辑推理能力在一定程度上受天生因素影响，但科研品味可以通过系统训练、广泛阅读以及向顶尖科学家学习来培养。在科学界，天赋中等但通过努力取得成就的研究者并不少见，而依赖天赋却缺乏持续努力的“天才”则极为罕见。因此，她始终认为，科研的成功离不开持之以恒的努力，而创新能力的一部分也可以通过长期的积累和学习得到强化。

在科学研究的选题上，胡海岚始终坚持“有趣”与“有用”相结合的原则，这一策略贯穿于团队的创新路径。譬如，团队取得突破的两个研究方向——社会等级的神经环路基础以及氯胺酮抗抑郁的簇状放电机制，前者体现了对大脑如何编码社会行为这一科学问题的深度探索，具有极大的理论价值，而后者则直接面向抑郁症治疗，拥有重要的临床应用潜力，充分体现了“有趣”与“有用”相结合的原则。尽管“有趣”与“有用”看似是不同的研究取向，但是二者在科学探索中往往可以相互转化。一个纯粹基于好奇心驱动的问题，往往能衍生出意想不到的应用价值，例如“胜利者效应”研究为心理学和社会学提供了新的理论依据；而一个以临床应用为导向的课题，如抑郁症机制研究，在深入研究过程中也揭示出许多基础科学现象的内在规律，如神经元与胶质细胞之间的交互作用以及簇状放电的生物物理机制，为神经科学提供了新的认知。因此，她始终强调，科研的出发点应源自研究者的内在兴趣，唯有真正热爱科学，才能在漫长而充满挑战的探索过程中保持持久的动力。

胡海岚团队在科研方向的选择上，始终遵循前瞻性与独特性并重的原则，力求开辟新领域，而非跟随已有趋势。在实验室初创阶段，她强调选题必须既具有重要性，又足够新颖，避免与已有的大型研究团队正面竞争。这一策略使得团队能够在尚未被广泛关注的前沿领域中，积累足够的实验数据，完成系统性研究，从而产出高质量的成果，并为后续深入拓展奠定坚实基础。此外，在研究领域逐渐成熟、竞争加剧时，团队会采取主动策略，即在取得关键实验结果后，尽快完成论文发表，以争取成为全球范围内最早报道该成果的研究团队。她认为，在原始创新过程中，“敢争第一”不仅是科学精神的体现，也是推动学科前沿实现突破的重要策略。

在这一理念的指导下，胡海岚团队不断挑战领域内的传统观点，并通过实验验证提出新的理论框架，推动神经科学领域向更复杂和更基础的问题迈进。团队在抑郁症神经环路机制的研究中，不仅挑战了“单胺假说”等经典理论，还揭示了“反奖赏中心”——外侧缰核在抑郁发生过程中的关键作用，这一发现不仅提供了新的治疗靶点，也为未来抗抑郁药物的开发提供了理论依据。正是由于团队在科学探索中的前瞻性布局和持续突破的创新思维，她本人入选了首批“新基石研究员”资助计划，获得了进一步深化研究的长期支持。

4）差异化培养方式

胡海岚团队在培养创新人才方面，始终秉持个性化指导的理念，通过尊重学生的特点、优化科研环境、鼓励开放交流等方式，为原始创新奠定了坚实的人才基础。在她看来，科学研究的核心是事实与真相，任何科学假设的提出、实验的设计与数据的分析都不因性别、背景或其他外部因素而有所不同。因此，她始终强调对学生的平等对待，不以单一标准评价个体，而是充分挖掘每位学生的独特优势，使其在适合的研究方向上发挥最大潜能。这一理念不仅避免了人才培养的同质化，也为推动科学研究提供了更具多样性和创造力的思维方式。

针对不同学生的特点，胡海岚采用了“因材施教”的个性化培养策略。例如，对于动手能力强、实践经验丰富、渴望在短时间内取得成果的学生，她会引导其攻关技术性较强且可预期成果的研究方向，如解剖学课题，使其在相对较短的时间内积累实验数据，提升研究信心，并尽早形成高质量的学术产出。这一策略不仅有助于培养学生的科研成就感，也能够让他们在短期内掌握核心实验技能，从而在后续研究中更加从容地面对更复杂的科学问题。

与此同时，胡海岚团队十分重视团队内部及跨学科的学术交流，营造了高度互动的科研氛围。除了每周固定的组会讨论和“文献研读会”（Journal Club）外，日常的非正式交流，如实验室成员在餐饮休息时的学术讨论，往往成为激发灵感的契机。这种开放的沟通环境，对于科研基础相对薄弱的学生尤为重要，使他们能够及时获取实验方法、数据分析以及研究思路上的反馈，减少不必要的试错，提高科研效率。此外，团队还鼓励成员在国际会议上与同行交流，以获取更广泛的学术视角。在氯胺酮抗抑郁机制的研究过程中，团队至少有两次在国际学术会议上听取相关领域的研究报告后，受到了关键性的启发。这些报告与团队的研究方向并不完全相同，但正是这种跨领域的交互，使研究团队在关键节点上突破瓶颈，获得新的研究思路，进一步推动了研究进展。

在实验设计和数据处理方面，胡海岚始终坚持高标准，要求团队成员确保数据的稳健性，采用严格的实验对照方案，并在必要时进行双盲实验，以确保研究结果的可靠性。这种严谨的学术态度不仅保证了研究的科学性，也使研究团队在面对非预期或异常实验结果时，能够保持足够的信心和开放性，而不会轻易放弃可能隐藏着科学突破的现象。这种科学精神在团队的多项研究中均得到了体现，例如在氯胺酮的作用机制研究中，正是由于团队对数据的高度信任，他们才得以识别出氯胺酮的“超长待机”现象，并进一步揭示了其背后的生物物理机制。

胡海岚团队通过个性化的培养方式，使学生能够在各自擅长的方向上充分发挥优势，并在宽松而富有激励性的学术环境中成长。同时，通过严格的科学训练、开放的学术交流以及对实验数据的高标准要求，团队成员不仅掌握了坚实的科研技能，还培养了发现和解决问题的能力。这为团队的原始创新奠定了坚实的人才基础，推动了团队科学研究的可持续发展。

5.1.10　清华大学张洪杰团队：稀土材料研究与产业化

1. 团队及成果简介

张洪杰，中国科学院院士，发展中国家科学院院士，无机化学家，中国科学院长春应用化学研究所（以下简称长春应化所）研究员、清华大学化学系教授。张洪杰长期致力于稀土功能材料的研究，以材料的结构与功能关系为研究重点，着重解决影响学科发展的关键科学和技术问题，发展了系列材料制备的新方法和技术。他发展了快速溶胶–凝胶制备新方法，解决了稀土杂化发光材料稳定性差的难题；系统研究了稀土离子发射强度、能量传递与环境温度之间的关系，解决了稀土发光材料温敏涂层全表面精确测量和快速获得模型表面热流分布的关键科学问题。他研制出的稀土新材料已成功应用于稀土交流 LED 照明、智慧农业稀土补光灯、稀土护眼灯、稀土环保着色剂、航天航空高超风洞测温稀土荧光粉、稀土镁合金汽车零部件、国防军工兵器等领域，满足了国家的战略需求。张洪杰院士团队的稀土材料研究与产业化属于在科学、技术和工程上均有突破的“111”型原始性技术创新。

2. 创新过程

21 世纪初，稀土材料因其独特的光、电、磁性能，成为新材料科学的重要研究方向。然而，受限于基础理论研究不足及应用开发滞后，国内在该领域的自主创新能力仍有待提升。在这一背景下，张洪杰团队开始系统研究稀土材料的基本特性，特别是在稀土发光材料和磁性材料方面展开深入探索。团队致力于揭示稀土材料的物理化学性质，并研究其在照明、磁存储、催化和新能源等领域的应用潜力，为后续的技术突破奠定了坚实的科学基础。

随着基础研究的积累，张洪杰团队在 2008 年实现了稀土发光材料的关键技术突破，成功解决了 LED 照明中的频闪问题。这一创新大幅提升了 LED 灯的光效和稳定性，使其在节能环保照明产品中得到了更广泛的应用。团队进一步开发出具有自主知识产权的新型稀土 LED 发光材料及器件，实现了从实验室研究到产业化的跨越。

2010 年，团队在稀土环保着色剂领域取得重要进展，首创了稀土着色剂的合成新方法，建成了世界首条稀土着色剂连续化、规模化隧道窑生产线。该技术成功应用于航空航天和汽车制造等高技术领域，不仅满足了国家在关键领域的战略需求，还填补了国际技术空白。稀土环保着色剂以其高稳定性、耐候性和环保特性，在多个行业获得了广泛认可，并推动了中国在高端制造业领域的技术升级。

在确保技术突破的同时，张洪杰团队深知，科研成果的最终价值在于落地转化。因此，团队积极推动产学研合作，与国内企业共同建立联合实验室，开展针对性技术攻关，加快科技成果向市场的转化。在这一阶段，团队成功开发了稀土镁合金，并将其应用于高超音速风洞测温和国防军工领域。该材料不仅具备优异的耐高温性和机械强度，还在民用汽车零部件中得到广泛应用，显著提升了产品性能和市场竞争力。此外，团队还开发出一系列稀土功能材料，如稀土催化剂、稀土储氢材料等，使中国在多个高端材料领域具备了国际竞争力。

2015 年，张洪杰团队在稀土杂化发光材料研究中取得重大突破，成功解决了材料的稳定性和发光效率问题，填补了国际技术空白。这一突破为新一代高性能显示技术提供了关键材料支撑，也进一步拓展了稀土材料的应用范围。研究成果在国内外学术界和产业界引起了广泛关注，并获得了国际同行的高度认可。在此基础上，团队继续探索稀土材料在高端显示、医疗成像和量子信息等领域的应用，推动稀土光功能材料向更高精度、更广泛的应用场景发展。相关研究成果不仅为稀土材料的理论发展提供了新思路，也为新型光电技术的突破奠定了基础。

近年来，张洪杰团队进一步拓展稀土材料的研究方向，探索其在多学科交叉领域的应用。团队与国内外研究机构合作，开发了稀土等金属离子引导的多尺度工程技术，实现了高强韧 DNA 纤维的宏量制备。这一技术在生物医学和先进功能材料领域具有重要应用前景，为开发高性能仿生材料提供了新策略。

此外，团队还在稀土生物材料领域取得了突破性进展。利用合成生物学技术，团队构建了工程化稀土微生物，实现了稀土材料的绿色合成，为环境友好型稀土提取和加工提供了全新的解决方案。通过这一系列前沿探索，团队推动稀土材料的研究从传统应用领域迈向新兴科技方向，为中国在生命科学、新材料和绿色制造等领域的技术突破奠定了基础。

凭借在稀土材料领域的持续创新和卓越贡献，张洪杰团队多次荣获国家级和国际级重要奖项，包括国家自然科学奖二等奖和中国科学院杰出科技成就奖等。这些荣誉不仅肯定了团队的创新实力，也彰显了中国在稀土材料领域的国际领先地位。通过在国际顶级期刊发表大量高水平论文及申请多项国际专利，该团队的研究成果为中国稀土科技在全球竞争中赢得了话语权。同时，团队积极参与国际学术交流，与全球顶尖科研机构建立合作关系，共同推动稀土材料科学的发展。

3. 关键成功因素总结

1）服务国家战略需求

在全球科技竞争日益激烈的背景下，以国家战略需求为导向的科研模式成为推动科技创新和产业升级的关键路径。稀土资源因具有广泛的战略价值，被誉为“新材料之母”，在国防、电子信息、新能源等领域发挥着核心作用。张洪杰团队长期围绕国家重大需求开展稀土功能材料研究，推动基础研究与产业应用的深度融合，取得了一系列突破性成果。

科学研究的选题往往决定了其长期影响力和价值。张洪杰团队的研究方向并非孤立地基于学术兴趣，而是紧密结合国家产业升级和科技自主的现实需求。稀土材料在航天、核能、激光、储能、磁性材料等多个领域的应用，使其成为国家战略资源。然而，长期以来，国内在稀土功能材料领域存在自主知识产权薄弱、关键技术受制于人的问题。面对这一挑战，张洪杰团队围绕稀土高效分离、稀土环保着色剂、稀土交流 LED 发光材料、稀土纳米材料等关键方向展开系统研究，以突破“卡脖子”技术瓶颈，推动自主可控的稀土产业体系建设。

张洪杰团队在稀土环保着色剂领域的创新实践，充分展现了基础研究如何服务于国家需求并实现产业化突破。该研究历时 16 年，在国际上首创了稀土着色剂合成的新方法，成功解决了传统制备方法能耗高、设备损耗大、产量低、成本高、难以规模化生产等瓶颈问题。通过优化材料配方和制备工艺，团队突破了连续化、规模化生产的技术难题，并于 2016 年底在包头建成世界首条稀土着色剂隧道窑生产线，实现了大规模产业化。稀土着色剂在 2016 年被列入《国家鼓励的有毒有害原料（产品）替代品目录》，有效支撑了绿色制造和可持续发展目标。这一案例表明，以国家战略需求为导向的科研项目不仅能够推动基础理论创新，还能通过技术转化和工程应用创造实际经济与社会价值。

除环保着色剂外，张洪杰团队在稀土交流 LED 发光材料领域的研究进一步凸显了科学研究如何服务于国家战略需求。传统交流 LED 照明存在严重的频闪问题，长期以来，全球高端照明市场基本被欧美日韩企业垄断。为打破这一技术壁垒，张洪杰团队针对稀土发光材料的余辉寿命、激发光谱等基础物理特性开展系统研究，最终开发出具有自主知识产权的新型稀土 LED 发光材料及器件，成功解决了交流 LED 的频闪问题。该技术使中国成为全球唯一掌握通过稀土荧光粉生产低频闪交流 LED 产品的国家，显著提升了中国在高端照明领域的技术话语权。这一成果不仅展现了以国家战略为导向的基础研究如何推动产业升级，也为其他关键领域的技术突破提供了借鉴。

此外，在稀土功能材料的研究方面，张洪杰团队持续探索新型稀土材料的高值化应用，以提升中国在高端制造和新兴产业中的国际竞争力。例如，团队利用合成生物学技术构建了工程稀土微生物，实现了稀土的高效分离与回收，提高了资源利用效率。此外，在电子信息、新能源、生物医学等领域，团队开发了一系列新型稀土纳米材料，并探索其在高性能储能材料、催化剂、医学成像等方面的应用潜力。这些研究不仅拓展了稀土材料的应用边界，也为中国在前沿技术领域的自主创新奠定了基础。

2）团队协作与产学研融合

科研成果要实现产业化必须有一个执行力很强的科研团队，团队要保持旺盛的精力，深入细致地做好基础研究。团队将基础研究做得越踏实，对应用研究越有利。这样才能解决产业化过程中遇到的科学和技术问题。科研成果要想走出实验室，落地产业，不仅要有很好的科研团队，而且要有具有战略眼光的优秀企业家团队，因此，产学研深度融合是成功的关键。张洪杰院士在长春应化所工作期间，与包头稀土研究院保持着紧密的联系。包头稀土研究院的前身为包头冶金研究所，成立初期有一部分科研工作者来到长春应化所学习稀土方面的基础研究与应用等内容。两个单位合作良好，建立了深厚的友谊。

张洪杰院士强调，基础研究是应用研究的基石，扎实的基础研究能够显著提升科研成果产业化的成功率。在稀土环保着色剂的研究过程中，团队首先围绕稀土化学和材料科学的基础理论展开深入研究，系统分析稀土元素在不同物质体系中的物理化学特性，并结合计算模拟方法优化材料合成路径。在此基础上，团队进一步开展应用研究，通过材料结构调控、烧结工艺优化等手段，实现了高性能环保着色剂的稳定制备。最终，该研究成果成功转化为规模化生产技术，为中国新材料产业的高质量发展提供了坚实支撑。这一科研范式表明，只有在基础研究取得实质性突破的前提下，应用研究才能顺利推进，并最终实现产业化落地。

张洪杰团队在推动基础研究的同时，积极探索产学研深度融合模式，与企业、高校、科研机构建立长期合作机制，共同推动技术转化和应用。例如，在稀土着色剂、LED 发光材料等研究项目中，团队不仅承担了核心理论研究和技术攻关，还与产业界紧密合作，联合攻克工程化难题，确保研究成果顺利进入市场。这种协同创新模式提升了科技成果的转化效率，也为其他领域的科技攻关提供了借鉴。

3）坚持不懈

在科技创新竞争日趋激烈的全球格局下，原始创新的突破往往需要长期积累和持续攻关。张洪杰一直坚信科研需要有坚持不懈的精神。他常常通过稀土着色剂项目的例子，向青年科研人员强调科研项目需要持之以恒才有可能取得成功。张洪杰院士认为科研项目可能会面临许多意想不到的困难，但关键在于坚持和持之以恒。他强调“有所发现，有所发明，有所创造，有所前进”，只有这样才能实现从基础研究到产业化的跨越。张洪杰团队在稀土着色剂研究项目上的 16 年持续攻关，正是这一理念的典型体现。

自 2001 年起，团队致力于突破稀土着色剂制备过程中的核心技术难题，面对传统方法能耗高、难以规模化等瓶颈，他们始终坚持基础理论研究与技术开发并重。研究团队通过对稀土元素在着色剂中的物理化学特性进行系统分析，并结合计算模拟优化材料合成工艺，最终在国际上首创了一种全新的稀土着色剂合成方法。然而，基础研究向产业化的转化并非一蹴而就，而是一个复杂且需要持续攻关的过程。例如，要实现规模化生产，需要提高材料的稳定性、优化生产流程并确保环境友好性。团队经过多年努力，最终攻克了连续化、规模化生产工艺的技术难题，并于 2016 年底在包头建成了世界首条稀土着色剂连续化、规模化隧道窑生产线，实现了产业化。该成果不仅提升了中国在稀土功能材料领域的国际竞争力，也为新材料产业的发展提供了示范。

4）注重年轻人才培养

张洪杰院士深刻认识到，年轻一代是推动学科发展和技术创新的核心力量。在全球竞争日益激烈的背景下，人才的竞争已成为决定国家科技发展水平的关键因素。因此，张洪杰强调，培养年轻一代对稀土事业的热爱并使其致力于相关研究，不仅是当务之急，更是老一辈科研人员的责任。

张洪杰期望年轻科研人员在稀土研究中能够扎实工作，从应用需求中回溯科学问题，开展坚实的基础研究，同时在基础研究中关注潜在应用场景。他指出，稀土领域的理论研究仍存在诸多未解之谜，尤其是稀土 4f 电子的运动规律，这一问题的解决对于理解稀土的强关联性至关重要。张洪杰鼓励年轻科研人员深入探索稀土理论，因为成功的理论研究不仅能为应用研究提供方向，还能有效避免盲目性，减少资源浪费。

此外，张洪杰还强调，当前中国的科研条件、平台和环境已具备优势，年轻科研人员应树立远大志向，相信在未来几十年内必将取得卓越成果。他认为，培养高素质且认真工作的年轻人是老一辈科研人员的重要责任，而年轻一代的高素质和敬业精神也让他对稀土事业的未来发展充满信心。

张洪杰团队在稀土领域的研究实践也充分体现了对年轻人才的重视。例如，在稀土环保着色剂项目中，年轻科研人员的参与不仅为项目注入了新的活力，也推动了相关理论的突破和应用的拓展。此外，团队在稀土交流 LED 技术、稀土生物材料等前沿领域的研究中，也积极吸纳年轻人才，通过跨学科合作和理论指导，为年轻科研人员提供广阔的发展空间。通过为年轻科研人员提供坚实的研究基础和广阔的发展平台，张洪杰团队不仅在稀土理论研究中取得了突破，也在应用领域实现了多项重大成果，为中国稀土事业的可持续发展奠定了坚实基础。

5.1.11 清华大学李路明团队：脑起搏器

1. 团队及成果简介

李路明，中国科学院院士，清华大学教授，2023 年 12 月任清华大学校长。研究成果连续入选“十一五”、“十二五”和“十三五”国家科技创新成就展。荣获 2018 年度国家科技进步奖一等奖，以及省部级、学会一等奖 3 项。2015 年，李路明获得了北京市先进工作者称号。2023 年，李路明凭借在脑起搏器领域的一系列原始创新成就荣获全国创新争先奖，并当选中国科学院院士。

李路明团队长期深耕神经调控工程技术的基础研究、技术创新和临床应用领域，成功地研发了一系列脑起搏器、迷走神经刺激器、骶神经刺激器和脊髓刺激器，取得了系统性的原始创新成果。其中，变频调控方法和变频脑起搏器的发明解决了多症状调控难题。此外，团队还发明了核磁共振相容脑起搏器，首次实现了在植入脑起搏器患者中使用高场核磁共振进行检查的目标。李路明团队还创造了神经调控的远程感知程控技术，以减轻偏远地区患者的医疗负担。这些成果成功地应用于国内数百家医院，治疗了数万名患者，并在英国、新加坡等多个国家推广应用。李路明团队的脑起搏器研究属于在技术和工程上均有突破的“011”型原始性技术创新。

2. 创新过程

清华大学李路明团队在脑起搏器领域的创新历程，是从基础研究到技术突破，再到产业化应用的典型案例。其发展过程不仅体现了科技攻关的艰辛与挑战，更展现了科研人员长期坚持、勇于创新的科学精神。

21 世纪初，国际高端医疗器械市场被国外企业长期垄断，脑起搏器这一关键神经调控技术也不例外。彼时，国内的帕金森病患者面临着进口设备昂贵、可及性低的困境，绝大多数患者难以承担高昂的治疗费用。2000 年，在清华大学与北京天坛医院的一次学术交流中，神经外科专家王忠诚院士向清华大学提出了推动脑起搏器国产化的倡议，希望打破国外垄断，为国内患者提供可负担的治疗方案。

面对这一国家需求，2003 年，李路明教授正式组建多学科交叉研究团队，涵盖电子学、软件开发、材料科学和制造工程等多个领域，开启脑起搏器的自主研发之路。团队的目标不仅是实现国产替代，更要在技术上寻求突破，以形成自主可控的核心技术体系。在接下来的十年里，李路明团队依托清华大学在电子工程、集成电路和微系统制造等方面的优势，系统攻克了脑起搏器的核心技术难题。脑起搏器的关键在于如何精准控制大脑特定区域的神经活动，同时确保植入设备的长期稳定性与安全性。团队在研究过程中，借鉴了微小卫星和载人航天系统的可靠性设计方法，针对脑起搏器的电极材料、信号处理、能量管理、无线通信等关键环节进行了深入研究。

在此基础上，团队先后完成了设备的研制、动物实验以及大规模临床试验，并于 2013 年 5 月成功获得国家药品监督管理局批准，清华脑起搏器成为中国首个拥有自主知识产权的植入式神经调控产品。这一突破标志着中国在高端神经调控设备领域实现了“从 0 到 1”的跨越，填补了国内技术空白。

脑起搏器的成功上市，并不意味着创新的终结。2013 年后，李路明团队继续优化产品性能，围绕植入式神经调控设备的核心技术，提出了一系列关键改进方案，在技术参数上取得了实质性进步——设备的体积缩小至 50 克，内部集成了超过 1400 种原材料与元器件，涉及 100 多套模具设计及 160 余项生产工艺，确保了产品的高可靠性。同时，团队突破了核磁共振兼容性难题，使患者在 3.0 T（特斯拉）核磁环境下仍能安全使用脑起搏器，而这一能力在国际市场上亦处于领先水平。此外，设备还采用了无线充电技术，使其能够长期稳定工作，而不受传统植入式电池寿命的限制。这些突破性技术不仅使产品在临床应用上更具优势，也有效降低了成本，使清华脑起搏器的价格控制在 20 万元人民币左右，相较于当时国际市场上 30 万元人民币的同类产品，显现出显著的竞争力。如今，该设备不仅在国内市场占据领先地位，还逐步成为国际神经调控领域的重要竞争者，使中国成为继美国之后，第二个拥有完整脑起搏器技术体系的国家。

在提升设备安全性和稳定性的同时，团队还围绕智能神经调控展开更深入的研究，攻克了远程程控技术，使患者无须频繁到医院即可完成设备参数调整，从而极大地提升了临床应用的便利性。通过结合 AI 和大数据技术，团队开发了带感知功能的智能神经刺激器，使设备能够根据患者的实时神经活动进行精准调控，进一步提升治疗效果。此外，团队还在变频刺激技术方面取得了突破，使帕金森病患者的运动障碍和步态问题能够同步改善；团队还在高密度电极阵列技术方面取得了新进展，为未来的神经调控技术开辟了更多可能性。

2018 年，清华脑起搏器正式进入国际市场，首先在巴基斯坦成功完成临床植入，随后逐步拓展至孟加拉国、印度尼西亚等“一带一路”共建国家，并最终进入英国市场。团队不仅向全球推广自主研发的神经调控技术，还积极推动国际标准化工作，为国产脑起搏器进入更广阔的市场奠定了基础。展望未来，李路明团队仍在积极探索新一代植入式神经调控技术，包括更精准的神经调控算法、更低功耗的无线供能方案以及更智能的脑机接口设备。随着团队的持续攻关，清华脑起搏器有望在全球范围内进一步扩大应用，为神经系统疾病患者提供更优质、更精准的治疗方案。

清华大学李路明团队的脑起搏器创新历程，是一个典型的从国家重大需求出发，依托学科交叉融合，经过长期攻关，实现技术突破并推动产业化的科研典范。

从 2003 年启动研发，到 2013 年成功上市，再到 2021 年迈入国际市场，团队不仅实现了“从 0 到 1”的突破，更在技术创新、临床应用和国际推广方面不断深化，推动中国在高端医疗器械领域实现了从“跟跑”到“领跑”的跨越。清华脑起搏器的成功，不仅代表着中国神经调控技术的自主创新能力，也彰显了科技工作者长期坚守、勇攀高峰的科学精神。

3. 关键成功因素总结

1）聚焦国家需求

早在 2000 年，李路明教授在清华大学从事航天相关研究时，首次在一次工程学科与临床学科的交叉研讨会上接触到脑起搏器技术。在北京天坛医院的学术交流中，神经外科专家王忠诚院士提出了一个关键问题：能否实现脑起搏器的国产化？进口产品因其高昂的价格，使得许多患者难以承受，这一现实困境深深触动了李路明教授。这一问题不仅成为他日后科研生涯的起点，更为其原始创新提供了明确的方向。李路明教授深知，作为一名工程学者，研究成果的最终目的就是要切实解决产业领域的实际难题，尤其是满足国家和社会的迫切需求。

李路明团队随即将目光聚焦于医学与工程交叉的这一前沿领域。在这一领域，工程技术不仅能够为医学问题提供解决方案，而医学的实际需求又能驱动工程技术的革新与进步。李路明团队敏锐地意识到，科研工作应紧紧围绕国家和社会的重大需求展开，以实现从理论到实践的真正转化。在这种使命感的驱动下，他们成功将载人航天技术应用于医疗器械领域，开辟了神经调控技术的全新方向。最终，李路明团队研制出国内首个治疗帕金森病的植入式脑深部刺激器——脑起搏器，使中国成为继美国之后，全球第二个能够设计生产制造脑起搏器并将其应用于临床的国家。这一成果不仅体现了以国家需求为导向的科研理念，也彰显了原始创新在推动国家科技进步和社会发展中的重要作用。

此外，李路明教授还发明了碳纳米植入电极、脑起搏器软件重植等技术，建立了与脑起搏器相关的神经调控技术自主知识产权体系。这些成果不仅在技术上填补了国内空白，更在国际上赢得了重要地位，为中国在神经调控领域的发展奠定了坚实基础。

2）敢于挑战

李路明团队在脑起搏器的研发过程中，以敢于挑战的科学精神和工程突破推动了神经调控技术的原始创新。脑起搏器，这一小巧精密的医疗设备，集成了众多高科技工程技术，其研发难度堪比载人航天系统，因此被誉为神经外科医疗器械领域的“大飞机”。其核心挑战不仅在于工程技术的极限突破，更在于对人脑这一高度复杂且精细的生物系统的深入理解和精准干预。面对这一前沿领域的重大难题，李路明团队义无反顾地投身其中，在工程、医学、信息技术等多学科交叉领域不断探索，勇敢挑战国外技术封锁，最终实现了关键技术的自主可控。

脑起搏器的核心技术之一在于深部脑刺激的精准施加，其电极需要长期稳定地植入大脑特定神经核团，并持续接受来自胸前脉冲发生器的电流刺激，以缓解帕金森病、癫痫等神经系统疾病的症状。这一过程对设备的安全性、可靠性和长期稳定性提出了极高要求。然而，在高端医疗设备领域，国外长期占据技术主导地位，核心专利受限，而国内高端医疗产业基础薄弱，如何打破这一垄断、建立自主可控的国产高端神经调控设备，成为团队面临的重大挑战。经过长期持续攻关，李路明团队在原创理论、方法和技术层面不断取得突破，最终成功研发出具有自主知识产权的清华脑起搏器。其核心创新包括“稳步态、零灼伤、无断裂、异地程控”等关键技术，使患者的治疗效果显著提升，极大增强了设备的临床适用性和安全性。

对于帕金森病的治疗过程，李路明团队并未止步于传统的脑刺激模式，而是进一步探索神经调控的机制与优化方案。针对帕金森病晚期患者普遍存在的步态障碍问题，团队创新性地提出并实现了变频刺激的治疗方式，使运动功能改善与步态障碍缓解得以同步进行，显著提高了患者的生活质量。这一突破性进展不仅在国内临床试验中取得了优异效果，也受到了国际同行的高度认可，为帕金森病的个性化精准治疗提供了新的策略。此外，为了提高患者体验，团队系统优化了脑起搏器的充电系统，成功解决了涡流发热问题，确保了充电时温度稳定，提升了充电效率，使设备能够安全充电超过 20 万次，且质保寿命达 10 年以上。同时，针对传统脑起搏器存在的电极断裂问题，团队自主研发了高精度仿真疲劳实验机，深入分析导线的拉伸变形规律，从根本上优化了材料与结构设计，从而有效避免了电极断裂风险，大幅提高了设备的可靠性。

面对偏远地区患者在术后程控过程中面临的高昂时间与经济成本，李路明团队主动识别并响应这一临床需求，创新性地建立了远程程控系统。依托互联网与无线通信技术，团队成功实现了脑起搏器的异地远程程控，不仅减轻了患者的负担，同时也为全球范围内神经调控治疗的普及提供了重要技术支撑。在这一过程中，团队深度整合了集成电路、封装工艺、嵌入式软件、可靠性测试、生物相容性材料、电磁场控制、神经影像及神经电生理等多个领域的前沿技术，最终构建了一整套完整的国产脑起搏器系统，包括脉冲发生器、电极、延长导线、医生程控仪、体外充电器等关键设备。这一系统的成功研发，不仅为神经调控领域提供了高效、安全、可靠的临床解决方案，也标志着中国在脑机接口及智能医疗装备领域迈向自主创新的新阶段。

李路明团队的科研历程，展现了面向国家战略需求、勇于挑战高端医疗技术壁垒的科学精神。他们在神经调控技术的关键领域攻坚克难，持续创新，打破了国外技术垄断，实现了核心技术的自主可控，为中国在脑科学与工程交叉领域的原始创新提供了范例。团队的研究成果不仅推动了国产高端医疗器械产业的发展，也为全球神经调控技术的进步贡献了中国智慧。

3）学校政策支持与氛围塑造

清华大学长期坚持全球化、开放式办学理念，致力于构建卓越的科研生态体系，为科研人员创造有利条件，以促进前沿科技突破。清华大学在科研政策上的前瞻性布局和长期稳定的支持，为李路明团队的原始创新提供了坚实的制度保障和学术环境。推动跨学科协同创新、坚持面向临床需求的研究导向，以及加强对青年科研人才的长期培养，学校构建了有利于高端医疗器械领域实现突破的创新生态。在这一政策框架下，李路明团队得以在脑起搏器领域取得一系列具有全球影响力的创新成果，展现了学校政策与科研氛围对原始创新的深远影响。

清华大学积极推动跨学科协同创新，为研究团队提供了强大的学术交流与合作平台。通过组织国际学术会议、鼓励跨学科合作和人才流动，学校为李路明团队提供了高水平的学术环境，使其能够充分利用生物医学工程、信息技术、材料科学等多学科交叉优势，形成医工结合的研究范式。

清华大学始终强调科研应当服务国家重大需求和社会福祉，尤其是医疗器械领域。李路明团队的研究目标并非单纯的技术突破，而是从临床应用角度出发，针对中国广大偏远地区患者的现实需求，率先研发并实现了远程程控技术。这一技术在疫情期间得到了广泛应用，不仅提高了患者的治疗可及性，也推动了全球神经调控领域的远程医疗技术发展。此外，团队研发的高场强磁共振兼容脑起搏器、变频刺激疗法等创新功能，使脑起搏器的治疗精度和安全性得到了显著提升，展现了技术创新与医疗需求相结合的价值。

清华大学的科研政策不仅关注顶尖研究团队的技术突破，还高度重视青年人才的培养与科研生态的优化。学校针对高水平科研团队，采用整体考核方式，而非传统的个人绩效考核，这一举措有效促进了团队成员之间的协同合作，减少了科研人员因单人考核而分散精力的情况。李路明团队在这一制度下，建立了高效的合作模式，使得团队成员能够共同攻克脑起搏器的核心技术难题。此外，清华大学还通过与国内外医疗机构的合作，为青年科研人员提供了丰富的实践机会，使其能够在科研攻关过程中积累经验，逐步成长为独立的创新人才。

4）成果转化政策支持与激励

在突破性医疗器械的研发和推广过程中，政策支持与激励机制的有效性直接决定了科技成果的转化效率与市场应用程度。脑起搏器作为高端植入式医疗设备，其成功研发和产业化不仅需要医生的接受和患者的认可，更依赖于政府、高校及产业界在政策、资金、资源整合等方面的持续投入和系统性支持。清华大学李路明团队的成功实践，正是政府部门与高校成果转化政策长期协同发力的典型案例。

2006~2012 年，科技部在“十一五”与“十二五”国家科技支撑计划中专门设立了三个课题，支持脑起搏器的技术研究与产品研发。这一国家级科技计划的设立，不仅为清华团队的原始创新提供了长期稳定的资金支持，也在政策层面为高端医疗器械的自主研发奠定了基础。政府科技计划的持续投入，使得团队能够专注于技术攻关，避免了因短期资金短缺而导致的科研中断，确保了技术链条的完整性。

在科研成果转化过程中，政策激励机制对于调动科研人员的积极性至关重要。清华大学的成果转化政策，不仅在资金投入与资源配置方面提供支持，还对研究人员激励机制进行了优化。清华大学自 2012 年起，将李路明团队纳入校级重点支持团队。不同于传统的科研绩效评价体系，清华大学的考核机制不仅关注学术成果的产出，更强调科技成果的实际转化情况。例如，学校对成果转化贡献突出的科研人员给予更高权重的绩效评价，并在职称晋升、资源分配等方面给予倾斜。这一政策促使团队在技术研发过程中同步考虑产业化路径，确保科研创新从实验室顺利向市场转移，体现了高校科研管理向应用导向型转变的趋势，为其他高校优化科技成果转化机制提供了可借鉴的范例。

此外，资金支持是高端医疗设备从研发到临床应用的关键环节。在地方政府层面，北京市科学技术委员会（以下简称北京市科委）在 2011 年向脑起搏器项目注资 1000 万元，直接支持其科研攻关。同时，清华大学采取了多方共持股的股权结构，包括学校基金、市政府投资基金及外部风险基金的共同投资。这种财政直接投入与股权投资相结合的模式，既提供了短期研发资金保障，也为长期市场化运营奠定了基础。此外，在合作机制上，清华团队负责核心技术突破，而企业则承担工艺开发、质量控制和规模化生产。这种“核心技术-产业化开发”的分工模式，也大幅提升了科研成果的市场转化效率。此外，国家政策和支持也大大推动了脑起搏器的产学研合作。清华大学积极整合国内顶级医疗机构资源，与北京天坛医院、北京协和医院、解放军总医院等单位联合开展临床研究。这样的科研与医疗机构联动模式，不仅提升了技术验证的效率，也加快了脑起搏器在临床应用中的推广速度。2012 年，国家发展和改革委员会批准建设“神经调控国家工程研究中心”，该平台由清华大学牵头，联合北京品驰医疗设备股份有限公司及北京天坛医院共同建设。这一国家级科研平台的建立，进一步强化了产学研协同创新体系，加速了技术成果向产业化应用的转化进程。

5）国际交流与合作

在高端医疗器械领域，国际化不仅是市场拓展的需求，更是技术创新水平的客观检验。实现技术“走出去”，不仅需要突破技术壁垒，更要符合国际安全、质量和临床应用标准，从而获得全球市场的认可。清华大学李路明团队在脑起搏器领域的国际交流与合作，充分体现了国际认证、跨国临床试验、市场推广及科技理念输出等多层次协同推进的模式，为中国高端医疗器械的全球化布局提供了重要经验。

高端医疗器械进入国际市场，首要挑战是符合国际标准体系，并通过全球权威认证机构的严格审核。2016 年 10 月 11 日，清华脑起搏器系统通过英国标准协会（British Standards Institution，BSI）的审核，并顺利获得欧盟 CE（Conformité Européene，欧洲合格）认证。CE 认证是欧盟对医疗器械产品安全性、有效性和质量标准的官方认可，也是国际市场准入的“黄金通行证”。这一认证的获得，标志着清华脑起搏器在安全性、可靠性和治疗效果方面达到了国际标准，为其进入欧洲及全球市场奠定了坚实基础。这一突破不仅填补了中国高端医疗器械在国际标准认证领域的空白，也使清华脑起搏器成为国内首个获得 CE 认证的植入式神经调控产品，为后续中国企业进军国际高端医疗市场提供了可借鉴的模式。

在国家“一带一路”倡议的推动下，2017 年 6 月，该团队成功在巴基斯坦完成了首例脑起搏器国外植入，标志着中国自主研发的高端医疗设备正式进入国际市场。这一突破不仅是中国医疗器械产业国际化进程中的里程碑事件，也充分体现了技术创新与国家战略需求的深度结合。李路明团队的成功案例，验证了中国自主创新的医疗器械在海外市场的适应性，同时也为“一带一路”共建国家提供了先进的医疗解决方案，提升了这些国家的神经调控医疗水平。值得注意的是，这不仅是单向的技术输出，而是在合作中推动了国际医学界对中国高端医疗技术的认可，并为后续临床研究和国际标准制定奠定了基础。

除了在南亚地区取得应用突破，清华脑起搏器还积极向东南亚和其他地区拓展。越南、新加坡等国的手术应用准备工作正在稳步推进，进一步扩大了中国自主医疗科技产品的国际影响力。通过与这些国家的医院、医疗机构和监管机构合作，清华团队不断优化适应不同市场需求的产品策略，并推动本土化适配。这种国际市场的拓展不仅加速了中国医疗器械企业的全球化进程，也有助于构建更加开放的国际科技合作体系，提升中国在神经调控医疗领域的全球竞争力。

清华脑起搏器的国际化进程并不仅停留在技术产品的输出，而是通过国际学术交流、联合研发和产业合作，促进了科技创新理念的全球传播。李路明团队与欧美、日本、新加坡等地区的科研机构和临床医学专家建立了长期合作关系，积极参与国际顶级学术会议，推动中国在神经调控技术领域的学术话语权建设。此外，团队还引进并结合国际先进医疗器械工程技术，持续优化产品性能，使清华脑起搏器能够在国际市场中保持竞争力。

在高端医疗科技全球化的背景下，国际合作不仅是技术输出的通道，同时也是促进自身科技体系完善的关键动力。清华脑起搏器在国际市场上的发展，使团队能够直接与全球顶级医疗器械公司竞争，倒逼自身在标准化生产、质量管理、法规适配等方面持续优化。在这一过程中，团队积累了宝贵的国际化经验，并将其反馈到国内医疗器械行业的技术创新和政策制定中，推动中国高端医疗器械产业的整体发展。

5.1.12　北京大学黄铁军团队：超高脉冲相机

1. 团队及成果简介

黄铁军，北京大学计算机学院教授，北京大学人工智能研究院副院长，曾担任北京智源人工智能研究院院长。从事智能视觉信息处理技术研究，在视频编码标准、视觉特征分析和仿生视觉模型三方面实现了原创性突破，对中国数字视频编码国家标准制定和大规模产业化做出了突出贡献，终结了国外向中国视频行业索取高额专利费的历史。开创了颠覆视频体制的超高速脉冲视觉技术新体系，研制出比影视快千倍的超高速脉冲视觉芯片、相机和视觉系统。2012 年获得国家科技进步奖二等奖，创立了以特征分析与压缩为中心的视觉大数据处理技术体系。2017 年获得国家技术发明奖二等奖。黄铁军团队的超高脉冲相机属于在科学和技术上均有突破的“110”型原始性技术创新。

2. 创新过程

大学毕业后，黄铁军跟随他后来的硕士导师从事手写体汉字识别研究，并参与“863”计划课题。博士期间专注于虚拟现实领域，开展双目立体视觉建模研究。2002 年，他组织了数字音视频编解码标准工作组。从 2007 年开始，他转向监控视频编码的研究，并在 2010 年正式开启了视觉特征编码的研究新篇章。黄铁军建立了一个以特征分析与压缩为核心的视频大数据高效处理技术体系，发明了多项突破性技术，包括视觉特征高效压缩、场景视频建模压缩以及对象精准分析识别。这些技术不仅提升了视觉数据的处理效率，还被成功推广为国际标准，推动了全球视觉处理技术的进步。

2011 年，黄铁军在斯坦福大学的访问成为他科研生涯的转折点。在与吴恩达、余凯等学者的学术交流中，他深受启发，开始思考如何将新兴的深度学习理念与视觉处理相结合。这一思考为他后来的脉冲视觉编码研究埋下了种子。2012 年，深度学习在 ImageNet（一个用于计算机视觉研究的大型图像数据库）视觉检测任务中的突破，进一步激发了黄铁军对视觉技术的革新思路。他意识到深度学习与视觉处理相结合的潜力，能够为传统视频技术带来颠覆性变革。

2013 年，黄铁军领导了脑科学专项研究，并提出了全新的脉冲视觉编码原理，随后研制出了超高速脉冲相机。超高速脉冲相机不仅突破了传统视频概念，其速度比人类视觉系统和传统影视设备快上千倍，能够实时检测、跟踪和识别高速移动的目标，并通过了国家照相机质量监督检验中心的认证。黄铁军团队通过精细仿真灵长类视网膜神经网络，提出了全新的视觉处理架构，解决了目标检测与识别的速度瓶颈，成功推动了视频技术向前迈进。

这一创新成果获得了中国、美国、日本、韩国和欧盟的专利授权，并在实际应用中得到了广泛推广。黄铁军的超高速脉冲相机不仅在精度和压缩效率上实现了飞跃性提升，还被广泛应用于百度、腾讯、海信等企业的产品中，惠及数亿用户。这一技术突破，为全球科技行业注入了新的动力，标志着中国在视觉技术领域的重要崛起。

2018 年 11 月，北京智源人工智能研究院成立，黄铁军担任院长。北京智源人工智能研究院通过创新产学研攻关的组织模式，成立“视网膜芯片技术创新中心”这一平台，以实现超高速脉冲相机技术应用研发的集中攻关。这一举措不仅加速了技术的产业化进程，也为智能视觉、工业自动化等多个领域带来了革命性改变，推动了科技创新与产业应用的深度融合。

3. 关键成功因素总结

1）遵循第一性原理的原创理念

黄铁军团队在计算机视觉研究中始终遵循第一性原理，强调技术创新应回归物理基础，避免仅仅依赖经验主义和算法优化。他认为，光信号在撞击相机传感器的瞬间，需完成从高速运动的物理世界到每秒几十赫兹的图像转换，这一过程中隐藏着传统视觉系统的核心瓶颈。尽管当前高速相机已实现超高帧率成像，但由于设备成本高昂且体积庞大，难以实现广泛应用。同时，即便相机能够每秒生成数万帧图像，现有算法、存储与计算架构仍无法高效处理如此庞大的数据量，而高昂的计算与存储成本成为制约技术普及的关键问题。因此，团队从第一性原理出发，深入思考视觉系统的本质，探索新的成像范式，以突破传统技术的局限性。

在科研方法论上，黄铁军团队始终秉持“原创驱动、问题导向”的原则，不局限于对算法性能的量化比较，也不将论文数量作为衡量学术价值的唯一标准。黄铁军团队认为，科学研究的根本目标应当是解决核心技术问题，提出具有独创性的方法，并创造足够大的社会和市场价值，以真正推动产业变革。以搜索引擎的诞生为例，其影响不仅在于算法的优越性，更在于技术与需求相契合所引发的行业变革。因此，团队的研究方向并非沿着已有的技术路径进行渐进式优化，而是回归问题本源，通过对计算机视觉基础概念的重新审视，构建全新的视觉系统框架。

基于这一研究理念，黄铁军团队突破传统图像视频表达模式，开发出脉冲相机，这一系统能够以脉冲流的形式记录光运动的全过程，并直接将光信号转换为数字比特流，实现超高速连续成像。该创新从光物理原理出发，摆脱了传统的帧序列捕捉方式，使光信号不再局限于单一图像的呈现，而是以信息流的方式直接参与计算。脉冲流的引入，使得成像系统能够跳脱传统的“图像–视频”表达范式，转而构建基于光信号流的视觉架构，在此过程中，图像视频仅作为附属产物，真正的核心是对光信息的直接获取与计算。这一变革性突破不仅大幅降低了数据存储和处理的复杂度，同时也使超高速机器视觉成为现实，拓宽了计算机视觉的应用边界。

这一创新背后的逻辑，正如黄铁军所言：“面壁十年图破壁，不做加法做减法，回到问题源头，才能实现更大突破。”他认为，传统数码相机虽然实现了胶片到数字传感器的转换，但仍然延续了胶片思维，而脉冲相机的诞生，则彻底打破了这一固有模式，使视觉系统能够充分释放光电器件和芯片的高速计算潜能。正是基于这种“减法思维”，团队重新定义了计算机视觉的技术路径，为超高速成像开辟了全新的方向。

黄铁军团队认为，“高速、实时、智能”始终是计算机视觉在高端应用中的关键挑战，而脉冲相机的芯片及系统架构，已展现出无可比拟的技术优势。团队的研究成果在多个领域展现出广泛的应用前景，包括高铁巡检、电力设施监测、智能制造等工业场景，以及自动驾驶、车路协同等智能交通系统。此外，团队还在探索消费电子领域的应用，脉冲相机的高效能与低功耗特性使其有潜力替代传统的视频成像系统，为智能手机、无人机等终端设备提供更高性能的视觉感知能力。

科技企业的核心竞争力来源于原创技术，只有具备独创性突破，才能在全球竞争中占据主导地位。在黄铁军的科研体系中，创新不仅是对已有技术的优化，而是要从根本上提出新的计算范式，为行业提供颠覆性的技术路径。这一理念不仅塑造了团队的研究方向，也奠定了他们在计算机视觉领域的学术影响力。追求原始创新、探索最本质的技术问题，始终是黄铁军团队科学研究的核心动力，也是推动未来科技变革的重要基石。

2）学科交叉促进协同创新

在超高速脉冲相机的研发过程中，黄铁军团队深度融合计算机视觉、信息科学和脑科学等多个学科领域，借鉴生物视觉原理，创新性地构建了脉冲视觉模型。通过这一跨学科协作，他们成功研制出超高速脉冲视觉芯片，实现了超高速连续成像与目标跟踪识别。这一创新不仅突破了计算机视觉在高帧率、高实时性场景中的技术瓶颈，同时也深化了脑科学与计算机科学、信息科学的融合，拓展了脑认知研究在智能感知领域的应用边界。该研究成果成为北京市“脑科学研究”专项的重要组成部分，充分体现了学科交叉所带来的协同创新效应。

北京市在脑科学研究领域拥有全国最完整的学科布局，不仅汇聚了北京师范大学、中国科学院生物物理研究所等在脑认知研究方面设有国家重点实验室的学术机构，还集聚了中国医学科学院、北京协和医院、中国人民解放军总医院等在脑医学研究领域具备深厚科研积累的单位。在类脑计算这一新兴交叉学科领域，北京市同样集中了北京大学、清华大学、中国科学院自动化研究所等在AI和计算机视觉领域具有前沿技术优势的研究机构。基于这些跨学科优势，北京市构建了强大的跨领域合作网络，有力促进了从基础科学研究到工程技术应用的深度融合。

2015年9月，北京市科委启动了“脑科学研究”专项工作，组织十余家顶尖研究机构，包括北京大学、清华大学、北京师范大学等，联合攻关脑科学的核心技术难题。黄铁军团队作为该专项的重要参与方，依托北京市科委的资助，聚焦于类脑视觉系统的关键技术突破，开展了多项与脑科学相关的研究课题。作为现代科技与产业发展的关键基础，视觉技术已经历了从胶片到数码的变革，而超高速脉冲相机的研发，则代表了视觉技术迈向更高效、更智能的关键一步。该技术的发展不仅为脑科学研究提供了新的数据采集和分析工具，同时也为计算机视觉和AI技术提供了新的计算模型。北京市科委通过构建新型研发机构，整合跨学科资源，建立了以协同创新研究中心为核心的跨部门合作机制，推动了脑科学与信息技术的深度融合。这一举措不仅加强了学术界内部的联合攻关，还进一步鼓励了不同研究机构之间的跨学科合作，为脑科学研究成果的转化应用提供了有力支持。

在“脑科学研究”专项的带动下，北京大学成立了“脑科学与类脑研究中心”，并积极推动跨学科合作研究。黄铁军团队在该中心主持“大脑初级视觉系统解析仿真”课题，与神经科学、计算机视觉、模式识别等多个领域的研究团队协同攻关，探索生物视网膜的计算建模、超高速运动目标的检测追踪、超高速视觉系统的优化等关键技术。这一协同创新过程不仅深化了脑科学研究的基础理论，同时也推动了计算机视觉技术在高动态场景中的应用，展现了学科交叉在原始创新中的巨大潜力。

通过计算机科学、信息科学与脑科学的深度融合，黄铁军团队的研究成果为未来类脑计算、智能视觉、自动化感知等技术的发展奠定了坚实基础。超高速脉冲视觉技术的突破，不仅标志着新一代计算机视觉系统的变革，同时也为未来智能感知技术提供了新的范式。学科交叉所带来的协同创新，正在重塑AI与脑科学研究的融合路径，并进一步推动计算机视觉技术迈向更智能、更高效的新时代。

3）紧跟市场需求促进成果转化

自2012年以来，计算机视觉领域经历了深刻变革，深度学习驱动的AI视觉技术逐步取代传统方法，成为行业的主流方向。然而，在这一变革浪潮中，黄铁军团队始终保持独立思考，对深度学习能否全面解决计算机视觉问题持审慎态度。他们认为，当前许多研究者倾向于采用“加法思维”，即通过增加神经网络参数、扩大数据集规模、优化网络架构等方式提升模型性能，然而，这种路径往往导致系统日益复杂，并未从根本上突破视觉感知的核心问题。因此，团队转向“减法思维”，坚持从第一性原理出发，探寻更本质的创新方向。他们认为，计算机视觉的突破依赖于两个关键源头：一是生物学机制，借鉴生物视觉系统的强大处理能力，探索类脑视觉技术；二是物理学原理，深入理解光的传播与感知机制，从物理过程出发优化视觉计算方法。基于这一理念，黄铁军团队自 2014 年起开展了生物视觉计算的深入研究，并在视觉细胞的精细建模方面取得了阶段性进展。

目前，黄铁军团队已完成了从实验室级芯片研发到工业级芯片生产“从 0 到 1”的创新突破，下一步的关键任务是推动这一技术的规模化应用与产业化落地。超高速脉冲相机在多个行业具有广泛的应用前景，包括高铁、电力、风电、工业检测等领域的高速过程监测，以及自动驾驶、车路协同等对实时响应能力要求极高的场景。此外，该技术还将在消费电子领域产生深远影响，例如提升高速手机摄像头的成像质量，使其能够精准记录高速运动过程，为下一代智能设备提供更强大的视觉感知能力。按照团队的技术发展路线图，预计到 2035 年，超高速脉冲相机将在多个行业实现大规模应用，成为推动智能视觉技术进步的重要支撑。

从原创技术的诞生到市场化产品的实现，技术转化过程中面临的主要挑战之一是科学研究与市场需求之间的时间差。黄铁军团队认为，超高速脉冲相机的原始创新已基本完成，当前的核心问题是如何构建完善的产业生态，推动技术从实验室走向市场。在这一过程中，科学家需要继续专注于技术迭代和创新突破，而职业经理人和市场运营团队的介入，则成为技术落地的重要保障。黄铁军指出，成功的科技产业化需要组建跨学科、跨领域的专业团队，涵盖技术研发、产品开发、市场推广和商业运营等多个环节，以确保技术创新能够有效对接市场需求，并实现规模化应用。

与过去依赖商业模式和互联网驱动的平台型企业不同，当前中国涌现出越来越多专注于特定领域的“专精特新”企业。这些企业基于原创技术突破，逐步发展为行业领先者，并在全球科技创新的竞争格局中占据重要席位。超高速脉冲相机技术的产业化进程，不仅是中国计算机视觉领域技术创新的重要标志，也将助力本土企业在全球智能视觉市场中占据先机，为未来科技产业的发展提供强有力的技术支撑。

4）政府支持的推动

黄铁军团队研发的超高速脉冲相机，作为学科交叉促进重大原始创新的典型成果，在学术界和产业界引起了广泛关注。这一技术突破的实现，离不开北京市政府对前沿科技的持续支持。在北京市科委的连续资助和清华大学的科研资源支持下，该团队在视觉信息处理的新范式探索方面取得了重要进展。

在国家推动科技成果转化的政策指引下，北京大学积极支持脉冲视觉芯片的工程化和产业化，并联合北京大学科技成果转化基金，共同成立了脉冲视觉（北京）科技有限公司。该企业专注于超高速、高灵敏度视觉应用场景的芯片、模组及解决方案研发，为推动新一代智能成像技术的市场应用提供了产业化载体。政府对这一过程的支持不仅体现在直接的资金投入，还通过科研经费管理改革，赋予研究团队更大的经费使用自主权，为科技成果的顺利转化提供了更加灵活的政策环境。

此外，在政府政策的引导下，北京智源人工智能研究院作为新型研发机构，设立了多个创新中心，包括智能信息处理、认知知识图谱、安全 AI 等方向，为 AI 技术的原创突破及产业化应用提供了支撑。黄铁军团队依托北京大学和北京智源人工智能研究院的合作平台，积极推进超高速脉冲视觉技术的标准化和生态构建，进一步加速该技术在高端智能制造、无人系统、先进光学成像等领域的应用。

在政府政策的有力推动下，超高速脉冲相机项目正朝着自主知识产权体系和国际标准建设的方向迈进，力求在全球视觉技术领域占据重要一席。这一成果的产业化进程，不仅是科技创新体系不断完善的体现，也是政府支持科技成果转化的典型案例。

5.1.13 北京大学占肖卫团队：非富勒烯稠环电子受体

1. 团队及成果简介

占肖卫教授是北京大学材料科学与工程学院的博雅特聘教授、博士生导师，同时担任北京大学光电子材料研究所所长和高分子化学与物理教育部重点实验室副主任。他在有机高分子光电功能材料和器件的研究方面取得了显著成就，特别是在非富勒烯受体太阳能电池领域，开发了稠环电子受体材料体系，被誉为“划时代”的突破。占肖卫教授甘坐“冷板凳”，多年来专注于前沿基础研究。他的研究开创了有机光伏领域中的“非富勒烯时代”。占肖卫教授还获得了多个奖项和荣誉，包括 2022 年教育部自然科学奖一等奖和 2022 年北京市自然科学奖二等奖等。非富勒烯稠环电子受体的成果属于在科学与技术上均有突破的“110”型原始性技术创新。

2. 创新过程

占肖卫教授带领的北京大学团队在稠环电子受体材料的研发过程中，历经长期积累与创新，取得了显著突破。这一过程不仅推动了有机太阳能电池领域的发展，也为国际学术界贡献了大量重要成果，赢得了广泛认可。1995 年至 2015 年，有机太阳能电池的研究主要依赖富勒烯衍生物作为电子受体，但富勒烯受体在可见光吸收弱、电子可调性差和形态不稳定等方面的缺陷，限制了有机太阳能电池效率的提升和实际应用。面对这一系列挑战，占肖卫教授于 2006 年留学归来后，便开始了非富勒烯受体的研究，这在当时的国内外都是一个相对冷门的研究方向，且在国内更是仅有他的团队在探索此领域。

2007 年，占肖卫团队率先开发了基于苝二酰亚胺的聚合物受体，并将这一创新成果发表在《美国化学会志》上，立即受到广泛关注。这一阶段的工作为后续研究奠定了基础，并展示了团队在材料设计与创新上的潜力。2015 年，占肖卫团队发明了明星分子 ITIC（一种新型非富勒烯受体材料），并提出了“稠环电子受体”的概念。他们通过对稠环核心、π-桥、末端基团和侧链的精确分子设计，揭示了这些材料的结构-性能关系，这为有机太阳能电池的高效能量转换提供了新的解决方案，带来了该领域的革命性变化。

稠环电子受体的发明，推动了非富勒烯有机太阳能电池的效率显著提升，并迅速超越了传统富勒烯材料，打破了既有技术的瓶颈，开启了有机太阳能电池领域的新纪元。基于稠环电子受体材料的太阳能电池效率突破了 18%，这一成绩标志着该领域的技术进步，成为化学和材料科学的研究热点。随着稠环电子受体技术不断成熟，占肖卫团队继续深入探讨该领域的技术挑战与未来方向，如钙钛矿太阳能电池、量子点太阳能电池和光电探测器等。这些研究不仅为学术界提供了新的思路，也为产业界带来了广泛的应用前景。

占肖卫团队的成果表明，持续的创新和对基础研究的深耕，能够为产业技术的飞跃提供强有力的支撑。未来，随着更多创新材料的研发与应用，稠环电子受体技术有望在更广泛的领域发挥重要作用。占肖卫教授的工作，体现了科学家在基础研究领域坚持不懈、勇于创新的精神，成为学术界的典范。

3. 关键成功因素总结

1）甘坐“冷板凳”，长期坚持

在科学研究的道路上，真正的原始创新往往意味着长时间的探索与沉淀，甚至要忍受外界的质疑。北京大学占肖卫团队在非富勒烯受体材料研究领域的突破，正是长期坚持、甘坐“冷板凳”精神的典型体现。面对新能源材料领域的技术瓶颈，他们长期深耕这一被主流学界视为“低效”“无前景”的研究方向，最终成功推动了有机光伏领域的一场革命。

在人类社会面临能源危机的背景下，太阳能被视为最具发展潜力的清洁能源之一，而有机光伏因其低成本、可溶液加工、轻薄柔软等优势，成为光伏研究的重要分支。然而，早期的有机太阳能电池研究高度依赖富勒烯受体材料，而非富勒烯受体材料的光电转换效率长期停滞在低水平，且 20 年间未取得突破性进展。这一局面让许多研究者望而却步，甚至认为非富勒烯受体材料是“不可行的方向”。面对这样的挑战，占肖卫团队并未随波逐流，而是坚定地认为，新材料体系的探索不能仅受短期效率指标的限制，而应从材料科学和器件物理的根本机制出发，寻找潜在的创新突破点。

如果要问占肖卫课题组能够在非富勒烯受体研究领域取得开创性成果的关键因素，答案一定是甘坐“冷板凳”。科研创新的本质在于不断试验、验证和改进，任何真正的科学突破都需要长时间的积累。在非富勒烯受体材料研究的早期阶段，占肖卫团队的工作曾屡次遭到顶级期刊的拒稿，审稿人普遍认为“富勒烯已足够好，无须替代”或“非富勒烯效率太低，前景渺茫”。这些负面评价不仅反映出当时学术界对非富勒烯材料的认知局限，也凸显了占肖卫团队所面对的挑战。然而，他们并未因此退缩，而是不断反思、优化材料分子设计，调整实验策略，寻找提升光电转换效率的新方法。在此过程中，他们对分子工程进行了系统性的优化，不断提升材料的电子传输性能和光吸收能力，使非富勒烯受体材料的光伏效率逐步提升，最终赢得了国际学界的认可。尤其是 ITIC 这一明星分子的合成，彻底改变了非富勒烯受体材料的研究格局，极大提升了有机太阳能电池的效率，并引发了全球学界的广泛关注。目前，ITIC 类稠环电子受体已被全球超过 130 个研究组应用于光伏研究，成为有机光伏材料领域的里程碑式创新。该研究不仅打破了富勒烯材料的垄断格局，也验证了占肖卫团队长期坚持原始创新的科学价值。

占肖卫团队的成功并非偶然，而是长期坚持基础研究、不断迭代优化的结果。他们深知，真正的技术变革需要扎实的理论基础支撑，而不是短期的应用导向驱动。因此，他们不仅致力于开发新型材料，还深入研究分子与光伏器件的相互作用机制，以确保每一项创新都建立在坚实的科学基础之上。这种材料设计—物理机制—器件优化—产业化探索的全链条创新路径，使得非富勒烯受体材料的产业化成为可能，并推动了有机光伏技术向高效、稳定、低成本的方向发展。

在占肖卫教授看来，科学研究不能一味追逐热点，而应坚守原始创新，敢于探索未知领域。他强调，做科研不能只考虑短期回报，而应有“啃骨头”的精神，面对挑战不退缩，面对失败不气馁。他鼓励年轻科研人员保持独立思考，不畏惧学术界的质疑，避免跟风研究，而是选择真正具有前瞻性和挑战性的方向。他认为，原始创新的核心在于“从 0 到 1”的突破，而非简单地从 1 到 2，这要求研究者具备极大的耐心、韧性和科学理性。

2）兴趣驱动，保持好奇心

“兴趣是最好的老师”，这一句话在占肖卫的学习和科研经历中得到了生动的体现。从小学时受数学老师讲述的陈景润故事启发，到中学时被化学老师的以身作则激发对科学的兴趣，占肖卫对科学的热爱悄然萌芽，并在之后不断的学习过程中逐渐加深。高中毕业后，他毫不犹豫地选择了化学专业，并最终从浙江大学化学系毕业。尽管本科毕业后，由于家庭经济压力，他选择了在安庆石油化工总厂工作，但他从未放弃对科学的渴望。经过三年的工作积累，他改善了家庭状况，没有后顾之忧后，他决定重返校园，继续追寻自己的科研梦想。

兴趣和好奇心是占肖卫在科研之路上不断奋进的底层驱动力。在有机光伏领域，尤其是在非富勒烯受体材料的研究上，他带领团队取得了开创性突破。占肖卫始终保持对科学和未知的好奇心，他不仅关注电子给体材料的创新，也尤为重视电子受体材料的发展。他深知，只有同时推进这两个方向，才能真正推动有机太阳能电池技术的全面发展。在缺乏前人工作参考的情况下，他率先提出了“稠环电子受体”的概念，并开发了以 ITIC 为代表的高性能非富勒烯电子受体。占教授的团队在非富勒烯受体领域的研究成果多次被国际顶级期刊选为封面文章，并得到了广泛的引用。

占肖卫的梦想是建立一个强大的稠环电子受体品牌，继续在国际上引领有机光伏及其他光电领域的研究。他坚信，非富勒烯受体的出现为有机太阳能电池注入了新的活力，使其发展前景更加光明。通过不断保持对新技术的兴趣与好奇，占肖卫教授的研究不仅推动了学科的进步，也为相关技术的产业化开辟了广阔的前景。

3）注重团队创造力培养

在科学研究领域，团队的创造力不仅决定了研究的深度和广度，也影响着科研成果的原创性与影响力。占肖卫教授团队在非富勒烯有机光伏材料研究中，不仅取得了突破性的科学成果，还形成了一套独特的人才培养模式，强调创新思维的激发、学术交流的深化以及科研素养的系统塑造。这一团队建设策略不仅塑造了一支具有强大创新能力的科研队伍，也推动了有机太阳能电池技术的持续进步。占肖卫教授始终坚信，科学探索不仅是一种个人实践，更是一种需要传承的精神。他通过言传身教，引导团队成员在科研道路上保持专注与激情。他常用幽默而富有哲理的方式鼓励学生：“专心做科研，就能少很多烦恼！一醉科研解千愁！”这种轻松而坚定的科研态度在团队中形成了良好的学术氛围，使团队成员能够在面对困难时保持坚定信念，以更加积极的心态应对科研挑战。

在团队建设方面，占肖卫教授高度重视学术交流，认为定期的学术讨论和思想碰撞是培养创造力的重要途径。因此，他在团队内部建立了系统化的学术交流机制，每周两次的组会成为团队成员成长的重要平台。周六的组会侧重于成员的个人科研进展汇报，占教授会对每位成员的研究进行详细指导，提供建设性建议，帮助他们突破研究瓶颈。而周日的组会则聚焦于学术前沿讨论，团队成员共同分享最新的科研动态和学术成果，并展开深入交流。这种定期的学术互动不仅加强了团队内部的协作，也激发了创新灵感，使成员能够在相互启发中拓展研究思路。

占肖卫认为，科研的核心是创新，而创新思维的培养需要长期的积累与实践。他强调，真正的科学发现往往源自持续试验和探索，因此科研人员必须勇于尝试新思路，而不能畏惧失败。在他的指导下，团队成员被鼓励将失败视为科研过程中不可避免的一部分，并将每一次挫折转化为思考和改进的机会。为了强化创新思维，占教授还提倡团队成员在实验过程中保持开放的心态，不断挑战传统理论框架，寻找新的突破点。他认为，只有愿意质疑现有研究，才能真正推动科学的进步。

在长期的科研实践中，占肖卫教授总结出四个关键要素，作为团队成员培养创新能力的核心理念，即“好奇心、享受、独特性和坚持”。他强调，好奇心是推动科研探索的动力，享受科研工作能够提高效率，独特性是实现技术突破的关键，而坚持则是做原创性科研的必要品质。这四个要素共同塑造了团队的科研文化，也为团队的成功奠定了坚实的基础。占肖卫团队的系统化人才培养模式，不仅激发了成员的创造力，还直接推动了团队在非富勒烯有机太阳能电池领域的突破。

占肖卫团队不仅在提高电池转换效率方面取得了突破，还在光伏器件的稳定性和应用场景拓展方面取得了显著进展。占教授认为，原始创新既可以是在全新的领域中开辟新方向，也可以是在已有成果的基础上进行延伸和改进。他强调，科技进步不仅是站在前人的肩膀上，更重要的是敢于另辟蹊径，探索未知的研究方向。这种创新文化的塑造，使得团队成员能够在科研的道路上勇敢前行，持续推动有机光伏技术向更高效、更稳定、更可持续的方向发展。

占肖卫团队在非富勒烯有机光伏研究中的成就，不仅来源于其技术创新，更得益于科学系统的团队建设和创造力培养模式。他们通过高效的学术交流机制、深厚的创新文化以及对科研失败的理性包容，为团队成员创造了一个充满探索精神的科研环境。这种以创造力培养为核心的团队建设模式，不仅提升了科研成果的原创性，也为中国新材料科学的原始创新提供了宝贵的经验。未来，随着更多青年科研人员的成长和非富勒烯光伏技术的进一步发展，这一团队的探索和创新精神将继续推动中国新能源领域的科技进步。

5.1.14　同济大学李杰团队：广义概率密度演化方程

1. 团队及成果简介

李杰，中国科学院院士，同济大学结构工程学科讲座教授、博士生导师，曾任上海防灾救灾研究所所长。他是同济大学土木工程学院建筑工程系的著名学者，长期在结构工程与防灾工程领域从事研究工作，特别是在非线性随机动力系统的分析与控制方面取得了显著成果。作为第一完成人获得国家自然科学奖二等奖、国家科技进步奖三等奖各一项，省部级科技进步奖一等奖 5 项、二等奖 6 项。李杰教授在概率论及其应用领域的创新研究尤其引人注目，特别是他和学生提出的广义概率密度演化方程得到了国际学术界的高度评价。他和团队创立的大型生命线工程网络可靠性分析理论，被国际同行广泛认可为“RDA”（recursive decomposition algorithm，递推分解算法）。李杰及其团队在随机动力学、随机损伤力学、工程结构可靠性分析与工程网络可靠度研究方面取得了国际公认的学术成就。广义概率密度演化方程属于在科学与工程上均有突破的“101”型原始性科学创新。

2. 创新过程

随着现代科学技术的飞速发展，复杂系统中的随机性和非线性问题日益突出，传统的概率分析方法逐渐显得力不从心。面对这一挑战，李杰教授敏锐地意识到，经典的福克-普朗克方程（Fokker-Planck Equation，FPE）在处理复杂系统的概率密度演化时存在显著局限。FPE 虽然能够有效描述扩散过程，但在涉及非线性驱动和复杂随机扰动的系统时，其适用性和有效性却明显不足。这一发现促使李杰教授团队寻求新的概率分析方法，以解决传统方法难以处理的复杂问题。

基于这一深刻洞察，李杰教授团队大胆提出了广义概率密度演化方程，通过引入更为广泛和灵活的概率密度函数形式，开创性地解决了复杂系统的概率密度演化问题。广义概率密度演化方程不仅继承了 FPE 的基本框架，还在此基础上进一步扩展，能够处理更加复杂的随机过程，为非线性随机动力学系统的研究提供了全新的理论视角。这一创新思路，填补了传统方法的空白，为复杂系统分析提供了更强的理论工具和技术支持。

在创新过程中，李杰教授团队结合多种先进的数学方法和数值分析技术，推动了广义概率密度演化方程的理论发展。通过引入广义随机过程理论，结合多尺度分析和随机微分方程等工具，团队系统地推导出广义概率密度演化方程的形式，并发展出一系列数值算法以解决实际工程中的复杂问题。这些算法的成功实现和应用，使得广义概率密度演化方程在工程实践中得到了广泛的验证和认可。

广义概率密度演化方程在多个领域，特别是在结构工程、机械系统和控制工程等领域的成功应用，展示了其强大的理论和实践价值。通过广义概率密度演化方程，研究人员能够更加准确地预测复杂系统在随机扰动下的行为，进而为工程系统的可靠性分析和优化设计提供了新的理论支持和重要依据。这一创新性的理论工具不仅填补了传统方法的不足，也为复杂系统的研究提供了前所未有的研究可能性。

3. 关键成功因素总结

1）长期坚守，厚积薄发

科学领域的根本性创新往往依赖于长期的积累与持续的探索。在土木工程领域，李杰团队通过多年不懈的研究，在“概率密度演化理论”和“递推分解理论”两大核心领域取得了突破性进展。这些理论创新不仅解决了高层建筑在地震作用下的倒塌风险评估问题，还在跨海大桥的抗风安全分析以及城市生命线工程的可靠性优化方面发挥了关键作用，为重大工程的安全提供了坚实的理论支撑。

李杰团队的研究起点源于对工程安全问题的长期关注。自 20 世纪 90 年代初起，团队便致力于研究土木结构在地震、风灾等自然灾害作用下的随机动力学行为。当时，传统的结构分析方法难以有效处理复杂系统在不确定环境下的灾变评估，而这一问题在大型基础设施建设中至关重要。面对这一挑战，团队在多年的探索与积累后，提出了“基于物理研究随机系统”的理论框架。这一创新突破不仅在国际学术界获得了高度认可，也为土木工程领域的结构可靠性分析提供了新的研究范式，并逐步拓展至机械工程、航空航天、海洋工程乃至生物医学等多个学科。

长期的科研积累使团队能够前瞻性地提出针对城市生命线系统的灾害防护策略。在研究如何提高城市供水、供电、交通、通信等关键基础设施的抗震能力方面，团队发现，随着系统复杂度的提升，传统的可靠性分析方法难以应对大规模生命线工程网络的动态变化。针对这一挑战，团队提出了“基于结构函数递推分解”的分析方法，成功突破了超大规模复杂网络系统可靠性计算的瓶颈。这一技术为中国特大型城市的防灾规划提供了精确高效的工程工具，使得上千个节点的生命线系统能够在灾害冲击下保持更高的稳定性。

厚积薄发的科研理念不仅体现在理论创新上，也直接推动了实践中的工程应用。2008 年汶川大地震发生后，李杰团队迅速响应，依托其自主研发的结构可靠性分析方法，协助完成了都江堰、绵竹等六个重灾区的供水系统应急恢复和灾后优化改造。团队的研究成果不仅提高了工程效率，还为灾区节省了大量的修复投资成本。此外，在城市防灾减灾领域，团队积极推进灾害模拟技术的发展，与上海市政府合作，建立了涵盖地震、火灾、风灾等多种灾害数据的综合风险评估系统。通过情境仿真与数据集成，该系统为城市提供了多灾种风险预警与管理方案，提升了上海市在应对突发灾害事件时的响应能力。

李杰团队的研究历程充分展现了科学创新的长期性与挑战性。理论突破的背后，是数十年如一日的思考与实验积累；技术进步的实现，则依赖于团队成员在工程应用中的持续探索与实践优化。这一科研模式不仅确保了研究成果的前沿性与系统性，也使得团队在国际学术界和工程界占据了重要的学术地位。通过持续的理论深化与工程实践结合，团队在土木工程的多个关键领域树立了标杆，为国家重大工程建设提供了坚实的科技支撑，同时也为全球防灾减灾领域提供了前瞻性的研究思路和解决方案。

2）人文情怀涵养科学境界

科学研究的本质不仅在于知识的积累与技术的突破，更依赖深厚的人文情怀作为支撑，以塑造持久的探索精神和宽广的学术境界。在土木工程这一与国家基础设施建设密切相关的领域，基础理论研究的经济回报相对有限，但真正的学者往往不以物质得失衡量科研价值，而是坚守长期积累、探求真知的初心。在这一过程中，学者的坚持并非源自外在的激励，而是基于对科学本质的敬畏与对社会责任的担当。

在长期的科研探索中，李杰团队始终保持严谨的治学态度，以科学求真的精神推动学科发展。在极为有限的资源条件下，团队始终坚持对核心科学问题的深入思考与持续探索。科研的道路充满挑战，许多突破性的研究成果并非一蹴而就，而是在无数个日夜的积累中逐步成型。李杰教授在科研生涯中，从未因物质条件的限制而动摇对科学问题的执着追求。最初回到同济大学时，他和家人共同生活在狭小的空间里，生活条件并不宽裕，但在封闭的阳台上，他依然摆起书桌，利用夜深人静的时间思考科学问题。45 岁之前，他几乎没有在凌晨 1 点前入睡；到了 60 岁，他依然保持每天 11 点后才休息的工作习惯；即便已到退休年纪，他仍坚持每天清晨 7 点准时开始工作，白天与学生交流，夜晚则留给自己独立思考。

学术传承不仅关乎知识的传递，更关乎科学精神的延续。李杰教授深受多位学术前辈的影响，他的科研理念不仅植根于科学探索的本质，也深受人文精神的滋养。在求学时期，他的导师朱伯龙先生每次在学术讨论时都会关心是否有新的想法，这种思维方式深刻影响了他的研究风格，使他始终追求科学研究的“新”和“有用”两个核心标准。此外，在丁得忠先生的指导下，他培养了极为严谨的治学态度，而沈祖炎先生则让他对“宽容大度”的学术胸怀有了深刻理解。沈先生曾告诫他，荣誉只是事业的副产品，真正重要的是抓住科研的本质。即便年近七十，李杰每每回忆这些导师的教诲，仍怀有深深的敬意，并身体力行地将这些学术精神传递给团队的年轻学者。陈建兵教授曾回忆，在李杰教授的带领下，团队在关键科学问题上坚持深耕，注重独立思考与勇敢创新。这种精神逐渐形成了团队独特的学术文化，使年轻学者能够在科学探索中建立独立的思维模式，并具备不断突破自我的能力。

科学与人文的交融，是推动创新能力提升的重要路径。李杰教授始终强调，科学研究既需要逻辑思维的严谨性，也离不开形象思维的创造性，而后者往往源于深厚的人文素养积淀。因此，他要求博士生广泛阅读文史哲书籍，以提升他们的文化素养。他坚信，真正的科学家往往具备深厚的人文精神，这种精神不仅能够拓宽学术视野，还能赋予科研工作者更高层次的创造力。

科学研究的价值，最终体现在对社会的贡献上。李杰团队长期专注于重大基础科学问题的研究，并致力于提供符合中国实际的创新方案。李杰始终认为，一个国家的科技实力不应仅体现在论文数量上，而应通过具体的科研成果展现其独特价值。在全球科技竞争日益激烈的背景下，科学的使命不仅是探索未知，更是回应现实挑战，为国家的基础建设和社会发展提供可靠的科学支撑。只有扎根中国的实际需求，专注于真正的科学问题，才能让世界听到中国的科研声音。

3）注重团队人才培养

李杰团队始终坚持“人才是科研创新的核心要素”这一理念，通过系统化的学术培养机制，为土木工程领域输送了一批又一批高水平研究人才。团队内部建立了严格的学术档案管理体系，为每一位博士生和优秀硕士生单独存档，其中详尽记录了毕业论文手稿、学术讨论纪要以及研究进展。这种管理体系不仅便于导师全面掌握学生的学术成长轨迹，也为后续科研积累提供了系统化的数据支撑。李杰对于学生的成长始终保持高度关注，能够准确记住每位学生的研究方向、学术进展乃至作业细节，并长期参与他们的研究过程，确保学生在科研训练中得到充分指导。

在师生关系的构建上，李杰始终坚持“以人为本、尊重个性”的原则，强调导师不仅是学术指导者，更是学生科研成长的引路人。他将师生关系比作“战壕中的战友”，认为导师应像老兵一样，带领新兵在科研领域逐步成长。他常说，教师的职责不仅是传授知识，还应帮助学生树立正确的科研价值观，培养他们独立思考的能力和创新精神。他特别强调，导师应当“蹲下身子，扶起学生，然后再将他们放在自己的肩上”，让他们有机会站得更高，看到更远的学术前沿。

长期以来，李杰团队始终坚持以问题导向推进人才培养，注重研究生科研素养的锻炼，强调科学思维的训练。针对本科生，他提出“读书三问”——是什么？有什么用？局限性在哪？鼓励学生在学习过程中主动质疑和思考。在研究生培养阶段，他进一步提出“读书三结合”——结合研究读书、结合文献读书、结合著述读书，强调科研训练必须与系统性学习相结合，才能真正建立起坚实的理论基础和独立研究能力。他认为，研究生的培养不仅是指导具体课题，而是引导他们将导师提出的问题转化为自己的科学问题，从而在科研过程中真正获得创造的乐趣，并实现自我驱动的学术成长。

这一人才培养体系不仅为国内高校和科研机构输送了大量高水平学者，也在重大工程项目中发挥了深远的实际影响。李杰始终认为，作为导师，最大的成就不是个人的研究成果，而是学生能够超越自己，在更高层面上推动学科的发展。他强调，科研创新不仅依赖于高水平的实验和计算能力，更需要科学精神和正确的价值观作为支撑。因此，团队在培养青年学者的过程中，不仅关注学术训练，更致力于塑造他们的科研品格。他始终坚持，科学研究应当服务于社会需求，学术积累应当立足于国家重大需求，并形成具有国际影响力的原创成果。

李杰团队的培养体系，不仅确保了人才梯队的持续优化，也为土木工程领域的前沿探索提供了稳定的科研动力。通过系统化的学术训练、严格的科研要求和长期的创新积累，团队不断推动工程安全理论的发展，并在多个学术前沿领域取得了重要突破。这一培养体系的成功实践表明，推动国家自主创新体系的建设，必须依赖于高水平人才的长期培养，而这正是李杰团队始终坚持的科研理念和教育目标。

5.1.15　北京化工大学张立群团队：合成橡胶材料与产业化

1. 团队及成果简介

张立群，中国工程院院士。主要从事橡胶材料科学与工程、聚合物纳米复合材料、生物基高分子材料与聚合物加工工程方面的研究，聚焦于橡胶材料高性能化理论与技术、绿色橡胶材料、特种功能橡胶材料三个研究方向。张立群教授致力于让中国的橡胶研究走向世界前沿，率先在国际橡胶界提出生物基工程弹性体、纳米增强逾渗机制以及橡胶材料跨尺度模拟基因工程等一系列概念，在高性能橡胶纳米复合材料、绿色橡胶材料和特种功能橡胶材料等领域取得了多项具有国际先进或领先水平的成果，并转化应用于众多企业，取得了显著的经济和社会效益。

张立群教授的研究受到国际同行的广泛关注与高度认可，一系列的重要成果也让张立群教授赢得了诸多国际权威奖项。其中就包含美国化学会橡胶分会的斯帕克斯-托马斯奖（Sparks-Thomas Award），国际聚合物加工学会的莫然达-拉姆伯拉奖（Morand Lambla Award），国际橡胶会议组织奖章，英国材料、矿物和矿业学会的科尔温奖章等重要奖项。截至 2023 年，张立群教授先后主持国家和省部级项目 30 多项，以第一完成人获得国家技术发明奖二等奖 2 项、国家科技进步奖二等奖 1 项、省部级科技奖励 12 项，授权发明专利 120 余项。

最早的橡胶来自橡胶树干中流出的汁液，随着橡胶需求量的日渐增大，天然橡胶供不应求，人们又开始以石油、煤炭等化石资源作为初始材料，生产各类合成橡胶。为了实现橡胶生产的可持续发展，早在 2003 年，中国工程院院士张立群就开始了生物基橡胶的研究。张立群教授团队的合成橡胶材料与产业化研究属于在科学、技术、工程上都有突破的“111”型原始性技术创新。

2. 创新过程

张立群院士长期致力于高性能橡胶材料的研究，特别是在纳米技术与高分子材料复合领域，他的研究团队取得了一系列具有国际影响力的原创性成果。从最初的机理探索到最终的工业应用，张立群院士团队围绕纳米颗粒对橡胶力学性能的强化机制进行了系统性的研究，并在这一过程中不断推进理论创新和技术突破。

20 世纪末至 21 世纪初，纳米技术在材料科学领域取得快速发展，高分子基复合材料成为国内外研究的热点。然而，尽管大量研究表明纳米颗粒填充能够显著改善橡胶材料的力学性能，但其具体作用机制尚未被完全理解，特别是如何优化纳米颗粒的分布以最大化增强效果仍然存在争议。在此背景下，张立群院士及其团队开展了系统研究。他们通过实验手段分析不同纳米颗粒类型、尺寸和用量对橡胶材料性能的影响，并尝试构建理论模型来描述橡胶基体与纳米填料之间的作用机制。经过多年探索，团队在 2007 年前后首次发现橡胶拉伸强度与纳米颗粒用量之间的“逾渗”现象，这一发现挑战了传统的填充增强理论，为理解纳米颗粒如何提升橡胶性能提供了全新的视角。

基于对“逾渗”现象的深入研究，张立群院士团队进一步提出了“逾渗”机理，认为当纳米颗粒在橡胶基体中达到一定的临界浓度时，会形成贯通的物理/化学网络，在外力作用下产生协同效应，从而显著增强材料的拉伸强度和韧性。为了验证这一假设，团队采用透射电子显微镜、小角 X 射线散射等多种先进表征技术，深入研究纳米颗粒的分布、取向以及与高分子基体的界面相互作用。他们发现：当纳米颗粒含量低于某一阈值时，颗粒在橡胶基体中的分布是无序的，其增强作用有限；当颗粒含量接近临界值时，纳米颗粒在高分子网络中形成连续的支撑结构，能够显著提高材料的力学性能；进一步增加填充量可能导致颗粒团聚，降低增强效果。

这一机理不仅在实验层面得到了验证，还得到了理论计算的支持。研究表明，“逾渗”机理的核心在于纳米颗粒-高分子网络协同作用的能量耗散机制，这一机制有效解释了纳米填料在不同填充比下对橡胶性能的增强规律。

张立群院士的“逾渗”机理研究引起了国际学术界的广泛关注。剑桥大学、康奈尔大学、德国马克斯·普朗克量子光学研究所等 20 余家国际知名大学和研究机构在橡胶及其他高分子材料研究中引用这一理论，使其成为该领域的重要理论基础。此外，这一研究成果还被全球领先的轮胎制造商（如米其林、固特异、普利司通）所关注，并被用于指导高性能轮胎材料的研发。

在这一时期，团队还探索了不同类型的纳米填料（如纳米二氧化硅、碳纳米管、石墨烯等）在橡胶增强中的作用，并进一步拓展了纳米颗粒界面化学修饰、填料分散优化等关键技术，为高性能纳米复合橡胶材料的制备提供了更为系统的指导。

在“逾渗”机理的指导下，张立群院士团队成功开发出一系列高性能纳米强化橡胶材料，并推动其在多个工业领域实现规模化应用。例如，汽车轮胎、航空航天以及医疗器械等领域。在这一过程中，团队不仅解决了纳米填料在橡胶基体中的均匀分散难题，还优化了材料的动态力学性能、耐疲劳性能和环境适应性，进一步提升了橡胶材料在极端条件下的应用潜力。

张立群院士及其团队的研究历程，体现了从基础研究到工程应用的完整创新链条。从最初对纳米颗粒增强橡胶机理的探索，到提出“逾渗”理论，再到技术推广和产业化应用，团队的研究不断推动橡胶材料科学的发展，并在多个领域取得了突破性进展。这一研究不仅深化了人们对高分子材料强化机制的理解，也为橡胶行业提供了新的设计理念，助力中国材料科学迈向更高水平。未来，随着新型纳米填料的发展和橡胶材料的智能化升级，“逾渗”机理或将进一步拓展，为材料领域的创新提供更广阔的前景。

3. 关键成功因素总结

1）家国情怀，使命担当

张立群院士始终秉持科技报国的信念，将个人科研追求与国家战略需求紧密结合。他曾多次强调，中国橡胶科学研究的最终目标不仅是提升国际竞争力，更是确保国家在橡胶资源保障和高端橡胶材料领域的自主可控地位。他带领团队攻坚克难，在多个关键领域打破国外垄断，为中国橡胶科技的自主创新和产业升级奠定了坚实基础。

天然橡胶作为一种绿色低碳的战略资源，广泛应用于国防、航空航天、交通运输和医疗器械等重要领域。然而，中国天然橡胶自给率长期低于 20%，远低于战略安全警戒线，严重依赖进口。这一现实促使张立群团队将橡胶资源保障作为核心研究方向，系统构建了由橡胶制品回收再利用、生物基橡胶、天然橡胶国产化三大支撑战略组成的橡胶产业可持续发展路线图。在生物基橡胶领域，团队通过分子设计和生物催化等前沿技术，成功研制出多种高性能、生物可降解橡胶材料，有效缓解了橡胶产业对石化资源的依赖。

此外，团队积极推动橡胶制品回收与再利用技术的发展，在橡胶裂解、再生和改性等关键环节实现了突破，显著提升了废旧橡胶的循环利用率，为橡胶产业的绿色转型提供了科学支撑。在高性能橡胶材料的研发方面，热塑性硫化橡胶（thermoplastic vulcanizate，TPV）的突破性进展是张立群团队践行自主创新、科技强国理念的典型案例。TPV 是一种兼具橡胶的高弹性和塑料的可加工性、可回收性的功能化橡胶材料，极具市场潜力。早在 20 世纪 80 年代中期，欧美企业已实现 TPV 的产业化生产，但由于国外长期实行技术封锁，直至 2000 年初，中国在该领域仍处于空白状态，国内企业在 TPV 生产上受制于人，高端橡胶产品的产业链安全存在巨大隐患。面对这一技术壁垒，张立群院士毫不犹豫地投身技术攻关，带领团队在分子结构优化、动态硫化机理、界面调控技术等方面展开深入研究，最终成功突破技术瓶颈。经过多年的努力，团队不仅完成了 TPV 的国产化，还在山东龙口市建设了年产 3000 吨的 TPV 生产线，彻底打破了欧美企业的技术垄断，使中国在高端橡胶功能材料领域迈出了独立自主发展的关键一步。

针对新兴领域对橡胶新材料的重大需求，张立群和团队凝练出六大研究方向：橡胶材料基因组科学与技术、橡胶纳米复合材料科学与技术、特种橡胶材料科学与技术、能源橡胶材料科学与技术、生命健康橡胶材料科学与技术、资源生态橡胶材料科学与技术。他们将持续深耕这些领域，致力于提升中国橡胶产业的国际竞争力，推动中国实现橡胶强国的战略目标，并为人类社会的可持续发展做出积极贡献。

2）浓厚兴趣，长期坚持

浓厚的科研兴趣是推动原始创新的重要内在动力，张立群院士正是凭借对橡胶科学的深厚热爱和执着探索，在橡胶材料领域不断突破，为中国橡胶科技的自主创新和产业升级做出了卓越贡献。他不仅始终坚守在基础研究领域，还积极推动成果转化，使得橡胶材料科学从理论创新到工业应用实现了深度融合，形成了具有国际影响力的研究体系。

张立群对橡胶科学的兴趣可以追溯至求学阶段。1986 年，年仅 17 岁的他考入北京化工大学高分子系橡塑工程专业，由此与橡胶材料结下了不解之缘。四年后，他因成绩优异被保送研究生，并继续攻读博士学位，正式扎根于橡胶科学研究。在这一阶段，他便展现出对橡胶材料科学的浓厚兴趣，围绕橡胶力学性能优化、补强机制、纳米复合材料等关键问题展开研究，奠定了日后科研工作的基础。

1995 年博士毕业后，张立群选择留校任教，并在短短三年内破格晋升为教授，成为北京化工大学历史上最年轻的教授之一。这一时期，他已经在橡胶材料科学的基础理论研究方面展现出卓越的科研能力，并开始形成系统性的研究方向。

1999 年，张立群前往美国阿克伦大学（The University of Akron）开展访问研究。这所大学是全球橡胶科学研究的重镇，他在这里不仅拓展了国际视野，也深入了解了当时橡胶复合材料领域的最新进展。在这段时间，他基于深入的实验研究和理论推导，于 2000 年在国际学术期刊上发表了一篇具有里程碑意义的学术论文，首次明确提出“炭黑增强橡胶属于纳米复合材料，纳米增强是提升橡胶力学性能的必要条件”。这一观点在当时极具原创性，因为传统上人们对炭黑补强机制的认识并未涉及纳米尺度的协同作用，而张立群教授的研究不仅完善了理论体系，还对橡胶新型补强剂的开发提供了指导性建议。该理论一经提出，迅速获得国际学界关注，成为橡胶复合材料研究的重要理论基础，并被剑桥大学、康奈尔大学等 20 多家国际知名研究机构广泛引用。

回国后，张立群教授并未止步于理论研究，而是将研究成果逐步向产业化应用推进。他所发明的层状硅酸盐/橡胶纳米复合材料的乳液复合制备方法，至今仍被国内外学者广泛采用。这一方法为开发高性能橡胶材料提供了新的技术路径，并有效提升了材料的力学性能、耐久性及可加工性。

在产业化实践方面，他带领团队成功开发并规模化生产了黏土-天然橡胶纳米复合材料，这一技术的应用极大提升了橡胶产品的耐磨性和使用寿命，广泛应用于高端轮胎、航空航天和国防装备。此外，团队还推动了黏土-丁基橡胶纳米复合材料的工业化应用，为中国在高端橡胶材料领域的自主创新提供了有力支撑。

2001 年，张立群教授回到母校北京化工大学，决心将中国的橡胶研究推向世界前沿。彼时，国内橡胶材料科学的发展仍面临诸多挑战，尤其在高端橡胶复合材料、绿色橡胶制品、智能橡胶等领域，与国际领先水平存在一定差距。然而，他始终坚信，基础研究的持续投入与原创性突破，是推动中国橡胶产业迈向国际竞争力的重要路径。因此，他不仅继续深化橡胶纳米复合材料的理论研究，还致力于构建从基础研究到产业应用的全链条创新体系。

张立群教授的科研之路，正是兴趣驱动下长期坚持的典范。从本科时期的专业选择，到博士阶段的理论突破，再到国际学术界的认可与产业化应用的推进，他始终怀揣对橡胶科学的热爱，持续在这一领域深耕细作。他不仅以原创性理论突破推动橡胶材料科学的发展，还以科技成果转化带动产业升级，使中国在高端橡胶材料领域的研究走在世界前列。

3）聚焦国家与市场需求

张立群创新的出发点始终围绕国家重大需求，从国家急迫需要和长远需求出发做研究。橡胶和石油、铁矿、有色金属一样，都是现代工业和科技领域不可或缺的战略资源，在国民经济中占有重要地位。中国天然橡胶消费量稳居全球第一，但供应却严重不足，突破了战略警戒线。这一严峻现状深深激励着张立群在科研中攻坚克难，始终将国家的需求置于首位，致力于确保中国的橡胶安全和自主可控。例如，高性能橡胶纳米复合材料领域的突破便是这种国家需求导向的重要成果。

中国轮胎行业虽以橡胶为主要原料，但因技术短板与国际技术壁垒的制约，始终未能在全球市场建立强势自主品牌。发展自主研发的高性能轮胎技术，成为刻不容缓的任务。依托国家“863”计划等项目支持，张教授带领团队攻克了纳米填料在工业化应用中的分散和界面调控难题，成功开发了节油轮胎的关键部件（胎面胶、钢丝圈垫胶和气密内衬层胶）。这些技术的应用不仅使中国轮胎制造业的技术水平达到了国际顶尖水平，也大幅提升了中国轮胎在国际市场中的竞争力，打破了欧美对高品质轮胎技术的垄断。2016 年，团队的“节油轮胎用高性能橡胶纳米复合材料的设计及制备关键技术”项目获得了国家技术发明奖二等奖，标志着中国在这一领域的重大突破。

尽管取得了显著成绩，张教授始终认为科研是无止境的，科研工作者的眼光不能仅停留在当前的成就上，必须不断追求更高的目标。他认为，科研的本质不仅在于解决眼前的问题，更在于享受不断创新的挑战。面对国家在特种装备领域的需求，张立群教授带领团队潜心研究，成功攻克了特种功能橡胶材料设计与制备的关键技术，开发出包括特种氢化丁腈橡胶、高弹高柔高电磁屏蔽橡胶、特种消声阻尼橡胶以及高抗切割橡胶等系列产品，这些材料已广泛应用于陆海空天等各领域的特种装备中，提升了中国特种装备的性能和自主保障能力，为国家重大战略需求做出了重要贡献。

4）强化产学研合作

张立群教授在产学研合作中展现了卓越的领导力和创新力，他始终致力于推动科研成果的产业化应用，为解决国家和行业的技术难题做出了突出贡献。在导师的指导下，张立群教授突破了橡胶用预处理有机短纤维的规模化制备技术，1994年在黑龙江富锦建成了中国首条橡胶用预处理短纤维生产线，打破了进口技术的垄断，荣获原化学工业部技术发明奖二等奖。此后，张教授继续在橡胶材料领域深耕，1996年他率先开展了天然黏土/橡胶纳米复合材料的制备研究，并发明了层状硅酸盐/橡胶纳米复合材料的乳液复合制备方法。

2015~2017年，张立群教授团队与海南天然橡胶产业集团股份有限公司合作，成功实现了天然黏土/天然橡胶纳米复合材料的规模化生产，标志着中国在橡胶材料领域的自主技术突破。2015年，张立群教授作为“十二五”国家“863”项目的牵头人，突破了再生橡胶绿色生产技术，开发了“多阶螺杆连续脱硫绿色制备再生橡胶成套技术装备”，实现了从胶粉到再生橡胶的绿色、节能、连续、高效生产。这一技术不仅解决了中国近400万吨再生橡胶的绿色生产问题，还为多个大型企业提供了技术支持，并出口到斯洛伐克、美国等国家。

在生物基橡胶领域，张立群教授团队首次提出了“生物基工程弹性体”的概念，并成功开发了生物基聚酯弹性体、衣康酸酯弹性体等材料，获得了国家自然科学基金委员会和美国固特异公司的支持。通过合作，张立群团队还成功建设了世界第一条5000吨级衣康酸酯弹性体生产线，并实现了生物基聚酯弹性体的千吨级中试生产。此外，张教授还牵头推动了绿色/高效蒲公英橡胶制备关键技术的开发，与多个企业合作突破了中国在特种橡胶领域的关键技术，推动了高频微剪切液相法工艺制备超聚态高性能橡胶材料技术的工业化应用。

2018年，张立群团队与彤程新材等企业开展深度合作，创建了“彤程-北化超级弹性体材料与绿色化工联合研究中心”，在特种功能橡胶、超级弹性体材料等领域取得显著进展，推动了许多原创技术的产业化应用。这些合作不仅显著提升了中国橡胶材料与制品行业的国际竞争力，也为橡胶产业的科技创新与自主发展奠定了坚实的基础。

通过与近40家企业的紧密合作，张立群教授和团队成功建立了30余家产学研联合研究中心，推动了大量技术的转化应用，并通过校企合作累计设立了近千万元的专项奖学金，支持了大量优秀学生的成长。这些产学研合作的成功实践，体现了创新驱动发展战略的巨大潜力，为中国橡胶行业的技术进步和产业化发展提供了强有力的支撑。

5）注重人才梯队培养

张立群在创新人才培养和团队建设方面做出了卓越的贡献。他始终坚持科研与教育并重，将知识传授与学生关怀视为自己的责任。无论工作多么繁忙，他始终坚守教学一线，为本科生和研究生讲授课程，尽力将自己积累的知识毫无保留地传递给学生。他抱着最真切的使命感承担起作为老师的职责，他的教学风格受到学生的喜爱，多次被评为北京化工大学“十佳教师”，成为学生心目中的榜样。在他的带领下，一批批优秀学子成长起来，其中他的学生田洪池已成为国家“万人计划”领军人才和乌克兰工程院外籍院士。

张立群不仅在学术上严格要求学生，也深深关爱学生的成长。他热心公益，于 2016 年发起并设立了“弹性体阳光奖学金”，专门用于奖励在弹性体材料（橡胶、热塑性弹性体等）领域表现优异的学子。此外，他还通过产学研合作机制，推动合作企业累计设立超 500 万元的专项奖学金（2015~2023 年），年均资助额度随合作深化持续增长，惠及数百名学生。

张立群教授持续的科研创新既推动了科技进步，又为培养激励新一代科研人才做出了重要贡献。他以身作则，始终坚持敢为人先的精神，不随波逐流，不轻言放弃。他的精神和品质在一代代学生中传承，继续激励着更多的年轻人投身科研事业，成为创新和发展的中坚力量。

5.1.16　清华大学黄翊东团队：实时超光谱成像芯片

1. 团队及成果简介

黄翊东教授，清华大学电子工程系教授，2005 年 2 月被聘为教育部“长江学者”特聘教授，2015~2019 年兼任清华大学天津电子信息研究院院长，现任清华大学学术委员会副主任。黄翊东教授博士毕业于清华大学电子工程系，获得优秀博士论文奖。曾任日本电气株式会社（Nippon Electric Company，NEC）光–无线器件研究所特聘研究员。回国后长期专注纳结构光电子学领域的研究，发表论文 300 余篇，获得国际专利 20 余项。黄翊东教授现为中国光学学会常务理事、微纳光学专业委员会委员、美国光学学会会士、*ACS Photonics*①杂志副主编。

黄翊东教授团队长期深耕光电子芯片领域，攻克了微纳结构制备工艺的技术瓶颈和量产推广的工程难点；研制出新型光电子芯片，突破了信息感知边界；建立起微纳光电子芯片工艺平台，推动了中国光电子芯片领域的创新研究和产业发展。黄翊东团队的实时超光谱成像芯片研究属于在技术和工程上均有突破的“011”型原始性技术创新。

2. 创新过程

清华大学黄翊东教授及其团队在新功能光电子芯片领域的创新实践，展现了一条从基础研究到技术突破，再到产业化的系统发展路径。团队不仅在微纳光电

① ACS 的全拼是 American Chemical Society，意思是美国化学学会。*ACS Photonics* 可翻译为《美国化学学会·光子学》。

子学领域取得了国际领先的技术突破，还通过跨学科交叉与产学研结合，推动了光电子芯片的自主创新与规模化应用。

2003年，黄翊东加入清华大学电子工程系，率先开展光电子芯片领域的相关探索。依托先进的工艺平台，黄翊东教授团队研发了一系列具有国际领先水平的新功能光电子芯片。其中，自由电子辐射芯片打破了传统光源的技术局限，实现了更高效的光辐射；实时光谱成像芯片将单点光谱仪的体积从微波炉大小缩小到百微米以下，并在0.5平方厘米的芯片上集成了超过15万个微型光谱仪；轨道角动量辐射芯片利用微纳结构实现了光的轨道角动量调控，为光通信和量子信息处理提供了全新的技术路径。此外，团队还攻克了量子态产生与操控芯片的关键技术，为量子计算和量子通信的发展奠定了重要基础。这些成果不仅推进了光电子芯片的技术边界，也提升了中国在光子信息处理、量子通信等前沿领域的国际竞争力。

2015年起，黄翊东教授开始推动光电子芯片技术的产业化，创立了天津华慧芯科技集团有限公司、北京与光科技有限公司、北京光函数科技有限公司等高科技企业。其中，北京与光科技有限公司成功发布了全球首款超光谱成像芯片，该芯片在自动驾驶、环境监测、物质检测等领域展现出巨大的市场潜力。此外，团队搭建的跨材料体系微纳结构加工制备平台，已为全球500多个科研团队和企业提供定制化芯片加工和工艺开发服务。这一平台不仅加速了光电子芯片的商业化进程，也促进了学术研究与产业发展的深度融合，推动了中国光电子芯片行业迈向更高水平。

微纳光电子芯片的快速发展，离不开不同学科之间的交叉融合。黄翊东教授强调，学科交叉是推动光电子芯片技术变革的重要途径。团队将微纳光电子学与真空电子学、生物医学、AI等前沿技术相结合。例如，与真空电子学的融合推动了自由电子辐射芯片的研究；与生物医学结合，实现了光谱成像芯片在脑神经活动监测、病理诊断等医疗领域的应用；与AI结合，探索光子计算、智能感知系统等方向的未来发展。这些学科交叉的研究不仅拓展了微纳光电子芯片的应用范围，也推动了光电子技术的智能化、集成化发展。

3. 关键成功因素总结

1）国家需求驱动

黄翊东教授及其团队始终将国家需求作为科研工作的出发点，致力于在微纳光电子领域实现原始创新。2003年，黄翊东教授从日本回国，加入清华大学电子工程系，聚焦微纳结构光电子学的研究。她敏锐地意识到，微纳结构能够赋予光电子芯片新的功能，是未来光电子技术突破的关键。然而，当时全球范围内该领域仍处于早期阶段，尚未形成成熟的产业生态，国内的研究更是处于起步阶段。

因此，她决定率先开展相关探索，致力于解决光电子芯片的基础工艺与技术瓶颈，填补国内在该领域的技术空白。

在光电子芯片的制备过程中，传统 CMOS 流片技术难以满足微纳结构的精细加工需求，成为制约产业发展的核心问题。为此，黄翊东教授带领团队搭建微纳光电子芯片工艺平台，历经多年攻关，突破了多个关键技术瓶颈。团队发明了干法刻蚀侧壁钝化/侧蚀动态平衡技术、磁控溅射离子密度/速度均衡调控技术、低表面张力的湿法刻蚀技术等核心工艺。这些技术的突破不仅为高性能光电子芯片的制造奠定了基础，也使得微纳光电子芯片具备更高的集成度和更广泛的应用可能。

为了推动科研成果的产业化，团队先后孵化了北京与光科技有限公司等创新企业，探索“实时超光谱成像技术+X”的应用模式。这些企业的成立，旨在实现“让光谱感知无处不在”的愿景，使光谱技术在更多领域发挥作用。

2）敢于创新、团结协作

面对全球科技竞争格局的加速演进，黄翊东团队始终坚守科技自立自强的理念，致力于从基础理论到关键技术的自主突破。黄翊东认为，科研工作者的使命不仅是跟随国际前沿，更要在关键领域实现超越和引领。团队所取得的技术突破，正是这一学术愿景的有力体现。

黄翊东教授团队始终坚持以原始创新为核心驱动力，强调科研不仅是对现有需求的满足，更是对未来技术范式的主动塑造。创新的本质在于突破既有认知边界，探索未曾涉足的领域，这一过程往往充满挑战，并需要长期的坚持和深厚的学术积累。正是基于这一理念，团队在光电子芯片领域持续深耕，秉持“严谨、勤奋、求实、创新”的科研理念。这不仅是一种学术规范，更是长期科研实践中沉淀的价值观，贯穿于团队的研究工作之中，推动其在实时超光谱成像芯片等核心技术方向上取得全球领先的成果，助力于中国光电子产业迈向自主可控的高端技术体系。

在科研实践中，黄翊东团队展现出卓越的攻关能力和问题导向意识。面对超光谱成像芯片研发中的核心难题，团队成员依托光子晶体等关键技术基础，攻克了制备工艺、算法优化等技术瓶颈，最终完成了实时超光谱成像芯片的原型研发。这一突破不仅验证了超光谱成像技术的可行性，也奠定了团队在该领域的国际领先地位。

长期以来，黄翊东团队围绕“光芯片”这一前沿课题开展系统性研究，始终坚持从物理机制到工程实现的全链条创新模式。自 2003 年回到清华大学任教以来，黄翊东教授带领团队深耕微纳光电子领域，逐步构建起具有自主知识产权的核心技术体系。特别是在实时超光谱成像技术方向，团队通过光子晶体结构的精确调控，实现了对光谱信息的高效获取和解析。这一研究起始于 2005 年，当时团队成员崔开宇在博士阶段便开始探索基于光子晶体的光谱调控机制，其灵感来源于自然界中的蝴蝶翅膀——其色彩斑斓的成因正是微纳结构对光的选择性散射。团队在此基础上，逐步将生物仿生结构原理转化为可工程化的光子芯片技术，为后续的超光谱成像系统奠定了基础。

人才培养与学术文化的建设同样是黄翊东团队长期关注的重要议题。他强调，科研的核心不仅在于技术创新，更在于学术共同体的建设，团队文化的塑造对科研氛围的长期维系至关重要。在这一理念的指导下，团队不仅注重科研能力的培养，还强调学术道德与奉献精神。黄翊东认为，清华大学"德高而才厚"的学术传统，应成为科研工作者的精神追求。因此，在人才选拔与培养过程中，团队不仅关注成员的专业能力，更强调其科研态度、责任意识和学术诚信，以此构建可持续的学术生态。

3）贯通式创新人才培养

黄翊东教授团队在创新人才培养方面，构建了一套贯穿基础研究、技术研发、工程化实践到产业化应用的全链条培养体系。这一体系不仅关注学生的专业技能培养，更强调在解决实际问题的过程中塑造其创新思维和实践能力。团队成员在这一体系中经历从理论探索到工程实现的完整科研路径，在攻克关键技术的同时，也能不断提升自身的科研素养和创新能力。黄翊东教授深知，每一个阶段都充满挑战，而正是在这一过程中，学生才能真正实现个人成长和科研能力的跃迁。

在具体的培养策略上，团队注重将科研任务与社会需求紧密结合，使学生在参与项目时能够感受到自身研究的现实意义，从而激发内在驱动力。指导教师崔开宇强调，学生不仅需要学术训练，更应在科研中找到个人价值，他希望团队成员能够参与"能够改变他人生活、提升社会福祉"的项目，以此点燃他们的研究热情。正是在这样的科研氛围下，电子工程系 2020 级博士生徐晟逐步确立了自己的研究方向，致力于构建新型光谱感知器件和算法体系，以实现更高效、精准的物质信息解码。该技术未来有望应用于医学检测、环境监测和农业诊断等领域。例如，通过拍摄一张照片即可完成血糖监测、癌细胞切除精确定位、皮肤健康状态评估、水质分析及病虫害检测等，使光谱技术真正走入日常生活，为社会带来广泛的应用价值。

在人才培养模式上，黄翊东教授提出了多项行之有效的策略，强调导师在培养过程中应具备示范引领作用，同时为学生提供充分的成长空间。黄翊东认为，导师的科研热情和学术专注能够潜移默化地影响学生，使他们保持对科研的持久热爱。同时，黄翊东强调赋权式培养，鼓励学生在团队中独立承担科研责任，使他们在自主探索的过程中建立学术自信和使命感。此外，黄翊东还倡导"导师示弱"策略，鼓励学生在某些专业领域超越导师，并给予学生在探索新方向时充分的自主权。这种开放性的学术文化不仅提升了学生的创新能力，也推动了整个团队的持续进步和科研生态的优化。

这一培养体系的核心在于构建具有高度自主性、实践导向和创新驱动的科研环境，使学生能够在探索未知的过程中不断成长。黄翊东团队的育人理念不仅造就了一批具备独立创新能力的青年科研人才，同时也推动了微纳光电子领域的技术突破，为中国光电子产业的人才储备和科技创新提供了有力支撑。这种贯穿式的创新人才培养模式，为推动前沿科学技术发展和社会需求的深度融合提供了新的范式。

5.1.17　北京理工大学姚裕贵团队：固体材料中贝里相位效应的第一性原理研究

1. 团队及成果简介

姚裕贵，北京理工大学物理学院教授。团队主要从事凝聚态物理、计算物理和材料物理等基础物理研究。姚裕贵团队在基础研究领域深耕多年，取得了一系列突破性成果。针对材料中贝里相位效应相关的关键科学问题，姚裕贵率先发展了反常输运物理量与拓扑不变量的第一性原理计算方法（其中关于反常输运的部分成果被写进了教科书），是该领域开拓者之一；引领了硅烯等二维拓扑材料的研究，所提出的理论模型被冠名为“姚-张模型”（Yao-Zhang Model）；完成了三维晶体中准粒子的分类并建立了百科，为搜寻和实现相关演生粒子提供了理论指导。姚教授作为第一完成人主持的“固体材料中贝里相位效应的第一性原理研究”项目获得 2018 年度国家自然科学奖二等奖。姚裕贵团队的固体材料第一性原理研究属于在科学与技术上都有突破的“110”型原始性科学创新。

2. 创新过程

在贝里相位效应的研究方面，北京理工大学姚裕贵教授及其团队持续深耕前沿，构建了从基础理论到材料预测，再到器件探索的完整创新链条，推动了该领域的持续演进与多方向拓展。2004 年，团队即开始系统应用第一性原理方法研究贝里相位对反常霍尔效应、自旋霍尔效应等输运现象的影响，为后续深入探索贝里相位奠定了理论基础。2007 年，团队进一步聚焦石墨烯的自旋轨道耦合特性，指出其能隙仅在微电子伏特量级，难以实现量子自旋霍尔效应的观测，从而明确了寻找更高能隙二维材料的新方向。

2011 年是研究的重要突破期。姚裕贵教授团队率先提出硅烯具有可观的自旋轨道耦合能隙，并在其结构稳定性和能带拓扑的系统分析基础上，首次预言其可实现量子自旋霍尔效应。这一理论预测不仅拓展了拓扑绝缘体材料的研究边界，也极大激发了国际学界对新型二维拓扑材料的关注。同年，团队在第一性原理计算框架中实现了拓扑不变量 Z_2 的普适计算方法，建立了可直接判断材料拓扑属性的判别体系，为新型拓扑材料的理论筛选提供了关键工具。

2016 年至 2020 年，研究进一步深化并拓展至多维领域。团队在揭示反常霍尔效应的内禀机制方面取得重要进展，通过计算明确了贝里相位在决定自旋轨道耦合系统输运性质中的核心作用，丰富了该领域的物理图景。同时，团队主导并推动了硅烯等二维拓扑材料体系的研究，其理论模型获得命名权，并完成了晶体中准粒子种类的系统分类与知识框架构建，为相关拓扑粒子的寻找与实验实现提供了理论指导。

此后，团队在前沿领域持续取得重要突破。2024 年，与河北工业大学张小明教授课题组合作，首次在交错磁拓扑半金属中提出了具有方向依赖性的准一维自旋输运现象，开辟了拓扑与磁性耦合的新方向，也为发展具有拓扑保护特性的自旋电子学器件提供了新平台。在此基础上，团队还积极开展多学科交叉探索，在光学突触器件与信息加密防伪等方向取得应用导向的实质进展，体现了其在推动基础研究成果向现实应用转化方面的显著能力。

3. 关键成功因素总结

1）需求导向下的有组织科研

北京理工大学深入贯彻有组织科研的理念，通过优化科研组织模式，强化学科交叉融合，构建高效协同的科研体系，使基础科学探索不仅具备理论创新价值，同时也能紧密对接国家战略需求和产业发展方向。姚裕贵团队在这一体系下，依托学校提供的政策支持，围绕“从应用中凝练科学问题，从基础研究层面突破实践瓶颈”的思路，开展系统性的科研攻关。

在科研问题的凝练与研究方向的规划上，团队高度重视从实践需求中提炼科学问题的思维模式。通过组织团队成员积极参与国内外学术会议、行业论坛及企业交流，广泛搜集与研究领域紧密相关的应用需求信息，分析现有实践技术面临的科学挑战，并探讨其中涉及的基础理论问题。这一研究模式不仅确保了科研选题的前瞻性和可行性，也推动了基础研究的有的放矢，使其更有效地为解决国家和行业面临的“卡脖子”问题提供理论支撑。

面对交叉学科发展的新趋势，姚裕贵教授团队依托北京理工大学在学科融合方面的前沿布局，推动跨学科协同创新。近年来，学校积极促进院系之间的联合攻关，通过构建新能源学科等多学科交叉平台，打破传统学科界限，吸纳来自材料科学、电子信息、先进制造等领域的研究团队，共同围绕实际应用场景确定各自的研究定位，并通过联合申报国家重大项目、共建实验平台等方式加强合作，优化创新资源配置。在此过程中，学校配套提供资金支持、人才引进、实验场地等全方位保障，并制定相关政策，鼓励大科学装置的共建共享，提升科研环境的开放性和协同效率。

在这一体系下，姚裕贵教授团队依托学校的政策保障，统筹协调团队内部资源，优化科研组织模式，以最大化发挥集体智慧和创新潜力。在项目实施过程中，团队充分调配各类科研资源，强化成员间的协作，通过定期汇报、联合开展实验和数据共享，确保基础研究与应用开发的无缝衔接。通过这一系统性的有组织科研模式，团队不仅在基础研究领域取得了一系列原创性突破，同时也在推动相关技术的工程化应用方面发挥了重要作用，为国家科技自立自强和高水平创新体系建设贡献了重要力量。

2）长期积累和坚持

姚裕贵教授带领团队在反常输运现象、拓扑量子态、量子材料设计等前沿领域深耕多年，积累了深厚的研究基础。自 2004 年起，姚裕贵团队便在反常霍尔效应研究中取得了开创性成果，率先发展了计算反常霍尔电导率的第一性原理方法，纠正了此前“外在机制占主导，内禀机制不重要”的传统观点。

此后，团队在量子自旋霍尔效应、拓扑绝缘体、反铁磁材料等方向持续发力，不断取得突破性进展。2011 年，团队首次提出在硅烯等二维材料中实现量子自旋霍尔效应的方案，引发了国际上对类石墨烯材料的广泛关注。2022 年，团队在反铁磁材料中发现了面内反常霍尔效应，并提出了实现该效应的对称性条件及材料设计方法。这些成果不仅在理论上具有重要意义，也为后续的应用探索奠定了坚实基础。

近年来，姚裕贵团队以目标为导向，积极探索量子功能材料及相关效应的应用前景。姚裕贵团队能够在相关应用领域持续取得突破，得益于其在基础研究上的长期坚持和深厚积淀。正如团队成员韩俊峰所言：“如果连基础原理都搞不清楚，开发相关应用技术就没有头绪，也就不可能有实质性突破。”这种从基础研究到应用探索的逐步推进，不仅推动了量子材料领域的前沿发展，也为未来的技术创新和产业化应用提供了关键支撑。

3）先进的管理与考评机制

姚裕贵团队之所以能在固体材料第一性原理研究方面取得原创性的成果，离不开其所在的北京理工大学不断从学校、院系层面细化科研管理与考评机制，姚裕贵团队是北京理工大学通过深化科技体制机制改革，助力重大创新成果产出的一个缩影。通过对姚裕贵团队的访谈，这一系列有益的举措具体体现在以下几个方面。

首先是学校科研管理方面的专业化分工。姚裕贵所在的物理系倡导“由专业的人管理专业的事”。例如，让懂实验设备的人负责管理运营实验设备，并且在设备使用上给予管理者相应政策倾斜和激励。学校通过配套政策激励设备共享，如在房租、电费等方面给予优惠，保障设备的高效利用。对于大型实验设备，学校采用轮岗与绩效管理相结合的模式，每半年组织会议评估设备管理效果，确保设备管理的公平性和效率，从而为科研团队提供了稳定的实验条件。其次是评价与考核机制的动态优化。学校每年都进行考评机制优化，在人才考评方面会根据未被覆盖的考核内容动态调整考评细则。学校将主要考评的权限下放到二级学院，建立高效灵活的考评机制。以此针对不同学科特点制定针对性的考评方式，致力于评出真正的、有实效的创新成果，力争在“破五唯”（唯论文、唯职称、唯学历、唯奖项、唯帽子）上走在前列。最后是推动科研管理数字化，简化行政管理流程。通过信息化系统整合科研数据，减少科研人员的重复性填表工作，使其能够专注于科研创新。相较于改革前老师们需要一遍一遍地填写表格，在事务性工作上花费大量时间精力，改革后老师们已免于各类烦琐的填表环节，包括论文、专利、成果、项目总结、年终总结等各方面在内的资料统计，只需在学校的信息系统中填写一遍，每个学院、部门根据需要都可在系统中查询到所需的相关资料，教师从事务性工作中解放了出来，有利于激发更强的创新活力。

4）高水平人才队伍建设

加强基础研究的核心在于高水平人才的集聚与培养。近年来，北京理工大学在完善基础研究人才体系方面持续发力，为前沿科学突破奠定了坚实的人才基础。在学校的大力支持下，姚裕贵团队不断引进和培养高水平研究人才，着力构建一支具有国际竞争力的科研队伍，以支撑基础研究的深入发展。

北京理工大学针对基础学科研究和人才培养周期长、见效慢的特点，系统优化人才培养与科研支持体系。学校强化“数理化基础+前沿交叉方向”的培养模式，探索构建适应未来科技发展需求的高层次人才培养机制。特别是在光量子、信息技术、集成电路、柔性电子等关键领域，学校推动跨学科交叉融合，物理学院创设的量子技术研究中心正是这一战略布局的重要实践。通过促进学科交叉与科研资源共享，学校不仅增强了科研团队间的协同合作，也加速了基础研究与应用研究的有机结合，为攻克颠覆性技术奠定了坚实基础。

在科研创新过程中，团队协作的有效性直接决定了研究的效率与突破能力。基础研究往往涉及多层次的实验表征、理论建模与前沿应用，需要不同学科背景的研究人员深度融合。然而，寻找合适的合作者往往需要投入大量时间和精力，这成为制约创新的重要因素。针对这一挑战，姚裕贵教授团队依托学校支持，构建了一支涵盖物理、电子、信息等领域的高水平跨学科研究团队，并引入国际化合作机制，吸引国内外优秀人才参与研究。团队内部建立了高效协作体系，通过定期学术交流，及时整合最新研究进展，并由实验团队进行验证与优化。通过这一循环迭代的协同创新模式，团队不断深化对关键科学问题的理解，加速技术突破，为相关领域的持续进步提供了强有力的支撑。

这一系列措施的实施，使北京理工大学在基础研究领域的人才培养模式更加完善，不仅为突破前沿科技瓶颈提供了重要保障，也为中国在新兴科技领域的国际竞争力提升奠定了坚实基础。

5）创新与合作平台构建

姚裕贵教授团队依托高水平科研平台，在基础研究与应用探索方面取得了显著突破。团队牵头申报的“新型量子功能材料设计与调控”创新研究群体项目成功获批，实现了学院在该领域的历史性突破。这一项目的获批不仅为团队提供了丰富的研究资源，也进一步推动了科研工作的深入开展，强化了学科交叉合作的支撑体系。

在人才培养方面，团队积极响应学校强化基础学科教育的举措，依托国家级科普基地建设，推动实践导向的教学改革。团队在不断优化课程体系的过程中，积极参与科研实训课程、创新实验课程、创新创业课程的设计与实施，注重培养学生的实践能力和科研素养。结合“揭榜挂帅”与“赛马制”机制，团队积极选拔优秀生源，引导学生参与前沿研究。这种培养模式不仅提升了学生的创新能力，使他们在学科竞赛中屡获佳绩，同时也提高了学术论文的质量和产出，形成了学生愿意长期投入科研、教师致力于教学创新的良性循环，为基础研究人才的识别、选拔和培养打通了完整路径。

在理论成果的应用推广方面，团队的研究工作已从量子功能材料拓展至光学、声学等多个领域，并积累了广泛的用户群，在国内实现了大规模推广。近年来，随着国际合作的不断加强，团队的研究成果在国际学术界获得了高度认可，并在多个国际合作平台上得到应用和验证。这一系列合作不仅提升了团队在全球科研网络中的影响力，也进一步促进了创新成果的深化与转化，为基础研究向实际应用的跨越提供了更加广阔的空间。

5.1.18　浙江大学邱建荣团队：飞秒激光与材料相互作用

1. 团队及成果简介

邱建荣，浙江大学教授，浙江大学微纳光子学研究所所长，曾任浙江大学现代光学仪器国家重点实验室副主任。他曾先后在日本科技厅、美国康奈尔大学、JST、京都大学等高校与机构从事研究，积累了丰富的国际科研经验，是美国陶瓷学会会士、美国光学学会会士和世界陶瓷科学院院士。邱教授在其职业生涯中获得了多项重要奖项，包括 1999 年日本稀土学会奖、2005 年 Otto-Schott 研究奖[Otto-Schott Research Award，由德国恩斯特 • 阿贝基金会（The Ernst Abbe Fund）设立的国际奖项]、2007 年日本陶瓷学会学术奖、2015 年美国陶瓷协会 G. W. Morey 奖（这是继高锟先生在 1976 年获得该奖后第二位华人科学家获此殊荣，邱建荣也是首位获得该奖项的中国科学家）等。2016 年，他与诺贝尔奖获得者罗德里克 •麦金农（Roderick MacKinnon）教授一起被丹麦奥尔堡大学（在 2022 年世界大学工程学排名中位列全球第 8 位）授予荣誉博士学位。他在光学和材料科学领域取得了多项重要研究成果，享有国际声誉。邱建荣教授团队的飞秒激光与材料相互作用研究属于在科学和技术上都有突破的“110”型原始性技术创新。

2. 创新过程

邱建荣教授早期在日本神奈川大学和冈山大学学习期间，专注于尼龙和碲酸盐玻璃的研究。在这一阶段，他不断探索新的研究方向，最终选择了光激励和长余辉发光材料领域，并在该领域取得了突破性进展。

回国后，邱建荣教授加入浙江大学，开始专注于飞秒激光与玻璃材料相互作用的研究。团队早期的研究聚焦于飞秒激光在透明材料内部引发的物理化学动力学现象，包括多光子吸收、等离子体产生、电子声子耦合等。这些研究为后续的深入探索奠定了基础。

2022 年，邱建荣教授团队与之江实验室谭德志研究员团队合作，揭示了飞秒激光诱导空间选择性介观尺度分相和离子交换的新规律，实现了对玻璃微区元素分布的精细调控。该研究不仅在基础科学层面取得了突破，还为开发新型光子器件和传感器提供了理论基础。

同年，团队在《科学》杂志上发表了通过飞秒激光直写技术在玻璃内部构筑三维发光宽波段连续可调谐纳米晶结构的成果。这一成果入选“2022 中国 · 光学十大进展”，标志着团队在飞秒激光与材料相互作用领域的研究达到了国际领先水平。

2024 年，团队进一步深入研究飞秒激光与玻璃相互作用的机制，揭示了纳米晶的形成和结构演化过程。基于这些研究成果，团队在多个领域实现了应用拓展，包括超大容量信息存储、高稳定 Micro-LED（微型发光二极管）列阵、动态立体彩色全息显示等。例如，团队通过优化激光参数，在同一块玻璃内部实现了不同颜色的纳米晶图案直写，展示了该技术在多维信息编码和防伪方面的巨大潜力。此外，团队还利用飞秒激光直写技术制造了微米级的彩色 Micro-LED 显示设备，为高分辨显示领域提供了新的解决方案。

3. 关键成功因素总结

1）锚定目标，坚持不懈

邱建荣教授的科研生涯展现了坚定的目标导向与长期坚持的探索精神。早期，他曾对自身的学科选择和未来职业方向感到迷茫，尤其是在了解到传统玻璃行业的就业方向后，一度考虑转专业。一次偶然的机会，他接触到日本学者撰写的《玻璃手册》，被玻璃材料的多样性和功能性深深吸引，并立下志向，希望能够亲自见证并参与世界顶尖的玻璃技术研究。

1983 年本科毕业后，邱建荣教授选择继续深造，进入武汉建筑材料工业学院

（现武汉理工大学）攻读研究生。他不仅精进专业知识，还自学日语和英语，为自己的国际化科研道路奠定基础。凭借卓越的语言能力，他得以为东京工业大学境野照雄教授担任翻译，并因此获得赴日深造的机会。1988 年，他前往日本神奈川大学开展访问研究，专注于尼龙材料特性的研究。但他始终未曾放弃对玻璃材料的热情，随后进入日本冈山大学攻读博士学位，系统研究碲酸盐玻璃的结构和光学性能，为未来的研究方向打下了坚实基础。

1995 年，邱教授获得加入日本京都大学平尾一之教授领衔的 ERATO 项目的机会。面对高强度的科研挑战，他凭借坚定的毅力和不断进取的精神，在团队合作中迅速成长。他选择了发光材料这一相对冷门的研究方向，并通过深入探索，成功研发出具有长余辉和光激励发光特性的玻璃材料。其研究成果在国际顶级期刊上发表后，引起了业界的广泛关注，为发光玻璃材料的发展奠定了重要基础。

邱建荣教授始终认为，科研的价值不仅在于推动科学的前沿发展，更在于对研究的热爱和长期坚持。他强调，真正的创新往往需要科学家夜以继日地投入，直至研究成果能够真正产生影响。当科研能够打动自己，并且最终推动行业发生变革时，这才是科研带来的最大乐趣。

2）怀抱好奇心，敢为人先

邱建荣教授团队始终秉持“怀抱好奇心，敢为人先”的科研理念，不断探索未知领域，推动光学材料研究的前沿发展。在日本求学和研究期间，他全面接触了光学材料领域的国际前沿，并拓展了广阔的学术视野。他深知，科学研究的本质是持续学习与探索未知，唯有保持好奇心并勇于开拓，才能在竞争激烈的国际舞台上占据一席之地。正是在康奈尔大学访问期间，他接触到第一代飞秒激光器，并敏锐地意识到飞秒激光具备操控物质微观结构的潜力。这一发现促使他深入研究飞秒激光诱导材料微纳结构及其动力学，试图揭示激光与材料相互作用的内在机理。

面对当时飞秒激光设备高昂的价格——一台设备价值高达一亿日元——他萌生了一个更远大的目标：自主研发飞秒激光设备，使得这一技术得以更广泛地应用。这一愿景成为他科研生涯的重要动力，并推动了团队在飞秒激光材料加工领域的突破性进展。作为研究团队的核心领导者，他始终鼓励学生在科学探索中保持挑战精神，树立全球视野，以严谨的态度对待科研课题。他提倡选择那些尚未被充分研究，甚至被认为困难重重的课题，让学生在探索未知的过程中体验科研的乐趣和价值。

尽管长期在国外深耕学术研究，邱建荣教授始终心系祖国科技事业的发展。2000 年，中国科学院与 JST 联合启动光子技术国际合作项目，他受邀担任该项目的课题负责人，并同时受聘为中国科学院上海光学精密机械研究所研究员、博士生导师。在项目合作结束后，他毅然选择回国，2005 年加入浙江大学材料与化学工程学院，投身教学与科研，为推动中国材料科学的前沿探索贡献智慧与力量。

在飞秒激光与材料交叉领域，他带领团队取得了一系列重大突破。团队首次发现了飞秒激光诱导折射率变化、偏振依赖纳米光栅、沿激光传播方向周期性纳米孔洞等新现象，并揭示了其物理机制。此外，团队还开拓了空间选择性操控离子价态、直写三维光波导、析出与擦除功能纳米晶体等新技术。这些原创性成果已在集成光路、光通信等前沿应用领域得到实际应用，为光电子技术的发展提供了新的思路和方法。

3）严谨的匠心精神

邱建荣教授始终秉持严谨治学、精益求精的科研态度，以匠心精神推动材料科学的创新突破。研究生毕业后，他被分配至上海建材学院（现并入同济大学材料学院）担任助教，在教学与科研中逐步锤炼学术能力。1988 年，因精通日语，他获推荐前往日本神奈川大学进行访问研究。然而，面对陌生的高分子材料领域，他深刻体会到“隔行如隔山”的挑战。尽管如此，他仍然坚持以严谨的态度对待科研工作，积累了跨学科研究的经验，为后来的玻璃研究奠定了基础。

结束访问研究后，他决定进一步深造，1989 年成功联系到日本冈山大学高桥克明教授——这位学者正是武汉工业大学（现武汉理工大学）的客座教授。在导师的推荐下，他进入冈山大学自然科学研究科，重新回归自己最感兴趣的玻璃材料领域，深入研究碲酸盐玻璃的结构和光学性能。日本求学的经历不仅加深了他对材料科学的理解，更让他切身体会到日本科研文化的严谨与匠心精神。日本科研工作者对细节的极致追求和一丝不苟的实验态度深深影响了他，使他认识到严谨治学的重要性。

这一点在他撰写第一篇英文学术论文时尤为突出。由于英语水平有限，他仓促完成论文后便匆匆提交。然而，导师将改满红色批注的稿件交还给他，这一经历令他羞愧不已，也促使他重新审视自己的学术态度。从那时起，他深刻理解到，科研不仅需要创新精神，更需要对细节严格把控并持之以恒地打磨。严谨治学的理念逐渐成为他科研工作的核心原则，并贯穿于他的职业生涯之中。

这种匠心精神不仅体现在实验室的研究中，也渗透到他对科学的执着探索中。每当看到新型飞秒激光加工系统或光学表征设备，他总是兴致盎然，不仅会提出一系列新问题，还会组织团队展开深入研讨，眼中闪烁着探索的热情。面对玻璃这一研究对象，他不仅满足于理论探索，还时常前往各地博物馆，细细观摩古今玻璃工艺品，思考如何利用飞秒激光技术优化加工工艺，使玻璃材料实现更精细的结构控制。这种对玻璃科学的热爱不仅塑造了他个人的研究道路，也深深影响了他的学生。在他的引导下，团队成员逐渐培养起对玻璃材料的兴趣，继承并发扬了其追求卓越、专注细节的科研风格，也逐渐成长为兼具创新精神与匠心精神的青年学者。

4）重视国际交流与合作

邱建荣教授始终重视国际交流与合作，积极参与全球顶尖科研项目，以拓宽学术视野、促进跨学科融合，并推动科学研究的创新发展。1995 年，在日本山村硝子株式会社新型材料研究所所长的推荐下，他获邀加入日本科技厅主导的 ERATO 项目。这一项目是日本政府推动基础科学研究的重要举措，受到了包括美国国家科学基金会在内的诸多国际科研机构的高度评价。ERATO 的核心目标是探索基础科学与共性技术研究的新方法、新体系，进而加速先进技术的创造与突破。该项目汇聚了来自全球顶尖高校和科研机构的优秀学者，包括东京大学、京都大学、伦斯勒理工学院以及英国南安普顿大学等。日本政府每年遴选 4~5 位卓越的日本或日本旅外科学家担任首席科学家，为每个项目提供高达 12 亿日元的研究经费，并在国际范围内招募高水平人才。项目整体架构由三个相互支撑的研究小组组成，每个小组均由 4~5 名研究员构成，围绕前沿专题展开创新性研究。这一高水平的国际合作机制不仅促进了学科交叉融合，也为研究人员提供了一个极具创造力的学术环境。

在 ERATO 项目的研究过程中，邱建荣教授得以与来自不同国家、不同研究背景的科学家密切合作，深入了解各领域的最新研究进展，并受到多学科交叉思维的启发。这段经历不仅极大地丰富了他的研究视野，也促使他思考自身的学术定位与未来发展方向。他深刻体会到，在全球化的科技竞争格局下，国际合作对于推动科学进步和实现创新突破具有不可替代的重要性。正是在 ERATO 项目的历练中，他坚定了继续投身基础科学研究的决心，并意识到国际交流与协作对于学术发展的关键作用。这种全球化的科研视角和团队协作经验，成为他日后在玻璃材料与飞秒激光研究领域持续突破的重要基石。

5）师生共创的团队文化

邱建荣教授始终坚信，科研不仅是个人的学术追求，更是师生共同成长的旅程。他强调，真正的学术幸福来自安静地探索未知，与学生并肩前行，在科研的挑战与突破中共享成就感与喜悦。

在团队管理与人才培养上，邱建荣教授秉持“师生共创、共同成长”的理念。他常挂在嘴边的是和学生“一起盛开的快乐”。他将师生关系视为长期的学术陪伴，致力于营造一个开放、包容、富有创造力的科研环境。浙江大学材料学院副教授刘小峰，自 2007 年起便师从邱教授，在求学期间常感到迷茫，但邱教授始终像灯塔一般，为其提供方向指引。邱教授不仅关注学生的学术成长，也关心他们的个人发展，强调科研不仅是解决科学问题的过程，更是培养独立思考、坚韧意志与团队精神的历程。邱教授以专注、敬业、一丝不苟的治学态度影响着每一位团队成员，他始终鼓励学生自主探索，不设限地寻找创新路径，并给予他们足够的自由空间，激励他们在科研道路上不断挑战自我，为推动科技创新贡献力量。

2017 级博士生张博回忆道，邱教授从不急于求成，也不限定研究范围，而是通过全方位的指导，使得他最终在超快激光微纳加工领域取得突破性进展。

邱建荣教授特别注重尊重个体差异、因材施教，鼓励学生充分发挥自身优势。他始终强调“弟子不必不如师”，当看到学生超越自己、提出新的学术见解时，他由衷地感到欣慰与激动。他熟悉团队每位成员的特点，针对不同背景、不同学科交叉的研究生，提供个性化的指导与研究建议。2022 级博士生陈道远提到，邱教授不对生源背景设限，团队成员涵盖多个学科方向，形成了高度交叉的科研生态。这样的自由探索环境，赋予学生更大的科研自主权，也为跨学科研究提供了广阔舞台。

如今，邱教授的团队已培养出众多优秀人才，多位博士生入选国家杰出青年科学基金项目、优秀青年科学基金项目等国家级人才计划，彰显了团队在人才培养方面的卓越成效。

在高强度的科研工作之余，邱建荣教授始终倡导“科研与生活并重”，鼓励团队成员在学术之外拓展视野，培养更丰富的兴趣爱好。他热爱登山与阅读，认为登山不仅能够锻炼耐力，还能磨炼意志、缓解科研压力。他曾在日本攀登富士山、伊吹山、大台原等高山，也曾带领学生登上黄山、三清山、庐山等国内名山。尽管近年来因身体原因减少了登山活动，他仍然鼓励学生多运动，以健康的体魄迎接科研挑战。此外，邱教授的阅读兴趣极为广泛，涵盖科学、哲学、文学、宗教等多个领域。他鼓励学生广泛涉猎，通过阅读沉淀思维、拓宽学术视野，并积极参与科普讲座，以推动学术与社会的深度融合。

邱建荣始终认为，科研成果的取得绝非个人成就，而是团队共同努力的结果。邱建荣团队发现飞秒激光诱导复杂体系微纳结构新机制入选 2022 年度“中国科学十大进展”，他将该荣誉归功于团队成员的拼搏，并谦逊地强调：“成绩属于团队，不是属于我个人的。”他始终坚持以团队为核心，以学生的成长和学术突破为最大成就，展现了一位真正学者的谦逊与博大胸怀。这种真诚、谦逊、仁厚的学术风范，也成为邱建荣团队文化的核心精神，激励着一代代青年科研工作者勇攀学术高峰。

6）注重产业转化

邱建荣教授始终坚信，科技创新的最终目标是推动生产力发展，实现科研报国。因此，他不仅致力于功能玻璃、新型无机发光材料、激光与玻璃材料相互作用等前沿领域的研究，还积极推动这些创新成果向产业化迈进。近年来，他的团队在超快激光加工制造领域取得了一系列国际领先的突破，并推动相关技术在多个行业实现了应用。

在超快激光精密加工方面，团队长期聚焦于飞秒激光与物质相互作用的基础科学问题，发展了空间选择性操控离子价态、析出和擦除功能纳米晶体等创新技术。这些成果已在高端制造领域得到应用，展现出广阔的产业化前景。

在 3D 打印与精密制造领域，邱建荣团队推动了选区激光烧结技术的国产化进程。2015 年，团队在宁波建立 3D 打印平台，突破了超快激光加工金属材料的关键工艺瓶颈，率先将 3D 打印技术应用于高精度压铸模具的批量生产，使模具寿命提升至 6 万模次，并采用随型水路设计优化散热性能，提高生产效率。此外，团队开发的嫁接技术进一步降低了模具成本，使其具备广泛的市场竞争力。相关成果荣获 2020 年“红光奖”，并被广泛应用于光学、3C 电子[指计算机类（computer）、通信类（communication）、消费类（consumer）电子产品]、汽车零部件、家电和日用品等领域。

除了材料加工，邱建荣团队在飞秒激光制造装备领域同样取得了重要进展。团队开发的硬脆材料精密加工设备已成功应用于金刚石精细切割等高端制造环节，为国内光学精密加工、电子封装、新能源器件等领域提供了高精度、低损伤的加工解决方案。这些设备的产业化，不仅打破了国外技术垄断，也显著提升了国内激光加工行业的自主创新能力。面对国内激光产业的快速发展，邱建荣教授对超快激光技术的产业化前景充满信心。他指出，随着飞秒激光器成本的降低和性能的提升，激光制造技术将迎来大规模应用阶段。目前，国内激光设备厂商和激光器制造商纷纷进入资本市场，行业市场规模迅速扩大，预计未来几年将有更多围绕飞秒激光技术的高科技企业上市，推动中国超快激光产业进入高速发展期。

从基础研究到工程化实践，再到产业化应用，邱建荣教授团队的科研工作不仅实现了技术突破，还推动了高端制造业的创新发展。通过技术转化，他们不断缩短实验室成果与市场需求之间的距离，为中国精密制造和先进光电产业的腾飞贡献了关键力量。

5.1.19　哈尔滨工程大学张阿漫团队：气泡统一方程

1. 团队及成果简介

张阿漫教授，哈尔滨工程大学教授、博士生导师、科学技术协会秘书处秘书长，第十四届全国政协委员，第五届黑龙江省知联会副会长，黑龙江省头雁团队负责人。其主要研究方向包括水下气泡动力学和流固耦合动力学。该方程以简洁优美的数学形式描述了自然界中气泡运动的基本规律，破解了气泡动力学中的未解之谜。张阿漫教授先后获得全国创新争先奖、科学探索奖、国家技术发明奖二等奖、国家科技进步奖二等奖、国家级教学成果奖二等奖、中国高被引学者等多个荣誉。2024 年 9 月，美国斯坦福大学和爱思唯尔数据库发布《全球前 2%顶尖科学家榜单 2024》，张阿漫教授入选“终身科学影响力排行榜”以及“年度科学影响力排行榜”。张阿漫团队的气泡统一方程属于在科学和工程上均有突破的

“101”型原始性科学创新。

2. 创新过程

张阿漫教授创立的气泡统一方程研究成果于 2023 年 3 月正式发表于国际流体力学期刊《流体物理》，这一重要成果确立了该方程在气泡动力学理论研究中的重要地位。2023 年 6 月，中国某试验场开展的水下大尺度高压气泡试验以该方程为指导，成功探明了气泡高效传递能量的机制，为大型船舶的防护设计提供了理论依据。

基于气泡统一方程，张阿漫教授团队在气泡动力学领域取得了进一步的研究进展。2024 年 11 月，团队在前期工作的基础上，推导出了考虑气泡脉动力、迁移力、环境耦合力和相变耦合效应的气泡动力学方程，提升了模型在非稳态和强耦合条件下的描述能力。这一新方程具有更高的精度和更广的适用性，能够揭示不同条件下气泡动力学行为的影响机制，为深海勘探、空化等研究提供了理论基础。该方程在数学形式上简洁统一，能够退化到凯勒–米克西斯方程（Keller-Miksis equation）、吉尔摩方程（Gilmore equation）、瑞利–普莱塞特方程（Rayleigh-Plesset equation）等经典气泡方程。这一成果发表于流体力学顶级期刊《流体力学杂志》（*Journal of Fluid Mechanics*），并被审稿专家评价为“非常稳健、易于应用”。不同环境下的实验对比分析表明，其在气泡动力学描述方面具有显著优势。

此外，气泡统一方程在实际应用中也取得了显著进展，不仅进一步完善了气泡动力学的理论体系，还为相关领域的实际应用提供了更精准的理论支持，推动了气泡动力学在深海勘探、超声治疗等多领域的应用发展。

3. 关键成功因素总结

1）服务国家战略

气泡统一方程被业内专家认为是摆脱传统方程限制的重大突破，成为气泡理论的重要里程碑。该方程在船舶、海洋、机械、医学和生命科学等多个领域都具有重要的理论和应用价值。以深远海勘探为例，高压气枪阵列在其中扮演了关键角色，犹如猎人手中的猎枪。然而，长期以来，高压气枪一直依赖进口，价格高昂且核心技术受制于人。近期的一次深海勘探试验中，中国自主研发的高压气枪在物探船牵引下，呈现出基于气泡统一方程精准计算的阵列。通过高压气枪阵列向海底发射压力波，实验人员能够分析回弹反射波，从而测出海底是否存在可燃冰、石油等宝贵资源。

张阿漫指出，高压气枪阵列的核心原理在于气泡群的脉动和迁移。有了气泡统一方程，中国不仅能够自主研发多方面性能优于国外产品的高压气枪，还能通过反演算法精准计算出理想的气枪阵列。当前，哈尔滨工程大学正在设计研发用于超深海勘探的新型低频大容量高压气枪阵列。低频气枪的应用可以获得高精度的反射波信号，探测深度更大、范围更广。

2）敢于挑战

气泡在自然界中广泛存在，其运动行为复杂多变，能够释放巨大能量。科学家长期以来致力于通过数学公式解释气泡运动的物理现象，试图将影响气泡运动的各种复杂因素统一到一个方程中。然而，几十年来，这一领域始终未取得突破性进展。在 2020 年之前，张阿漫教授也曾在前人方程的基础上进行修正，以期更接近气泡的真实表达，但结果总是不尽如人意。面对这一困境，张阿漫决定开辟新思路，构建属于自己的气泡动力学方程。要在理论上同时考虑气泡脉动、迁移和流场可压缩性，需要用到波动方程移动奇点的基本解，然而在已发表的文献中找不到答案。他曾将这种困境形容为“相当于盖房没砖，开门没钥匙”。于是，他大胆决定：既然找不到，就构造一个！

张阿漫坚信，尽管影响气泡动力学的因素众多，但气泡统一方程应当具有简洁的数学形式，这是揭示自然规律的高级表达。最终，他推导出的气泡统一方程受到了国内外专家的高度评价。德国杜伊斯堡–埃森大学气泡动力学专家赫曼特·塞格尔（Hemant Sagar）认为，气泡统一方程是继瑞利–普莱塞特方程和凯勒–米克西斯方程之后，气泡理论领域划时代的开创性工作。中国科学院力学研究所的王一伟研究员也表示，气泡统一方程为深化气泡机理研究提供了重要的新思路和新理论。

3）长期坚持

张阿漫教授的科研成就，源于他数十年如一日的坚持与深耕。他始终秉持着“科研即生活，工作即休息”的理念，全身心投入到气泡动力学研究之中。长年高强度的科研工作，使他养成了每天凌晨 1 点才休息、清晨 6 点即投入研究的习惯。在科研灵感涌现的关键阶段，他常常连续驻守实验室长达半个月，因而被同事们戏称为“张半月”。正是这种执着的探索精神，使他在十余年间不断深化对气泡现象的理解，并逐步意识到前人方程的局限性。

在研究过程中，张阿漫敏锐地发现，气泡在水中不仅是局部脉动，而是受边界效应、多气泡相互作用、重力影响以及环境流场等多种因素的制约，呈现出可压缩性的迁移运动。这一复杂性意味着传统气泡方程难以精准描述其动力学行为，而探索气泡在可压缩流场中的迁移效应，成为该领域最具挑战性的科学难题之一。面对这一挑战，他并未止步于已有理论框架，而是勇敢地尝试从根本上重新构建气泡动力学的数学描述。

多年的潜心钻研使张阿漫在实验研究与理论分析的结合中，逐步揭示出复杂条件下气泡运动的内在规律，并形成了建立气泡统一方程的初步设想。在日常生活中，他始终怀揣探索未知的使命感，随身携带笔记本记录灵感，积累的研究笔记已超过 15 万字。然而，科研之路从来不是一帆风顺的。他在一次计算推导中发现，气泡方程迁移部分的可压缩项在多普勒效应的处理上存在偏差，这意味着此前的推导需要完全推翻、从头再来。面对这一突如其来的挫折，他并未气馁，而是迅速调整状态，重新审视问题，从更深层次的数学逻辑出发，完善理论框架。

“星光不问赶路人，时光不负有心人。”在经历反复试验与理论修正后，张阿漫最终推演出一个简洁、优美且对称的气泡统一方程。他形容这一刻仿佛是无数次在梦中见过的场景，凝聚着多年坚持不懈的努力，也标志着气泡动力学研究的一次重要突破。这一理论的提出，不仅填补了长期悬而未解的学术空白，也展现了他长期坚守、勇攀科学高峰的坚定信念。

4）乐于交流

张阿漫教授深谙学术研究中的沟通与协作对于激发原创性思维的核心作用。他强调，科学创新往往产生于多元思想的交汇与碰撞，而有效的学术交流能够突破个体认知的边界，促进跨学科、跨领域的知识融合，从而催生更具突破性的研究成果。基于这一理念，他始终致力于构建开放、互动的学术共同体，并通过制度化的团队讨论与非正式的学术对话相结合的方式，营造有利于创新思维生长的学术生态。

从科学认识论的角度来看，科学发现往往遵循“问题提出—假设构建—理论验证”的认知路径。在这一过程中，学术共同体的集体智慧发挥着不可替代的作用。张阿漫教授通过定期的学术研讨会、课题进展汇报以及日常的学术交流，为团队成员提供了多层次、多维度的思想碰撞平台。这种结构化的交流机制不仅促进了知识的共享与整合，更重要的是在认知冲突中启示了新的研究思路。

气泡统一方程这一重大理论突破的萌芽源于 2020 年张阿漫教授与团队成员就“近边界气泡动力学问题”展开的深入探讨。在交流过程中，团队成员从流体力学、数学物理方法等不同视角提出了多元化的见解，这些观点在互动中不断融合、重构，最终促使张阿漫教授提出了一个具有理论创新性的科学假设：移动点源的基本解可以通过无穷多个固定点源的基本解叠加得到。这一假设的提出充分体现了学术交流在突破思维定式、促进理论创新方面的价值。在提出理论假设后，张阿漫教授通过严格的数学推导和物理建模，先后构造了移动点源和偶极子的基本解，为气泡统一方程的建立奠定了坚实的理论基础。

5.1.20 浙江大学高翔团队：燃煤机组超低排放关键技术研发及应用

1. 团队及成果简介

高翔，中国工程院院士，中国电机工程学会会士，中国环境科学学会会士，英国工程技术学会会士；曾任浙江大学能源工程学院院长、浙江大学碳中和研究院院长，现任浙江大学嘉兴研究院院长、白马湖实验室主任、国家环境保护燃煤大气污染控制工程技术中心主任；获国家技术发明奖一等奖 1 项、国家科技进步奖二等奖 1 项、国家技术发明奖二等奖 1 项、国家级教学成果奖二等奖 2 项，并获何梁何利基金科学与技术创新奖、全国五一劳动奖章等荣誉。高翔团队长期致力于能源与环境领域减污降碳的基础和应用研究，在能源电力、船舶航运等行业取得了系列创新成果；构建了多污染物高效协同控制技术体系，攻克了电厂超低排放、船舶尾气高效净化等关键技术难题，并实现了规模化工程应用。高翔主持和参与制订了国家及行业标准 70 余项，推动了国家大气环保装备的标准化体系建设。高翔院士领衔的燃煤机组超低排放关键技术研发及应用研究属于在技术和工程上均有突破的“011”型原始性工程创新。

2. 创新过程

高翔院士自 1990 年在岑可法院士的指导下进入煤炭清洁利用研究领域，长期致力于燃煤烟气污染控制技术的研究，特别是在复杂煤质和负荷变化条件下的超低排放技术方面取得了重要突破。面对中国煤炭资源种类繁多、燃煤电厂负荷变化频繁以及污染物排放复杂多样的挑战，高翔院士团队始终聚焦于创新污染控制技术，以提高燃煤电厂的环保水平，并推动燃煤机组向超低排放方向发展。浙江大学能源高效清洁利用全国重点实验室作为这一研究的核心平台，为煤炭清洁发电和大气污染控制技术的研发提供了支撑，使团队能够在长期理论探索和实验验证的基础上，形成系统化、工程化的技术方案。

在技术研发过程中，高翔团队针对燃煤烟气污染控制的关键难题开展了深入研究，并逐步攻克了一系列核心技术。例如，在烟气细颗粒物和 SO_3 脱除方面，团队开发了温-湿系统调控技术，通过优化多场协同作用，提高了污染物脱除效率，显著增强了颗粒捕集能力。面对催化剂中毒失活、低温活性差等问题，团队提出了多活性中心催化剂配方，不仅提升了催化剂的抗中毒性能和低温催化活性，还通过废旧催化剂循环利用技术，使其性能恢复至接近新催化剂的水平。此外，团队构建了多断面污染物浓度预测模型及优化方法，为超低排放系统的智能化调控提供了科学支撑。正是这些创新性的突破，使得燃煤电厂能够在复杂煤质和多变工况下，实现高效稳定的污染物超低排放。

2013 年，高翔团队的超低排放技术首次在浙江省能源集团有限公司下属浙江浙能嘉华发电有限公司 1000 兆瓦燃煤机组试点应用，并成功实施燃煤机组超低排放工程。经过测试，改造后的燃煤机组主要污染物排放值远低于国家超低排放限值，标志着该项技术的可行性和工程化应用能力得到验证。在此基础上，该技术迅速推广至全国 10 多个省市的燃煤机组，包括 1000 兆瓦、600 兆瓦、300 兆瓦等不同规模的燃煤机组以及中小型热电机组，实现了大规模应用，为全国燃煤电厂的超低排放改造提供了技术支持。

2017 年，团队的“燃煤机组超低排放关键技术研发及应用”项目荣获国家技术发明奖一等奖，这是浙江大学首次以第一完成单位获得该项殊荣，标志着中国在燃煤超低排放技术领域的重大进展。该成果的成功应用，不仅推动了中国燃煤电厂全面进入超低排放时代，也对全球煤电行业的绿色转型起到了示范作用。

整体来看，高翔院士团队的研究从基础理论探索，到核心技术突破，再到规模化工程应用，形成了一条完整的创新链。团队依托国家杰出青年科学基金、“863”计划等科研项目支持，与浙江省能源集团有限公司等企业开展长期产学研合作，实现了研究成果的产业化落地。通过持续的技术创新和工程实践，团队有效推动了燃煤机组污染物超低排放技术的发展，不仅促进了中国能源结构的优化升级，也为全球燃煤污染控制提供了具有自主知识产权的中国解决方案。

3. 关键成功因素总结

1）以国家需求为导向

煤炭作为中国的基础能源，长期以来在全球能源格局中占据着举足轻重的地位。然而，随着经济的快速发展，燃煤所带来的环境污染问题逐渐显现，成为民众和社会关注的焦点。当前，全球都在积极探索更清洁、高效的能源利用方式，以实现绿色发展。对于中国来说，发展清洁、高效的燃煤技术，尤其是燃煤电厂的超低排放技术，已成为国家战略需求，具有深远的现实意义和紧迫性。

自 2015 年以来，燃煤电厂超低排放技术多次被写入政府工作报告，并由国家发展和改革委员会、国家能源局、环境保护部（现为生态环境部）等多个部门相继发布政策，推动相关技术的实施。这一领域的创新技术不仅响应了全球绿色发展的趋势，也为中国实现煤炭清洁利用、保障能源安全提供了技术支撑，进一步推动了国家能源结构的转型升级。

高翔院士团队始终坚持以国家需求为导向，深刻理解科学研究与社会需求之间的紧密联系。在长期的科研实践中，他们始终秉持“做别人没做过的事，做国家需要的事”的原则，紧密围绕国家战略需求开展工作。高翔院士团队强调，科研创新应聚焦实际应用问题，尤其是应从行业、企业的需求中提炼出真正的科学难题，而非单纯依赖理论推动。科技工作者的责任不仅是推动科学的前沿发展，更应服务于国家和社会需求。他们的科研工作从一开始就紧紧围绕煤炭清洁利用这一国家重大需求展开，始终致力于将科研成果转化为实际的生产力，解决现实问题，推动社会进步。正是这种“以国家需求为导向”的科研理念，使得高翔院士团队在燃煤近零排放技术领域取得了显著成果。

面对未来，团队将继续紧密围绕国家、行业和企业在能源与环境领域的迫切需求，推动更多具有实际应用前景的科研成果转化与应用。高翔院士团队明确表示，将紧随国家发展步伐，持续推动绿色能源技术的创新，力求为建设“绿色中国”“美丽中国”贡献更大的力量。

2）长期坚持，务实笃行

在科研生涯中，高翔院士始终如一地深耕煤炭清洁利用领域，践行“长期坚守、厚积薄发”的科研精神。自 1990 年进入煤炭清洁利用研究领域起，他便投身于燃煤污染控制的研究，数十年如一日地探索如何让煤炭燃烧得更清洁、更高效，以切实解决国家能源结构和环境治理面临的重大挑战。这一目标不仅是高翔院士个人的初心与使命，也成为团队矢志不渝的奋斗方向。他们的研究紧密围绕国家重大需求，立足现场、面向产业，致力于将实验室的理论创新真正转化为工程可行的应用技术，为中国燃煤电厂在复杂煤质和多变工况条件下实现超低排放提供解决方案。

这份对科研的执着不仅体现在理论的创新突破，更体现在日复一日的实践探索之中。为了验证研究成果的可行性，他们的团队曾在中试平台上连续 5000 个小时不间断运行实验，积累了海量数据，为工程应用奠定了坚实的技术基础。面对行业中的突发问题，他们更是争分夺秒，以科研人的责任感和执行力，为企业提供精准的技术支持。凌晨两点，一通电话，他们便毫不迟疑地赶往电厂进行紧急检修；在复杂的工况环境下，他们凭借长期积累的经验和技术储备，解决了一系列燃煤超低排放技术难题，成为企业公认的“环保医生”，以专业精神和创新实践赢得了广泛认可。

2013 年春节前夕，佛山市顺德五沙热电有限公司进入短暂的停机检修期，机组停运仅有 20 余天，这为催化剂再生改性工作带来了极大的时间压力。为了确保任务顺利完成，高翔院士提前一周组织团队，将自主研发的专有设备运送到现场，做好一切准备。停机后，团队成员迅速投入工作，采取两班倒的方式昼夜不停地作业，直到正月十五才完成全部测试和调试工作。设备测试平台高达 40 余米，烟囱测试平台更是高达 70 余米，但无论条件如何严苛，只要有监测需求，团队成员都会克服恐高心理，毅然攀登高处，确保实验数据的精准获取。浙江浙能嘉华发电有限公司设备部主任钱晓峰对此记忆犹新，称赞他们为真正“与煤共生”的科研工作者，他们几十年如一日地攻坚克难，务实笃行，以极大的热情投身于燃煤清洁利用事业，推动燃煤污染控制技术不断迈向新高度。

正如高翔院士常言，“冰冻三尺，非一日之寒”，科研成果的取得不是一蹴而就的，而是浙江大学与浙江省能源集团有限公司等单位长期联合攻关、持续深耕的结果。正是凭借这份持之以恒的精神，他们不断推动中国燃煤超低排放技术迈向更高水平，助力国家能源绿色低碳转型。

3）团队精神

在高翔团队中，众多成员展现出了高度的责任感与实干精神，这不仅提升了团队的协作效率，也增强了团队的凝聚力与向心力。科研工作已深度融入团队成员的生活：团队成员常常从清晨 8 点开始，围绕关键问题展开深入讨论，直至深夜，其间仅以简单的盒饭充饥，甚至在用餐时也不停歇，继续探讨问题。这种高强度的工作模式并未削弱团队成员的积极性，反而在一次次的锤炼中，培养出了一支对煤炭清洁利用研究充满热情的年轻教师和研究生队伍。高翔院士指出，能源环保领域的任务艰巨而繁重。而这支专注于煤炭清洁利用的研究队伍，始终保持着高度的激情与活力，攻坚克难，乐在其中。

在这场科研攻坚战中，高翔团队不仅攻克了燃煤污染控制领域的诸多技术难题，也培养了一批具有国际竞争力的高水平创新人才。团队成员中，不乏“长江学者”、国家杰出青年科学基金获得者、“万人计划”专家、浙江省特级专家及科技创新领军人才等，他们以长期积累的科研经验和实战能力，成为推动中国燃煤清洁利用技术进步的重要力量。

4）政产学研用交叉协同

原始创新的突破不仅依赖于单一学科的深度钻研，更需要跨学科的交叉协同以及产学研的深度融合。高翔院士团队在燃煤烟气多污染物超低排放技术的研发过程中，深刻认识到从实验室研究到工程应用的转化，不仅涉及基础科学、材料科学、环境工程、能源动力、自动控制等多个学科的交叉协作，同时还需要构建高效的政产学研用协同体系，以确保创新技术能够在复杂的工程环境中稳定运行，实现大规模产业化应用。

然而，燃煤发电行业对环保技术的落地要求极为严苛，企业在引入新技术时，普遍关注技术的成熟度、工程适应性及运行的经济性，以规避潜在的技术风险。因此，实验室研发的突破性技术，只有经过严格的工程验证和示范应用后，才能真正赢得市场认可，推动行业变革。在这一背景下，高翔院士团队主动打破学科边界，积极推动技术从理论突破向产业转化迈进，并建立了覆盖创新链全生命周期的合作模式。

为了破解超低排放技术从理论研究到工程应用的落地难题，高翔院士团队与浙江省政府、浙江省能源集团有限公司紧密合作，构建了“高校-企业-政府”三方协同的创新体系。2011 年，浙江大学与浙江省能源集团有限公司签署战略合作框架协议，共同成立联合攻关小组，从技术原理、工程设计、设备研发到运行优化，全流程协同推进超低排放技术的研发及应用。这种深度合作模式确保了科研成果不仅满足理论创新要求，同时也兼顾了工程可行性和经济性，为技术从实验室走向产业奠定了坚实基础。

在政府和企业的支持下，该团队选择浙江浙能嘉华发电有限公司作为技术示范基地，开展大规模工程应用验证。为了确保技术的稳定性与适应性，团队进行了长达半年的中试和工程试验，重点攻克了高灰分、复杂煤质条件下的污染物协同脱除技术，并优化了催化剂性能、气固动力学参数以及运行控制策略。最终，超低排放技术成功应用于浙江浙能嘉华发电有限公司 1000 兆瓦在役燃煤机组，烟气排放浓度远低于国家标准，系统运行稳定，标志着该技术已完全具备推广条件。

高翔团队的合作模式和技术成果不仅在国内引发了广泛影响，还推动了相关环保企业的发展。例如，通过与浙江大学的长期合作，山东国舜建设集团有限公司成功将超低排放技术应用于多个项目，并因此成为当地的纳税大户，综合实力大幅提升。通过政产学研用的紧密合作，高翔团队的成果实现了在全国 10 多个省市不同等级的燃煤机组及中小热电机组的规模化应用，累计装机容量超过 1 亿千瓦。

在推动技术落地的同时，高翔院士团队也积极推进标准化工作，通过主持和参与多项国家及行业标准，进一步巩固了超低排放技术在行业中的领先地位，并为后续技术推广提供了规范化支撑。

这一系列跨学科、跨领域的协同合作，体现了高翔院士团队从基础研究到工程应用的全链条创新模式，也为推动环保产业的发展、实现国家能源战略目标做出了重要贡献。

5.1.21　清华大学戴琼海团队：立体视频获取与重建技术

1. 团队及成果简介

戴琼海，中国工程院院士，曾任北京信息科学与技术国家研究中心主任、清华大学信息科学与技术学院院长、脑与认知科学研究院院长、中国人工智能学会理事长。2013 年，他主持的“立体视频重建与显示技术及装置”项目荣获 2012 年度国家技术发明奖一等奖。2016 年，获国家科技进步奖二等奖，2008 年获国家技术发明奖二等奖。自 2001 年起，戴琼海带领团队开始布局立体视觉和光场重建的研究，连续 7 年实现了国际重建精度排名第一。2008 年，团队进一步拓展研究方向，涉足信息与脑科学的交叉领域，相关成果发表在《细胞》、《自然·光子学》与《自然·方法》等顶级期刊，并获得《自然》和《细胞》系列期刊的高度评价，认为该研究“突破了视场与分辨率的矛盾”“打破了活体成像的多重技术壁垒”。

2018 年，团队成功研制了国际首台亿像素介观荧光显微仪器 RUSH，该仪器兼具厘米级视场与亚细胞分辨率，被誉为介观显微成像领域的先驱。2024 年，戴琼海团队宣布新一代介观活体显微仪器“RUSH3D”系统问世。区别于传统光学显微镜，它拥有前所未有的时空跨尺度成像能力——在连接微观与宏观世界的介观尺度上，首次实现了对哺乳动物活体组织的高分辨率、高速、长时间、低光毒性的三维观测，而且几乎不破坏细胞活性。这一突破填补了当前国际范围内对复杂生物过程性研究的观测空白。戴琼海团队的立体视频获取与重建技术属于在科学与技术上都有突破的“110”型原始性技术创新。

2. 创新过程

戴琼海院士的科研创新历程凝聚了不断探索与突破，展现了其在多个领域的卓越成就与技术引领。早在 21 世纪初，戴琼海院士便敏锐地洞察到立体视觉技术的未来潜力，率先带领团队在该领域展开高精度三维重建研究，初期搭建了一个由 64 台相机组成的系统，尽管初步实现了立体效果，但重建精度尚未达到理想水平，这为后续的技术突破奠定了基础。2008 年，通过深入分析光照对重建精度的影响，团队提出了具有划时代意义的视觉场理论，首次将视角、光照与事件的关系引入计算框架，并结合光的入射与反射信息，开发了突破性的光度立体方法，大幅减少了所需相机数量，显著提升了三维重建的精度，实现了技术上的重大突破。

2010 年，基于视觉场理论和光度立体方法的三维建模误差已控制在 0.3 毫米以内，并在国际评测中多年稳居第一，标志着中国在立体视频技术领域的国际领先地位，该技术成功应用于 2010 年上海世博会中国馆的“希望大地”和“森林碳汇”展示项目，彰显了其广泛的应用潜力，实现了从实验室到实际应用的跨越。同年，团队在立体视频技术领域再创新高，发明了平面视频立体转换技术，并授权著名多媒体软件公司 Cyberlink 开发立体视频播放器，推动了立体视频技术在消费电子领域的应用。

2011 年，团队进一步研发出“清立方”立体视频芯片，成功实现高清平面视频到立体视频的实时转换，推动了 3D 电视技术的发展，降低了消费者的使用门槛，实现了技术普及的重要一步。2013 年 1 月，戴琼海主持的“立体视频获取与重建技术及装置”项目荣获 2012 年度国家技术发明奖一等奖，这一荣誉不仅是对戴琼海团队在立体视频技术领域所取得成就的肯定，也标志着中国在信息显示技术领域实现了源头创新和赶超发达国家的目标，奠定了中国在该领域的国际地位。

戴琼海院士及其团队的研究不仅推动了立体视频技术的发展，也为中国在国际信息显示技术领域赢得了尊重和认可，他们的创新成果不仅具有显著的经济效益，还在文化、娱乐、教育等多个领域具有广泛的应用前景。

3. 关键成功因素总结

1）面向国家需求

戴琼海团队的科研工作紧密围绕国家战略需求，以原始创新为核心，体现了对前沿技术领域的积极探索与挑战精神。戴琼海不仅自身在科研道路上不断前进，还严格要求团队，推动在原始创新领域取得突破；强调科研要解决前沿问题，推动产业发展，引领学术体系变革。在清华大学成像与智能技术实验室创立初期，戴琼海敏锐洞察到，立体视觉技术是中国信息技术实现源头创新的关键契机。他深知，要突破国际技术封锁，必须从基础研究入手，进行原始创新。通过持之以恒的努力，他带领团队在立体视频领域取得了多项重要突破，成功建立了视觉场理论，并开发了一系列先进的视觉系统，为中国在国际科技舞台上赢得了话语权。

2008 年，戴琼海团队完成的“基于网络融合的流媒体服务新技术”项目获得国家技术发明奖二等奖，在此基础上，戴琼海迅速把握立体视频技术的发展趋势，致力于信息技术源头创新。他坚持科研应服务国家战略，而非简单跟随潮流，通过深入研究立体视频技术，带领团队实现了关键技术的突破，解决了立体影视制作中的关键技术难题，超越了国际 3D 技术标杆《阿凡达》，为军事、航天、医疗和教育等领域提供了创新解决方案，彰显了国家需求驱动下的原始创新在技术进步中的关键作用。

戴琼海团队基于国家需求，运用跨学科思维和前瞻性视野，推动了科技原始创新与多领域的深度融合。在虚拟现实领域，团队将立体视频技术与虚拟现实结合，显著提升了用户体验。在教育、智能交通和医疗等领域，团队的应用创新极大提升了服务质量与效率，展示了跨学科交叉研究在满足国家发展中的重要作用。未来，戴琼海团队将继续围绕国家重大需求，开展多维多尺度计算摄像仪器的研究，进一步探索从亚细胞到器官的多尺度动态观测技术，为脑科学、AI 等领域提供新的理论和技术支持。

2）长期坚持

戴琼海院士长期坚持与不断追求创新的精神也深深烙在团队文化中。实验室的“724”和“725”房间，象征着团队每周 7 天、每天 24 小时的拼搏精神。这种高度的工作投入已成为团队的文化基础，正是通过一代代科研人员的持续努力，戴琼海及其团队在多个领域实现了原始创新成果，推动中国科技走向国际前沿。2001 年，清华大学成像与智能技术实验室成立，戴琼海带领团队在介观活体显微成像领域深入挖掘。他们融合计算摄像、脑科学与 AI 等前沿技术，取得了一系列基础理论和关键技术的开创性成果。团队成功实现了 10 亿像素动态视频采集，揭示了活体全脑神经成像，并开发了能够透过皮肤和血管观察细胞活动的突破性技术。实验室利用“RUSH3D”系统观察活体小鼠大脑细胞活动，可以清晰地看到小鼠 17 个脑区的神经元网络。团队克服了传统显微镜在活体大范围、高分辨率、长时程观测的局限，通过逆向设计光学成像系统，采用计算编码和采集技术，以及数字自适应光学技术，提升了显微镜性能。

3）团队合作与学科交叉

戴琼海团队始终坚持理学思维与工科实践的深度融合，认为学科交叉是推动科技创新的关键。团队成员具有不同的学科背景，通过合理分工与紧密协作，充分发挥各自的专业优势。例如，在与清华大学生命科学学院李栋团队的合作中，团队利用自主开发的多模态结构光照明超分辨显微镜构建了高质量的时序超分辨显微图像数据集 BioTISR，并提出了可变形相空间校准机制及相应的 TISR（time-lapseimage super-resolution，时序图像超分辨）模型，显著提升了多色活体超分辨成像的时程和分辨率。

此外，戴琼海团队还与国内外顶尖科研机构和高校开展了广泛合作。例如，团队与斯坦福大学、中国科学院、浙江大学等机构实现了跨学科联动。2021 年，戴琼海院士课题组与北京生物结构前沿研究中心俞立课题组合作，在《细胞》杂志上发表了研究论文，提出了数字自适应光学框架，发明了扫描光场成像技术，合称为“数字自适应光学扫描光场互迭代断层成像”（digital adaptive optics scanning lightfield mutual iterative tomography）。该技术通过长时间、高分辨率的活体三维显微观察，为肿瘤、神经科学和免疫学等领域的前沿问题提供了突破性工具。

戴琼海院士强调，科学研究不仅应追求理论突破，更要将创新成果转化为实际应用，服务社会和推动经济发展。团队的成功证明，学科交叉并非让科研人员成为“万金油”，而是通过互补的专业优势，激发出创新的无限潜力。

4）注重原创人才培养

戴琼海院士团队在清华大学不仅以卓越的科研成就闻名，更因其系统化、前瞻性的原始创新人才培养模式而备受推崇。戴琼海深知，科学研究的核心在于突破，而持续推动原始创新的关键在于培养具备独立思考和前瞻视野的年轻科研人才。因此，他在人才培养体系上构建了一套完整的方法论，强调科研的本质是“从 0 到 1”的探索，并主张以创新驱动人才成长。

在团队培养体系中，戴琼海提出了独特的“青蛙与飞鸟”模式，即科研初期应如“青蛙”般深耕具体问题，掌握扎实的学科基础，而在后期则需像“飞鸟”一样，拓宽学术视野，超越单一领域，探索具有变革性的创新方向。这种培养理念有效避免了单纯跟随已有研究路径的弊端，促使研究者从根本上挑战科学难题，勇于提出原创性见解，并最终推动科技边界的拓展。

为了鼓励团队成员实现真正的科学突破，戴琼海为年轻科研人员提供了广泛的支持与资源，强调在自由探索与实际需求之间寻找平衡。他不仅帮助学生确立科研方向，还在研究的不同阶段提供针对性的指导。特别是在项目的关键期或结项阶段，他会创造相对宽松的学术环境，以减轻研究压力，让学生能更专注于高价值的创新课题。他始终倡导团队成员应勇于进行颠覆性研究，并设定了三大评价标准：研究是否改变了科学认知的路径、是否推动了产业发展的方向、是否具备被写入教科书的价值。这一高标准促使团队成员在科研过程中不拘泥于已有成果，而是主动开辟新的研究领域，解决科学界尚未突破的核心问题。

此外，戴琼海的科研培养理念始终围绕国家科技战略需求展开。他强调，科研不应只是训练思维的过程，更重要的是推动科技前沿发展，为产业和社会进步提供核心支撑。因此，他鼓励团队成员以国家重大科技战略需求为背景，围绕智能成像、光场信息处理、脑机接口等前沿领域开展研究，以原始创新为驱动力，实现从理论突破到应用落地的跨越。这种基于问题驱动、理论创新与技术突破相结合的人才培养模式，使团队成员不仅在学术研究中取得重要成果，也能迅速适应产业需求，为科技创新生态贡献力量。

这一培养体系取得了显著成效。截至 2022 年 6 月，戴琼海团队已培养出 24 名博士后、44 名博士和 88 名硕士，累计为国内高校输送逾 30 名教师；团队共发表论文 500 余篇，获得了 500 余项国内外发明专利，并成功转化百余项技术成果。这些成就不仅在学术界产生了深远影响，也进一步巩固了清华大学在全球科技创新体系中的领先地位。

5.2　中国高校原始创新实践经验总结

高校作为国家创新体系的核心支撑力量，在不同层次和类别上承担着各自特定的科技创新和人才培养使命。从纵向层级来看，中国高校可划分为五个主要层次。第一层次为高水平研究型大学，这类高校致力于国际前沿科学研究，承担重大基础研究和颠覆性技术创新任务，是推动原始创新和科技突破的核心力量，也是国家战略科技力量的重要组成部分。第二层次为中等水平研究型大学，主要聚焦于国外科学家开创的新兴领域，在国际先进研究的基础上开展跟随式创新。第三层次为区域研究型高校，研究重点集中于国内及地方重大科技问题，支撑区域经济发展和行业技术进步。第四层次为知识扩散型高校，主要承担知识传播和技术推广职能，为地方经济提供科技服务。第五层次为技能培养型高校，其核心任务是培养特定产业所需的高素质技能人才，满足行业发展需求。

从横向分类来看，中国高校可分为研究型大学和应用型大学。应用型大学主要以技能型人才培养为主，而研究型大学则在高校创新体系中占据主导地位，是国家基础研究和高技术创新的核心载体。研究型大学不仅承担关键科技领域的突破任务，还直接推动原始创新和技术进步。研究型大学可进一步细分为综合性大学和行业特色型大学，前者涵盖多个学科领域，具备广泛的基础研究和跨学科融合能力，后者则针对特定行业需求进行技术攻关和应用研究，推动行业科技进步。本节将重点探讨这两类研究型大学在推动原始创新实践中的关键经验，以期为中国高校科技创新体系的优化提供借鉴。

5.2.1 综合性大学原始创新实践经验

综合性大学一直是中国在基础前沿研究领域的主力军，代表着中国高校原始创新能力建设与原始创新成果的国家最高水平。

1. 瞄准国家重大需求，开展原创性有组织科研

近年来，以清华大学、北京大学等为代表的综合性大学面向国家重大项目和“揭榜挂帅”项目的申报和实施要求，出台了一系列资源配置方面的具体措施，针对重大科研任务给予研究生指标和科研团队建设方面的支持，对于一部分国家重大科研仪器研制项目等特别重大的项目，提供“量身定制”的条件支撑。力求通过不断强化正向激励，为集中优势力量承担国家重大科研任务提供重要保障。

清华大学和北京大学都将国家重点实验室从传统的学科发展导向调整为面向国家需求，通过整合科研力量、发展专职科研队伍、拓展产学研合作、加强创新链布局等，真正把国家重点实验室做大做强。在建设实施上强调“资源强挂钩”，在政策、人财物、研究生指标、空间上提供全力保障。

以北京大学为例。北京大学优化完善国家重点实验室、前沿科学中心、集成攻关大平台等布局，开展“需求导向、问题导向”的有组织科研活动，加强对“卡脖子”问题的基础研究和技术攻关，将基础研究和学科交叉优势转化为实际解决方案，在纳光电子、碳基材料、单细胞技术、基因编辑、生殖医学等领域实现重大突破，成功研制出“燕云 DaaS①系统”，并构建了具备自主知识产权的超高清视频编解码完整技术体系，努力将北京大学打造成科学前沿探索的“领头羊”和青年科学家的成长摇篮。

2. 建设学科交叉平台，创新科研管理机制

2006 年成立的北京大学前沿交叉学科研究院是国内第一个正式以交叉学科命名的研究生培养机构。该研究院充分发挥北京大学基础学科和技术学科齐全的优势，组建了一支学科跨度大、研究领域广的研究队伍，开展跨学科的科学研究，培养交叉学科人才，取得了多项世界领先的交叉学科研究成果。在项目支持方面，学院推行“稳定支持”与“项目竞争”相结合的方式，既充分发挥学术自由的优势，又对标国家重大战略需求。在管理体系和评价机制上，学院享有一定的自主权，联合聘任制、教学工作量通用制、交叉学科学位分会和人才评议等制度，有效地促进了各学科深度交叉融合。目前，该研究院设有纳米科学与技术研究中心、生物医学跨学科研究中心、大数据科学研究中心等多个研究中心，涵盖数学、物

① DaaS 是 data as a service 的缩写，意思是数据即服务。

理学、化学、生物学、医学、工学等学科的众多交叉研究领域。

此外，北京大学坚持统筹推进服务国家战略目标与战略任务，大力推进新工科、新医科、新农科、新文科建设，继续加强“临床医学+X”建设，布局推动“碳中和+”“数智化+”等重大交叉学科领域，进一步促进基础学科和应用学科的协调发展。例如，对于新工科建设，学校集中资源，优化结构，盘活存量，在信息、新材料、新能源、生命健康等国家重大需求领域布局，加强原创性、引领性、颠覆性科技攻关。同时，稳步推进重大科技基础设施和大科学装置建设，前瞻布局中俄数学中心、北京大学纳光电子前沿科学中心、软件工程国家工程研究中心，以及集成攻关大平台和教育部重点实验室，开展基础性、前瞻性、多学科深度交叉融合的创新研究，力争实现重大原创突破。

依托人才培养和综合学科优势，清华大学于 2017 年底成立促进跨学科交叉独立运行的未来实验室，这是清华大学科研机制改革和推动跨学科交叉的重大举措。它聚焦人类发展的前沿问题，不断创新、探索未来领域、突破学科壁垒，深入开展跨学科交叉研究与学术交流，产生引领性原始创新重大研究成果，推动学科建设和发展。以“计算、传播、媒体、艺术汇聚合一”为愿景，通过“原创性、交叉性、颠覆性”的无疆界技术创新，对人类认知、互动、逻辑产生变革，促进人机物融合社会发展，借由文化、创业家精神融入，构建交叉原创基础力量高地，推动产业跨越式引领发展。

3. 注重研究团队和人才队伍建设

以清华大学“200 号”为例，“建堆报国、建堆育人”的初心使命和“知难而进、众志成城”的建院精神是“200 号”青年科技人才将核能研究的接力棒代代相传的精神源泉。从第一代反应堆初建到第四代核能技术优选堆型领跑世界这段光荣岁月中，王大中院士从青年科技人才成长为国家最高科学技术奖获得者，成了战略科学家。此外，浙江大学能源工程学院是青年科技人才梯队建设的典范。自成立以来，以岑可法院士为带头人的浙江大学能源工程学院培养了众多人才。学院的梯队建设主要包括老中青结合、交叉融合、学生传帮带、校企结合和中外合作五个维度。团队经验可总结为以下五点：一是面向国家战略需求；二是实施团队攻关；三是多学科深度交叉融合，重视基础研究和制造工程一体化；四是成梯度、广范围的合作；五是走向工程转化和联合开发。

4. 完善科技评价机制

不同高校都开展了科技评价改革以注重创新导向，营造更利于原始创新的学术生态。例如，华南理工大学致力于建立健全分类评价体系，创新人才考核机制。学校推行“一院一策”分类评价，注重团队评价考核，强化过程评价，全面落实师德师风第一标准，关注教师职业发展的全过程。华南理工大学还推行代表性成果评价，完善同行专家评议机制，构建教研、教学、专职研究系列聘任体系，提供可预期的职业发展轨道。

上海交通大学改革传统评价体系，建立多维度的人才发展通道。学校推进分类评价改革，形成了18个专业技术职务聘任系列，尊重学科差异，实行代表性成果评价，针对不同系列人员设置相应的晋升通道，鼓励教师“分类竞技”。通过实行多元化的代表作评价机制，评价成果的质量、贡献和影响，上海交通大学在专业技术职务聘任工作中探索推行“代表性成果”评价，建立起首席研究员评聘制度，对高校完善分类评价机制、实行代表作评价制度具有重要的借鉴意义。

清华大学完善人才评价导向，营造潜心研究的科研生态。学校强调正确把握学术评价中数量与质量的关系，推行代表性成果评价，完善教师代表性成果的同行评议制度，依据学位论文以及多元化的学术创新成果评价博士生的学术水平，不以发表学术论文作为唯一评价依据。清华大学在《关于完善学术评价制度的若干意见》中明确，强调学术水平和实际贡献，建立重师德师风、重真才实学、重质量贡献的评价导向。

中国科学技术大学通过完善科技成果五元价值评价机制，建立了涵盖科学、技术、经济、社会和文化五个方面的科技成果评价标准。该机制采用定量与定性相结合的方式，全面、准确地评价科技成果的多元价值。在此基础上，学校将该评价机制应用于杰出研究校长奖评选和创新团队培育基金绩效评估等活动中，有效提升了科研成果的质量和创新性。

5. 不断深化国际交流与合作

近年来，清华大学进一步推进国际交流与合作，积极参与国际重大科技任务。面对治理空气污染和应对气候变化的双重挑战，环境与气候协同治理既是中国也是全球学术研究前沿问题和重大战略需求。清华大学成立气候变化与可持续发展研究院，以“成为开展跨学科战略研究、政策交流和人才培养的协同创新平台，成为气候变化与可持续发展领域国际一流高端智库”为目标，协调组织20多家国内顶尖机构和智库，开展面向2030年与2050年的中国中长期能源经济低碳转型的基础性、前瞻性的政策分析研究，为《巴黎协定》下中国提出长期温室气体低排放发展战略提供支持。

同时，清华大学倡议发起“世界大学气候变化联盟”，联盟成员有包括澳大利亚国立大学、剑桥大学、MIT、东京大学在内的多所世界一流大学，在联合研究、绿色校园、人才培养、学生活动和公众参与方面推进工作，集合世界一流大学的优质资源，推动科技创新和政策建议、培养为地球生态安全负责并具有全球视野的下一代人才，在应对全球气候变化进程中承担历史责任。

6. 完善成果转化激励与服务支撑机制

为了促进原始创新和成果转化的深度融合，北京大学致力于建立一支具有高效管理能力、强大原始创新识别能力和高度风险耐受能力的早期股权投资基金。2018 年，北京市发起设立总规模 300 亿元、首期规模 200 亿元的北京市科技创新基金（以下简称北京科创基金），重点支持高端技术创新，促进原始创新，引导科研成果在北京落地。北京大学与北京科创基金合作，共同推进科技成果的转化。2020 年 11 月，北京大学科技成果转化基金，即"北大元培科技成果转化基金"正式宣布募集成立，总规模达 10.02 亿元，由北京科创基金、基金管理人（方正和生投资有限责任公司）和北京大学教育基金会等共同出资，专注于投资原始创新项目，以推动高端科技成果的实际应用。在基金的组建和运营期间，北京大学科技开发部积极整理和征集科技成果，实现了对各类创新团队和项目的全面覆盖，促进了科技成果的系统性转化和商业化。

为了加速原始创新成果的产业化进程，清华大学致力于将具有突破性和影响力的原始科技创新成果转化为产业创新，因而构建了一套高效的技术转移支撑体系，已成功推动与各省市合作成立联合研究院和产学研平台，推动了如同方股份有限公司、新紫光集团有限公司、北京品驰医疗设备股份有限公司等众多知名高科技企业的成立与发展。清华大学为技术转移过程提供全方位支持，包括项目立项、技术研发、后期开发及研究经费。其中，人才支持尤为关键，考虑到教授在科研与教学上的重负，学校组建了多个团队协助成果转化，确保研究成果能高效转换为实际应用。在技术转移的后期阶段，学校的投资实体也提供必要的支持和资源。清华大学的技术转移体系以校地合作研究院、技术转移院、与企业合作委员会、科学技术开发部等为核心，形成了一个开放式的技术产业化平台，不仅利用清华自身的人才和科技资源，还吸纳国际上的先进技术。此外，《清华大学科技成果评估处置和利益分配管理办法》进一步优化了技术转移体系，通过明确的利益分配规则激励研究人员参与成果转化，其中规定科技成果转化所得收益中 70%奖励给成果完成人或者为成果做出突出贡献的人员，这一激励机制大大促进了科研成果的转化和产业化过程。通过这些综合措施，清华大学建立了一个高效且完善的技术转移支撑体系，为国内外的技术创新与产业发展做出了突出贡献。

5.2.2　行业特色型大学原始创新实践经验

1. 瞄准国家重大需求，开展有组织科研

在研究选题上，北京理工大学坚持瞄准国家重大战略需求和世界科技发展前沿，开展有组织科研。北京理工大学的研究方向多集中于国防科技方面，在精确打击、高效毁伤、机动突防、远程压制、火力指挥控制、军用信息和对抗以及先进材料和制造等技术领域取得了代表国家水平的成就，在 AI、大数据、智能仿生机器人、计算物理和凝聚态理论、激光制造、空间自适应光学、绿色能源、现代通信、工业过程控制等军民两用技术方面具有鲜明的优势，产生了一系列处于世界科技前沿地位、服务于国家战略需求的高原创性成果。

北京航空航天大学以服务国家战略为重要目标，开展有组织科研，在航空动力、关键原材料、核心元器件等“瓶颈”领域取得突破，多项标志性成果直接应用于国防建设。学校团队参与论证并助力研制的国产大飞机 C919 成功首飞；参与研制中国首个新型临近空间飞艇；牵头设计研制的某型无人机完成定型并执行重要任务，在纪念抗战胜利 70 周年阅兵中位居无人机方队阵首。

哈尔滨工业大学坚持与国家重大战略同频共振，形成了“立足航天、服务国防、长于工程”的优势特色，创立了中国高校第一个航天学院，发射了中国第一颗由高校牵头自主研制的小卫星，诞生了中国第一台会下棋、能说话的计算机，实现了国际首次高轨卫星对地高速激光双向通信试验等多个“第一”。此外，哈尔滨工业大学还突破了世界最大口径射电望远镜的支撑结构系统关键技术、支持中国“天眼”成功“开眼”，成功发射的“龙江二号”成为全球首个独立完成地月转移、近月制动、环月飞行的微卫星，主持参研的火星车移动系统、转移坡道机构助力“祝融号”实现火星表面巡视探测等。

2. 跨学科交叉与产学研协同

北京航空航天大学大力推进产学研协同创新，与航空、航天、发动机、船舶等领域的国家重点骨干企业开展战略合作。北京航空航天大学和中国航空发动机集团有限公司联合发起成立的“先进航空发动机协同创新中心”获“高等学校创新能力提升计划”首批认定。联合中国工程院成立中国航空工程科技发展战略研究院，打造中国航空工程科技领域首个国家级智库。全面融入首都全国科技创新中心建设，打造“环北航知识经济圈”。2021 年，“北京航空航天大学国家大学科技园”被认定为优秀国家大学科技园。

南京航空航天大学也在国民经济领域积极推进政产学研合作，促进科技成果转化，构建了“国际创新港+校地研究院+联合实验室+技术转移机构”的成果转化模式，成功获批国家技术转移示范机构、2020 年度国家知识产权示范高校、第二批高等学校科技成果转化和技术转移基地，为经济社会发展提供了有力支撑。

中国矿业大学坚持面向世界科技前沿、面向经济主战场、面向国家重大需求、面向人民生命健康的“四个面向”，强化学科交叉建设。设立了碳中和科学与工程、储能科学与工程、人工智能等多个交叉学科，瞄准国家“双碳”目标和生态文明建设需求，搭建学科平台，以推动行业转型升级、智能矿山建设；截至 2024

年 11 月 14 日，科睿唯安发布的最新 ESI（essential science indicators，基本科学指标）数据显示，中国矿业大学已有 10 个学科领域进入 ESI 全球排名前 1%，包括工程学、地球科学、材料科学、物理学、生物学与生物化学、化学、数学、环境与生态学、计算机科学和社会科学总论；而矿物资源与开采工程学科领域更是连续多年进入全球前 50 强，在全球排名中表现出色。

3. 注重打造各类实验室平台

南京理工大学始终坚持面向国家重大战略，瞄准科技前沿，在先进发射、光电信息、导航制导、先进材料等科技领域处于国内领先水平。现拥有瞬态物理国家重点实验室、近程高速目标探测技术国防学科重点实验室、智能弹药技术重点实验室、国家特种超细粉体工程技术研究中心、数控成形技术与装备国家地方联合工程实验室（国家级）、技术转移中心及国家民用爆破器材质量检验检测中心等多个科研平台。

南京航空航天大学建有航空航天结构力学及控制全国重点实验室等 10 个国家级科研平台，为中国贡献了包括第一架无人驾驶大型靶机、第一架无人驾驶核试验取样机、第一架高原无人驾驶机、第一架无人驾驶直升机等多个“第一”。学校的基础研究紧紧围绕关键领域展开，取得了“直升机广义涡流理论”“振动控制系统的非线性动力学理论”等在国内外具有重要影响力的理论成果。

西北工业大学充分发挥航空、航天、航海领域特色优势，牵头建有全国重点实验室、国家工程实验室、“一带一路”联合实验室等 9 个国家级平台，共建国家技术创新中心、国家工程研究中心等 20 个国家级平台，以发挥汇聚高端人才、催生标志性原创性科技成果、开展学术交流、服务国家和社会的重要作用。

北京邮电大学聚焦国家战略，大力推动重大创新基地平台建设，强化与国家实验室的对接以及与新型研发机构的合作，推进与领军企业的共建，促进产学研用的深度协同。学校已建设了以国家重点实验室、国家工程实验室、教育部工程研究中心、省部级重点实验室、教育部工程研究中心等为代表的若干高水平科研平台。以基地建设和团队建设为基础，学校科研工作在质和量两个方面均呈现出快速增长态势，为推动产生高质量原创成果奠定了良好基础。

北京理工大学围绕国家重大战略需求，面向国际科技前沿，构建高水平科研平台体系，持续强化原始创新支撑能力。学校依托“强地、扬信、拓天”的特色发展战略，优化科研资源配置，形成了涵盖爆炸科学与技术国家重点实验室、自动化学院复杂系统智能控制与决策教育部重点实验室、北京市纤维素及其衍生材料工程技术研究中心、北京理工大学智能机器人与系统高精尖创新中心等多层次、多领域的科研平台集群。2024 年，学校的“极端光场制造科学与工程”基础科学中心项目和“能源经济与气候政策研究”基础科学中心项目获得国家自然科学基金委员会立项资助。基础科学中心项目旨在吸引国内外顶尖科研人才，推动学科交叉融合，有效支撑重大前沿科学问题的突破。同时，学校加快特色科研平台建设，布局先进结构技术研究院、光学成像与计算实验室、无人车技术工业和信息化部重点实验室等，推动基础研究和技术创新取得突破，并通过产学研协同加快科技成果转化。依托完善的科技创新体系，北京理工大学在生物医学工程、量子测量、先进材料等前沿领域产出了一系列原创性成果，填补了国内多项技术空白。

展 望 篇

第 6 章　中国高校原始创新提升展望

近年来，中国高校在科技创新领域取得了显著进展，涌现出了一批具有突破性的原始创新成果，如量子反常霍尔效应的首次观测、功能介孔材料的合成方法和理论创新等，这些都标志着中国在原始创新方面的显著进展。然而，整体来看，中国在原始创新方面仍面临诸多挑战。本章将围绕问题意识，通过横向比较，剖析中国高校原始创新的现状，总结当前存在的不足，并针对性提出政策路径，以促进中国高校原始创新能力的提升。

6.1　中国高校原始创新现状与不足

6.1.1　高校创新发展缺乏统筹规划

长期以来，部分中国高校在发展过程中一定程度上侧重规模拓展与学科评比，在类型定位和特色彰显方面仍有提升空间，“千校一面”的现象也引发了一些关于差异化发展的讨论与思考。尽管近年来中国高校在全球大学排行榜中的表现有所提升，但与第一科技强国美国的一流大学相比，仍存在较大差距。按照软科世界大学学术排名，2021 年，全球排名前 100、前 500 的中国高校数量分别为 7 所、84 所，而美国的入选高校数量是中国的 3 倍以上。尽管国家为引导不同高校办出特色而出台了相关政策，不同地区高校也就分类管理和分类评价进行了有益探索，但是同质化办学倾向仍然存在，而这种倾向的根源则是高校在学科发展上缺乏统筹布局，以量化评价为主导，易发文章、易出成果的“热门”领域过度挤占冷门学科、基础学科以及特色学科的发展空间，原始创新人才供需严重不匹配，造成了资源、人才、平台等的浪费，也不利于科学精神、创新精神的氛围塑造。面向学科交叉领域的协调管理机制尚未建立，缺乏精准定位和共识，青年科研人员成长往往面临“千军万马过独木桥”的发展路径。

6.1.2　科研组织模式与管理尚不成熟

目前，中国高校在依托重大任务服务国家战略需求的科技攻关机制方面仍显不足，导致需求驱动的原始创新能力不足。在大科学时代，基础学科交叉融合是催生新学科和科学前沿的重要途径，也是产生重大科学发现和原创性技术突破的关键。近年来，诺贝尔奖等重大奖项的获奖成果中，约一半源自交叉学科领域。

然而，中国高校在服务国家战略和经济主战场方面的科技创新潜力尚未得到充分挖掘和释放，亟须进一步加强。

首先，对符合科研范式变革和国家重大需求的科学问题的凝练能力仍然不足，致使科技攻关与国家战略需求的对接不够紧密。现有的学科划分体系对基础学科建设、师资配备和专业设置等方面形成了结构性障碍，导致学科间的交流与融合受限。因此，亟须通过重大任务牵引基础学科的优化和升级，推动其向新的科学前沿和技术突破方向发展，以适应当今社会对重大科技创新的迫切需求。

其次，高校在面向国家重大战略需求和经济主战场的科技攻关中，缺乏有效的创新资源整合。一是高校之间的竞争多于合作，缺乏跨学科、跨部门的协同作用。这种碎片化的科研体系难以形成集群化作战能力，无法在国家重大科技任务中形成有效的合力。二是现有的科研组织体系和资源配置模式未能与原始创新的需求完全契合，科研平台的建设和管理模式也未能形成系统性支持。各学科在资源分配、平台建设和科研资金方面的支持力度不均衡，尤其在基础和前沿研究领域，缺乏长效的支持机制和实体化科研平台，这严重制约了重大科技突破的实现。三是现有政策和资金的分配缺乏灵活性和针对性，尤其在跨学科交叉领域的投入不足。高校之间缺乏有效的资源共享机制，传统学科和团队之间的设备与资源共享不充分，进一步限制了跨学科合作和多学科交叉研究的推进。科研项目管理流程复杂，科研人员需要应对繁重的行政事务和严格的经费使用限制，这不仅降低了科研效率，也影响了科研人员的创新积极性。尤其在重大科研任务和前沿科技领域，行政管理机制的僵化阻碍了科研工作的灵活性和集中度。因此，需要加强科研组织机制的创新，探索如“揭榜挂帅”等新型科研模式，优化跨学科、跨组织的协同攻关机制。

最后，高校服务区域和产业需求的创新潜力仍未得到充分释放，科研成果转化率低于国际水平。虽然中国的发明专利申请量居世界第一，但 2022 年中国高校发明专利的产业化率仅为 3.9%，远低于美国高校约 50%的专利转化率。其根本原因在于校企合作机制不完善，高校教学内容和实验条件未能跟上行业企业的技术发展，缺乏与企业接轨的实验设施和环境，学生在实际工程和技术问题中缺乏实践机会。与此同时，高校教师普遍缺乏工程实践经历，且对与学术产出不直接相关的工程问题和产业需求缺乏兴趣，导致科研任务与实际工程实践脱节。此外，高校在成果转化过程中缺乏足够的专职人才。中国每所高校平均拥有不到 9 名专职成果转化人员，而美国高校的这一数字接近 40 人，差距显著。为了弥补这一差距，必须打破传统的学科评价和管理体系，建立以任务为导向、注重实效的成果认定和评价体系，激发产学研合作的整体效能，并推动科研成果转化，跨越“最后一公里”和“死亡之谷”。同时，需要加强高校与产业界的合作，深化校企联合培养人才和技术创新的机制，提升科研成果的转化能力，确保科技创新能够切实服务国家战略，并满足社会发展需求。

6.1.3　跨组织合作交流潜能未被激发

1. 跨学科交叉建设缺乏统筹，“真交叉”有待加强

在当前的大科学时代，中国高校在原始创新方面取得了显著进展，但仍存在一些可提升之处，特别是在学科交叉、科研组织和资源配置、绩效管理和创新激励机制，以及交叉人才培养等方面。

第一，虽然中国在跨学科领域的科研产出已呈现出较高的数量和影响力，但与世界一流高校相比，整体创新成果的突破性和原创性仍有进一步提升的空间。例如，2022 年中国 SCI 收录论文总量位居全球第一，涉及多学科领域的论文，尤其在材料、物理化学、纳米科学与技术等领域表现突出。然而，在中国高校中，来自学科交叉领域的原创性成果仍占较小比例，约为 5%。此外，与斯坦福大学、MIT 等世界顶尖高校相比，中国名校在科研主题的学科交叉程度上还存在一定差距。尽管国内部分高校在推动学科交叉研究方面已经取得了一些进展。例如，截至 2023 年 8 月，清华大学已根据战略需求陆续建立 10 个校级跨学科交叉研究机构，但整体学科交叉的宏观统筹和协同发展仍显不足。国内不少高校的学科交叉建设存在“拼盘式”的现象，缺乏精准的规划和清晰的定位，部分交叉团队在实际操作中缺少明确目标和共识，未能形成有效的协同机制。同时，在学科交叉领域，提出和解决关键科学问题的能力仍有待加强，导致许多科研成果难以直接回应重大科学问题和国家需求。

第二，中国高校在科研组织和资源配置方面，虽然逐步响应学科交叉发展的需求，但仍存在组织管理能力不足、学科交叉项目管理不到位的问题。跨学科研究项目在管理上缺乏有效的协调机制，不同学科间的沟通合作尚显松散。美国等发达国家的高校通过组建稳定的跨学科研究队伍来保证项目的顺利开展，中国高校在这一方面尚需加强。此外，资源配置的不平衡仍然制约着跨学科研究的顺利进行，部分科研经费、实验设备等资源的分配存在不合理现象，限制了学科交叉研究的潜力释放。

第三，在绩效管理和创新激励机制上，当前部分高校的“清单式”管理方式对跨学科研究的动力产生了压制作用，学科交叉成果的认定存在一定的壁垒，难以有效激励科研人员长期从事跨学科研究。与此同时，科研人员在跨学科团队中的评价与激励机制仍显不足，导致学科交叉团队的创新活力未能得到充分释放。

第四，在学科交叉人才培养方面，当前的硕博士培养体系中，学科思维的局限性与跨学科需求之间存在一定脱节，尤其是在培养具有跨学科视野和综合能力的科研人才方面，仍有较大提升空间。随着国家对创新人才的需求日益增强，高

校应加强“通–专”教育模式的融合，培养既有扎实专业基础又具备跨学科能力的复合型人才。同时，在人文、社会科学与自然科学的跨界融合方面，也亟待更多的探索和实践，推动更广泛的学科交叉，激发创新思维的碰撞。

2. 国际合作与交流有待进一步深化

首先，中国高校在融入全球创新网络方面仍有较大的提升空间，尤其是在跨组织交流和国际科技合作领域。当前，全球政治和经济格局正在发生深刻变化，国际环境复杂多变，中国面临的外部挑战日益严峻。特别是在科技领域，以美国为首的西方国家对中国实施的多方面打压，构筑了科技“铁幕”，意图加速科技“脱钩”。在这种背景下，中国高校与欧美等发达国家和地区的科技合作面临较大困难，尤其是在欧美长期占据优势的重大关键领域，国际科技合作的深度和广度受到明显制约。尽管中国高校在某些领域取得了进展，如由“双一流”高校主导的“深时数字地球”、“碳中和与能源智联”以及“国际人类表型组计划”等国际大科学计划培育项目正稳步推进，但整体来看，中国高校在主动设计、牵头发起国际重大科研项目和大科学工程方面仍显不足，尤其是涉及全球性科学挑战和人类发展核心问题的跨国合作和科研攻关任务较少。相比之下，美国在多个关键领域依然处于全球科研的领先地位，拥有大量世界一流科研机构和顶尖学者。根据知识流动方向的引用指数，美国处于全球科研网络的“核心”，其对全球科研的知识供给远超知识吸收。

其次，中国高校的国际科技交流与合作亟待进一步深化。在中国科研实力快速发展的过程中，国际合作发挥了至关重要的作用，涵盖了人才培养、科研推进和国际交流等关键职能，已成为高校发展的重点任务之一。然而，与发达国家相比，中国在吸引国际科研人员来华开展高水平研究、吸引全球优秀本科生和硕士生攻读博士学位方面仍存在较大差距。根据 2020 年的数据，留学生在美国、加拿大、英国和日本的博士生中所占比例均超过 20%，其中英国的比例接近 40%，而加拿大的比例还在逐年上升。美国国家科学基金会的调查显示，2017 年，在美获得科学与工程领域博士学位且毕业时持临时签证的人员中，有 71.2%希望毕业后留在美国就业。这些数据显示，国际科研人才流动和合作仍以发达国家为主，中国在这一领域的吸引力尚需提升。

最后，在高水平科研合作和原创性科学研究成果方面，中国高校的国际影响力还有较大的提升空间。例如，在材料科学领域，2018 年至 2022 年，斯坦福大学、剑桥大学、东京大学等世界顶尖高校的国际合作论文的平均比例分别为 15.34%、4.93%和 3.47%，而清华大学、北京大学、复旦大学和上海交通大学的国际合作论文比例分别为 4.63%、4.56%、3.43%和 3.26%。在数学领域，国际合作论文比例方面，斯坦福大学为 18.92%，剑桥大学为 8.96%，而中国相关高校的比例则在 3%至 5%之间。这些数据表明，中国高校在国际合作中的比例和深度仍有很大的发展空间，尤其是在原创性科研成果的国际化和全球知识网络的参与度方面。

6.1.4　资金与装备平台支持有待优化

1. 基础研究投入不足且来源较为单一

当前，中国高校在基础研究上的投入仍有待提高。基础研究不仅是提高国家创新核心竞争力的基石，也是产生原始创新的重要源泉，逐渐成为一种战略资源，国家之间的竞争也开始前移至基础研究领域。近年来，中国持续加大对基础研究的投入，高校的基础研究经费也不断增长，部分研究型大学在基础研究和高技术领域承担了越来越重要的科技任务。然而，尽管政府对基础研究的重视有所提升，并取得了一定成就，中国基础研究的发展仍面临诸多问题和挑战。

首先，支撑基础研究原始创新人才培养的资金投入还不够充分。目前，中国的研发支出主要集中在试验发展方面，2024 年，中国基础研究经费支出为 2497 亿元，占全社会研究与试验发展经费的比重为 6.91%，同比增长 10.5%，但仍低于所有 G7（Group of Seven，七国集团）国家普遍的 10%~20%的水平。

其次，我国在基础研究和相应研究人员的投入有待进一步加强。2024 年，尽管中国研发经费投入强度（研发经费与国内生产总值之比）为 2.68%，已超过欧盟国家平均水平（2.11%），并进一步接近 OECD 国家平均水平（2.73%）。但基础研究投入占比刚突破 6%，与发达国家 12%~20%的投入比例相比仍有较大距离，高校在支持博士生培养的科研经费条件上也与发达国家存在显著差距。在对近百个原创性较高的科研团队进行问卷调研后发现，研发资金来源中 78%来自政府，企业、社会组织等其他资金来源仅占 22%。这种较为单一的资金来源，导致场景驱动的原始创新相对缺乏。此外，当前高校科研经费仍然以竞争性经费为主。科研团队，特别是青年科研团队，为了维持科研生计，不得不将大量时间投入项目和基金的申请上，难以专注于高价值的科学问题和技术攻关。

最后，中国对长周期、高风险、颠覆性的基础研究投入仍显不足，5 年以上的长周期基础研究支持计划目前屈指可数，仅有国家杰出青年科学基金项目，以及地方性长周期基础研究计划，如广州市“阶梯式”基础研究人才培育计划。这种情况与基础研究对长期性、系统性科研活动的要求不相匹配，导致高校科技工作者难以长期专注于自身研究领域，不利于重大原始创新成果的产生。高校基础研究经费和项目的支持布局不均衡，不同学科领域的原始创新成果产出差异巨大，部分高校专项经费分配与其发展规划的契合度不高。

2. 科研平台有组织程度不高

首先，当前重大科研平台的有组织程度不高，原始创新活力尚未得到充分激发，这成为高校科研创新和学科发展的重大挑战之一。在现有体系中，国家重点实验室等高端科研平台支撑国家重大需求和跨学科协同攻关的能力仍显不足。这不仅限制了科研资源的有效整合，也使得平台在解决战略性、前沿性技术问题时的能力受到了明显制约。

其次，地方政府和校外机构对高校学科发展在场地、资金、科研设备及人力资源等方面的投入力度有限，难以有效支撑高校的有组织科研需求。与此同时，高校内部人员聘用和知识产权机制尚不成熟，导致科研人才引进难度大且稳定性不足。尽管新型研发机构和数字化科研平台作为促进创新的重要载体逐渐受到重视，但其功能和机制作用尚未得到充分发挥。

再次，当前高校有组织科研所需的平台设备存在利用率不高、共享与管理机制不完善等问题，造成资源浪费。不科学的考核制度导致设备共享性差，各高校之间的实质共建不足，设备管理和维护人员的积极性不高，制约了科研工作的效率。重大科学装备作为原始创新的基础支撑，在大科学背景和学科交叉趋势下，其使用与管理显然无法满足当前科研的高度融合需求。实验室管理制度上的不足进一步削弱了设备平台的使用效率，使得跨学科领域的合作潜力和原始创新潜力难以充分释放。

最后，“揭榜挂帅”等新型科研组织机制虽被引入，但在实践中，其概念边界和组织模式尚不清晰，仍需要构建适用于高校的理论体系和实践框架。完善这些机制，不仅可以提升高校参与国家重大科研项目的动力，也能有效凝聚多方资源，形成制度合力。有组织科研模式作为促进学科交叉和基础前沿领域创新突破的重要路径，目前仍处于探索阶段。现有的学科交叉评估和资助机制缺乏清晰的制度界定，资源配置的随意性较大，多学科交叉团队在科研经费、实验场地和设备、招生名额等资源分配中难以获得足够的支持。这种局限直接影响了高校在学科交叉领域的研究成果产出，也对团队长效发展造成了阻碍。与此同时，国家和高校在增量资源投入上的不足，使得有组织科研的整体推进动力不足。因此，要真正释放科研平台的原始创新活力，需要完善科研平台的组织体系，加强跨学科领域的资源配置，明确“揭榜挂帅”等机制的适用范围和操作细则。

6.1.5　分类评价和激励机制亟待完善

一是高校分类管理理念仍处于初步探索阶段，亟须进一步细化与落实，以提升原始创新的实效。不同类型的高校、科研成果和学科领域对原始创新的要求各不相同，推动高校科研管理向科学化、精细化、专业化发展，尤其是在评价与激励机制方面，具有重要现实意义。然而，尽管国家出台了一系列政策鼓励高校特色发展，不同地区也积极探索分类管理与分类评价的路径，但同质化办学倾向依然存在，其根源在于学科发展统筹不足，不利于科学精神与创新氛围的形成。

二是中国高校科研大平台建设仍然存在短板，面向学科交叉领域的协调管理机制尚未健全，科研评价体系缺乏科学的分类标准，对差异化发展的重视不足，包容性与特色化激励亦有待加强。尽管国家和相关部门多次强调科技评价要分类推进，但在实际操作中，分类评价改革的成效未达预期。长期存在的制度性障碍仍较为突出，特别是在基础研究与高新技术领域的原始创新方面，过度依赖量化考核标准，使得科研人员面临“一刀切”问题，阻碍了科研活力的充分释放。此外，当前科研评价体系过度强调“第一作者”或“第一完成人”地位，不利于跨团队协作与学科交叉，影响原创成果的涌现。院系主导的垂直管理模式和考核资源化、指标化的倾向，进一步加剧了评价体系的僵化。在前沿交叉领域，科研成果的认定仍面临较大壁垒，“清单式”绩效管理弱化了原始创新的可能性，制约了交叉学科研究人员的创新动力，影响深度研究的开展。

三是高校评价体系仍然以项目、成果和人才评估为“指挥棒”，但“五唯”问题尚未根本破除，特别是“唯论文”倾向导致了对基础研究长期性和不可量化特征的忽视。现行量化指标在部分应用研究领域较为有效，但在基础研究和原创性研究中难以全面衡量长期价值和创新潜力，使得科研人员更倾向于选择短期内易见成效的研究方向，而非需要长期积累的重大课题。尽管破除“五唯”的改革措施不断推进，评价体系在具体执行中仍面临多重挑战，既需考察论文、专利、职称等传统指标，又需兼顾成果转化、社会服务和教学工作，这种多维考核增加了科研人员的评价负担，尤其对青年科研人员而言，易导致创新动力被压制，形成“短平快”研究的导向。同时，评价体系过度依赖头衔和荣誉称号，资源向少数人集中，影响了青年科研人员的公平发展机会，甚至形成“千军万马过独木桥”的竞争格局，使部分边缘学科研究者面临更大的学术生存压力，不利于科研生态的健康发展。

四是高校科研评价体系的组织与环境机制仍有待优化，政府部门的评价指标应更加关注高校科研与人才培养的特色发展。部分高校虽已尝试推进多元化评价模式，但受限于整体改革进程的节奏不一，难以形成长期稳定的政策效应。同时，地区和高校间因过度追逐头衔而加剧了资源分配的不均衡，影响了科研公平竞争环境的构建。尽管国家多次强调扩大高校自主权，但科研资源仍然集中在行政分配体系之中，优质资源稀缺问题尚未得到有效缓解。此外，过于频繁的评价活动占用了科研人员大量时间，行政管理仍存在“重管理、轻服务”问题，影响了科研工作的高效运转。

五是高校科技评价体系考核内容重复较多，缺乏科学规范与统筹，实际成效有限。国家重点实验室、工程技术研究中心、学科评估、项目评审及各类头衔评选等评价体系相互交叉，增加了科研工作的管理负担，影响了科研效率。要推动科技评价体系改革，必须以促进创新成果产出为核心，建立更加精准、灵活、能够激励长期研究的评价机制，减少行政干预，以系统性统筹提升评价科学性，从而更有效释放高校科研创新潜力，助力中国科技创新能力提升。

6.1.6　人才培养与创新生态还需探索

中国高校在创新人才培养方面已取得令人瞩目的成就。通过多年的不懈努力，中国高校已形成全国规模最大的创新人才群体。高校通过承担超过 85%的国家自然科学基金项目，卓有成效地培养了大批基础研究领域的优秀创新人才。然而，与全球科技强国相比，中国高校在原始创新生态和拔尖创新人才的培养体系上仍有改进和优化空间。近年来，高校创新文化建设逐步受到重视，但拔尖创新人才仍然相对匮乏，宽容失败的学术氛围尚未充分形成，现有的人才培养模式在面向未来需求时显得不够完善。与此同时，国际合作与交流的深度和广度亦有待进一步拓展，以便更好地融入全球科技创新网络。这些不足在一定程度上制约了高校在孕育具有全球影响力的拔尖科学家和高水平创新人才方面的能力。

第一，从国际视角来看，中国高校研究生教育的规模与质量在全球范围内仍存在显著提升空间。尽管中国高校已经拥有数量可观的基础学科和青年研究人才，但支撑基础研究和原始创新的高水平创新人才储备尚显不足。根据《2025 全国研究生招生调查报告》，全球经济排名前 20 位的国家中，大多数研究生占高等教育的比重达到了 15%以上，中国仅为 7.5%。同时，主要发达国家每千人注册研究生人数明显高于中国，美国和英国分别达到了 10.57 人和 7.28 人，而中国仅为 2.5 人。

第二，中国技术与产业领域的创新人才培养面临显著挑战，在具备重大需求和广阔市场前景的领域，科技人才数量和质量都亟须提升。以集成电路产业为例，其技术密集、资本密集和人才密集的特征，使其成为全球产业链中最为复杂的部分之一。根据《集成电路行业人才发展洞察报告（2024）》，2023 年中国从事集成电路产业上市公司从业人员总数为 63.3 万人，然而，尽管集成电路专业毕业生数量庞大，人才缺口却达到了约 20 万人。到 2030 年，随着中国集成电路产业的快速发展，预计人才需求将增长至 70 万人，而人才供给可能仅能满足 60%~70%的需求，缺口可能达到 30 万~40 万。由于该专业设立时间较晚，人才培养体系尚未完全成熟，当前相关岗位的招聘主要依赖于计算机科学与技术、电子信息工程等传统学科背景的毕业生。此外，在 AI、生物医疗等领域人才的供需矛盾也较为突出，亟须引起重视并加以解决。麦肯锡的最新报告显示，到 2030 年，中国对 AI 专业人才的需求预计将达到 600 万，而人才缺口可能高达 400 万；根据《中国 ICT 人才生态白皮书》，2025 年中国 ICT 人才缺口可能超过 2000 万，到 2030 年这一数字可能进一步扩大。

第三，在科研与学术生态方面，学术共同体的作用尚未充分发挥。中国学术共同体的自治文化未能有效建立，科学共同体内部的自我管理机制缺乏实质性运作。尽管越来越多的科学家参与科技管理，但其个人判断常受主观偏见、利益冲突和道德因素影响，难以代表学术共同体的整体声音。这种局面导致政府与学术共同体难以实现协同治理，行政管理往往代替了科研机构的自主治理，科研评价体系也因此深陷指标化、行政化的困境。

第四，科研人员，特别是科学家的职业化市场发展面临诸多挑战。从大环境来看，中国的专业组织和高等教育机构在独立性方面仍有待提高，科研人员的成长与流动也受到政策环境的制约。例如，学术团体和期刊的专业组织在中国的科学体系中往往处于边缘化地位，缺乏足够的影响力。同时，在许多高校和研究机构的治理结构中，学术主体在决策和管理中的参与度较低，导致科研环境中存在不利于开展原始创新的因素。与西方发达国家的研究型大学相比，中国高校教师的聘任、晋升和薪酬模式，虽有一定的效率优势，也在一定的历史阶段促进了中国科技整体实力的提升，但长远来看，路径和模式趋同严重，不利于多样化人才的引进与培养，抑制了创造力的发挥。此外，学术界内部也存在不利于青年人才发展的“波顿克效应”和“棘轮效应”。“波顿克效应”导致低声望机构的科学家难以获得同行认可，影响了知识的传播与价值承认；“棘轮效应”则导致一旦科学家获得认可，其地位难以下降。这两个现象都极大地抑制了学术流动性。当前，中国学术共同体需要形成更加开放、包容的合作文化，同时促进原始创新的激励机制也需要进一步完善，以更有利于学术结构的科学合理分层和高校人才梯队建设。

6.2　中国高校原始创新优化路径

6.2.1　完善高校顶层设计

创新的核心在于将科学价值转化为实践价值。对此，高校需进一步强化原创科技成果转化的机制与专业化人才队伍建设。一方面，应以科研能力与实际贡献为导向，推动人才评价体系向多元化、长周期方向改革；另一方面，应聚焦创新人格的塑造与创新能力的培养，构建科学与人文并重、理论与实践融合的人才培养模式，从而为原始创新能力的提升奠定坚实基础。尤其是要加强中国博士生教育中对于原始创新能力的培养。根据 2019 年《自然》杂志发布的全球博士教育调查，中国博士生在科学创新能力的自评得分为 3.5，显著低于发达国家的平均水平 4.0。

6.2.2 加强有组织的科研

一是强化目标导向，构建面向国家战略需求的科技攻关体系。当前，科学发现与技术攻关日益依赖大科学、大团队、大平台、大设备，有组织科研已成为原始创新的重要支撑。应坚持“需求导向、应用为王”的基本原则，将行业部门和企业作为需求方，教育部门作为供给方，推动国家需求向重大科技攻关项目高效转化。高校应在中央科技委员会的统筹领导下，充分发挥新型举国体制优势，构建高等教育主导、支撑国家创新体系的高校创新体系，制订高效可行的服务国家重大战略方案，提升组织化科研水平。围绕国家、行业、市场需求，整合高校分散的科研资源，以国家目标为牵引，强化科研团队建设，依托科研基地，统筹政策与资金支持，鼓励团队聘用劳动合同制专职研究人员，打造高水平科研创新团队，承担国家重大科研任务。进一步完善人事管理体制，支持重点基地、重大项目团队突破编制限制，以竞争性薪酬和福利吸引高端科研人才，推动重大科技创新领域实现原创性突破。

二是优化学科重点布局，构建支撑国家战略的学科体系。应强化战略导向、目标导向、问题导向，提高学科布局的前瞻性和系统性，以提升国家原始创新能力、解决关键核心技术问题、引领世界学术前沿为核心，科学规划学科发展方向。围绕新文科、新工科、新理科的建设理念，完善学科分类分层体系，健全学科动态调整机制，依托学科优势和发展目标，精准遴选国家重大需求领域的基础科学问题和关键技术方向，统筹校内外资源，跨学科、跨院系集聚优势力量，有组织开展创新人才培养。针对数字经济、生命健康、新材料等战略性新兴和未来产业，统筹项目研究，抓住产业数字化、数字产业化赋予的历史机遇，推动相关学科在理论研究、技术突破、成果转化等方面形成系统布局，支撑国家科技与经济高质量发展。

三是平衡自由探索与有组织科研，推动科技攻关体系化协同创新。高校应突破以个人项目申请为主的传统科研资助模式，统筹各院系力量，强化面向国家重点战略需求和国计民生重大课题的系统性研究，推动以分工协作、集体攻关、稳定支持与竞争激励相结合的科研资助模式，鼓励科学家承担高端先导项目。积极参与并支持能源、农业、信息安全、生命科学等领域的国家实验室建设，强化高校科研对原始创新的支撑作用。管理部门应结合高校学科发展需求、国家实验室布局及政府政策导向，优化地方资源配置，拓展校外科研场地，加大人才引进力度，助力基础学科、前沿学科和交叉学科发展。探索建立校内科研人员引进机制与国家实验室“双聘”机制，推动高校与国家实验室形成长期共赢合作关系，并健全人员聘用与知识产权管理机制。基于国家科技发展图谱与科研攻关需求，推动国家重点实验室功能升级，深化科研平台、研究机构的重组整合，赋予实验室在项目管理、经费调配、人才选聘、学生培养、科研设备管理、成果转化等方面更大自主权，形成以国家重大基础研究和应用研究需求为牵引的科研攻关体系，强化关键共性技术突破，催生不同类型的原始创新成果，为中国科技创新体系建设提供强有力支撑。

6.2.3　营造多元创新环境

1. 统筹推进跨学科交叉建设

2018 年，习近平在北京大学师生座谈会上[①]提到："大学要瞄准世界科技前沿，加强对关键共性技术、前沿引领技术、现代工程技术、颠覆性技术的攻关创新。要下大气力组建交叉学科群和强有力的科技攻关团队，加强学科之间协同创新，加强对原创性、系统性、引领性研究的支持。要培养造就一大批具有国际水平的战略科技人才、科技领军人才、青年科技人才和高水平创新团队，力争实现前瞻性基础研究、引领性原创成果的重大突破。"学科交叉是创新发展的应有之义，需要探索"跨越式发展"的创新模式。可从以下几方面强化中国高校学科交叉建设，提升原始创新能力，夯实高水平科技自立自强根基。

1）加强统筹，构建分阶段的高校学科交叉发展规划

一是在学校层面强化学科交叉建设。将学科交叉建设纳入高水平研究型大学的办学考核指标，明确指标中学科交叉建设的贡献占比，以凸显其重要性和价值。将交叉学科成果纳入院系考核增量指标，避免与现有学科竞争，并配套专项建设经费支持，引导各高校结合自身办学特点制订方案，申报支持经费，以进一步夯实学科交叉工作。二是完善分阶段的高校学科交叉战略规划。学科交叉建设分为培育期、发展期和成熟期等不同阶段。培育期以学校交叉研究平台引导为主，如西安交通大学前沿科学技术研究院为科研项目配备了专门的负责人，由其统筹项目的实施与管理，并通过小额稳定资助与长周期考核，汇聚海内外人才，培育交叉研究团队和平台；发展期主要聚焦国家重大战略和前沿科学问题，通过"揭榜挂帅"等方式挖掘、遴选项目/学科带头人，组建交叉研究团队；成熟期逐步确定较为固定的交叉方向和较为稳定的交叉团队，以国家级重大项目和平台为抓手，形成学科增长点和交叉领域人才培养模式。三是专设学科交叉管理机构，以强化学科交叉战略管理和咨询机制。例如，清华大学在校级层面成立了跨学科交叉研究工作领导小组和跨学科交叉科研机构管理办公室，以统筹学科交叉建设。各高校可借助高层次部门力量，在全国乃至全球范围内遴选与聘请跨学科领域的杰出

① 《在北京大学师生座谈会上的讲话》，https://zqb.cyol.com/html/2018-05/03/nw.D110000zgqnb_20180503_1-02.htm[2024-12-11]。

学科带头人与科学家，组成学科交叉战略专家库，对现有科研方向进行系统性总结与凝练，统筹国家战略和重大需求导向下各高校自身的学科交叉建设要求和重点方向，设定更为明确清晰的科研目标和任务，在此基础上有计划、分阶段地推进不同领域交叉研究的深入发展和创新突破。例如，上海交通大学 Bio-X 研究院始终以“大生物学”问题为导向，杜绝盲目学科交叠，成为交叉合作研究基地的典范。

2）完善新场景、新技术驱动的学科交叉组织与管理机制，加大增量投入和资源共享

一是探索建立响应重大需求的学科交叉组织模式与管理机制。打好分阶段、动态发展的“学科交叉平台+交叉科学团队+交叉学科”的“组合拳”，以应对国家战略需求和重大科学问题。区别于传统院系管理，探索建立适用于学科交叉的“学校—集群/团队—个人”三级组织机制。可借鉴国际上威斯康星大学麦迪逊分校与佛罗里达州立大学的做法，针对重大战略需求和交叉前沿领域的复杂科学问题，在校级层面构建知识域集群或战略目标下的项目团队，遴选出团队负责人，以竞聘形式引入各学科教师，教师将不受传统院系壁垒制约，由大学层面统筹安排。打造由数据科学、AI 等新技术驱动学科交叉研究的全新教育生态。例如，浙江大学推出“AI for Education”（人工智能赋能教育）教学改革重点项目，成体系建设“AI+X”学科交叉人才培养项目和课程教材群，同时积极运用不同学科的新方法、新技术、新手段，着力解决科学仪器自研自制等复杂科学领域的关键问题。二是强化学科交叉的全过程管理。专设校级学科交叉融合管理机构，跟踪管理重大学科交叉项目，建立学科交叉平台或团队协同机制，确保学科交叉团队根据已有共识和新研究进展不断交叉整合。完善教师在多个学术单位的任职期限和工作比例、资源获取和名额分配、行政归属和收益分配等规定，提高学科交叉团队归属感。三是进一步完善人、财、物、场地等增量资源投入。高校可将从事基础性、前沿性交叉研究的团队纳入实体化科研平台，并根据团队规模、研究方向、实际需求、预期成果等因素给予配套支持。可通过专项计划，争取国家相关部门的研究生专项招生名额，定向支持学科交叉团队。积极开辟社会捐赠、种子基金等外部资金渠道，以保障长期稳定资金投入。四是强化不同高校之间、传统院系与学科交叉团队之间的资源共享。不断推进国家（重点）实验室、大科学装置等科技创新平台建设，以进一步强化战略和需求导向的学科交叉研究，构建与学科交叉相适应的科研平台高效联动机制。进一步开放学科交叉团队成员对高水平实验设备的使用权限，配套建立相应的合理补偿机制，建立按需分配、有进有出的场地共享机制。完善项目负责人遴选、教师互聘、课程共享、成果共用等机制，进一步打破传统学科和院系组织的藩篱。强化国家高等教育智慧教育平台等国家级平台的应用实效，推广平台应用，促进系统互联互通，优化教育资源配置，以满足

不同领域和教育阶段师生的多样化需求。

3）探索完善学科交叉研究的“成果互认”、“实效评价”与“优劳优酬”等评价与激励机制

一是在校级层面组建多学科专家评审组，设立统一认定的顶级期刊列表，适当加大学科交叉领域期刊所占清单比例。设置符合交叉团队实际情况的考核指标和成果认定体系，规范交叉研究成果的贡献认定流程。可借鉴英国基于同行评议和分类评价的 REF 大学科研评价体系，对切实解决科学问题、体现原始创新价值的成果，不拘泥于严格的“成果认定清单”，给予及时认可，并将高价值成果同时归属于人事关系所在学院和科研关系所在团队，完善重大学科交叉成果中第二、第三参与人的成果认定机制。二是充分考虑不同领域、不同阶段学科交叉的需求和特点，构建更为科学的成果评价体系。破除“清单制”，对于前沿探索性的学科交叉团队，建立稳定性资助和配套的长周期评价制度；对于重大战略和前沿科学项目，完善重创新实效和实际贡献的评价机制。鼓励中国高校科研工作者结合自身实践经验建立不同领域学科交叉的工具包。三是构建灵活动态的“优劳优酬”学科交叉评价与激励体系。对原始创新成果显著的学科交叉团队给予增量绩效奖励，在教师职称评定中给予学科交叉团队倾斜鼓励政策，赋予团队负责人一定的话语权和资源的自主分配权，根据团队需求、成员特点设置个性化岗位任务和考核方案，将团队内部个人考核评价与绩效分配充分挂钩，吸引并留住更多优秀的跨学科人才。

4）构建“专通平衡”的人才培养机制，强化交叉人才引入和场域塑造

一是在夯实多学科知识基础上分阶段推进学科交叉人才培养。研究表明，相较于最初跨学科性高的研究人员，由专一领域走向跨学科的研究人员学术产出与影响力更为持久。多学科交叉不是把各学科特点抹平，而是发挥各学科的强项，让其独有的创造性在相互激荡中迸发。构建涵盖专业知识、专业技能以及通识教育的知识模块以及学科交叉专题、重大科学问题解决方案、研讨会等多层次学科交叉人才培养体系，分阶段推进交叉前沿领域的基础研究人才培养。有组织地向青年科技工作者开展跨学科科普工作，以丰富其知识体系，激发创新灵感，增强跨学科、跨领域科学交流合作和创新动力。二是完善学科交叉人才“双聘”机制。对于学科交叉路径明晰的重大科学任务，遴选在本学科有扎实科研成果且有交叉研究意向的成熟人才，保留原有院系身份，通过校内“双聘”的形式鼓励其组建或加入学科交叉团队。对于战略导向下学科交叉尚在探索阶段的领域，以本学科优先为原则，招募紧追学术前沿、视野开阔、研究方向还未定型的年轻人才，依托重大平台或科学项目进入学科交叉团队开展科学研究，产出成果后逐步确定主要学科和研究方向，再通过校内“双聘”的形式回归院系。三是构建科学、技术、人文、艺术的多层次、大跨度交叉常态机制。在校级层面建成“大交叉”科学研

究的动态专家库，鼓励自然科学和人文、社会科学、艺术领域的教师相互跨界承担和参与交叉研究重大项目，适当引导建立和发展跨大类交叉研究团队与平台，开展相关研究和实践活动，汇聚国际一流专家学者。例如，中国人民大学充分利用其人文、社会科学的学科优势，以建立新型交叉研究中心等方式探索教研互促的新型文理交叉模式；北京大学科学史与科学哲学研究中心的建立对于进一步促进科技创新意义重大。因此，高校应以人文情怀涵养科学精神，创造追求真理的科研氛围，拓宽创新视野和边界，推动学科交叉领域的原创性、颠覆性创新。四是加强高校学科交叉平台和专有基础设施建设。从学科交叉融合视角优化空间分布，积极打破科研基础设施环境的物理分割，在基础设施和建筑规划中，优先对学科交叉强度高的学科采用“集群式”空间分布，设计用于开展交叉研究的专门建筑和实验空间，主动缩小学科间的交流距离，增加学科交叉合作机会。发挥书院作为第三方跨学科平台的制度优势，开设高质量交叉课程，有效抑制单学科本位主义（如南方科技大学通过实施“书院制”与“导师制”双轨模式，在强化通识教育的同时促进学科交叉融合，为多学科创新成果的涌现提供制度保障），以此有效扭转部分大学重科研、轻教学的氛围，提升人才培养决策的专业性、效率性和科学性。支持高水平研究型大学建设示范性学科交叉中心等学科交叉研究平台，通过学术研讨会、讲座、学术派对等组织形式构建多学科师生合作网络和学习社区，汇聚国内外一流学者，为培养更多拔尖的学科交叉青年科技人才贡献力量。

2. 促进产学研协同攻关

一是构建产学研用一体化协同创新体系，提升科技成果转化能力。高校应主动对接国家重大战略需求和现代化产业体系建设，通过与技术攻关部门紧密协作，加强科技成果的前端研发，使其更加适应产业转化需求。同时，依托商业管理、知识产权等专业力量，优化科技成果市场化路径，编制企业适用的成果手册，推动科技成果高效转化，深化校企合作，提高高校在创新链条中的核心作用。在产学研协同创新过程中，技术成果的归属与利益分配是决定合作长期性与稳定性的关键，应建立公平透明的利益分配机制，确保各方权益得到合理保障。通过协商制定贡献导向的分配比例，并根据各方投入和贡献的变化进行动态调整，以促进协同创新联盟的可持续发展。与此同时，研究型大学应深化科技成果转化改革，推动科研成果快速应用。高校可与企业共建产学研用协同创新平台，打造企业技术中心、重点实验室等高水平研发平台，促进科技人才创新创业，进一步激发高校科研活力。政府应发挥统筹协调作用，设立专门的对接机构，编制年度科技成果目录，定期组织科技成果与产业需求对接活动，建立“无缝链接”的合作模式。此外，应设立专项科研基金，支持高校围绕数字经济、生命健康、新材料等战略性新兴产业开展科学研究，推动产学研合作项目的高效遴选和实施。通过建设供需信息共享平台，打通高校、企业、区域之间的技术需求通道，促进信息高效流通，提高科技成果转化效率，助力高校原始创新成果的产业化发展。

二是构建政产学协同育人体系，促进复合型人才培养。现代产业体系的快速发展要求高校、政府和企业协同发力，形成应用型人才培养的长效机制。高校应发挥科研优势，着力培养技术创新和工程实践能力兼备的人才；企业需加大技术研发投入，提供实践平台，促进科研成果向现实生产力转化；政府则应强化政策引导和资源协调，推动产学研深度融合。可在政府主导下，联合行业协会、行业主管部门、企业及高校，建立长期稳定的校企联盟，推动教育资源优化配置，加速教育体制改革，实现教育与产业发展的有机结合。为深化产学研合作，高校应建立教学、科研、生产深度融合的课程体系，构建“基础理论+学科核心+前沿方向+交叉学科”知识体系，并形成基础性—综合性—创新性的递进式实验教学模式。实践教学方面，可依托“生产体验—知识反馈—技能训练—创新设计”四层递进式实习体系，使学生在真实的工程环境中理解科研的实际应用。高校应将科研成果及时引入教学，激发学生科研兴趣，并通过课堂讨论、实验设计等方式，促进科学探索与产业需求的有机结合。同时，生产实践为科技攻关提供现实场景，使学生在理论与实践结合中提升创新能力。通过强化教学、科研、生产三者的联动机制，形成学校、企业和学生多方共赢的人才培养体系。

三是深化学科建设与科研创新联动，提升高校人才培养质量。高校科研与学科发展相辅相成，应依托科研优势推动学科创新，将最新研究成果融入教学实践，确保学科建设与科研前沿同步发展。高校可结合科研成果开设新课程，定期更新教学内容，强化学生对前沿科技的认知。教育主管部门应设立专项经费，支持高校开发开放性实验课程，完善实践教学体系，增强学生的科研素养和实践能力。高校教师应基于最新科研成果优化教学方案，使学生能够根据兴趣自主选择相关课程，以促进科研成果向教学内容的高效转化，提升实验教学的系统性和前沿性。此外，人才培养体系的完善应与国家重大科技任务紧密结合。高校应建立跨学科、跨院系的联合培养机制，鼓励不同领域的学生参与科技攻关项目，在真实科研环境中锻炼创新思维。政府可推动高校与国家重点实验室、科研院所、产业基地建立合作关系，为高水平人才培养提供实践平台。通过这些举措，可推动高校科研与教学有机结合，促进科技创新成果快速落地，助力新兴学科发展，进一步提升高校在国家科技创新体系中的核心竞争力。

3. 深化国际交流与合作

一是强化国际科技合作，构建全球化人才交流与引育机制。相较于世界科技强国，中国在基础学科领域的拔尖创新人才仍显紧缺。截至目前，获得科学类诺贝尔奖的中国籍人士仅有屠呦呦一人，凸显了基础学科人才储备与世界领先水平的差距。在当前国际科技与产业竞争加剧的背景下，中国高校与欧美发达地区的科技合作面临一定阻力，科研人才融入全球创新网络的深度和广度仍需进一步提升。因此，应通过高校持续拓展和深化国际科技合作，完善全球科技人才引育体系。借鉴德国洪堡基金模式，设立教育种子基金，以高水平研究型大学为枢纽，广泛吸引海外博士和博士后人才来华开展科学研究，同时优化留学人员派出策略，实现"引育并举"，提升中国科研人才的国际竞争力。此外，应持续完善基础学科国际暑期学校项目，大力吸引国际顶尖科学家来华讲学，并鼓励海外优秀学生来华留学和访学，打造国家科技软实力的重要载体。利用中国人才集聚的制度优势，应对全球产业格局变化，突破科技封锁与人才限制，吸引全球高端科研人才。政府和高校应联合运用大数据、AI 等现代管理技术，建立全球顶尖科学家和团队的数据库，精准跟踪科技人才流动趋势，提高海外科技人才引进的效率和质量，为中国高校的学科建设和科研创新提供强有力支撑。

二是构建国际科研合作体系，推动国际大科学计划和工程。当前，中国高校应积极对接国际科技组织，适时将具备条件的重大科研任务升级为国际大科学计划或工程，以提升国际影响力并促进科技成果的全球共享。针对基础学科、交叉学科和全球公共问题，应有针对性地布局国际联合实验室和引智基地，持续拓展国际科技合作的深度和广度。高校应主动与世界顶尖大学及科研机构建立长期合作机制，推动国际联合实验室和研究中心的建设，在优质教育模式、学科体系、科研方法论等方面开展深入交流，创新联合办学体制机制，为全球科技人才的联合培养奠定基础。同时，需进一步强化高校与国际顶尖大学及研究机构的访学与交流体系。高校应加大对优秀学生、青年教师及学术领军人才的国际访学和学术交流支持，鼓励短期访学、联合研究、师生互派等合作模式，提升国内科研人员的国际学术视野。政府和高校应联合增加对优秀研究生公派留学的支持，拓展高校优秀毕业生进入国际组织实习及任职的渠道，并积极推荐高校优秀人才在国际组织、学术机构及国际顶级期刊担任重要职务。这些措施将显著提升中国高校在全球科研与高等教育领域的影响力和竞争力，推动中国科技人才更加深入地融入全球创新体系。

三是完善国际科技合作机制，构建高水平国际化学科建设体系。高校应围绕全球前沿交叉科学、新兴技术发展、全球公共问题等关键领域，布局建设国际创新引智基地，牵头发起或深度参与国际大科学计划和大科学工程。依托"一带一路"倡议，培养多语种复合型国际化专业人才，拓展国际化教育资源，优化国际学生的招生、培养、管理和服务体系，确保生源结构和质量的持续提升。同时，政府和高校应通过共建"一带一路"教育项目、中外人文交流计划等方式，推动孔子学院和国际科技合作基地的建设，增强高校在全球科技文化交流中的主导作用。此外，应利用重大国际科技任务合作的机会，构建具有中国特色的“大科学观”，在国际科研合作与学术交流中提升科学洞见与研究品位，增强中国高校科研人才的基础研究信心。通过国际科研协作不断激发原创性科学思想，推动基础研究的突破性进展，为全球科技进步贡献中国智慧。

四是以国际化推进高校原始创新，提升科技人才全球化竞争力。高校必须以国际化视野推动自主创新能力建设。一方面，高校应加强与国际顶尖科学家、创新团队的深度合作，在科学前沿、技术突破、创新范式等方面展开高水平对话，鼓励学术思想的交流与碰撞。通过国际合作项目、大科学计划、重大科技攻关任务等方式，增强高校师生的学术功底，提高其独立思考和批判性思维能力，培养其甄别和解决高价值科学问题的能力。另一方面，应依托高校的国际化平台优势，优化外国科研人员来华工作的政策环境，加大科研基金支持力度，完善全球科学研究基金资助体系。同时，探索构建外籍高端创新人才引进机制，建立更加精准、高效的海外人才吸引和管理体系，为全球科技人才提供开放、包容、稳定的科研环境，使中国高校成为全球科技创新网络中的关键枢纽。通过这些举措，将进一步强化中国高校在国际科技体系中的竞争力，推动高校原始创新能力迈上新台阶，为全球科技创新贡献更多中国智慧和解决方案。

6.2.4　优化资源平台配置

1. 探索基础研究多元化投入机制

习近平在中共中央政治局第三次集体学习时①强调，“要稳步增加基础研究财政投入，通过税收优惠等多种方式激励企业加大投入，鼓励社会力量设立科学基金、科学捐赠等多元投入，提升国家自然科学基金及其联合基金资助效能，建立完善竞争性支持和稳定支持相结合的基础研究投入机制”。基础研究是原始创新的重要源泉，应加快形成与完善中国基础研究多元化投入机制，进一步加大基础研究投入力度，推动高校在前沿探索、学科交叉等领域产出更多重大原始创新成果。

一是强化政府引导，构建“财政+外部”双向发力的基础研究投入体系。当前，中国高校基础研究经费的主要来源仍以中央财政投入为主。为进一步增强基础研究的可持续性，需在保持财政投入稳步增长的基础上，充分发挥政府的引导作用，构建“中央财政+地方财政+社会资本”多元化投入体系，优化资金结构，提高资金使用效率。首先，应探索地方政府与国家自然科学基金委员会联合设立长周期

① 《习近平主持中共中央政治局第三次集体学习并发表重要讲话》，https://www.gov.cn/xinwen/2023-02/22/content_5742718.htm[2024-12-11]。

重点基础研究基金（以下简称联合基金），提升联合基金的层次与影响力。中央财政可对投入基础研究的地方政府提供转移支付或税收激励，以激励地方财政增加对基础研究的支持力度。其次，应发挥地方自然科学基金委员会的桥梁作用，优化企业参与基础研究的机制。可针对不同产业特点，制定差异化的出资比例政策。例如，对于中小企业较多、产业集中度低的领域，政府可降低企业准入门槛，提高联合基金的政府出资比例，以扩大企业对基础研究的参与度。再次，应进一步发挥企业在基础研究中的“出题人”和“阅卷人”作用，将企业技术需求转化为基础研究课题指南。通过“发榜选贤”模式，鼓励科研院所和高校参与企业提出的基础科学问题研究，推动产业链与创新链深度融合。最后，在联合基金项目评审机制上，应增加企业技术专家的参与比例，使研究方向更贴合产业实际需求。结合政策支持，促进基础研究、应用基础研究与产业化对接，以降低企业试错成本，提升产业创新效率。

二是优化税收政策，激励企业加大基础研究投入。企业是技术创新的主体，提高企业对基础研究的投入比例是推动原始创新的重要路径。为此，应进一步优化税收政策，强化企业基础研究投资的引导作用，形成财政资金与企业资本协同投入的模式。首先，应提高企业投入基础研究的税收优惠力度。例如，企业向高校投入的基础研究经费，可在税前加计扣除，提高企业的投资积极性。同时，完善企业委托高校开展基础研究的税收抵免政策，使企业可通过项目合作、技术咨询等方式借助高校科研能力解决技术瓶颈，并享受税收优惠，以降低研发成本。其次，应完善企业以捐赠方式资助基础研究的税收激励政策。可考虑适度延长基础研究捐赠的结转期，如将间接捐赠结转年限从三年延长至五年，同时提高企业直接捐赠的抵扣比例，允许企业按应纳税所得额的12%进行扣除。再次，可探索新型金融工具，支持企业投资基础研究，形成长效资本支持体系。最后，高校也应主动优化企业合作模式，创新引导企业投资基础研究的机制。例如，清华大学自 2023 年以来，持续拓展外部资源，将校地、校企科技合作专项资金中不低于15%的经费用于基础研究。这一模式可作为示范，鼓励更多高校制定类似政策，确保企业投入的科研经费可持续流向基础研究领域。

三是拓宽社会捐赠渠道，完善公益基金支持体系。社会力量是基础研究投入的重要来源之一。为充分调动社会资本对基础研究的支持，需加快完善社会捐赠机制，鼓励个人、企业、基金会等社会力量设立专项基金，形成多层次的科研资助体系。首先，应推动设立高水平基础研究公益基金会，完善基金会监管体系，提高社会资本发起设立科学基金会的便捷性。例如，可探索基础研究公益基金会直接登记试点，允许符合条件的社会资本快速设立科研基金会，以吸引社会资本长期支持基础研究。可借鉴腾讯公司发起的“新基石研究员项目”等模式，鼓励企业设立资助基础研究的专项基金，形成稳定的资金来源。其次，可设立基础研究专项资助机构，专注于关键学科领域和基础前沿问题。例如，设立“科学基金公益信托中心”，为部分高风险、非共识的基础研究提供长期稳定的非竞争性资金投入，支持可能带来颠覆性突破的研究方向。最后，鼓励社会力量通过设立科学奖励、发起科技奖项等方式支持基础研究，支持高校科研工作者聚焦长期性的原始创新。

四是加强宣传引导，营造崇尚科学捐赠的社会氛围。应加强科学捐赠文化的培育，提高社会各界对基础研究价值的认知，形成全社会支持原始创新的共识。首先，应充分利用主流媒体和新媒体平台，广泛宣传科学捐赠的重要性。例如，可推动科研机构、高校与社会组织联合发起区域性或国际性科技奖项，提高社会资本支持基础研究的荣誉感和认可度。同时，探索“社会出资、同行评选”模式，引入第三方管理机构，确保基金运作的独立性和长期稳定性。其次，应探索“互联网+”公益模式，依托社交网络平台设立基础研究众筹项目，鼓励公众通过小额捐赠参与科研资助。例如，可借鉴国外科学公益基金的成功案例，在高校设立开放式科研资助平台，让公众直接资助创新性研究项目，提高社会公众对科学研究的关注度。最后，应在政策层面加大对科学捐赠行为的激励力度。例如，可对在科学捐赠方面表现突出的高校和科研机构给予表彰，并在财政资金分配上予以适当倾斜，从而进一步引导社会力量积极参与基础研究资助工作。

2. 加强大科学平台建设

科技平台和科研装备是推动科学研究与技术攻关的重要载体，也是高校原始创新体系的重要支撑。当前，全球科技竞争日趋激烈，前沿科技突破对国家竞争力的影响日益深远。高校要充分发挥学科门类齐全、科技人才密集、基础研究扎实的独特优势，聚焦世界科技前沿，深化国家重点实验室改革和重组，加快推进高水平科技创新平台建设，不断产出具有国际影响力的原创性、颠覆性科研成果。高校不仅要成为国家科技创新体系的重要组成部分，更应通过科技平台建设引领国家现代化产业体系升级，支撑新质生产力发展，为关键核心技术自主可控和国家科技安全提供有力保障。

一是强化全国重点实验室体系建设，提升高校科技平台的支撑能力。全国重点实验室体系建设是中国高校推进重大科研平台和科技装备建设的重要抓手，也是开展有组织科研、突破原创性技术的关键路径。高校，尤其是高水平研究型大学，应积极参与全国重点实验室的布局与重组规划，进一步理顺国家重点实验室与院系、学科之间的关系，优化实验室规模与资源配置，使高校真正成为能够牵头整合全国相关领域科技力量的国家战略科技主力。在实验室建设方面，应加快推进国家重点实验室重组，推动其向基础科学、交叉学科和前沿技术领域拓展，增强高校在国家战略科技力量体系中的主导作用。例如，可借鉴国外先进经验，鼓励国家重点实验室与行业龙头企业、科研院所联合共建实验平台，推动实验室从单一学科研究向跨学科、跨机构协同攻关转型。进一步加强国家重点实验室在承担国家重大任务中的作用，推动其从“学术型”向“任务驱动型”转变，使其成为解决“卡脖子”技术难题、提升关键核心技术自主可控能力的重要支撑。同时，应优化国家重点实验室的管理模式，建立更加灵活的运行机制，提高资源整合与开放共享水平。政府应加大对国家重点实验室的长期稳定投入，探索与社会资本联合完善科研基础设施的模式，推动实验室管理向专业化、现代化方向发展。鼓励国家大型科学仪器中心开展引领性科学研究和方法创新，提高技术支撑能力，为高校及企业提供高水平的科研服务。

二是深化国家工程研究中心和重点科研机构布局，推动高校科研平台体系化建设。在加强全国重点实验室建设的同时，应推进国家工程研究中心、工程实验室等科研机构的优化整合，形成涵盖基础研究、应用研究和技术转化的系统化科研平台体系。高校要加强依托自身建设运行的重点科研机构与国家级科研机构布局的衔接，推动国家工程技术研究中心、联合共建科研机构等在高等院校的系统布局，以提高科技创新的系统性和协同性。同时，应鼓励高校牵头建设面向国家重大需求的产业技术研究院，围绕新能源、AI、生物医药、新材料、量子科技等关键领域，搭建产学研一体化科研平台，加速科技成果从实验室走向市场。例如，在国家重点实验室体系下，建立专门的“技术孵化中心”，为高校科技创新提供从基础研究到产业化的全链条支撑。此外，还需加强实验室、科研中心与地方经济发展的联动，充分利用地方资源拓展科研场地、资金和人力支持。政府可通过设立科技专项基金，鼓励地方财政支持高校科研平台建设，推动地方高校与区域产业协同发展，形成科技创新与经济发展相互促进的格局。

三是推进国家实验室深度参与，推动高校科研与国家科技战略有机结合。高校应积极参与国家实验室建设，在AI、生命科学、信息安全、能源、量子信息等战略科技领域发挥引领作用。应加强国家实验室与高校学科发展的衔接，优化实验室布局，形成“高校-国家实验室-地方政府-行业企业”四位一体的协同创新模式。同时，应推动高校与国家实验室之间的人才流动和机制衔接。例如，建立高校与国家实验室“双聘”机制，鼓励高校科研人员进入国家实验室承担重大科研任务，提高科研团队的整体实力。高校应优化科研人员聘用机制，打破行政壁垒，使高水平科技人才能够在高校和国家实验室间自由流动，形成科研创新合力。此外，还可探索建立国家实验室内部“项目制”管理模式，使高校能够更灵活地调配科研资源，提高研究效率和成果产出。

四是推进科研平台开放共享，提高科技资源利用效率。科技平台的专业化、共享化管理是高校科研能力提升的重要保障。高校应建立按需分配、有进有出的场地共享机制，推动科研设施的跨学科、跨机构共享。例如，可设立“共享实验室”，专门用于交叉学科研究，避免科研资源重复投入，提升实验室利用效率。在科研设备管理方面，可借鉴国际经验，实施有偿使用制度，提高设备利用率。同时，应加强实验室技术人员队伍建设，推动科研管理网络化，提高科研基础设施的运维水平。例如，可在重点高校试点建立科研设备公共服务平台，为中小型科研团队和初创企业提供共享科研设备服务，提升社会科技资源的使用效率。此外，应推动高校深度参与国际科技治理，鼓励其积极加入或发起国际科技组织，并支持设立国际联合实验室和全球科学基金。例如，可牵头组织国际大科学计划，在气候变化、能源安全、生物安全、外层空间探索等全球性问题上展开联合研究，提升中国在全球科技创新体系中的话语权。

6.2.5　细化政策管理机制

1. 完善鼓励原创的分类评价体系

习近平曾在 2021 年 5 月 28 日召开的中国科学院第二十次院士大会、中国工程院第十五次院士大会和中国科学技术协会第十次全国代表大会上指出[①]：“我国原始创新能力还不强，创新体系整体效能还不高，科技创新资源整合还不够，科技创新力量布局有待优化，科技投入产出效益较低，科技人才队伍结构有待优化，科技评价体系还不适应科技发展要求，科技生态需要进一步完善。”这为中国高校优化促进原始创新的政策制定与管理机制指明了方向。

科技评价体系是科技创新生态的重要组成部分，其合理性与科学性直接影响着科研方向、资源配置和人才培养模式。在全球科技竞争加剧、基础研究突破加速的背景下，中国科技评价制度改革必须与国际科技前沿接轨，形成鼓励原始创新的评价导向。当前，中国科技评价体系仍存在对短期成果的过度关注、评价方式单一、学术生态不够包容等问题，难以充分激发科技工作者的创造力。改革科技评价体系，关键在于构建能够引导和提升原始创新能力的评价机制，实现更多“从 0 到 1”的突破，为国家关键核心技术的自主可控和科技自立自强提供支撑。

一是建立健全鼓励重大原创的分类评价体系，推动高校差异化发展。分类评价体系是科技评价改革的核心方向，应从高校类型、学科特点、科研成果属性等多维度优化评价指标，构建更加精准、科学的多级差异化评价体系。科技评价体系改革不仅要促进高校高质量、特色化和内涵式发展，还需确保青年科研人员能够专注于前沿探索，而不被短期考核机制所束缚。在评价标准的调整上，应摒弃单一的数量化指标依赖，坚守与科研规律和人才成长规律相一致的原则，强调科

① 《习近平：在中国科学院第二十次院士大会、中国工程院第十五次院士大会、中国科协第十次全国代表大会上的讲话》，http://www.qstheory.cn/yaowen/2021-05/28/c_1127505625.htm[2025-12-14]。

研贡献的实际影响力，而非仅关注发表论文、申请专利等表面性成果。科技评价改革不应仅仅是摒弃旧有做法，而应在科学性的基础上进行优化，避免从一个极端走向另一个极端。例如，可针对基础研究、应用研究、技术转化等不同类型的科研活动制定各自独立的考核标准，确保科研人员能够根据自身发展阶段选择适合的成长路径，避免过度追逐头衔导致人才竞争的内耗。此外，应完善学术职称评审、人才选拔和研究生培养评价体系，使其更加符合科研发展的内在规律。例如，在高校评价体系中，可减少对“高被引论文”或“顶级期刊论文”的过度依赖，转而考察论文的学术影响力、研究的长期价值以及对国家科技发展的实际贡献，从而引导科研人员更注重原创性探索。

二是破除“一刀切”评价，建立更加科学合理的成果考核机制。当前科技评价体系中仍然存在过度量化、指标固化的问题，使科研人员更倾向于选择短周期、低风险的研究课题，而非长周期、高难度的基础科学问题。为此，应根据不同科研类别的特性，制定针对性的考核机制，避免以单一标准评判多种科研活动。对于目标导向型基础研究，如国家重大科技攻关任务，应设立明确的科研目标、固定的项目周期、清晰的技术参数和验收指标，并采取严格的标准化考核和激励机制，确保研究成果可落地、可转化。例如，在基础研究成果的评价中，可增加与产业界、政策部门的互动，使其不仅能满足学术标准，还能适应国家战略和市场发展需求。对于探索性前沿基础研究，由于研究周期较长、成果产出不确定，应弱化短期竞争性和单一量化考核标准，避免商业化导向对科学思想的干扰。可借鉴国外长周期科研资助模式，实施灵活的阶段性评估机制，让科研人员在研究计划和考核方式上拥有更大的自主权，同时保持政策和资金支持的稳定性。此外，需优化跨学科研究的评价标准，破除传统院系管理模式带来的学科壁垒，确保团队所有成员的贡献得到合理认可，推动不同领域研究人员的深度合作。

三是增强科技评价体系的科学性与实效性，推动科技管理现代化。科技评价体系改革应从全局视角出发，进行系统性优化，强化科技管理部门对评价标准的指导作用，并探索建立第三方评估机制，提高评价的公正性和独立性。上级主管部门应梳理现有科研评估项目，减少重复评价，优化资源配置，使科技评价体系既有激励导向，也具备规范约束功能。例如，可通过专项监督机制，防止评价结果与物质利益的过度挂钩，避免科研人员因过度竞争而忽视长期探索的重要性。此外，政府应减少对科研具体事务的直接干预，赋予高校、科研机构和用人单位更大的评价自主权。例如，可允许高校根据自身科研团队的发展需求，自主制定符合规范的具体评价规则，确保评价体系的灵活性和适用性。同时，鼓励不同机构之间进行经验交流，推动科技评价标准和方法的共享，使科技评价体系更加科学合理。

四是优化长期绩效评价机制，完善同行评议制度。现行同行评议机制在科技评价体系中具有重要作用，但在评审周期、专家负担和评价标准等方面仍需完善。改革应坚持独立性、责任性和公开性原则，通过优化评议制度确保专家获得充分的评审时间，同时建立合理的成本补偿与激励机制，以减少行政干预对评审结果的影响。例如，可借鉴国际经验，增加匿名评审的透明度，提高专家评审意见的公信力。此外，应探索更加注重中长期科研绩效的评价方法，避免短期考核对科研创新的干扰。例如，可适度延长评价周期，结合“学术生涯评估”模式，设立动态调整的评价标准，以更加客观地衡量科研人员的长期贡献。在评价工具和指标上，可借助现代科技手段，如AI和大数据分析，提高评价的效率和精准度。例如，开发智能化科研评价系统，实现高度专业化、匿名化的评审机制，以减少人为干预对科研成果评估的影响，确保真正具有创新性的研究得到公正认可。

五是探索更加开放、多元的科技评价方式，加强国际对标。当前，国际科技评价体系正在向开放同行评议、网络化评审等方向发展，中国可借鉴先进经验，推动评价机制的现代化。例如，可扩大国际评审专家的参与范围，实施跨国联合评审，增强科技评价的公正性，提高科技评价的国际认可度。同时，可建立以用户、市场、行业专家、学术机构等多方参与的多元评价体系，使评价结果更加立体化。此外，可鼓励“体制外”机构，如民间科学基金会、新型研发机构，在科技评价方面进行创新探索。例如，可设立由高校、科研机构和产业界联合组成的独立评价机构，对现有科技评价标准进行持续优化，促使“体制内”科研机构进行更深入的改革。

2. 完善长周期基础研究的遴选与支持模式

长周期基础研究是推动原始创新、突破前沿科学问题的关键环节。研究发现，在需要长期探索的基础前沿科学领域，以人为中心的资助模式更能激发科研人员的创造力，提高研究质量。相比竞争性项目资助，机构稳定资助模式更适合初级研究人员，能够为他们提供开展研究的基本保障；而竞争性项目则更能激励高级研究员实现创新突破。为此，国家和高校层面需进一步完善长周期基础研究的遴选机制、资助体系和管理模式，确保科研人员能够在相对稳定的环境中长期聚焦原创性研究，推动高水平科技自立自强。

一是完善国家层面的长周期基础研究支持体系，优化项目遴选与管理机制。长周期基础研究往往涉及未知性强、周期长、短期难以评估的前沿科学问题，需要更加灵活的科研支持模式。国家层面应围绕不同领域、不同研究阶段、不同科研人员群体，优化长周期基础研究的资助体系，提升对基础研究的持续性支持能力。首先，丰富国家自然科学基金委员会设立的长周期基础研究支持计划类型。在现有的国家杰出青年科学基金长周期分段支持评价机制基础上，应进一步扩展支持范围，覆盖青年基金项目、面上项目等，为不同阶段的科研人员提供长期稳定的资助。例如，可探索设立“青年探索计划”，专门支持早期科研人员从事高风险、高潜力的原创性研究，确保他们在学术生涯的关键期能够沉浸于基础研究，而不因经费问题被迫转向短期见效快的研究方向。其次，建立长周期基础研究项目的专门管理机制。由国家自然科学基金委员会成立原创性研究计划管理委员会，强化全过程管理，动态优化学科领域专家库，针对不同前沿研究领域设立专业评审群，提高评审的针对性和科学性。在项目遴选过程中，应充分发挥原创性研究计划管理委员会和专业评审的决策作用，确保资金支持真正流向有望产出重大原创性成果的科研人员。再次，构建长周期科研项目的分段资助与动态评价体系。借鉴国际经验，可采用“里程碑式”资助模式，根据项目阶段性进展提供灵活的资金支持，保证真正具备潜力的研究团队能够获得长期稳定的支持。对于周期更长的基础研究，可设立“持续跟踪评估”机制，避免以短期产出作为考核标准，而是基于科学进展和学术影响力持续进行评估，确保研究方向不过早终止。最后，优化长周期基础研究的科研管理方式，探索更加灵活的经费管理模式。基础研究的创新性往往难以预测，因此应避免采用严格的时间节点考核模式，而是注重科学进展的实质性贡献。可引入经费弹性管理机制，允许研究人员根据项目需求灵活调整资金使用范围，为其提供长期稳定的研究环境，确保研究人员能够专注于科学探索，不会因频繁申请经费而分散精力。同时，强化科研经费的过程监督，提高资金使用的透明度和合理性，确保科研资源能够高效流向最具创新潜力的项目。

二是推动高校层面健全长周期基础研究支持体系，提升科研稳定性。高校作为基础研究的重要主体，应在多渠道扩充基础研究投入的同时，加大稳定性支持力度，构建长期稳定的科研环境，以增强青年科研人员的学术自由度，推动原创性研究。首先，完善高校基本科研经费制度，扩大非竞争性经费的覆盖范围。高校应设立长期基础研究专项基金，提高对需长期积累的基础研究领域的支持力度。例如，可借鉴清华大学“笃实专项”模式，实施“一人一策”支持方案，不以头衔、论文数量等单一指标作为评审标准，而是根据科研人员的研究潜力和方向提供精准、长期、稳定的支持，确保其能够全身心投入基础研究。该机制已经实现对清华大学基础研究青年教师群体的全覆盖，为其他高校实施类似模式提供了示范。其次，探索高校基础研究捐赠管理体系，吸引社会资金参与长周期研究支持。高校可设立“基础研究发展基金”，鼓励校友、企业及社会力量捐赠，并构建全过程管理体系，确保资金的透明化使用。例如，可建立“高校基础研究捐赠管理中心”，负责统筹社会捐赠资金的使用与管理，并定期向捐赠者反馈资金流向和研究进展，以增强捐赠的社会认可度和持续性。同时，高校可创新多样化的捐赠模式。例如，设立命名基金，允许捐赠者冠名特定基础研究项目，以增强捐赠的荣誉感；推行匹配资助计划，通过政府、高校和社会资本联合出资，提高资金利用效率；鼓励企业建立“企业基础研究基金”，吸引产业界长期投资基础研究，以实现科技创新的长期回报；等等。最后，探索实施长期科研岗位支持计划。高校可设立基础研究特聘岗位，为优秀青年学者提供长期稳定的科研职位，减少其对短期竞争性项目的依赖。例如，可推行“青年科学家终身职位计划”，给予青年科研人员长周期的职业发展保障，使其能够更安心地从事高风险、高价值的原创性研究。

三是优化长周期科研项目的国际合作机制，构建全球化科研支持网络。基础研究往往涉及全球性科学问题，高校应积极构建国际合作平台，借鉴国外长周期科研管理经验，提高科研支持的国际化水平。首先，应加强与国际科研资助机构的合作。例如，可对接 ERC（European Research Council，欧洲研究委员会）、德国洪堡基金会等机构，实行中外联合资助模式。同时，可借鉴美国 HHMI（The Howard Hughes Medical Institute，霍华德·休斯医学研究所）模式，设立长期科学家计划，为基础科学领域的优秀学者提供长期、稳定的资金支持。其次，推动跨国联合实验室建设，为长周期基础研究提供全球化协同平台。例如，在量子信息、生命科学、AI 等领域，高校可牵头建设国际科研合作网络，吸引全球顶尖人才共同参与长周期研究项目，并通过联合培养博士生、共享科研设备等方式，提升高校在全球基础研究体系中的影响力。

3. 遵循科研规律，激励创新人才

创新人才是科技发展的核心动力，合理的科研资助体系能够有效激发科研人员的创造力，推动原始创新。然而，中国现有的科学基金资助体系仍以短期项目为主，研究周期超过五年的项目较少，不利于基础科学领域的长期探索。为此，应优化长周期基础研究的遴选与支持模式，建立更符合科研规律的项目管理与人才激励机制，确保科研人员能够在稳定的环境中聚焦原创性研究。

一是实施长周期项目资助，构建稳定的原始创新支持体系。基础研究往往涉及未知性强、探索空间大、研究周期长的科学问题，传统短周期资助模式难以满足其需求。为此，应在国家自然科学基金体系中设立“国家自然科学基金原创性研究计划”，专注于资助探索性强、具备突破性潜力的课题，鼓励科研人员从事高风险、高价值的原创性基础研究，以期取得重大科学突破。在管理机制上，可借鉴日本的 FOREST 项目，成立原创性研究计划管理委员会，采用长周期、分阶段的支持模式。该计划可设立 5~10 年为一个周期（如“3+4”的 7 年模式，或“3+4+3”的 10 年模式），并遴选领域内资深专家作为项目顾问，形成长期跟踪机制，对项目申报、阶段进展、结题等进行全流程评审。此外，为保证资金的高效使用，建议实行“编号统一、分期认定”的资助模式，即科研人员在同一项目框架下接受多阶段审批和评估，以确保研究方向与资源配置的持续优化。同时，可

参考美国国立卫生研究院的“终身项目”模式，对于取得重大突破或具备极高潜力的研究团队，提供无固定终止日期的持续性支持，使其能够长期深耕某一领域。

二是优化基金管理与成果评价体系，推动机制创新。当前的科研评审模式以共识性科学评审为主，容易导致前沿探索研究因短期难以验证而被忽视。因此，应建立健全非共识评审机制，构建更加包容多元的基础研究评价体系。在评审方式上，应优化学科领域专家库，设立交叉学科评审群，针对前沿交叉研究项目给予优先支持，提高跨学科研究的通过率。同时，在项目资助上，应试点不设经费上限的自由申请模式，允许科研人员根据研究需要自主申报经费额度，并由专业评审委员会进行独立审核，以保障资金分配的合理性和精准性。在资金使用上，可借鉴英国 EPSRC（Engineering and Physical Sciences Research Council，工程和自然科学研究委员会）的“灵活经费”管理模式，允许科研人员根据研究实际情况进行预算动态调整，避免因经费类别限制影响研究进展。同时，建立更严格的科研经费监管机制，确保资金专用于“自由探索型”基础研究，而非“自由使用”，真正将有限的资源精准投向高质量科研。

三是放宽对资助对象的职称与年龄限制，扩大科研人才池。目前，中国部分科学基金项目仍设有严格的年龄和职称限制，限制了青年科研人员的成长空间。例如，国家自然科学基金青年科学基金项目申请年龄设定为男性不超过 35 周岁、女性不超过 40 周岁，但在部分基础学科领域，研究人员在 35 周岁/40 周岁后才逐步进入科研成熟期。因此，应设立“国家自然科学基金突破性研究计划”，适当放宽年龄限制，取消对申请人职称的硬性要求，为青年研究人员提供更大自主权。此外，可借鉴德国马克斯·普朗克学会的“独立青年研究小组”模式，允许刚进入学术界的优秀青年独立带领研究团队，避免他们在资历尚浅时受限于导师的学术框架。

四是完善学科交叉合作机制。学科交叉研究是原始创新的重要来源，应加快推动“教授-研究员双轨制”与“准聘-长聘结合制”，鼓励优秀教师在院系教学工作的同时，以科研团队成员身份参与交叉学科合作。例如，MIT 和斯坦福大学均实行“双轨制”研究序列，使不同研究方向的学者能够自由组合，形成学科交叉创新平台。在科研激励机制上，应构建跨学科成果互认体系，将跨学科论文、技术突破、交叉学科项目等纳入职称评审、科研奖励、晋升考核范畴，鼓励研究人员打破学科壁垒，推动原始创新。同时，完善科技成果转化收益分配制度，确保研究人员在技术转化过程中获得合理的经济回报。例如，美国贝尔实验室实行“专利共享+绩效奖励”模式，使科技人才能够从知识产权转化中直接受益，从而增强其创新动力。

五是推动校企合作，鼓励社会投资，优化科研激励政策。基础研究离不开产业界和社会资本的长期支持。应鼓励企业和社会资本投资基础研究，可借鉴美国的“产业/大学合作研究中心”（Industry/University Cooperative Research Center，I/UCRC）模式，在高校设立企业捐赠基础研究基金，鼓励企业长期支持高校的基础研究。此外，应推广“揭榜挂帅”和“尽职免责”制度，提高科技项目的产业化率。例如，根据《深圳市科技研发资金管理办法》，科技研发资金使用实行“负面清单”管理模式，使研究人员拥有更大的自主选择权，能够更自由地开展前沿探索。未来，应进一步推广此类制度，为前沿科学领域和颠覆性技术研究提供更宽松的创新环境。

4. 构建包容开放的高校学术生态

高校学术生态是原始创新的孕育土壤，决定了科技人才的成长质量和创新成果的涌现水平。在全球科技竞争加剧、知识生产范式变革的大背景下，政府、高校与市场应各司其职，协同构建更加包容开放、自由探索、学术自治的科研环境，为科技工作者提供持续稳定的支持，推动高校成为原始创新的策源地。高校应进一步深化学术治理改革，优化评价体系，增强学术共同体的自主性，培育自由、宽松、规范的学术文化，使科技人才能够心无旁骛地投入高风险、高回报的科学探索，为科技自立自强和高质量发展提供有力支撑。

一是强化政府、高校、市场的协同作用，形成原始创新合力。原始创新的突破不仅依赖于科学家的个人智慧，也需要政府、高校和市场等多元主体共同推动，形成系统化的科技创新支持体系。市场通过价格、利率、薪酬激励等机制高效配置科技资源，为原始创新提供资金、技术和人才支撑。然而，受市场逐利性和短期回报压力影响，企业通常更倾向于投资回报周期短、商业化程度高的技术开发，而难以承担高风险、长周期的基础研究投入。因此，政府必须发挥战略引导作用，以政策工具优化创新生态环境，保障基础研究的可持续投入。政府应通过财政资助、税收优惠、长期科研基金、专项奖励等手段，加大对基础科学和前沿交叉研究的长期支持。例如，设立“国家基础科学战略专项”，针对 AI、量子信息、脑科学、能源安全等关键领域开展跨学科、长周期资助。同时，政府应推动高校建立更加开放的科研合作体系，鼓励产学研深度融合，形成科技成果从实验室到市场的高效转化机制。高校则应发挥学科齐全、人才密集、科研基础扎实的优势，主动承担国家重大科技任务，围绕“面向世界科技前沿、面向经济主战场、面向国家重大需求、面向人民生命健康”的目标，组织跨学科协同攻关，实现关键核心技术突破。同时，应加强国际科技合作，提升中国高校在全球创新体系中的影响力。

二是塑造风清气正、有利于创新的科研环境。解决中国科技评价体系中现存的问题，需要依靠学术团体（如各类学会和协会）的持续发展，以改善科研界的精神风貌和文化理念。学术组织通过同行评议等机制，在科学权威的确立、伦理规范的构建以及职业准则的维护等方面发挥着关键作用。应深化人才选拔和使用机制，注重培养并重用在治学理念、创新思维、研究品位、学术声誉等多维度层面突出的教育家和战略科学家。高校层面应实行依据自身优势、学科领域等因素的分类管理。通过实施“一校一策”“一院一策”等改革，构建与促进原始创新相契合、职能更为明确的高校治理体系，营造有利于创新的宽松包容的科研氛围和学术生态。鼓励有条件的高校和研究机构根据自己的定位和使命，全面实施绩效长周期评估和备案管理，结合政府指导、机构自评和第三方评估，形成有效的外部监督和内部约束体系。高校的绩效考核可试点“绿色通道”，扩大赋予科研人员科技成果所有权或长期使用权的试点范围。鼓励企业科技人才参与重大科研项目攻关，充分发挥其创新作用；构建面向创业者的科技服务体系；优化私营部门科技人才发展环境；推动人才链与创新链、产业链深度融合。加快改革科技项目的立项和申报方式，简化管理流程，实施责任告知和信用承诺制度。推动自律自治的科研生态和学风建设，建立科学的规范体系。支持学术界的自由讨论和多元争鸣。同时，确立学术评价和项目评审的公示制度及事后责任追究制度，通过运作机制确保科技评价和评审活动的规范，强化专家责任意识，培育科学家的独立性和科研自主性。此外，加强主管部门的监督责任，推动建设透明高效的学术监督平台，加强惩处机制，鼓励社会各界对学术不端行为进行监督。坚持严格管理与关怀相结合的原则，加强学术风气和科研诚信建设。

三是优化国际人才生态，打造世界一流学术环境。进一步放宽对外籍科研人员申请国家重点基金项目的限制，简化科技人才签证、工作许可和科研职位的限制条件。加强地区科技人才政策的宏观管理和协调，减少脱离实际产业需求的人才政策，引导人才向关键领域、基础领域和重点领域聚集，系统完善对高校青年科技人才的支持机制，提供既涵盖科研资源、住房保障等“物”的支持，也关注职业成长、学术自由等“心”的激励，切实解除其后顾之忧。在基础学科与前沿交叉领域，着力弱化对排名、量化评价和短期竞争的过度依赖，探索建立以长期潜力、原始创新和科学使命为导向的评价体系，提供长周期、稳定性支持，鼓励青年师生潜心探索“从 0 到 1”的重大突破，形成包容失败、鼓励冒险的学术环境。通过制度引导和文化培育，引导青年学生树立面向未来的科研理想，坚定投身原创性、引领性科技创新。

6.2.6　强化创新人才培养

1. 塑造创新思维与人格，夯实原始创新思想根基

习近平在 2020 年科学家座谈会上强调：“科技创新特别是原始创新要有创造性思辨的能力、严格求证的方法，不迷信学术权威，不盲从既有学说，敢于大

胆质疑，认真实证，不断试验。”[①]原始创新作为科技发展的关键动力，其本质区别于一般的技术创新，不仅依赖于先进的科研基础设施和充足的资源投入，更高度依赖科学家的创造性思维、批判性分析能力及科学直觉。从历史经验来看，诸多重大原始创新成果的诞生，无不是依托科学家敏锐的洞察力和独特的创新人格。例如，爱因斯坦提出相对论，源于对牛顿经典力学局限性的深刻质疑；沃森和克里克发现 DNA 双螺旋结构，正是跨学科交叉研究的成果。因此，原始创新的实现不仅取决于科学技术的积累，更取决于科学家的独立思考能力、开放性思维以及敢于推翻既有范式的勇气。

营造宽松包容的创新环境，建立有助于自由探索的科研生态体系，对于推动高校师生从事原创性研究至关重要。这不仅要求科研活动更多以科学探索为导向，而非单纯追逐短期市场利益，还需通过教育改革，引导青年学生树立科学志趣，鼓励他们勇敢尝试跨学科融合，主动探索未解之谜。

一是强化学生创新精神和创造性思维的培养。第 3 章的研究表明，创新动机、创新知识、创新思维、创新人格等个人品质对原始创新至关重要。因此，首先应构建跨学科、跨文化的创新生态，激发科学灵感。科技创新的本质在于思想碰撞，而非固守单一学科框架。现代科学的许多重大突破往往出现在学科交叉点。例如，AI 的崛起依赖于计算机科学、神经科学、认知科学等多学科的融合。因此，高校应打破学科壁垒，构建多学科交叉培养机制，鼓励学生涉猎不同领域的知识，从多维度思考问题。例如，MIT、斯坦福大学等世界一流高校高度重视跨学科合作，为师生提供跨学科实验室和自由交流平台，以促进新思想的诞生。其次，应提升国际化合作水平，培养全球视野。中国高校具备深度参与国际科技合作的主体优势，通过参与大科学计划和重大科技攻关任务，不仅有助于推动前沿科技发展，也有助于培养具有全球竞争力的创新型人才。例如，中国在高能物理领域深度参与了欧洲核子研究中心（Conseil Européen pour la Recherche Nucléaire，CERN）的实验合作，在量子信息领域积极与全球顶尖实验室合作，促进青年科研人员与国际学术界的交流互动，这些举措都为科技人才的成长提供了国际化的学术环境。最后，应加强实践导向的科研训练，提升科学问题发现能力。发现科学问题的能力往往决定了一个研究者的创新潜力。可以通过“科研训练嵌入课程”模式，让本科生在学业早期即参与研究项目，从而显著提升其独立思考和科学探索的能力。例如，MIT 的“本科生研究机会计划”（Undergraduate Research Opportunities Program，UROP）允许学生在本科阶段直接参与实验室研究，以激发其对科学研究的兴趣。中国高校也可借鉴这一模式，通过实施“本科生科研训练计划”“青年科学家实验室”等项目，让学生尽早接触科研实践，培养其自主研究能力。

① 《习近平：在科学家座谈会上的讲话》，https://china.huanqiu.com/article/3zqNWIZeTQv[2024-12-22]。

二是履行好高校“立德树人”的主职主责，培养创新精神。高校不仅是知识传播的场所，更是科技文化和创新精神的培育中心。教学活动的设计，应当围绕国家重大战略、关键技术领域和社会重大需求展开，确保教育内容既符合国家发展需求，又能充分激发学生的学术兴趣和科研热情。首先，强化科学家精神，培养学生的科学价值观。原始创新的核心在于探索未知，而科学精神的本质是勇于求真、敢于挑战权威。例如，图灵在计算机科学领域的突破性贡献，正是基于他对“人类计算能力能否被机器模拟”的深刻思考。高校应大力弘扬科学精神，鼓励学生敢于提出不同观点，培养其批判性分析能力，推动真正意义上的科学创新文化建设。其次，推动学术自由与多元学术环境建设。科研自由度是高水平原始创新的前提条件。因此，需要进一步改革高校科研评价体系，建立以长期贡献、科学发现和社会价值为核心的多元评价体系，为从事基础研究的科学家创造更有利的环境。

三是围绕国家战略需求，培养面向未来的科技领军人才。科技创新不仅关乎科学前沿的突破，更关乎国家安全、产业升级和社会经济的可持续发展。高校的人才培养模式应与国家重大科技需求相契合，培养出既具备原始创新能力，又能够支撑国家战略发展的科技领军人才。首先，打造复合型科技人才，促进基础科学与工程技术融合。面向未来科技竞争，既需要具有突破性思维的基础研究人才，也需要能够推动技术转化和产业应用的工程科技人才。中国应进一步强化“基础科学+工程技术”双轮驱动的人才培养模式。例如，卡内基梅隆大学的计算机学院强调理论计算机科学与工程实践并重，培养了大量兼具学术前沿素养和工程实现能力的科技人才。中国高校可借鉴这一模式，加强数学、物理、计算机等基础学科与工程技术学科的联动，培养“科研+应用”复合型人才。其次，推动创新文化建设，引导青年学生矢志原创。原始创新不仅依赖于扎实的学术基础，更需要强烈的科学好奇心和探索精神。高校应大力弘扬求知求真的科学精神，鼓励青年学生挑战权威、突破常规。例如，美国斯坦福大学的“设计思维课程”，强调通过“问题导向+探索式学习”培养学生的创新能力，这种模式值得中国高校借鉴。在此过程中，引导青年学生勇于挑战，甘于坐“冷板凳”，培养他们的创新人格，激发其从事科学研究的内生动力，促进科学家精神与工匠精神的有机融合。

2. 实施“通专融合”的人才培养模式

实施“通专融合”的人才培养模式，是提升高校本科生和研究生创新能力、对接国家战略需求、服务社会发展的重要举措。高水平研究型大学应当在本科阶段扎实推进通识教育，促进专业教育与跨学科知识体系的融合，为国家培养具有创新思维和全球视野的高素质复合型人才。中国高等教育的先驱对此已有深刻见解，蔡元培主张本科教育应“融通文理两科之界限”，梅贻琦强调“通识为本，专识为末”，竺可桢认为大学教育不仅要培养专业人才，更要塑造具备责任感和领导力的国家栋梁。这些理念生动地诠释了通识教育对于拔尖创新人才培养的核心作用。

一是统筹通识教育与专业教育，夯实人才培养基础。高校课程体系应兼顾广度与深度，推动通识教育与专业教育并重。通识教育不应仅注重文史哲等社会科学对自然科学的滋养作用，更应强调理论智慧与实践智慧的有机结合，着力培养学生的系统性思维和批判性思考能力。因此，应在本科阶段构建“T 型人才”培养模式，即在纵向深化专业知识的同时，横向拓展人文、社会科学及艺术领域的课程，使学生在掌握核心学科知识的同时具备更广阔的视野和跨学科思维能力。跨学科教育模式有助于培养更具创新性的复合型人才。例如，美国斯坦福大学“以问题为导向”（problem-oriented learning）的课程体系鼓励学生跨学科学习，通过解决现实社会问题培养创新思维。这一模式值得中国高校借鉴，以推动交叉学科融合，提升学生的综合素养和科技创新能力。

二是强化“寓教于研”与“产学融合”，培养学生的实践创新能力。“寓教于研”模式即在本科生和研究生培养中强化科研实践训练。例如，可设立“创新实验室”和“跨学科研究中心”，鼓励学生在真实科研环境中进行创新探索。再如，可实施独立实验室制度，让本科生、硕士生、博士生根据自身兴趣参与前沿科学项目，并申请独立课题，提升他们的动手能力和解决问题的能力。例如，MIT 在工程教育中强调从工程应用中凝练基础科学问题，以此培养学生的科研能力，并激发青年学生从事科学研究的内生动力。这一模式可在中国高校推广，以培养兼具理论素养与实践能力的高水平人才。此外，高校应推动“产学融合”，鼓励学生在企业和研究机构中开展课题研究。以德国“双元制教育”为例，该模式允许高等教育阶段的学生在课堂学习与企业实践之间灵活切换，使学生在真实产业环境中培养解决问题的能力。这种模式对于中国培养工程技术领域人才、提升研究生创新实践能力具有重要借鉴意义。

三是推动学科交叉与本硕博贯通培养，增强学生自主学习能力。高校应加强基础学科建设，推动数学、心理学、哲学等底层学科与应用学科的交叉融合，建立“通专融合”的本硕博贯通式人才培养模式。例如，可借鉴美国卡内基梅隆大学（Carnegie Mellon University）的交叉学科实验项目，将计算机科学与认知科学、工程技术等领域结合，推动科技创新。中国高校应在此基础上，建立多学科联合培养机制，使学生在本科阶段就能接触前沿学科交叉研究。在课程设计上，应设置高阶选修课，允许本科生提前修读博士课程，培养高水平拔尖人才。通过学习方法引导、选课指导、实验室开放、专题讲座等形式，帮助学生挖掘个人兴趣，并将课程学习与科研训练相结合，培养其批判性和创新性思维。此外，应动态优化博士生培养机制，完善博士生的分流退出机制。如果直博生未能在规定时间内完成课程学习或者通过资格考试，将按规定分流，有可能转为攻读硕士学位，以此选拔出真正对科研有兴趣、具备创新能力的拔尖创新人才。此外，应当着重从重大科技项目和关键技术攻关中凝练科研选题，并将优质科研成果直接转化应用于技术创新与工程实践，深化科教融合。通过重大科技项目促进学科交叉融合，组建联合攻关团队，帮助学生拓展多学科知识体系，激发创新思维，培养团队协作精神与科研合作能力。这一模式既能提升科研人员的创新能力和实践水平，又可显著提高人才培养质量。

3. 发挥师承效应，构建高校原始创新人才梯队

世界一流高校的原始创新成果往往与师承效应密不可分。纵观全球领先的科研机构和学术团队，能够持续产出颠覆性创新成果的研究群体，往往依托于杰出科学家的长期学术积淀与精心人才培养。中国高校在原始创新领域的典型案例也表明，卓越的创新人格、清晰的创新愿景、深刻的科研洞见以及高水平的学术素养，是优秀科研领军人物推动团队创新与人才成长的关键要素。因此，应进一步完善高层次人才的识别、选拔和培养机制，以发挥高水平科学家的传承作用，构建可持续发展的原始创新人才梯队。

一是建立系统化的拔尖科学家发现与培养机制。首先，健全高水平科学人才的发现与识别体系。科技创新竞争的核心是人才竞争，识别和发掘拔尖创新人才是建设世界科技强国的关键。中国应系统梳理国内顶尖科学家资源，建立高校拔尖科学家信息库、创新人才备选库，并实现长期动态管理，确保高水平科研人才的精准识别和优化配置。其次，强化顶尖科学家的引领作用，打造创新型团队。国际领先的科研机构普遍依托战略科学家领衔的团队模式，如美国贝尔实验室、日本理化学研究所等均依赖于杰出科学家的长期学术领导，形成了具有延续性和原创能力的创新梯队。中国高校在建设高水平科研团队时，应当重点遴选具有科研前瞻视野、战略思维能力和人才培养意识的科学家，使其发挥学科引领作用，同时为青年学者构建系统化成长通道，确保知识传承有序和团队可持续发展。最后，优化科研人员的评价激励机制。科研人才的培养是一个长期积累的过程，过度追求短期成果和量化评价会削弱领军人才的传承作用。因此，高校和科研机构应构建更加科学合理的评价体系，降低对短期指标的过度依赖，鼓励科研领军人才在长期研究和人才培养上投入更多精力，以稳定的科研方向和持续的学术积累，推动原始创新能力的提升。

二是坚持“选才”与“育才”并重，完善创新人才遴选体系。原始创新的突破需要一批既具备扎实学术基础，又能挑战科学前沿的青年科技人才。因此，在选才环节，应注重人才的“适切性”，提升选拔机制的自主性和灵活性。首先，拓展基础研究人才的多元化选拔渠道。应借鉴“揭榜挂帅”“赛马制”等竞争性

选才机制，扩大基础研究人才的选拔范围。未来，高校应加快建设基础学科培养基地，打造高层次科研人才培养平台，让更多有潜力的基础研究人才脱颖而出。其次，优化拔尖人才培养体系，推动学术大师引领模式。纵观世界一流大学，如剑桥大学的卡文迪许实验室、普林斯顿高等研究院等，均以学术大师引领的方式培育青年科研人才。最后，推动国际化人才培养，促进学术交叉融合。面向全球遴选世界级科学家担任博士生导师，是国际一流大学的重要经验。例如，瑞士苏黎世联邦理工学院与全球顶尖科研机构建立合作导师体系，确保博士生能够接受跨机构、跨学科的科研训练。中国高校可试推行博士生轮转定导制度，允许学生在不同实验室轮转学习，提供自由选择实验室和导师的机会，增强人才培养的灵活性与适应性。

三是优化导师制度，构建个性化、系统化的人才培养模式。首先，推行“个性化导师制”，打造高水平科研训练体系。高校应针对不同学科学生的科研发展需求，构建差异化的导师培养体系：在基础学科领域推行小班制、探究式教学模式，在应用学科领域实施跨学科导师制，通过多层次、多类型的指导方式满足学生个性化发展需要。其次，深化产学研协同创新，加速科研成果向创新链的转化应用。一流大学不仅是知识的创造者，更是技术和产业创新的推动者。人才培养既要构建系统化的课程体系，还需建立学术导师、学业导师与社会导师协同指导机制，为学生提供全方位、多层次的成长支持，推动学生在基础研究与应用开发两个方向上同步发展。例如，德国弗劳恩霍夫研究所的协同培养模式实现了博士生在高校前沿研究与企业技术应用之间的双向衔接，这一创新机制值得我国高校借鉴。最后，强化科研团队和人才梯队建设，确保创新文化传承。许多重大发现往往诞生于具有悠久学术传统的科研团队。中国高校应加强团队文化建设，鼓励学术传承，并为导师和学生提供长期合作的学术环境，确保知识的连续积累和创新能力的代际传承。

四是强化服务保障，提升人才梯队的可持续发展能力。顶尖人才的成长不仅依赖于个人素养，也受到科研环境、资源配置和政策体系的影响。因此，应进一步优化政策环境，强化服务支持，以确保拔尖科学家能够在最优环境中不断创新。

4. 运用 AI 赋能，完善新时代高校原始创新人才培养模式

当前，AI 技术的快速发展正在重塑科技创新的范式，也为高校拔尖创新人才的培养带来了新的机遇和挑战。因此，要充分发挥 AI 在教育与科研中的赋能作用，推动中国高校培养更多具备原始创新能力的高层次人才。

一是构建“AI+X”拔尖人才培养体系，推动跨学科交叉融合。科技创新的核心趋势是学科交叉，而 AI 的兴起为交叉学科研究提供了新的可能。高校应构建“AI+X”交叉培养体系，将 AI 深度嵌入不同学科领域，如“AI+物理”“AI+生

物”“AI+材料”“AI+医学”等，探索推行跨学科融合培养模式。例如，可依托国家重点实验室、前沿交叉学科研究平台，鼓励理工科与社会科学、医学等学科协同发展，打造跨学科融合的拔尖创新人才培养机制。

二是建设 AI 赋能的智能科研环境，推动北大的“AI for Science 科学导航平台”应用。科研范式正从传统经验驱动向 AI 智能驱动转变。高校应加快建设智能科研基础设施，如智能计算中心、超算互联网平台和 AI 科研助手，提升科研工作的智能化水平。可推动高校建立 AI 科研助手（如 DeepSeek 等）试点应用，助力学生加快科研进程，提高研究效率，培养 AI 驱动的科研思维。

三是开设“AI+科研思维”核心课程，培养学生的智能化科研能力。高校应设立 AI 赋能的科研课程体系，推动 AI 素养成为拔尖人才的必备能力。建议在本科和研究生阶段设立“AI+科研思维”课程，涵盖 AI 基础原理、智能计算方法、科学推理、AI 伦理与安全等内容，帮助学生掌握 AI 在科学研究中的应用方法。例如，可引入案例教学，结合 AI 在物理、生物、工程等领域的实际应用，让学生在实践中理解 AI 是如何提升科学发现的能力的。

四是建立人机协同科研训练体系，提升创新能力与创造性思维。AI 在科研中的应用已不可逆转，但人类的创造性思维仍不可替代。高校应推动“人机协同科研”模式。例如，组织“AI 辅助科研竞赛”，让学生在 AI 的辅助下进行科学假设验证，提高其在数据密集型研究中的创新能力。同时，设立“人机协同论文写作”“AI 辅助实验设计”等项目，使学生在科研训练中学会合理利用 AI 工具，提升科研效率的同时保持科学研究的独立性和原创性。

五是构建 AI 赋能科研创新的产学研深度合作生态。高校应加强与科研机构、龙头企业的合作，推动 AI 技术在科研创新中的深度应用。建议设立“AI+前沿科技”联合培养基地，吸引企业、高校和研究机构共同参与，为学生提供真实科研环境和产业化实践机会。例如，可设立“AI 创新挑战赛”，鼓励学生基于真实应用场景利用 AI 进行问题求解，提高其实践能力，同时促进高校与企业联合攻关，培养既具有科研能力又具有产业应用能力的拔尖人才。

六是完善政策支持体系，促进 AI 在拔尖创新人才培养中的广泛应用。首先，加强制度保障，支持高校将 AI 融入人才培养方案，可制订专项计划推进智能教育创新，探索“个性化智能教学+科研训练+产学研协同”的新型培养模式；其次，完善 AI 伦理规范与数据治理机制，保障教育应用的公平性、安全性与可持续性，为高校人才培养创新提供政策支撑。

第 7 章　总结与展望

党的十八大以来，中国在原始创新领域取得了显著成就，高校作为创新体系的核心支撑，已成为基础研究和前沿突破的重要策源地。然而，面对复杂多变的国际环境和日趋激烈的科技竞争态势，全球产业链、供应链的重塑趋势加速推进，技术封锁和“卡脖子”问题仍然突出。实践证明，“关键核心技术是要不来、买不来、讨不来的”，在新发展阶段，中国必须加快构建自主可控的科技创新体系，推动“从 0 到 1”的原始创新突破，以科技创新驱动新质生产力发展，为中国式现代化提供核心支撑。

国际竞争格局的演变与世界强国的发展经验共同表明，教育、科技、人才三者的协同发展具有同频共振效应。推进教育、科技、人才一体化建设，是实现科技创新与产业创新深度融合、培育新质生产力的关键路径。科技创新的本质在于人才的创造性活动，而人才的成长则依赖高质量的教育体系。因此，推进科技创新、产业升级，离不开教育体系的深度改革和人才培养模式的优化。

作为科技创新的战略高地，高校肩负着双重使命：既要培养拔尖创新人才，又要突破前沿基础研究和技术瓶颈。在高质量科技创新体系中，高校既是原始创新的策源地，又是产业创新的源头活水。因此，要充分发挥高校在原始创新中的龙头作用，构建“自由探索与重大任务牵引并重”的科研组织体系，为基础研究提供稳定、长期的支持，营造包容性创新环境。同时，通过深化产学研协同创新，推动基础研究向应用转化，形成基础研究引领力、产业发展支撑力、人力资源掌控力和国际合作聚合力，不断催生新质生产力，加快科技成果向现实生产力的转化。

本书的研究表明，在影响高校原始创新能力的多层次因素中，个人层面的创新人格和创新思维被普遍认为是个人创造力的核心要素。高水平的原始创新通常源于科学家对未知领域的强烈好奇心、开放包容的学术态度以及不懈的探索精神。然而，仅靠个体努力难以支撑持续的科技突破，组织环境、科研文化、政策体系等宏观因素同样至关重要。

从创新生态系统的视角来看，组织环境是原始创新能否实现的关键决定因素。一方面，高校、科研院所需建立更具活力的科研组织体系，减少不必要的行政干预，赋予研究者更大的学术自由，使其能够专注于真正具有科学价值的探索。另一方面，需完善科学评价体系，改变“唯论文、唯职称、唯奖项”的短期激励机制，确保评价标准能够反映科研工作的实际贡献，鼓励长期基础研究和高风险探索。

此外，文化因素对创新能力的影响不容忽视。“李约瑟难题”长期以来困扰着中国科技界，其本质在于如何塑造更具创造力的科技文化。推动原始创新需要营造开放包容的学术环境，倡导学术争鸣，尊重多元学术观点，构建良性的知识创新生态。

中国原始创新能力正在系统性提升，创新体系建设取得显著进展。从2006年《国家中长期科学和技术发展规划纲要（2006—2020年）》首次正式提出“原始创新”概念以来，中国科技成果产出显著增长，在量子通信、高温超导、脑科学、AI等前沿领域取得了突破性进展，高校也涌现出一批具有全球影响力的创新成果。然而，与全球科技创新高地相比，中国仍存在一些短板和挑战，主要体现在基础研究投入不足、学术自由度有待提高、科技成果转化机制不畅等方面。

科技强国的建设，依赖一流的学术机构和卓越的创新人才。高校在强化学生学术基础训练的同时，更应注重培养青年科技工作者的原创性思维和前沿突破能力，并通过构建容错机制营造宽松的研究环境，激励其勇于探索未知领域。面向未来发展需求，原始创新研究需要构建多场景协同、多主体参与的创新格局，推动高校、科研院所、科技企业等创新主体深度融合，形成系统完备的科技创新生态体系。在研究方法上，可结合问卷调研、模糊集定性比较分析、数据驱动分析等手段，深入挖掘不同创新主体的影响因素，探索不同领域、不同阶段的创新突破路径，找出阻碍原始创新的关键瓶颈，并提出针对性的政策建议。

此外，科技政策的制定需更加精准，避免“大水漫灌”式扶持，应注重创新链条各环节的统筹协调。应当加强对基础研究的稳定支持，提升科研经费投入的长期性和使用自主权，同时完善从基础研究到产业转化的政策衔接机制，确保科技成果能够高效转化为现实生产力，真正支撑国家战略需求和经济社会发展。

中国的科技创新之路，必须探索独具特色的发展模式，走出一条自主可控、符合国情的创新道路。这条道路不仅要在底层逻辑上实现自主创新，确保关键核心技术不受制于人；还要在科技伦理与价值观层面形成中国特色，避免盲目跟随欧美科技模式，确保科技发展与社会责任相结合。

未来，中国科技管理者和政策制定者应进一步聚焦构建覆盖全创新链条的原始创新体系，加强多主体协同，推动科技创新向产业创新高效转化，通过系统的政策改革、持续的长期投入、完善的科技人才培养机制，打造全球领先的原始创新体系，为实现高水平科技自立自强、全面建成社会主义现代化强国提供基础性支撑，也为实现中华民族伟大复兴贡献力量！

参 考 文 献

陈劲, 宋建元, 葛朝阳, 等. 2004. 试论基础研究及其原始性创新[J]. 科学学研究, (3): 317-321.

陈劲, 汪欢吉. 2015. 国内高校基础研究的原始性创新: 多案例研究[J]. 科学学研究, 33(4): 490-497.

陈劲, 王锟, Chieh H C. 2014. 朴素式创新: 正在崛起的创新范式[J]. 技术经济, 33(1): 1-6, 117.

陈劲, 王锟, Chieh H C. 2014. 正在兴起的"朴素式创新"[J]. 科技创新导报, 11(20): 10-14.

陈劲, 肖轶群. 2023. 加强高等院校基础研究原始创新[J]. 中国高等教育, (24): 38-41.

陈劲, 肖轶群. 2024. 加快提升高校原始创新能力助力新质生产力发展[J]. 国家教育行政学院学报, (6): 10-19.

陈劲, 谢靓红. 2004. 原始性创新研究综述[J]. 科学学与科学技术管理, (2): 23-26.

陈劲, 余芳珍, 陈钰芬. 2006. 高校原始性技术创新影响因素研究[J]. 科学学与科学技术管理, (1): 67-72.

陈凯华, 官建成. 2012. 创新活动的动态绩效测度指数研究: 基于高校科学创新活动的建模与应用[J]. 科研管理, 33(1): 103-111.

陈良雨. 2021. 非共识研究与高校原始创新能力提升[J]. 科技进步与对策, 38(12): 19-24.

陈雅兰, 韩龙士, 王金祥, 等. 2003. 原始性创新的影响因素及演化机理探究[J]. 科学学研究, (4): 433-437.

陈雅兰, 李必强, 韩龙士. 2004. 原始性创新的界定与识别[J]. 发展研究, (7): 78-51.

程磊. 2019. 新中国 70 年科技创新发展: 从技术模仿到自主创新[J]. 宏观质量研究, 7(3): 17-37.

褚婧丹. 2020. 科技论文创新点原创性测度方法研究[D]. 北京: 中国科学院大学(中国科学院文献情报中心).

褚怡春, 杨永华, 高翔. 2017. 重大科技基础设施建设对提升高校创新能力的作用[J]. 中国高校科技, (5): 18-20.

崔淼, 肖咪咪, 王淑娟. 2019. 组织创新氛围研究的元分析[J]. 南开管理评论, 22(1): 98-110.

甘秋玲, 白新文, 刘坚, 等. 2020. 创新素养: 21 世纪核心素养 5C 模型之三[J]. 华东师范大学学报(教育科学版), 38(2): 57-70.

顾超. 2022. 科学史视域下的原始创新: 以高温超导研究为例[J]. 科学学研究, 40(7): 1172-1180.

韩宇, 赵学文, 李正风. 2001. 基础研究创新概念辨析及对相关问题的思考[J]. 中国基础科学, (3): 35-40.

胡德鑫, 王轶玮. 2017. 基于 DEA 的"985"高校科研竞争力评价[J]. 北京理工大学学报(社会科学版), 19(4): 163-168.

花芳, 管楠祥, 李风侠, 等. 2017. 文献计量方法在大学小团体层面的基础研究绩效评价的应用[J]. 图书情报工作, 61(4): 108-114.

黄羽翼, 郭茜. 2019. 区域原始创新能力评价研究[J]. 现代管理科学, (3): 72-74.
季小天, 彭小宝, 刘继安, 等. 2023. 高校及科研院所一流科研创新团队的发展机制探析：基于物理学领域顶尖团队的多案例分析[J]. 中国高教研究, (6): 63-71.
蒋伟伟, 钱玲飞. 2016. 基于创新过程的人文社会科学学术创新力测度研究[J]. 西南民族大学学报(人文社科版), 37(3): 227-236.
金碧辉, 刘俊婉. 2006. 缔造科学：从诺贝尔奖现象看科学研究的特点[J]. 科学观察, (6): 1-9.
973 计划基础研究共性重大问题战略研究组. 2004. 对提升原始性创新能力的一些建议[J]. 中国基础科学, (2): 7-12.
李柏洲, 董媛媛. 2010. 基于层次分析法的我国大型企业原始创新能力评价研究[J]. 科技进步与对策, 27(1): 125-129.
李柏洲, 李新. 2015. 我国大型企业原始创新的动力中介路径搜寻[J]. 科技进步与对策, 32(6): 85-92.
李柏洲, 罗小芳. 2013. 企业原始创新中学研合作伙伴的选择：基于影响因素及其作用路径视角的分析[J]. 科学学研究, 31(3): 437-445.
李柏洲, 罗小芳, 张赟. 2014. 产学研合作型企业原始创新中知识生产机制：基于高新技术行业企业的实证研究[J]. 管理评论, 26(7): 82-91.
李柏洲, 王丹. 2022. 专利密集型企业原始创新知识搜寻作用机理[J]. 科学学研究, 40(7): 1303-1313.
李海超, 张赟, 陈雪静. 2015. 我国高科技产业原始创新能力评价研究[J]. 科技进步与对策, 32(7): 118-121.
李妹, 高山行. 2014. 环境不确定性、组织冗余与原始性创新的关系研究[J]. 管理评论, 26(1): 47-56.
李平, 王宏伟, 张静. 2018. 改革开放 40 年中国科技体制改革和全要素生产率[J]. China Economist, 13(1): 84-111.
李玉琼, 邹树梁, 孟娟. 2007. 我国高校原始创新能力评价指标体系设计[J]. 南华大学学报(社会科学版), (3): 24-27.
刘菲, 谷奇峰. 2024-05-30. 发展新质生产力 加速推进原始创新[N]. 光明日报(16).
刘益东. 2022. 如何快速提升我国的原始创新能力与基础研究能力？[EB/OL]. [2024-12-25]. https://www.thepaper.cn/newsDetail_forward_19392646.
路甬祥. 2000. 规律与启示：从诺贝尔自然科学奖与 20 世纪重大科学成就看科技原始创新的规律[J]. 西安交通大学学报(社会科学版), (4): 3-11.
骆嘉琪, 匡海波. 2015. 高校科技创新团队科研资源绩效评价指标体系[J]. 科研管理, 36(增刊 1): 116-121, 156.
吕薇. 2021. 从基础研究到原始创新[M]. 北京：中国发展出版社.
马荣康, 张乃惠, 唐福杰, 等. 2023. 日本 FOREST 项目及对我国科学基金管理的启示[J]. 世界科技研究与发展, 45(4): 492-500.
裴云龙, 江旭, 刘衡. 2013. 战略柔性、原始性创新与企业竞争力：组织合法性的调节作用[J]. 科学学研究, 31(3): 446-455.

斯坦利 K, 雷曼 J. 2023. 为什么伟大不能被计划: 对创意、创新和创造的自由探索[M]. 彭相珍, 译. 北京: 中译出版社.
苏屹, 李柏洲. 2010. 大型企业原始创新支持体系的系统动力学研究[J]. 科学学研究, 28(1): 141-150.
苏屹, 李柏洲. 2012. 原始创新研究文献综述[J]. 科学管理研究, 30(2): 5-8.
苏屹, 周文璐, 吴雷. 2013. 自主创新的创新过程与概念辨析研究[J]. 科学管理研究, 31(2): 23-26.
万钢. 2013. 加强基础研究 提升原创能力[J]. 中国软科学, (8): 1-2.
万劲波. 2023-09-11. 一体推进原始创新、集成创新、开放创新[N]. 人民日报海外版(9).
汪寅. 2007. 科技原始创新问题初探[D]. 合肥: 中国科学技术大学.
王传毅, 王涛. 2022. 交叉学科的演化: 阶段与特征: 兼论美国交叉学科的发展[J]. 学位与研究生教育, (9): 23-30.
王猛, 张永安, 王燕妮. 2013. 企业原始创新影响因素解释结构模型研究[J]. 科技进步与对策, 30(6): 70-75.
王晓丽, 刘和东. 2011. 大中型企业原始创新影响因素的弹性分析[J]. 科技管理研究, 31(20): 17-20.
吴海江. 2002. 科学原创与科学积累[J]. 自然辩证法研究, (5): 47-50.
吴海江. 2002. 诺贝尔奖: 原创性与科学积累[J]. 科学学与科学技术管理, (11): 28-31.
夏保华. 2012. 论企业原始技术创新[J]. 科学学研究, 30(6): 923-929.
谢伏瞻, 刘伟, 王国刚, 等. 2020. 奋进新时代开启新征程: 学习贯彻党的十九届五中全会精神笔谈(上)[J]. 经济研究, 55(12): 4-45.
新华网. 2020. 习近平主持召开科学家座谈会并发表重要讲话[Z]. [2024-12-18]. https://www.chinacourt.org/article/detail/2020/09/id/5453590.shtml.
邢纪红, 龚惠群. 2017. 高校原始创新能力评价指标体系研究: 基于南京高校的实证研究[J]. 江苏高教, (3): 44-47.
徐冠华. 2001. 重视基础研究 推动原始性创新[J]. 中国科技奖励, 9(2): 3-6.
杨中楷, 高霞, 梁永霞. 2017. 如何打通原始创新的全链条: 青霉素和链霉素案例的比较分析与启示[J]. 中国科技论坛, (6): 30-35.
姚思宇, 武康平. 2021. 高校科研人员专利行为对学术影响力的实证研究[J]. 科学学研究, 39(9): 1621-1631.
叶晓楠. 2019. 聚焦核心技术 解决“卡脖子”难题[EB/OL]. [2024-12-25]. http://ip.people.com.cn/n1/2019/0515/c179663-31085847.html.
叶鑫生. 2001. 源头创新小议[J]. 中国科学基金, (2): 113-114.
于绥生. 2017. 论基础研究原始创新的特点[J]. 技术与创新管理, 38(4): 354-360.
曾经纬, 李柏洲, 宋鹏, 等. 2023. 企业原始创新驱动路径研究: 基于 TOE 框架的组态分析[J]. 科技进步与对策, 40(1): 71-80.
曾嵘. 2024. 坚持顶天立地树人科研宗旨 努力打造国家战略科技力量[J]. 中国高等教育, (12): 4-9.

张炳升，高建进. 2001. 创新：民族复兴的强大动力[EB/OL]. [2024-12-25]. https://www.gmw.cn/01gmrb/2001-03/08/GB/03%5E18714%5E0%5EGMB1-009.htm.

张文勤，石金涛，刘云. 2010. 团队成员创新行为的两层影响因素：个人目标取向与团队创新气氛[J]. 南开管理评论, 13(5): 22-30.

张兴，纪军，过增元. 2011. 研究项目/成果创新度的评价方法[J]. 中国科学基金, 25(3): 164, 168.

张翼燕，郭铁成，孙浩林. 2023. 基于国际实践的以人为核心的资助模式探究[J]. 全球科技经济瞭望, 38(3): 46-52.

中国社会科学院经济研究所课题组，黄群慧，原磊，等. 2023. 新征程推动经济高质量发展的任务与政策[J]. 经济研究, 58(9): 4-21.

周露阳. 2006. 学术论文的创新途径：基于创新因素的分析[J]. 科技管理研究, 26(8): 194-196.

朱高峰，王迪. 2017. 让创新真正驱动经济发展[J]. 高等工程教育研究, (2): 1-5.

邹承鲁，陈述彭，陈平原，等. 2002. 自然、人文、社科三大领域聚焦原始创新[J]. 中国软科学, (8): 8-25.

Abernathy W J, Utterback J M. 1978. Patterns of industrial innovation[J]. Technology Review, 80(7): 40-47.

Ahuja G, Lampert C M, Tandon V. 2008. Moving beyond Schumpeter: management research on the determinants of technological innovation[J]. Academy of Management Annals, 2(1): 1-98.

Alexiuk E. 2013. Exploring the common ground between social innovation and indigenous resurgence: two critical indigenist case studies in indigenous innovation in Ontario, Canada[D]. Waterloo: University of Waterloo.

Amabile T M, Conti R, Coon H, et al. 1996. Assessing the work environment for creativity[J]. Academy of Management Journal, 39(5): 1154-1184.

Amabile T M. 1997. Motivating creativity in organizations: on doing what you love and loving what you do[J]. California Management Review, 40(1): 39-58.

Amabile T M, Pratt M G. 2016. The dynamic componential model of creativity and innovation in organizations: making progress, making meaning[J]. Research in Organizational Behavior, 36: 157-183.

Anderson N R, Potočnik K, Zhou J. 2014. Innovation and creativity in organizations: a state-of-the-science review and prospective commentary[J]. Journal of Management, 40(5): 1297-1333.

Anderson N R, West M A. 1998. Measuring climate for work group innovation: development and validation of the team climate inventory[J]. Journal of Organizational Behavior, 19(3): 235-258.

Boyd R, Gasper P, Trout J D. 1991. The Philosophy of Science[M]. Cambridge: MIT Press.

Button S B, Mathieu J E, Zajac D M. 1996. Goal orientation in organizational research: a conceptual and empirical foundation[J]. Organizational Behavior and Human Decision Processes, 67(1): 26-48.

Choi J N, Anderson T A, Veillette A. 2009. Contextual inhibitors of employee creativity in organizations: the insulating role of creative ability[J]. Group & Organization Management, 34(3): 330-357.

Christensen C M, Raynor M, McDonald R. 2015. What is disruptive innovation[J]. Harvard Business Review, 93(12): 44-53.

Dirk L. 1999. A measure of originality: the elements of science[J]. Social Studies of Science, 29(5): 765-776.

Dunegan K J, Tierney P, Duchon D. 1992. Perceptions of an innovative climate: examining the role of divisional affiliation, work group interaction, and leader/subordinate exchange[J]. IEEE Transactions on Engineering Management, 39(3): 227-236.

Eisenhardt K M, Graebner M E. 2007. Theory building from cases: opportunities and challenges[J]. Academy of Management Journal, 50(1): 25-32.

Ekvall G. 1996. Organizational climate for creativity and innovation[J]. European Journal of Work and Organizational Psychology, 5(1): 105-123.

Fisher C, Amabile T. 2008. Creativity, improvisation and organizations[M]//Rickards T, Runco M A, Moger S. The Routledge Companion to Creativity. London: Routledge: 13-24.

Ford C M. 1996. A theory of individual creative action in multiple social domains[J]. Academy of Management Review, 21(4): 1112-1142.

Gilson L L, Shalley C E. 2004. A little creativity goes a long way: an examination of teams' engagement in creative processes[J]. Journal of Management, 30(4): 453-470.

Goldenberg J, Mazursky D, Solomon S. 1999. Templates of original innovation: projecting original incremental innovations from intrinsic information[J]. Technological Forecasting and Social Change, 61(1): 1-12.

Hicks D, Wouters P, Waltman L, et al. 2015. Bibliometrics: the Leiden Manifesto for research metrics[J]. Nature, 520(7548): 429-431.

Hoffman E. 1985. The effect of race-ratio composition on the frequency of organizational communication[J]. Social Psychology Quarterly, 48(1): 17-26.

Janssen O. 2005. The joint impact of perceived influence and supervisor supportiveness on employee innovative behaviour[J]. Journal of Occupational and Organizational Psychology, 78(4): 573-579.

Jung D, Wu A, Chow C W. 2008. Towards understanding the direct and indirect effects of CEOs' transformational leadership on firm innovation[J]. The Leadership Quarterly, 19(5): 582-594.

King N. 1992. Modelling the innovation process: an empirical comparison of approaches[J]. Journal of Occupational and Organizational Psychology, 65(2): 89-100.

Kirner E, Kinkel S, Jaeger A. 2009. Innovation paths and the innovation performance of low-technology firms: an empirical analysis of German industry[J]. Research Policy, 38(3): 447-458.

Kuhn T S. 1970. The Structure of Scientific Revolutions[M]. 2d ed. Chicago: University of Chicago Press.

Lee L N, Wong P K, der Foo M, et al. 2011. Entrepreneurial intentions: the influence of organizational and individual factors[J]. Journal of Business Venturing, 26(1): 124-136.

Madjar N Y. 2002. The contributions of support and information from work and non-work others to employees' creative performance[D]. Champaign: University of Illinois at Urbana-Champaign.

Mansfield E. 1991. Academic research and industrial innovation[J]. Research Policy, 20(1): 1-12.
MIT. 2020. Research expenditures[EB/OL]. [2024-12-25]. https://facts.mit.edu/research-expenditures/.
Oldham G R, Cummings A. 1996. Employee creativity: personal and contextual factors at work[J]. Academy of Management Journal, 39(3): 607-634.
Park M, Leahey E, Funk R J. 2023. Papers and patents are becoming less disruptive over time[J]. Nature, 613(7942): 138-144.
Perry-Smith J E. 2006. Social yet creative: the role of social relationships in facilitating individual creativity[J]. Academy of Management Journal, 49(1): 85-101.
Radjou N, Prabhu J, Ahuja S. 2012. Jugaad Innovation: Think Frugal, Be Flexible, Generate Breakthrough Growth[M]. San Francisco: Jossey-Bass.
Rakic K. 2020. Breakthrough and disruptive innovation: a theoretical reflection[J]. Journal of Technology Management & Innovation, 15(4): 93-104.
Schippers M C, Den Hartog D N, Koopman P L, et al. 2003. Diversity and team outcomes: the moderating effects of outcome interdependence and group longevity and the mediating effect of reflexivity[J]. Journal of Organizational Behavior, 24(6): 779-802.
Schumpeter J A. 1939. Business Cycles: A Theoretical, Historical and Statistical Analysis of the Capitalist Process[M]. New York: McGraw-Hill Publishing Company.
Shalley C E, Gilson L L, Blum T C. 2009. Interactive effects of growth need strength, work context, and job complexity on self-reported creative performance[J]. Academy of Management Journal, 52(3): 489-505.
Shibayama S, Wang J. 2020. Measuring originality in science[J]. Scientometrics, 122(1): 409-427.
Shibayama S, Yin D Y, Matsumoto K. 2021. Measuring novelty in science with word embedding[J]. PLoS One, 16(7): e0254034.
Sood A, Tellis G J. 2005. Technological evolution and radical innovation[J]. Journal of Marketing, 69(3): 152-168.
Unsworth K L, Clegg C W. 2010. Why do employees undertake creative action?[J]. Journal of Occupational and Organizational Psychology, 83(1): 77-99.
Verhoeven D, Bakker J, Veugelers R. 2016. Measuring technological novelty with patent-based indicators[J]. Research Policy, 45(3): 707-723.
Webber S S, Donahue L M. 2001. Impact of highly and less job-related diversity on work group cohesion and performance: a meta-analysis[J]. Journal of Management, 27(2): 141-162.
West M A. 1990. The Social Psychology of Innovation in Groups[M]. New York: John Wiley & Sons.
West M A. 2002. Sparkling fountains or stagnant ponds: an integrative model of creativity and innovation implementation in work groups[J]. Applied Psychology, 51(3): 355-387.
Woodman R W, Sawyer J E, Griffin R W. 1993. Toward a theory of organizational creativity[J]. Academy of Management Review, 18(2): 293-321.
Wu L F, Wang D S, Evans J A. 2019. Large teams develop and small teams disrupt science and technology[J]. Nature, 566(7744): 378-382.

Xie G H, Paik Y. 2019. Cultural differences in creativity and innovation: are Asian employees truly less creative than Western employees?[J]. Asia Pacific Business Review, 25(1): 123-147.

Yuan F R, Woodman R W. 2010. Innovative behavior in the workplace: the role of performance and image outcome expectations[J]. Academy of Management Journal, 53(2): 323-342.

Zhang X M, Bartol K M. 2010. Linking empowering leadership and employee creativity: the influence of psychological empowerment, intrinsic motivation, and creative process engagement[J]. Academy of Management Journal, 53(1): 107-128.

Zhou J, George J M. 2001. When job dissatisfaction leads to creativity: encouraging the expression of voice[J]. Academy of Management Journal, 44(4): 682-696.

Zhou J. 2004. The influence of work flow on creativity: how do work and collaboration influence creative ideas[J]. Journal of Business Research, (3): 168-180.

附录 1　半结构化访谈提纲

1. 您的项目从开始到完成经历了多长时间？项目开始之前与该课题相关的基础如何？

2. 您团队的原始创新成果特色有哪些？您认为什么样的成果是原始创新成果？

3. 您觉得哪些个人或者团队因素对于做出原创成果最重要？您最看重项目成员的哪些方面的素质？如何选择项目成员？如何激发科研人员的研究热情？

4. 在提升原始创新能力方面，您所在高校和院系提供了哪些支持让您认为是非常重要的？您认为如何才能更好地发挥高校优势，以产生更多原始创新成果？

5. 您认为国家层面有哪些做法激励了科研人员投入原始创新？

6. 您认为从个人、团队、高校和国家等各层面来说，应该在哪些方面努力以进一步推动高校进行原始创新问题研究？

附录 2　高校原始创新科研团队调研问卷

注：原始创新是指具有首创性和开拓性的科学理论、科学发现、技术方法与发明以及工程范式等，该成果具有突破性，能引领一系列扩展性或跟踪性研究，并往往具有开拓性，如开辟新的研究方向、新的研究领域、新的研究范式等。

一、团队的基本信息

1. 您团队所在的高校是：__________

2. 您所担任的职务是：__________

3. 您的学历是（　）：

A 大学本科；B 硕士研究生；C 博士研究生

4. 您现在的身份是（　）：

A 院士；B 国家级高级人才；C 国家级青年人才；D 其他__________

5. 您的研发活动所处的学科领域主要属于（　）：

A 数学科学；B 物理科学；C 化学科学；D 地球科学；E 材料科学；F 工程科学；G 信息科学；H 生物学；I 生物医学科学；J 环境与生态科学；K 农学与食品科学；L 医学科学；M 管理科学；N 交叉科学；O 其他（请注明）：__________

6. 您认为您做出的原始创新成果有多少项（　）：

A 0 项；B 1 项；C 2 项；D 2 项以上

7. 您开展原始创新的经费来源（可多选）（　）：

A 国家自然科学基金委员会；B 政府各部委；C 国际组织；D 企业申请经费；E 企业自主经费；F 其他

8. 您从事科研的年限（　）：

A 1~3 年（不含）；B 3~5 年；C 6~10 年；D 11~15 年；E 16~20 年；F 20 年以上

9. 您所在学科是（　）：

A "A+"学科；B "A"学科；C "A-"学科；D "B+"学科；E "B"学科；F "B-"学科

10. 您完成的原始创新成果属于如下哪种特性（可多选）（　）：

A 提出了全新的理论；B 实现了全新的发明；C 开发了全新的工艺；D 提出了全新的工程范式；E 均未实现

11. 您完成的原始创新获得了如下哪些奖项（可多选）（　）：

A 获得诺贝尔奖等国际顶级奖项；B 发表高质量 SCI 收录期刊论文；

C 获得国家自然科学奖；D 获得国家科技进步奖；E 获得国家发明奖；

F 获得中国十大科技进展；G 获得中国高等学校十大科技进展；

H 获得中国专利金奖；I 其他奖项：________

12. 您完成的创新成果获得了哪些价值（可多选）（ ）：

A 较大的科学价值；B 较大的技术价值；C 较大的经济价值；D 较大的社会价值；E 较大的生态价值

13. 您所在的团队成立年限是（ ）：

A 1~3（不含）年；B 3~5 年；C 6~10 年；D 11~15 年；E 16~20 年；F 20 年以上

二、以下影响高校实现原始创新的个体因素中，您的认同程度（1 表示完全不认同，7 表示完全认同）

实现原始创新的个体因素	完全不认同←						→完全认同
家国情怀	1	2	3	4	5	6	7
好奇心	1	2	3	4	5	6	7
精深的知识积累	1	2	3	4	5	6	7
多学科知识背景	1	2	3	4	5	6	7
勇于突破	1	2	3	4	5	6	7
长期坚持	1	2	3	4	5	6	7
其他__________	1	2	3	4	5	6	7

三、以下影响高校实现原始创新的团队因素中，您的认同程度（1 表示完全不认同，7 表示完全认同）

实现原始创新的团队因素	完全不认同←						→完全认同
（团队成员的）差异化学科背景	1	2	3	4	5	6	7
团队文化传承	1	2	3	4	5	6	7
跨校交流与合作	1	2	3	4	5	6	7
团队成员间的激励与竞争	1	2	3	4	5	6	7

四、以下影响高校实现原始创新的组织因素中，您的认同程度（1 表示完全不认同，7 表示完全认同）

实现原始创新的组织因素	完全不认同←						→完全认同
合理的科研评价机制	1	2	3	4	5	6	7
稳定的收入保障	1	2	3	4	5	6	7
宽松的科研管理体系	1	2	3	4	5	6	7

续表

实现原始创新的组织因素	完全不认同←--------------------------------→完全认同						
基础研究资金支持	1	2	3	4	5	6	7
国际学术交流与合作	1	2	3	4	5	6	7
拔尖创新人才的引进和培养	1	2	3	4	5	6	7
完善的原始创新成果转化机制	1	2	3	4	5	6	7
良好的科研诚信制度建设	1	2	3	4	5	6	7
完善的科研基地平台建设	1	2	3	4	5	6	7
其他__________	1	2	3	4	5	6	7

五、以下影响高校实现原始创新的环境因素中，您的认同程度（1 表示完全不认同，7 表示完全认同）

实现原始创新的环境因素	完全不认同←--------------------------------→完全认同						
宏观科研评价机制	1	2	3	4	5	6	7
稳定的科研经费支持	1	2	3	4	5	6	7
宽松的科研管理体系	1	2	3	4	5	6	7
知识产权保护措施	1	2	3	4	5	6	7
产学研深度融合制度	1	2	3	4	5	6	7
完善的原创成果转化支撑政策	1	2	3	4	5	6	7
良好的科研生态环境	1	2	3	4	5	6	7
其他__________	1	2	3	4	5	6	7

非常感谢您的支持与配合！

附录3　中国高校原始创新案例库[①]

高校名称	高校地点	高校类型	研究团队	成果类型	具体成果名称
清华大学	北京	综合性大学	路新春	技术类	集成电路化学机械抛光关键技术与装备
中国人民解放军海军军医大学	上海	国防类大学	白　冲	技术类	介入呼吸病学新技术在呼吸病与危重症中的应用与转化
东北师范大学	长春	综合性大学	白志东	科学类	大维随机矩阵理论及其应用
浙江大学	杭州	综合性大学	包　刚	科学类	波动方程反问题的数学理论与计算方法
中国海洋大学	青岛	综合性大学	包振民	技术类	扇贝分子育种技术体系的建立与应用
山东中医药大学	济南	行业特色型大学	毕宏生	技术类	葡萄膜炎病证结合诊疗体系构建研究与临床应用
华北电力大学（保定）	保定	行业特色型大学	毕天姝	技术类	电力系统动态同步相量测量技术及其应用
浙江大学	杭州	综合性大学	边学成	技术类	高速铁路列车运行动力效应试验系统
中国人民解放军陆军军医大学	重庆	国防类大学	卞修武	技术类	肿瘤血管生成机制及其在抗血管生成治疗中的应用
南开大学	天津	综合性大学	卜显和	科学类	配位聚合物构筑与结构性能调控
南京中医药大学	南京	行业特色型大学	蔡宝昌	技术类	可溯源优质中药饮片质量评价体系的构建及其产业化示范
北京航空航天大学	北京	行业特色型大学	蔡国飙	技术类	电推进羽流对航天器性能影响机制和高效防护手段
北京航空航天大学	北京	行业特色型大学	蔡茂林	技术类	气动元件关键共性检测技术及标准体系
上海交通大学	上海	综合性大学	蔡郑东	技术类	骨肉瘤个体化诊疗策略及技术创新
西安交通大学	西安	综合性大学	曹　锋	技术类	跨临界 CO_2 热泵的并行复合循环关键技术及其应用

① 排序不分先后。

续表

高校名称	高校地点	高校类型	研究团队	成果类型	具体成果名称
中国人民解放军海军军医大学	上海	国防类大学	曹广文	科学类	乙肝病毒进化和免疫遗传在致癌中的作用
北京航空航天大学	北京	行业特色型大学	曹先彬	技术类	航空交通系统网络化协同调控理论与方法
北京协和医学院	北京	行业特色型大学	曹雪涛	科学类	炎症性免疫反应的新型分子与细胞机制
中国矿业大学	徐州	行业特色型大学	曹亦俊	技术类	低品质煤浮选界面调控与流动强化关键技术
华南理工大学	广州	综合性大学	曹　镛	技术类	实现高效率有机太阳电池的新型聚合物材料及器件结构
北京大学	北京	综合性大学	曹云龙	科学类	揭示新冠病毒突变特征与免疫逃逸机制
华东师范大学	上海	综合性大学	曹珍富	科学类	云安全的关键理论与方法研究
中国农业大学	北京	行业特色型大学	曹志军	技术类	奶牛健康标准化养殖关键技术与应用
西安交通大学	西安	综合性大学	柴东朗	技术类	新型镁锂合金
清华大学	北京	综合性大学	柴继杰	科学类	植物油菜素内酯等受体激酶的结构及功能研究
中南大学	长沙	综合性大学	柴立元	技术类	冶炼多金属废酸资源化治理关键技术
东北大学	沈阳	综合性大学	柴天佑	技术类	生产全流程多目标动态优化决策与控制一体化理论及应用
上海大学	上海	综合性大学	陈　希	技术类	海气界面环境弱目标特性高灵敏度微波探测关键技术及装备
吉林大学	长春	综合性大学	陈　志	技术类	东北玉米全价值仿生收获关键技术与装备
北京大学	北京	综合性大学	陈　鹏	技术类	活细胞化学反应工具的开发与应用
中国科学技术大学	合肥	综合性大学	陈恩红	技术类	情境大数据融合表示与分析挖掘研究及应用
南京农业大学	南京	行业特色型大学	陈发棣	技术类	菊花优异种质创制与新品种培育
兰州大学	兰州	综合性大学	陈发虎	科学类	青藏高原发现丹尼索瓦古老型智人
浙江大学	杭州	综合性大学	陈　刚	技术类	海量混合时态数据融合处理关键技术及应用
中国科技大学	合肥	综合性大学	陈　杲	科学类	J方程和超临界厄米特-杨振宁-米尔斯方程的变形

续表

高校名称	高校地点	高校类型	研究团队	成果类型	具体成果名称
南京理工大学	南京	国防类大学	陈　光	技术类	新型合金材料受控非平衡凝固技术及应用
浙江大学	杭州	综合性大学	陈国邦	技术类	深低温回热制冷关键技术及应用
浙江大学	杭州	综合性大学	陈积明	科学类	多维度智能感知的基础理论与方法
华中科技大学	武汉	综合性大学	陈吉红	技术类	高性能数控系统关键技术及产业化
北京化工大学	北京	行业特色型大学	陈建峰	技术类	旋转填充床反应器强化新技术
华中科技大学	武汉	综合性大学	陈建国	科学类	认知和情感障碍性疾病发病机制和药物靶点
北京理工大学	北京	国防类大学	陈杰	技术类	分布式协同的区域指挥控制系统关键技术及应用
华南理工大学	广州	综合性大学	陈克复	技术类	制浆造纸清洁生产与水污染全过程控制关键技术及产业化
浙江大学	杭州	综合性大学	陈昆松	科学类	果实采后木质化和软化及其调控的生物学机制
福建中医药大学	福州	行业特色型大学	陈立典	技术类	脑卒中后功能障碍中西医结合康复关键技术及临床应用
苏州大学	苏州	综合性大学	陈林森	技术类	面向柔性光电子的微纳制造关键技术与应用
上海交通大学	上海	综合性大学	陈　楠	科学类	肾小球损伤致病基因及机制研究与临床转化
南京农业大学	南京	行业特色型大学	陈佩度	科学类	小麦-簇毛麦远缘新种质创制及应用
北京大学	北京	综合性大学	陈　鹏	技术类	活细胞化学反应工具的开发与应用
南京理工大学	南京	国防类大学	陈　钱	技术类	全固态电荷倍增 CCD 成像与应用技术
武汉大学	武汉	综合性大学	陈锐志	技术类	北斗卫星导航系统音频技术
中国农业大学	北京	行业特色型大学	陈绍江	技术类	玉米单倍体育种高效技术体系的创建
上海交通大学	上海	综合性大学	陈生弟	技术类	帕金森病早期预警/诊断及优化治疗新技术研究与推广
香港中文大学	香港	综合性大学	陈世祈	技术类	基于超快激光和动力学调控纳米自组装的普适 3D 微纳加工方法
北京工业大学	北京	综合性大学	陈树君	技术类	航天器舱体结构变极性等离子弧穿孔立焊关键技术与应用
北京大学	北京	综合性大学	陈松蹊	科学类	高维数据统计推断方法
中国人民解放军海军军医大学	上海	国防类大学	陈万生	技术类	基于药效物质形成机制的中药品质调控技术体系及应用

续表

高校名称	高校地点	高校类型	研究团队	成果类型	具体成果名称
江南大学	无锡	综合性大学	陈　卫	技术类	耐胁迫植物乳杆菌定向选育及发酵关键技术
中国科学技术大学	合肥	综合性大学	陈仙辉	技术类	基于固体离子导体门电压技术的量子调控研究
北京航空航天大学	北京	行业特色型大学	陈小武	技术类	可视素材内容驱动的虚拟场景生成技术及应用
广东工业大学	广州	综合性大学	陈　新	技术类	高端电子制造装备高速高精点位操作的关键技术与典型应用
中国科学技术大学	合肥	综合性大学	陈秀雄	科学类	证明“哈密尔顿-田”和“偏零阶估计”
华中科技大学	武汉	综合性大学	陈学东	技术类	复杂振动的宽域近零超稳抑制技术与装置
山东农业大学	泰安	行业特色型大学	陈学森	技术类	核果类果树新品种选育及配套高效栽培技术研究与应用
浙江大学	杭州	综合性大学	陈学新	技术类	优势天敌昆虫控制蔬菜重大害虫的关键技术及应用
西安交通大学	西安	综合性大学	陈雪峰	技术类	风电装备变转速稀疏诊断技术
南京大学	南京	综合性大学	陈延峰	科学类	声子晶体等人工带隙材料的设计，制备和若干新效应的研究
北京大学	北京	综合性大学	陈衍景	科学类	大陆碰撞成矿理论的创建及应用
浙江大学	杭州	综合性大学	陈耀武	技术类	超高速数码喷印设备关键技术研发及应用
武汉大学	武汉	综合性大学	陈益峰	工程类	高水头水电工程岩体渗流演化特征与控制关键技术
清华大学	北京	综合性大学	陈永灿	技术类	复杂水域动力特征和生境要素模拟与调控关键技术及应用
南开大学	天津	综合性大学	陈永胜	科学类	面向能源转化与存储的有机和碳纳米材料研究
东南大学	南京	综合性大学	陈云飞	科学类	摩擦界面的声子传递理论与能量耗散模型
山东大学	济南	综合性大学	孙金鹏	科学类	II 类特异嗅觉受体感知气味的分子机制
山东大学	济南	综合性大学	陈增敬	科学类	资产定价理论中的非线性期望方法
湖南大学	长沙	综合性大学	陈政清	技术类	永磁电涡流阻尼减振缓冲耗能新技术研发与应用
浙江大学	杭州	综合性大学	陈志荣	技术类	重要脂溶性营养素超微化制造关键技术创新及产业化
浙江大学	杭州	综合性大学	陈　忠	技术类	脑卒中防治的药物新靶点及新策略
山西大学	太原	综合性大学	程芳琴	技术类	煤矸石煤泥清洁高效利用关键技术及应用

续表

高校名称	高校地点	高校类型	研究团队	成果类型	具体成果名称
清华大学	北京	综合性大学	程　功	科学类	蚊媒病毒感染与传播机制研究
南京中医药大学	南京	行业特色型大学	程海波	技术类	中医癌毒病机理论体系的创建及临床应用
清华大学	北京	综合性大学	程　京	技术类	遗传性耳聋基因诊断芯片系统的研制及其应用
清华大学	北京	综合性大学	程　京	技术类	基于孕妇外周血游离 DNA 的胎儿染色体异常检测系统的研发及应用
东南大学	南京	综合性大学	程　明	技术类	强容错宽调速永磁无刷电机关键技术及应用
清华大学	北京	综合性大学	程　易	技术类	兆瓦级热等离子体煤裂解制乙炔反应器技术
西湖大学	杭州	综合性大学	仇　旻	技术类	热辐射调控技术及自主研发微纳加工仪器
北京化工大学	北京	行业特色型大学	初广文	技术类	大型超重力分离装备新技术及工业应用
清华大学	北京	综合性大学	褚福磊	技术类	机械系统故障诊断与状态监测技术
上海交通大学	上海	综合性大学	崔　勇	技术类	手性金属-有机多孔固体的设计构筑及性能研究
东南大学	南京	综合性大学	崔铁军	科学类	新型人工电磁媒质对电磁波的调控研究
浙江大学	杭州	综合性大学	戴道锌	科学类	硅基特异结构光波导模场调控及功能器件研究
清华大学	北京	综合性大学	戴琼海	技术类	新一代立体视觉关键技术及产业化
东北农业大学	哈尔滨	行业特色型大学	单安山	技术类	功能性饲料关键技术研究与开发
清华大学	北京	综合性大学	单际国	科学类	1700 MPa 级低合金超高强钢激光焊接接头复杂马氏体组织演变过程及其对接头力学响应的影响机制①
北京科技大学	北京	行业特色型大学	党智敏	科学类	电极化储能复合电介质材料结构性能联调的基础理论与方法
清华大学	北京	综合性大学	邓东灵	技术类	121 比特超导量子处理器
中国矿业大学（北京）	北京	行业特色型大学	邓福铭	技术类	60 MN②六面顶超高压合成装备、关键技术及系列产品开发
北京大学	北京	综合性大学	邓宏魁	技术类	新一代人多潜能干细胞制备技术
电子科技大学	成都	行业特色型大学	邓龙江	技术类	高磁导率磁性基板关键技术及产业化

① MPa 即兆帕。

② MN 表示的是力的单位“兆牛顿”（Meganewton）。

续表

高校名称	高校地点	高校类型	研究团队	成果类型	具体成果名称
哈尔滨工业大学	哈尔滨	国防类大学	邓宗全	技术类	“祝融号”火星车移动系统
上海大学	上海	综合性大学	翟启杰	技术类	脉冲磁致振荡连铸方坯凝固均质化技术
西南交通大学	成都	行业特色型大学	翟婉明	工程类	新能源悬挂式空铁关键技术与试验线工程
南京大学	南京	综合性大学	丁爱军	技术类	全球野火天气反馈机制
东南大学	南京	综合性大学	丁　辉	技术类	工业智能超声检测理论与应用关键技术
江苏大学	镇江	综合性大学	丁建宁	技术类	高效晶硅太阳能电池低成本制造关键技术及装备
北京航空航天大学	北京	行业特色型大学	丁希仑	技术类	空间极端环境下机构复杂序列运动地面测试装备关键技术
山西农业大学	太原	综合性大学	董常生	技术类	中国羊驼养殖关键技术研究及其产业化
华中科技大学	武汉	综合性大学	董念国	技术类	心脏移植关键技术体系创建与应用
中国石油大学（北京）	北京	行业特色型大学	董绍华	技术类	油气管道系统完整性关键技术与工业化应用
中国人民解放军空军军医大学	西安	国防类大学	窦科峰	技术类	肝移植新技术——脾窝异位辅助性肝移植的建立与应用
中国人民解放军国防科技大学	长沙	国防类大学	窦　强	技术类	FT-1500A①高性能通用64位微处理器及应用
哈尔滨工业大学	哈尔滨	国防类大学	杜春雨	技术类	高可靠长寿命锂离子电池关键技术及产业化应用
西南林业大学	昆明	行业特色型大学	杜官本	技术类	人造板连续平压生产线节能高效关键技术
中国科学技术大学	合肥	综合性大学	杜江峰	技术类	国际首次实现量子博弈实验研究等
中国人民大学	北京	综合性大学	杜小勇	技术类	数据库联机分析加速技术与多数据类型支持的创新与成果转化
北京工业大学	北京	综合性大学	杜修力	工程类	城市大型地下结构抗震设计理论与方法及工程应用
大连理工大学	大连	综合性大学	段春迎	技术类	金属-有机限域空间的可控构筑和催化基础研究

① FT是“飞腾”（Phytium）的中文首字母缩写。

续表

高校名称	高校地点	高校类型	研究团队	成果类型	具体成果名称
哈尔滨工业大学	哈尔滨	国防类大学	段广仁	技术类	受限控制系统的参数化设计理论与应用
北京航空航天大学	北京	行业特色型大学	段海滨	科学类	鸽群优化算法
北京大学	北京	综合性大学	段慧玲	科学类	具有界面效应的复合材料等效性能研究
南京中医药大学	南京	行业特色型大学	段金廒	技术类	中药资源产业化过程循环利用模式与适宜技术体系创建及其推广应用
北京大学	北京	综合性大学	段凌宇	技术类	视觉特征紧凑表示方法及高性能图像搜索技术
中国农业大学	北京	行业特色型大学	段留生	技术类	基于胺鲜酯的玉米大豆新调节剂研制与应用
清华大学	北京	综合性大学	段文晖	科学类	低维材料中新奇量子现象及其调控的机理研究
北京大学	北京	综合性大学	段志生	技术类	复杂耦合动态系统控制与应用
清华大学	北京	综合性大学	樊健生	技术类	复杂受力钢-混凝土组合结构基础理论及高性能结构体系关键技术
大连理工大学	大连	综合性大学	樊江莉	技术类	血液细胞荧光成像染料的创制及应用
华南农业大学	广州	综合性大学	樊小林	技术类	植物源油脂包膜肥控释关键技术创建与应用
哈尔滨工业大学	哈尔滨	国防类大学	范　峰	技术类	大跨空间钢结构关键技术研究与应用
河南农业大学	郑州	行业特色型大学	范国强	技术类	四倍体泡桐种质创制与新品种培育
北京大学	北京	综合性大学	范辉军	科学类	奇点量子化理论研究
中南大学	长沙	综合性大学	范景莲	技术类	高性能钨基复合材料及其应用
清华大学	北京	综合性大学	范守善	技术类	超顺排碳纳米管阵列
南京大学	南京	综合性大学	方　成	技术类	“羲和号”太阳Hα光谱探测与双超平台科学技术试验卫星
首都师范大学	北京	综合性大学	方复全	科学类	微分流形的几何拓扑
清华大学	北京	综合性大学	方红卫	工程类	河流动力学及江河工程泥沙调控新机制
浙江大学	杭州	综合性大学	方攸同	技术类	高速列车永磁牵引电机
北京航空航天大学	北京	行业特色型大学	房建成	技术类	机载高精度位置姿态测量系统关键技术及应用
复旦大学	上海	综合性大学	封东来	科学类	铁基超导体电子结构的光电子能谱研究
华中科技大学	武汉	综合性大学	冯　丹	技术类	主动对象海量存储系统及关键技术

续表

高校名称	高校地点	高校类型	研究团队	成果类型	具体成果名称
哈尔滨工业大学	哈尔滨	国防类大学	冯吉才	技术类	特种焊接冶金机理与组织性能调控
浙江大学	杭州	综合性大学	冯建东	技术类	单分子电致化学发光显微镜技术
清华大学	北京	综合性大学	冯西桥	科学类	软材料与生物软组织的表面失稳力学研究
四川大学	成都	综合性大学	冯小明	科学类	含氮手性催化剂的设计合成及其不对称催化有机反应研究
北京邮电大学	北京	行业特色型大学	冯志勇	技术类	面向一体化无线网络的多域资源认知与虚拟化关键技术
清华大学	北京	综合性大学	付　林	技术类	基于吸收式换热的热电联产集中供热技术
四川大学	成都	综合性大学	傅　强	技术类	基于聚烯烃凝聚态结构调控制备高性能锂离子电池隔膜
北京交通大学	北京	行业特色型大学	高　亮	技术类	复杂环境下高速铁路无缝线路关键技术及应用
中国农业大学	北京	行业特色型大学	高俊平	技术类	月季等主要切花高质高效栽培与运销保鲜关键技术及应用
西南交通大学	成都	行业特色型大学	高仕斌	技术类	高速铁路弓网系统运营安全保障成套技术与装备
南方医科大学	广州	行业特色型大学	高天明	科学类	抑郁症发病新机理及抗抑郁新靶点的研究
北京大学	北京	综合性大学	高　文	技术类	超高清视频编解码关键技术及系统应用
浙江大学	杭州	综合性大学	高　翔	技术类	燃煤机组超低排放关键技术研发及应用
西安电子科技大学	西安	行业特色型大学	高新波	科学类	图像结构建模与视觉表观重构理论方法研究
河海大学	南京	综合性大学	高玉峰	技术类	河谷场地土坝地震灾变理论与抗震加固技术
华中农业大学	武汉	行业特色型大学	高泽霞	技术类	构建无肌间刺的武昌鱼
清华大学	北京	综合性大学	高钟毓	技术类	航海陀螺仪及其制造技术
北京交通大学	北京	行业特色型大学	高自友	技术类	大城市复杂交通流特性分析及管控策略研究
同济大学	上海	综合性大学	戈宝学	科学类	固有免疫中的信号转导机制研究
北京大学	北京	综合性大学	龚旗煌	科学类	非对称微腔光场调控新原理研究
东南大学	南京	综合性大学	龚维明	技术类	深基础自平衡法承载力测试成套技术开发及应用

续表

高校名称	高校地点	高校类型	研究团队	成果类型	具体成果名称
复旦大学	上海	综合性大学	龚新高	科学类	金笼子与外场下纳米结构转变的研究
天津大学	天津	综合性大学	巩金龙	技术类	固体催化剂结构缺陷调控方法和机理研究
上海交通大学	上海	综合性大学	谷大武	技术类	密码芯片系统的攻防关键技术研究及应用
东华大学	上海	综合性大学	顾利霞	技术类	新型共聚酯 MCDP 连续聚合、纺丝及染整技术
东南大学	南京	综合性大学	顾　宁	技术类	功能磁性纳米材料的构建及诊疗应用基础
浙江工商大学	杭州	综合性大学	顾　青	技术类	功能性乳酸菌靶向筛选及产业化应用关键技术
上海交通大学	上海	综合性大学	顾诵芬	技术类	歼 8 系列飞机研制
南通大学	南通	综合性大学	顾晓松	技术类	修复周围神经缺损的新技术及其应用
江南大学	无锡	综合性大学	顾正彪	技术类	淀粉结构精准设计及其产品创制
汕头大学	汕头	综合性大学	管　轶	技术类	病毒性新发突发传染病的研究与防控
西安交通大学	西安	综合性大学	光栅研发团队	技术类	国产精密光栅制造技术及系列光栅位移传感器
中国地质大学（北京）	北京	行业特色型大学	郭华明	科学类	干旱-半干旱盆地高砷地下水的分布和形成机理
南京工业大学	南京	综合性大学	郭　凯	技术类	基于微流场反应技术的生物基无毒增塑剂及其衍生物连续绿色制造
西安交通大学	西安	综合性大学	郭烈锦	技术类	煤炭超临界水气化制氢发电多联产技术
南京农业大学	南京	行业特色型大学	郭世荣	技术类	植物营养基质研发与产业化应用
南京航空航天大学	南京	国防类大学	郭万林	科学类	低维纳米功能材料与器件原理的物理力学研究
大连理工大学	大连	综合性大学	郭　旭	科学类	复杂约束下结构优化设计理论与方法
南方科技大学	深圳	综合性大学	郭旭岗	科学类	n-型高分子半导体材料与器件
北京大学	北京	综合性大学	郭雪峰	技术类	高灵敏功能分子电子器件的设计、构筑及性能研究
北京大学	北京	综合性大学	果德安	科学类	中药复杂体系活性成分系统分析方法及其在质量标准中的应用研究
哈尔滨工业大学	哈尔滨	国防类大学	韩杰才	科学类	超高温条件下复合材料的热致损伤机理和失效行为
清华大学	北京	综合性大学	韩林海	科学类	基于全寿命周期的钢管混凝土结构损伤机理与分析理论

续表

高校名称	高校地点	高校类型	研究团队	成果类型	具体成果名称
北京工业大学	北京	综合性大学	韩晓东	科学类	面心立方材料弹塑性力学行为及原子层次机理研究
上海交通大学	上海	综合性大学	韩泽广	科学类	乙型肝炎病毒感染相关肝癌的功能基因组研究
西南交通大学	成都	行业特色型大学	何　川	技术类	砂卵石地层盾构隧道施工安全控制与高效掘进技术
武汉大学	武汉	综合性大学	何光存	技术类	水稻抗褐飞虱基因的发掘与利用
北京理工大学	北京	国防类大学	何洪文	技术类	电动汽车动力电池及系统状态量高精度估计理论与方法
郑州大学	郑州	综合性大学	何季麟	工程类	平板显示用高性能ITO靶材关键技术及工程化
中南大学	长沙	综合性大学	何继善	技术类	大深度高精度广域电磁勘探技术与装备
清华大学	北京	综合性大学	何金良	工程类	电力系统接地基础理论、关键技术及工程应用
中国矿业大学（北京）	北京	行业特色型大学	何满潮	技术类	恒阻大变形缆索及其恒阻装置
浙江大学	杭州	综合性大学	何湘宁	科学类	高增益电力变换调控机理与拓扑构造理论
中南大学	长沙	综合性大学	何旭辉	技术类	强风作用下高速铁路桥上行车安全保障关键技术及应用
上海交通大学	上海	综合性大学	何炎平	技术类	大型绞吸挖泥船设计原理研究及船型开发实践
大连理工大学	大连	综合性大学	贺高红	技术类	膜法高效回收与减排化工行业挥发性有机气体
西安交通大学	西安	综合性大学	贺浪冲	技术类	基于高表达CMC技术的类过敏物筛选体系构建与应用
重庆大学	重庆	综合性大学	贺　耘	技术类	世界首次合成阿波霉素
东南大学	南京	综合性大学	洪　伟	技术类	微波毫米波新型基片集成类导波结构及器件
南方医科大学	广州	行业特色型大学	侯凡凡	技术类	慢性肾脏病进展的机制和临床防治
浙江工业大学	杭州	综合性大学	侯立安	技术类	新型膜法水处理关键技术及应用
北京大学	北京	综合性大学	侯仰龙	技术类	磁性纳米材料的化学设计、控制合成及其应用基础研究
中国人民解放军国防科学技术大学	长沙	国防类大学	胡德文	技术类	神经生物信息模式识别与时空分析
浙江大学	杭州	综合性大学	胡海岚	科学类	负性情绪和社会竞争导致抑郁症的脑机制研究

续表

高校名称	高校地点	高校类型	研究团队	成果类型	具体成果名称
清华大学	北京	综合性大学	胡洪营	技术类	城市集中式再生水系统水质安全协同保障技术及应用
中山大学	广州	综合性大学	胡建勋	科学类	数值几何不变量在双有理变换下的变化
中山大学	广州	综合性大学	王猛	科学类	液氮温区镍氧化物超导体的首次发现
北京大学	北京	综合性大学	胡建英	科学类	典型内分泌干扰物质的环境行为与生态毒理效应
北京大学	北京	综合性大学	胡　敏	科学类	大气复合污染条件下新粒子生成与二次气溶胶增长机制
武汉理工大学	武汉	综合性大学	胡曙光	工程类	深水大断面盾构隧道结构/功能材料制备与工程应用成套技术
南京大学	南京	综合性大学	胡一桥	技术类	抗肿瘤纳米药物制备的关键技术及其应用
中南大学	长沙	综合性大学	胡岳华	技术类	钨氟磷含钙战略矿物资源浮选界面组装技术及应用
中国矿业大学（北京）	北京	行业特色型大学	胡振琪	技术类	煤矸石山自燃污染控制与生态修复关键技术及应用
辽宁科技大学	鞍山	应用型大学	胡知之	技术类	无色透明聚酰亚胺
南京大学	南京	综合性大学	华子春	技术类	多肽药物研发关键技术及多肽创新药物的研发
北京理工大学	北京	国防类大学	黄广炎	技术类	柔卫甲柔性防爆装置
南京工业大学	南京	综合性大学	黄　和	技术类	生物法制备二十二碳六烯酸油脂关键技术及应用
上海交通大学	上海	综合性大学	黄荷凤	技术类	发育源性疾病和遗传性出生缺陷的机制研究及临床精准防控
北京理工大学	北京	国防类大学	黄　强	技术类	仿人机器人关键技术及应用
东南大学	南京	综合性大学	黄庆安	技术类	高性能 MEMS 器件设计与制造关键技术及应用
湖南大学	长沙	综合性大学	黄守道	技术类	大型低速高效直驱永磁风力发电机关键技术及应用
北京大学	北京	综合性大学	黄铁军	技术类	超高速脉冲相机
南京邮电大学	南京	综合性大学	黄　维	技术类	高稳定性有机半导体的四元设计原理、绿色加工及光电器件
清华大学	北京	综合性大学	黄　霞	工程类	膜集成城镇污水深度净化技术与工程应用
清华大学	北京	综合性大学	黄　霞	技术类	污水化学能定向转化机制与原位利用新方法
北京大学	北京	综合性大学	黄晓军	技术类	单倍体造血干细胞移植的关键技术建立及推广应用

续表

高校名称	高校地点	高校类型	研究团队	成果类型	具体成果名称
哈尔滨工业大学	哈尔滨	国防类大学	黄玉东	技术类	耐高温杂化硅树脂及其复合材料制备关键技术
香港中文大学	香港	综合性大学	黄　聿	科学类	Hippo 信号通路在湍流引起的动脉粥样硬化中的新作用
四川大学	成都	综合性大学	黄　园	技术类	多肽蛋白类药物口服高效递释系统基础研究
华中科技大学	武汉	综合性大学	黄云辉	科学类	储能用高性能复合电极材料的构筑及协同机理
上海交通大学	上海	综合性大学	黄　震	技术类	基于燃料多样化的压燃发动机关键技术及应用
西安交通大学	西安	综合性大学	黄佐华	技术类	内燃机低碳燃料的互补燃烧调控理论及方法
首都医科大学	北京	行业特色型大学	吉训明	技术类	上肢远隔缺血适应新技术的建立及其防治缺血性脑卒中的临床应用
北京邮电大学	北京	行业特色型大学	纪越峰	技术类	高效融合的超大容量光接入技术及应用
江南大学	无锡	综合性大学	纪志成	技术类	塑料产品制造过程的物联集成与智能优化技术及应用
上海中医药大学	上海	行业特色型大学	季　光	技术类	疾病中医证候分类新方法及其应用
北京大学	北京	综合性大学	季加孚	技术类	胃癌综合防治体系关键技术的创建及其应用
上海交通大学	上海	综合性大学	季向东	科学类	质子结构和大动量有效场理论
清华大学	北京	综合性大学	季向阳	技术类	编码摄像关键技术及应用
清华大学	北京	综合性大学	季学武	技术类	基于路感跟踪的高性能电动助力转向系统关键技术及应用
南京医科大学	南京	行业特色型大学	季　勇	科学类	心血管病干预靶点及治疗策略研究
上海交通大学	上海	综合性大学	贾金锋	科学类	实验证实超导态“分段费米面”
大连理工大学	大连	综合性大学	贾金青	技术类	超高层建筑钢骨高强混凝土结构体系抗震关键技术及其应用
北京交通大学	北京	行业特色型大学	贾利民	技术类	道路交通状态网络化智能感知与评价关键技术及应用
中国人民解放军国防科技大学	长沙	国防类大学	贾　焰	技术类	大规模网络安全态势分析关键技术及系统 YHSAS
北京航空航天大学	北京	行业特色型大学	贾英民	技术类	运动座载设备协调控制关键技术及应用

续表

高校名称	高校地点	高校类型	研究团队	成果类型	具体成果名称
大连理工大学	大连	综合性大学	贾振元	技术类	高性能碳纤维复合材料构件高质高效加工技术与装备
南昌大学	南昌	综合性大学	江风益	技术类	硅衬底高光效 GaN 基蓝色发光二极管
重庆大学	重庆	综合性大学	江启慧	科学类	发现肿瘤抑制因子新调控机制
华中科技大学	武汉	综合性大学	江　涛	技术类	移动大视频多级多网协同智适应传输关键技术
北京大学	北京	综合性大学	江　颖	技术类	基于高阶静电力的新型扫描探针技术
中国农业大学	北京	行业特色型大学	江正强	技术类	半纤维素酶高效生产及应用关键技术
北京大学	北京	综合性大学	姜保国	技术类	中国严重创伤救治规范的建立与推广
北京理工大学	北京	国防类大学	姜澜	技术类	飞秒激光电子动态调控微细加工技术
清华大学	北京	综合性大学	姜培学	科学类	多孔介质与微/纳结构中热传递机理研究
同济大学	上海	综合性大学	蒋昌俊	技术类	网络并发系统的行为理论与风险控制技术
中国地质大学（武汉）	武汉	行业特色型大学	蒋少涌	科学类	前寒武纪/寒武纪和新生代古海洋环境的地球化学和同位素示踪研究
南京大学	南京	综合性大学	蒋锡群	技术类	高分子纳米载体的结构调控和药物传输
厦门大学	厦门	综合性大学	焦念志	科学类	微型生物在海洋碳储库及气候变化中的作用
北京航空航天大学	北京	行业特色型大学	焦宗夏	技术类	电液伺服系统自适应抗扰非线性控制
西北工业大学	西安	国防类大学	介万奇	技术类	大型高质量铝合金铸件控压成型关键技术及应用
复旦大学	上海	综合性大学	金　力	科学类	东亚人群和混合人群基因组的连锁不平衡研究
复旦大学	上海	综合性大学	金　城	技术类	特大型城市公共基础设施智能监测与运行保障
清华大学	北京	综合性大学	金　峰	工程类	堆石混凝土筑坝技术及其工程应用
华中科技大学	武汉	综合性大学	金　海	技术类	面向多租户资源竞争的云计算基础理论与核心方法
华中农业大学	武汉	行业特色型大学	金梅林	技术类	我国重大猪病防控技术创新与集成应用
北京协和医学院	北京	行业特色型大学	金　奇	技术类	基于宏基因组学的新型病原体组合筛查鉴定实用技术体系及应用
中山大学	广州	综合性大学	金舒原	技术类	全周期云数据安全管控体系及应用支撑平台
南京工业大学	南京	综合性大学	金万勤	技术类	有机-无机复合膜的亚纳米通道构筑及其分离性能研究

续表

高校名称	高校地点	高校类型	研究团队	成果类型	具体成果名称
江南大学	无锡	综合性大学	金征宇	技术类	新型淀粉衍生物的创制与传统淀粉衍生物的绿色制造
中国人民解放军国防科技大学	长沙	国防类大学	景　宁	技术类	自主可控高性能地理信息系统关键技术与应用
中国矿业大学（北京）	北京	行业特色型大学	鞠　杨	技术类	深部能源开发岩体应力场透明解析技术及应用
清华大学	北京	综合性大学	康飞宇	技术类	微纳超结构碳的设计、构建和储能研究
大连理工大学	大连	综合性大学	康仁科	技术类	大尺寸硅片超精密磨削技术与装备
清华大学	北京	综合性大学	康重庆	工程类	大电网调度运营决策的高效建模与优化关键技术及工程应用
中国人民解放军陆军军医大学	重庆	国防类大学	黎　鳌	技术类	烧伤的救治与研究
中山大学	广州	综合性大学	黎孟枫	技术类	肿瘤侵袭转移的信号网络调控失衡机制及新治疗靶点的研究
南方医科大学	广州	行业特色型大学	黎孟枫	科学类	炎-癌转化和癌前病变的分子基础和干预策略
南京大学	南京	综合性大学	黎书华	技术类	复杂体系的量子化学方法及应用
同济大学	上海	综合性大学	李　杰	工程类	工程结构抗灾可靠性设计的概率密度演化理论
南京大学	南京	综合性大学	李爱民	技术类	难降解有机工业废水治理与毒性减排关键技术及装备
北京建筑大学	北京	行业特色型大学	李爱群	工程类	高性能隔震建筑系列关键技术与工程应用
西安建筑科技大学	西安	综合性大学	李安桂	技术类	地铁环境保障与高效节能关键技术创新及应用
重庆大学	重庆	综合性大学	李百战	技术类	建筑热环境理论及其绿色营造关键技术
北京航空航天大学	北京	行业特色型大学	李　波	技术类	面向公共安全的大规模监控视频智能处理技术及应用
华东理工大学	上海	综合性大学	李春忠	技术类	限域反应构建晶态能量转换材料及调控机制
中国农业大学	北京	行业特色型大学	李道亮	技术类	水产集约化养殖精准测控关键技术与装备
武汉大学	武汉	综合性大学	李德仁	技术类	天空地遥感数据高精度智能处理关键技术及应用

续表

高校名称	高校地点	高校类型	研究团队	成果类型	具体成果名称
清华大学	北京	综合性大学	李　刚	技术类	非合作运动目标高分辨雷达成像研究
中国石油大学（北京）	北京	行业特色型大学	李根生	技术类	水力喷砂射孔与分段压裂联作技术及工业化应用
清华大学	北京	综合性大学	李海中	科学类	Pinkall-Sterling 猜想和超曲面几何的研究
西北工业大学	西安	国防类大学	李贺军	技术类	长寿命耐高温氧化/烧蚀涂层防护机理与应用基础
中国海洋大学	青岛	综合性大学	李华军	技术类	滩浅海新型构筑物及安全环保关键技术
东北林业大学	哈尔滨	行业特色型大学	李　坚	技术类	基于木材细胞修饰的材质改良与功能化关键技术
西安电子科技大学	西安	行业特色型大学	李建东	技术类	大规模无线局域网与蜂窝网络异构自组织技术
中国农业大学	北京	行业特色型大学	李建生	技术类	玉米重要营养品质优良基因发掘与分子育种应用
同济大学	上海	综合性大学	李　杰	科学类	广义概率密度演化方程
清华大学	北京	综合性大学	李俊华	技术类	工业烟气多污染物协同深度治理技术及应用
清华大学	北京	综合性大学	李克非	技术类	提高海工混凝土结构耐久性寿命成套技术及推广应用
清华大学	北京	综合性大学	李克强	技术类	基于共用架构的汽车智能驾驶辅助系统关键技术及产业化
湖南大学	长沙	综合性大学	李肯立	技术类	高效能异构并行调度关键技术及应用
浙江大学	杭州	综合性大学	李兰娟	技术类	重症肝病诊治的理论创新与技术突破
清华大学	北京	综合性大学	李　亮	技术类	商用车机械自动变速式混合动力系统总成关键技术及其规模化应用
清华大学	北京	综合性大学	李路明	技术类	脑起搏器关键技术，系统与临床应用
武汉大学	武汉	综合性大学	李清泉	技术类	道路路面动态检测关键技术及装备
清华大学	北京	综合性大学	李庆斌	科学类	混凝土性能的水作用机理与控制方法
北京化工大学	北京	行业特色型大学	李群生	技术类	高纯/超高纯化学品精馏关键技术与工业应用
中国海洋大学	青岛	综合性大学	李三忠	科学类	胶辽吉带古元古代构造-热演化与早前寒武纪构造体制巨变
湖南大学	长沙	综合性大学	李树涛	科学类	多模图像结构化稀疏表示与融合理论方法研究
昆明理工大学	昆明	综合性大学	李天晴	科学类	灵长类动物干细胞研究
浙江大学	杭州	综合性大学	李铁风	技术类	自供电软机器人成功挑战马里亚纳海沟

续表

高校名称	高校地点	高校类型	研究团队	成果类型	具体成果名称
大连理工大学	大连	综合性大学	李廷举	技术类	高性能铜合金连铸凝固过程电磁调控技术及应用
浙江大学	杭州	综合性大学	李　伟	技术类	高效水平轴海流发电系列装备与应用系统
北京大学	北京	综合性大学	李文辉	技术类	抗乙肝创新药研发
太原理工大学	太原	综合性大学	李文英	技术类	CO_2控制一体化煤基化工动力多联产系统集成理论与方法
北京师范大学	北京	综合性大学	李　武	科学类	有效学习的认知神经机制
清华大学	北京	综合性大学	李先庭	技术类	降低大型建筑空调能耗的基础理论，关键技术及产业化应用
浙江工业大学	杭州	综合性大学	李小年	技术类	取代芳胺系列产品绿色催化合成关键技术与工业应用
北京科技大学	北京	行业特色型大学	李晓刚	工程类	材料环境腐蚀数据信息系统创新与工程应用
北京航空航天大学	北京	行业特色型大学	李晓光	技术类	应用生物材料激活成年内源性神经发生修复中枢神经损伤
电子科技大学	成都	行业特色型大学	李言荣	科学类	高温超导中量子金属态的首次实验证实
北京大学	北京	综合性大学	李　彦	技术类	单壁碳纳米管可控生长与修饰
清华大学	北京	综合性大学	李一兵	技术类	道路交通事故现场快速处置与事故重建系统
南京航空航天大学	南京	国防类大学	李迎光	技术类	飞机复杂结构件数控加工动态特征技术及应用
吉林大学	长春	综合性大学	李　勇	科学类	共振情形哈密顿系统的稳定性
吉林农业大学	长春	行业特色型大学	李　玉	技术类	食药用菌全产业链关键技术创新及应用
中国海洋大学	青岛	综合性大学	李孜晔	技术类	重建全球海洋有机碳埋藏记录
香港城市大学	香港	综合性大学	梁国华	技术类	介质谐振器天线的理论与应用技术
中国科学技术大学	合肥	综合性大学	梁　樑	科学类	基于供应链创新的决策问题研究
清华大学	北京	综合性大学	梁志恒	技术类	多功能通用雷达目标模拟器开发平台及关键技术研究
西南交通大学	成都	行业特色型大学	廖海黎	工程类	大跨度缆索承重桥梁抗风关键技术与工程应用
重庆大学	重庆	综合性大学	廖　强	科学类	多场耦合能质传递强化及调控理论与方法

续表

高校名称	高校地点	高校类型	研究团队	成果类型	具体成果名称
清华大学	北京	综合性大学	林波荣	技术类	绿色公共建筑环境与节能设计关键技术研究和应用
清华大学	北京	综合性大学	林　闯	技术类	计算机网络资源管理的随机模型与性能优化
西安交通大学	西安	综合性大学	林宣雄	技术类	面向城市群的区域生态环境智能感知技术与系统示范
华东理工大学	上海	综合性大学	刘昌胜	科学类	钙磷基生物材料的转化机理及新生物性能研究
浙江大学	杭州	综合性大学	刘东红	技术类	包装食品杀菌与灌装高性能装备关键技术及应用
西北工业大学	西安	国防类大学	刘　峰	技术类	金属材料非平衡相变的热-动力学协同效应与调控
江西中医药大学	南昌	行业特色型大学	刘红宁	技术类	中药制造现代化——固体制剂产业化关键技术研究及应用
东南大学	南京	综合性大学	刘加平	技术类	现代混凝土开裂风险评估与收缩裂缝控制关键技术
哈尔滨工业大学	哈尔滨	国防类大学	刘　俭	技术类	超精密三维显微测量技术与仪器
山东大学	济南	综合性大学	刘建亚	科学类	自守形式与素数分布的研究
清华大学	北京	综合性大学	刘晶波	工程类	城市大型地下结构抗震设计理论与方法及工程应用
吉林农业大学	长春	行业特色型大学	刘景圣	技术类	玉米精深加工关键技术创新与应用
北京航空航天大学	北京	行业特色型大学	刘克松	技术类	金属表面特殊浸润性的仿生构筑与性能研究
中国科学技术大学	合肥	综合性大学	刘　磊	科学类	若干有机化合物结构性质关系及反应规律性
大连理工大学	大连	综合性大学	刘黎明	技术类	镁合金及其与异质材料焊接接头强韧化机理与方法
清华大学	北京	综合性大学	刘　利	技术类	国产地球系统模式耦合器 C-Coupler
哈尔滨医科大学	哈尔滨	行业特色型大学	刘连新	技术类	原发性肝癌化疗耐药的机制研究及临床干预新策略
武汉大学	武汉	综合性大学	刘泉声	技术类	深部复合地层隧（巷）道 TBM 安全高效掘进控制关键技术
北京大学	北京	综合性大学	刘若川	科学类	p 进霍奇理论及其应用
中国地质大学（北京）	北京	行业特色型大学	刘少峰	科学类	盆山耦合机制与动力学

续表

高校名称	高校地点	高校类型	研究团队	成果类型	具体成果名称
湖南师范大学	长沙	综合性大学	刘少军	技术类	淡水鱼类远缘杂交关键技术及应用
华中科技大学	武汉	综合性大学	刘　胜	技术类	多界面光-热耦合白光 LED 封装优化技术
天津大学	天津	综合性大学	刘铁根	工程类	混合式光纤传感技术及其在工程安全监测领域中的应用
华中科技大学	武汉	综合性大学	刘伟	技术类	耗散最小化多场协同对流传热强化理论和方法
江南大学	无锡	综合性大学	刘小浩	技术类	二氧化碳一步合成乙醇
重庆理工大学	重庆	综合性大学	刘小康	技术类	时栅位移传感器技术
扬州大学	扬州	综合性大学	刘秀梵	技术类	基因Ⅶ型新城疫新型疫苗的创制与应用
浙江大学	杭州	综合性大学	刘　旭	技术类	超分辨光学微纳显微成像技术
华南农业大学	广州	综合性大学	刘雅红	技术类	动物专用新型抗菌原料药及制剂创制与应用
清华大学	北京	综合性大学	刘耀红	技术类	产生具有不同能量的 X 射线的设备，方法及材料识别系统
清华大学	北京	综合性大学	刘奕群	技术类	群体智能支撑的互联网搜索技术及其应用
北京大学	北京	综合性大学	刘　毅	科学类	三维流形的有限复叠
四川大学	成都	综合性大学	刘　颖	技术类	新型复合碳氮化物固溶体粉末及其高性能硬质材料
哈尔滨工业大学	哈尔滨	国防类大学	刘永坦	工程类	我国第一部对海新体制实验雷达
北京邮电大学	北京	行业特色型大学	刘元安	技术类	天线多频技术及在多模移动终端的应用
北京交通大学	北京	行业特色型大学	刘志明	技术类	高速列车和重载货车关键结构可靠性评估与提升技术
清华大学	北京	综合性大学	娄智勇	科学类	揭示 SARS-CoV-2 逃逸抗病毒药物机制
浙江大学	杭州	综合性大学	楼兵干	科学类	枝枯病防治研究与推广
西安交通大学	西安	综合性大学	卢天健	科学类	皮肤与牙热-力-电耦合行为机理
清华大学	北京	综合性大学	陆建华	技术类	广域宽带协同通信技术与应用
南京大学	南京	综合性大学	陆延青	技术类	功能集成光量子芯片
南京大学	南京	综合性大学	鹿化煜	科学类	晚第四纪中国北方沙漠-黄土沉积过程对气候变化的响应
苏州大学	苏州	综合性大学	路建美	技术类	多元催化剂嵌入法富集去除低浓度 VOCs 增强技术及应用

续表

高校名称	高校地点	高校类型	研究团队	成果类型	具体成果名称
湖南大学	长沙	综合性大学	罗安	技术类	冶金特种大功率电源系统关键技术与装备及其应用
华中科技大学	武汉	综合性大学	罗俊	科学类	万有引力常数 G 的精确测量
上海大学	上海	综合性大学	罗均	技术类	海洋窄带环境复杂目标探测识别技术与装备
浙江大学	杭州	综合性大学	罗坤	科学类	多尺度多相过程中的相间作用机理研究
中国人民解放军空军军医大学	西安	国防类大学	罗卓荆	技术类	脊柱退变的新机制及治疗关键技术
华中科技大学	武汉	综合性大学	骆清铭	技术类	单细胞分辨的全脑显微光学切片断层成像技术与仪器
北京林业大学	北京	行业特色型大学	骆有庆	技术类	灌木林虫灾发生机制与生态调控技术
清华大学	北京	综合性大学	雒建斌	科学类	摩擦中微粒作用机制及超滑机理
西安交通大学	西安	综合性大学	吕毅	技术类	炎症损伤控制提高肝癌外科疗效的理论创新与技术突破
清华大学	北京	综合性大学	吕俊复	工程类	600 MW 超临界循环流化床锅炉技术开发，研制与工程示范
重庆大学	重庆	综合性大学	吕学伟	技术类	高钙镁钛精矿大型电炉冶炼高钛渣关键技术及应用
北京大学	北京	综合性大学	马丁	科学类	碳化钼催化剂上水的低温活化和制氢过程
北京邮电大学	北京	行业特色型大学	马华东	科学类	多媒体传感网基础理论与方法
西安电子科技大学	西安	行业特色型大学	马建峰	技术类	物联网系统数据安全关键技术及应用
中山大学	广州	综合性大学	马骏	技术类	鼻咽癌“吉西他滨+顺铂”新方案前沿技术研究
西安电子科技大学	西安	行业特色型大学	马晓华	技术类	高能效超宽带氮化镓功率放大器关键技术及在 5G 通信产业化应用
吉林大学	长春	综合性大学	马琰铭	技术类	CALYPSO 晶体结构预测方法与应用
武汉理工大学	武汉	综合性大学	麦立强	科学类	高性能纳米线储能材料与器件的制备科学和输运调控机制
上海交通大学	上海	综合性大学	毛军发	技术类	射频系统设计自动化关键技术与应用
复旦大学	上海	综合性大学	毛颖	技术类	较低级别脑胶质瘤的综合诊断和治疗

续表

高校名称	高校地点	高校类型	研究团队	成果类型	具体成果名称
中山大学	广州	综合性大学	毛宗万	科学类	金属酶的化学模拟及其构效关系研究
北京大学	北京	综合性大学	梅　宏	技术类	云-端融合系统的资源反射机制及高校互操作技术
北京大学	北京	综合性大学	梅　宏	技术类	全生命周期软件体系结构建模理论与方法
清华大学	北京	综合性大学	闵　勇	技术类	大型互联电网阻尼特性在线分析与控制技术及应用
南京大学	南京	综合性大学	缪　峰	技术类	二维材料物性调控与信息器件研究
东北电力大学	吉林	行业特色型大学	穆　钢	技术类	大规模风电联网高效规划与脱网防御关键技术及应用
南京航空航天大学	南京	国防类大学	聂　宏	技术类	航天器着陆缓冲装置与对接机构关键技术
清华大学	北京	综合性大学	聂建国	技术类	大跨建筑钢-混凝土组合结构新技术及其应用
北京航空航天大学	北京	行业特色型大学	宁晓琳	技术类	航天器新型自主天文导航系统关键技术及应用
北京师范大学	北京	综合性大学	牛军峰	技术类	基于纳晶薄膜电极的工业废水电催化氧化深度处理装备及应用
浙江大学	杭州	综合性大学	欧阳宏伟	技术类	骨软骨原位修复与再生技术
湖南大学	长沙	综合性大学	潘安练	技术类	低维半导体材料的能带结构与光子特性调控
重庆大学	重庆	综合性大学	潘复生	技术类	镁合金
中国科学技术大学	合肥	综合性大学	潘建伟	科学类	量子隐形传态研究
中国科学技术大学	合肥	综合性大学	潘建伟	技术类	全球首颗量子科研卫星“墨子号”
北京协和医学院	北京	行业特色型大学	潘湘斌	技术类	复合技术治疗先天性心脏病的技术创新及推广应用
复旦大学	上海	综合性大学	彭慧胜	技术类	全柔性织物显示系统
山东大学	济南	综合性大学	彭　军	科学类	原发免疫性血小板减少症免疫耐受机制及临床应用
北京大学	北京	综合性大学	彭练矛	技术类	碳基 CMOS 集成电路
清华大学	北京	综合性大学	祁　海	科学类	抗体亲和力成熟机制研究
北京航空航天大学	北京	行业特色型大学	钱德沛	技术类	国家超级计算基础设施支撑软件系统

续表

高校名称	高校地点	高校类型	研究团队	成果类型	具体成果名称
北京大学	北京	综合性大学	乔　杰	技术类	配子胚胎发育研究与生育力改善新方法的应用
四川大学	成都	综合性大学	秦　勇	技术类	奥利司他不对称催化全合成关键技术与产业化
浙江大学	杭州	综合性大学	邱建荣	科学类	发现飞秒激光诱导复杂体系微纳结构新机制
清华大学	北京	综合性大学	邱　彤	技术类	大型乙烯装置成套工艺技术，关键装备与工业应用
清华大学	北京	综合性大学	邱　勇	技术类	有机发光显示材料，器件与工艺集成技术和应用
北京科技大学	北京	行业特色型大学	曲选辉	技术类	高性能特种粉体材料近终形制造技术及应用
北京大学	北京	综合性大学	瞿礼嘉	科学类	植物同种花粉优先的分子机理
广州医科大学	广州	行业特色型大学	冉丕鑫	技术类	慢性阻塞性肺病早期干预
上海科技大学	上海	综合性大学	饶子和	科学类	揭示抗结核新药的靶点和作用机制及潜在新药的发现
浙江大学	杭州	综合性大学	任其龙	技术类	天然活性同系物的分子辨识分离新技术及应用
西安交通大学	西安	综合性大学	任晓兵	科学类	基于晶体缺陷调控的铁性智能材料新物理效应
北京中医药大学	北京	行业特色型大学	商洪才	技术类	中医药循证研究“四证”方法学体系创建及应用
北京大学	北京	综合性大学	尚永丰	科学类	乳腺癌发生发展的表观遗传机制
北京大学	北京	综合性大学	邵　敏	科学类	挥发性有机物来源及在大气二次污染生成中的作用
青岛科技大学	青岛	综合性大学	邵　巍	技术类	“天问一号”着陆器自主导航技术
华中科技大学	武汉	综合性大学	邵新宇	技术类	汽车制造中的高质高效激光焊接，切割关键工艺及成套装备
西安交通大学	西安	综合性大学	申胜平	技术类	挠曲电材料与结构的力电耦合理论及应用
浙江大学	杭州	综合性大学	申有青	科学类	高分子递药载体的构筑与功能调控研究
北京大学	北京	综合性大学	沈波	技术类	氮化物半导体大失配异质外延技术
南京医科大学	南京	行业特色型大学	沈洪兵	科学类	绘制中国人群高发特发恶性肿瘤遗传学图谱
中国农业大学	北京	行业特色型大学	沈建忠	科学类	可转移多黏菌素耐药基因 mcr 的发现及其传播机制研究
南京大学	南京	综合性大学	沈树忠	科学类	泛大陆关键转折期生物与环境演化
香港中文大学	香港	综合性大学	沈祖尧	科学类	大肠癌发生分子机制，早期预警，防治研究

续表

高校名称	高校地点	高校类型	研究团队	成果类型	具体成果名称
上海交通大学	上海	综合性大学	师咏勇	科学类	基于连锁不平衡及长单倍型分析的精神疾病关键基因精细定位研究
南京大学	南京	综合性大学	施　斌	工程类	地质工程分布式光纤监测关键技术及其应用
武汉大学	武汉	综合性大学	施　闯	技术类	中国高精度位置网及其在交通领域的重大应用
清华大学	北京	综合性大学	施路平	技术类	面向人工通用智能的异构融合天机芯片
清华大学	北京	综合性大学	施一公	科学类	3.6 埃分辨率的酵母剪接体结构
南京大学	南京	综合性大学	施　毅	科学类	若干低维半导体表界面调控及器件基础研究
清华大学	北京	综合性大学	石高全	技术类	化学修饰石墨烯可控组装与复合的基础研究
中国农业大学	北京	行业特色型大学	石元春	技术类	黄淮海平原中低产地区农业综合治理的研究与开发
北京师范大学	北京	综合性大学	史培军	技术类	综合自然灾害风险评估与重大自然灾害应对关键技术研究和应用
清华大学	北京	综合性大学	舒继武	技术类	软硬件协同的闪存存储系统关键技术及应用
东南大学	南京	综合性大学	宋爱国	技术类	人机交互遥操作机器人的力觉感知与反馈技术
贵州大学	贵阳	综合性大学	宋宝安	技术类	防治农作物主要病虫害绿色新农药新制剂的研制及应用
中山大学	广州	综合性大学	宋尔卫	技术类	靶向肿瘤微环境的抗肿瘤治疗新策略
东北石油大学	大庆	行业特色型大学	宋考平	技术类	新型聚驱大幅度提高原油采收率关键技术
北京大学	北京	综合性大学	宋令阳	技术类	移动终端间协作通信理论和优化技术
大连理工大学	大连	综合性大学	宋永臣	技术类	海洋天然气水合物分解演化理论与调控方法
清华大学	北京	综合性大学	宋永华	科学类	新能源电力系统需求侧灵活资源的优化与控制理论
中国人民解放军国防科学技术大学	长沙	国防类大学	苏金树	技术类	高性能系列化网络设备研制与应用
清华大学	北京	综合性大学	隋森芳	科学类	硅藻光系统 II-捕光天线超级复合体的色素–蛋白网络结构
中国石油大学（华东）	青岛	行业特色型大学	孙宝江	技术类	海洋深水钻探井控关键技术与装备
南京医科大学	南京	行业特色型大学	孙倍成	科学类	肿瘤微环境在肝癌发生中的分子机制研究及临床应用

续表

高校名称	高校地点	高校类型	研究团队	成果类型	具体成果名称
南京大学	南京	综合性大学	孙　成	科学类	活性自由基高效产生方法及去除水中有害有机污染物机理的研究
中国农业大学	北京	行业特色型大学	孙传清	科学类	水稻驯化的分子机理研究
哈尔滨工程大学	哈尔滨	国防类大学	孙大军	技术类	深海高精度水声综合定位技术
北京理工大学	北京	国防类大学	孙逢春	技术类	完全自主知识产权的电机及电控系统、自动变速传动系
清华大学	北京	综合性大学	孙宏斌	技术类	复杂电网自律-协同无功电压自动控制系统关键技术及应用
吉林大学	长春	综合性大学	孙洪波	技术类	特种光电器件的超快激光微纳制备基础研究
中国农业大学	北京	行业特色型大学	孙其信	技术类	小麦耐热基因发掘与种质创新技术及育种利用
北京林业大学	北京	行业特色型大学	孙润仓	技术类	木质纤维生物质多级资源化利用关键技术及应用
厦门大学	厦门	综合性大学	孙世刚	科学类	电催化剂的表面结构效应，设计合成和反应机理研究
中国人民解放军海军军医大学	上海	国防类大学	孙树汉	科学类	长链非编码 RNA 在肝癌进程及防治中的作用研究
中国人民解放军海军军医大学	上海	国防类大学	徐沪济	技术类	国际首个通用 CAR-T 治疗成果
东南大学	南京	综合性大学	孙伟锋	技术类	高压智能功率驱动芯片设计及制备的关键技术与应用
大连理工大学	大连	综合性大学	孙希明	科学类	非线性切换系统的分析与控制
东华大学	上海	综合性大学	孙以泽	技术类	高性能特种编织物编织技术与装备及其产业化
浙江大学	杭州	综合性大学	孙优贤	技术类	高端控制装备及系统的设计开发平台研究与应用
吉林大学	长春	综合性大学	孙友宏	技术类	“地壳一号”深部大陆科学钻探钻机关键技术及应用
内蒙古农业大学	呼和浩特	行业特色型大学	孙志宏	技术类	基于肠道菌群作用的益生乳酸菌精准筛选及产业化关键技术

续表

高校名称	高校地点	高校类型	研究团队	成果类型	具体成果名称
东华大学	上海	综合性大学	覃小红	技术类	高曲率液面静电纺非织造材料宏量制备关键技术与产业化
中国矿业大学	徐州	行业特色型大学	谭国俊	技术类	矿山超大功率提升机全系列变频智能控制技术与装备
南京大学	南京	综合性大学	杜灵杰	科学类	凝聚态物质中引力子模的首次观测
南京大学	南京	综合性大学	谭海仁	技术类	实现高效率的全钙钛矿叠层太阳能电池和组件
上海交通大学	上海	综合性大学	谭家华	技术类	海上大型绞吸疏浚装备的自主研发与产业化
哈尔滨工业大学	哈尔滨	国防类大学	谭久彬	技术类	超大型精密仪器装备气/磁阵列隔微振技术与装置
哈尔滨工业大学	哈尔滨	国防类大学	谭立英	技术类	高轨同步轨道卫星星地双向高速激光通信
湖南大学	长沙	综合性大学	谭蔚泓	技术类	功能核酸分子识别及生物传感方法学研究
香港浸会大学	香港	综合性大学	汤　涛	科学类	自适应与高精度数值方法及其理论分析
华南理工大学	广州	综合性大学	汤　勇	技术类	复杂表面热功能结构形貌特征设计与可控制造关键技术
复旦大学	上海	综合性大学	汤钊猷	技术类	肝癌早诊早治及复发转移的基础与转化研究
香港科技大学	香港	综合性大学	唐本忠	科学类	聚集诱导发光
北京交通大学	北京	行业特色型大学	唐　涛	技术类	复杂路网条件下高速铁路列控系统互操作和可靠运用关键技术及应用
重庆大学	重庆	综合性大学	唐文新	技术类	表面显微镜
北京航空航天大学	北京	行业特色型大学	陶　飞	技术类	面向复杂数控装备的监测评估关键技术及标准体系
东南大学	南京	综合性大学	滕皋军	技术类	基于磁共振成像的多模态分子影像与功能影像的研究与应用
中南大学	长沙	综合性大学	田红旗	技术类	铁路大风监测预警系统及方法
北京大学	北京	综合性大学	田　晖	科学类	观测全局性日冕磁场在8个月内的演化
山东农业大学	泰安	行业特色型大学	田纪春	技术类	多抗广适高产稳产小麦新品种山农20及其选育技术
中国农业大学	北京	行业特色型大学	田见晖	技术类	良种牛羊胚胎高效发育与排卵控制技术
烟台大学	烟台	综合性大学	田京伟	技术类	抑郁症药物及其产业化

续表

高校名称	高校地点	高校类型	研究团队	成果类型	具体成果名称
浙江大学	杭州	综合性大学	田　梅	科学类	分子影像介导的神经损伤修复与脑功能可视化研究
中国科学技术大学	合肥	综合性大学	田长麟	技术类	“环境诱发情绪异常”神经机制的多尺度成像方法和研究
厦门大学	厦门	综合性大学	田中群	科学类	电化学表面增强拉曼光谱学研究
浙江大学	杭州	综合性大学	童水光	技术类	大功率船用齿轮箱传动与推进系统关键技术研究及应用
同济大学	上海	综合性大学	童小华	技术类	航天重大工程的遥感空间信息可信度理论与关键技术
兰州大学	兰州	综合性大学	涂永强	技术类	碳碳键重组构建新方法与天然产物合成
湖南科技大学	湘潭	综合性大学	万步炎	技术类	海底大孔深保压取芯钻机系统“海牛Ⅱ号”
江西理工大学	赣州	综合性大学	万林生	技术类	铵盐体系白钨绿色冶炼关键技术和装备集成创新及产业化
南京师范大学	南京	综合性大学	汪永进	科学类	二十万年来轨道至年际尺度东亚季风气候变率与驱动机制
中国科学技术大学	合肥	综合性大学	汪毓明	科学类	日冕物质抛射的传播演化和地磁效应
中国科学技术大学	合肥	综合性大学	汪志勇	技术类	新合成的新型阻燃隔热环保涂料
西北农林科技大学	陕西杨凌示范区	行业特色型大学	王　辉	技术类	优质早熟抗寒抗赤霉病小麦新品种西农 979 的选育与应用
四川大学	成都	综合性大学	王　琪	技术类	新型三嗪阻燃剂清洁制备及阻燃塑料加工关键技术
大连理工大学	大连	综合性大学	王　博	技术类	航天新型轻质高承载结构及其高效优化设计技术与应用
中国地质大学（北京）	北京	行业特色型大学	王成善	科学类	青藏高原生长的深部过程，岩石圈结构与地表隆升
清华大学	北京	综合性大学	王大中	技术类	全球首座球床模块式高温气冷堆核电站首次并网发电
东北师范大学	长春	综合性大学	王恩波	技术类	功能导向的多酸设计与合成
北京大学	北京	综合性大学	王恩哥	科学类	原子尺度下水的复杂形态与全量子化效应研究

续表

高校名称	高校地点	高校类型	研究团队	成果类型	具体成果名称
华中师范大学	武汉	综合性大学	王恩科	科学类	夸克胶子新物质形态的喷注层析研究
中国农业大学	北京	行业特色型大学	王福军	技术类	大型灌溉排水泵站更新改造关键技术及应用
北京科技大学	北京	行业特色型大学	王　戈	技术类	功能复合材料的结构设计，多级构筑与性能定制研究
中国矿业大学（北京）	北京	行业特色型大学	王家臣	技术类	急倾斜厚煤层走向长壁综放开采关键理论与技术
重庆大学	重庆	综合性大学	王家序	技术类	高性能工程复合材料基础部件优质高效成形装备研发及产业化
东南大学	南京	综合性大学	王建国	技术类	中国城镇建筑遗产多尺度保护理论，关键技术及应用
西安交通大学	西安	综合性大学	王建华	技术类	输电等级单断口真空断路器关键技术及应用
清华大学	北京	综合性大学	王建龙	科学类	重金属生物吸附的基础研究
清华大学	北京	综合性大学	王建民	技术类	非结构化数据管理与分析关键技术及应用
华中科技大学	武汉	综合性大学	王　健	科学类	基于结构光场复杂介质光互连的基础研究
天津大学	天津	综合性大学	王静康	技术类	高端医药产品精制结晶技术的研发与产业化
西南交通大学	成都	行业特色型大学	王开云	工程类	重载列车与轨道相互作用安全保障关键技术及工程应用
宁波大学	宁波	综合性大学	王礼立	科学类	非线性应力波传播理论进展及应用
清华大学	北京	综合性大学	王立平	技术类	高档数控机床字化设计方法与工具集及应用
南京大学	南京	综合性大学	王良书	科学类	青藏高原东缘深部构造和陆-陆碰撞深部响应
中国人民解放军海军军医大学	上海	国防类大学	王林辉	技术类	肾癌微创外科治疗和靶向药物治疗的临床与基础研究
北京大学	北京	综合性大学	王　龙	技术类	网络化动态系统的分析与控制
河海大学	南京	综合性大学	王沛芳	技术类	生态节水型灌区建设关键技术及应用
北京大学	北京	综合性大学	王　平	科学类	匿名多因素身份认证理论与方法
吉林农业大学	长春	行业特色型大学	王　琦	技术类	菌物多样性保护创新体系的构建及其在藏区的应用
兰州大学	兰州	综合性大学	王　锐	技术类	多肽化学修饰的关键技术及其在多肽新药创制中的应用
重庆大学	重庆	综合性大学	王时龙	技术类	复杂修形齿轮精密数控加工关键技术与装备

续表

高校名称	高校地点	高校类型	研究团队	成果类型	具体成果名称
北京大学	北京	综合性大学	王世强	科学类	细胞钙信号及分子调控
天津大学	天津	综合性大学	王树新	技术类	混合驱动水下航行器关键技术与应用
广西大学	南宁	综合性大学	王双飞	技术类	大型二氧化氯制备系统及纸浆无元素氯漂白关键技术及应用
西安交通大学	西安	综合性大学	王铁军	技术类	先进重型燃气轮机制造技术
北京中医药大学	北京	行业特色型大学	王　伟	技术类	肝司疏泄的科学基础与临床应用
西北工业大学	西安	国防类大学	王　文	科学类	反刍动物进化的基因组学研究
清华大学	北京	综合性大学	王祥珩	技术类	交流电机系统的多回路分析技术及应用
中国矿业大学（北京）	北京	行业特色型大学	王晓阳	技术类	精准公共法律服务支撑技术与装备
福州大学	福州	综合性大学	王心晨	科学类	氮化碳光催化
南京大学	南京	综合性大学	王欣然	科学类	二维半导体接触
武汉大学	武汉	综合性大学	王行环	技术类	微创等离子前列腺手术体系的关键技术与临床应用
江南大学	无锡	综合性大学	王兴国	技术类	基于干法活化的食用油脱色吸附材料开发与应用
重庆医科大学	重庆	行业特色型大学	王学峰	技术类	癫痫及癫痫持续状态的机制与临床研究
南京医科大学	南京	行业特色型大学	王学浩	技术类	活体肝移植技术创新及术后小肝综合征防治策略
中山大学	广州	综合性大学	王雪华	科学类	关键量子信息器件——“三高”量子纠缠光源研究
清华大学	北京	综合性大学	王　训	科学类	一维尺度亚纳米材料的合成与性质
上海交通大学	上海	综合性大学	王亚光	科学类	边界层与涡流层稳定性的数学理论
湖南大学	长沙	综合性大学	王耀南	技术类	高端制药机器人视觉检测与控制关键技术及应用
北京理工大学	北京	国防类大学	王涌天	技术类	交互式显示关键技术及应用
四川大学	成都	综合性大学	王玉忠	技术类	不易成炭高分子材料的高效凝聚相阻燃体系构建及其作用机制
南京农业大学	南京	行业特色型大学	王源超	技术类	诱饵模式——病原菌致病的全新机制
北京航空航天大学	北京	行业特色型大学	王云鹏	技术类	基于车路协同的安全状态感知与智能控制技术

续表

高校名称	高校地点	高校类型	研究团队	成果类型	具体成果名称
南京理工大学	南京	国防类大学	王泽山	技术类	低温度感度发射装药技术
同济大学	上海	综合性大学	王占山	技术类	多功能强激光薄膜器件设计与全流程制作技术及应用
东北大学	沈阳	综合性大学	王昭东	技术类	热轧板带钢新一代控轧控冷技术及应用
首都医科大学	北京	行业特色型大学	王振常	技术类	神经眼科的影像体系创建与推广
山东中医药大学	济南	行业特色型大学	王振国	技术类	基于中医原创思维的中药药性理论创新与应用
中国海洋大学	青岛	综合性大学	王震宇	科学类	人工合成纳米颗粒的环境地球化学过程及生物响应
重庆医科大学	重庆	行业特色型大学	王智彪	技术类	世界首台超声聚焦刀
首都医科大学	北京	行业特色型大学	王忠诚	科学类	脑干结构与功能可塑性理论
清华大学	北京	综合性大学	王　洲	技术类	中国实验快堆的研制
昆明理工大学	昆明	综合性大学	文书明	技术类	有色金属共伴生硫铁矿资源综合利用关键技术及应用
南京大学	南京	综合性大学	闻海虎	科学类	铁基和镍基超导机理问题研究
清华大学	北京	综合性大学	翁文国	技术类	城市运行风险监测与评估关键技术研究与应用
华南理工大学	广州	综合性大学	吴　波	工程类	再生混合混凝土结构关键技术及工程应用
浙江大学	杭州	综合性大学	吴朝晖	技术类	汽车电子嵌入式平台技术及应用
中国科学技术大学	合肥	综合性大学	吴　枫	科学类	图像非均匀计算理论与方法
东南大学	南京	综合性大学	吴　刚	技术类	混凝土结构非接触式检测评估与高效加固修复关键技术
西南交通大学	成都	行业特色型大学	吴广宁	技术类	高速列车能量传递的关键技术及装备
香港科技大学	香港	综合性大学	吴宏伟	技术类	状态相关非饱和土本构关系及应用
上海中医药大学	上海	行业特色型大学	吴焕淦	技术类	针灸特色技术应用及分子生物学机制研究
南京大学	南京	综合性大学	吴吉春	技术类	非饱和带典型污染物的环境风险评估及修复技术研究

续表

高校名称	高校地点	高校类型	研究团队	成果类型	具体成果名称
上海交通大学	上海	综合性大学	吴　际	科学类	成年哺乳动物雌性生殖干细胞的发现及其发育调控机制
清华大学	北京	综合性大学	吴建平	技术类	下一代互联网源地址验证体系结构 SAVA 关键技术与规模化应用
中国海洋大学	青岛	综合性大学	吴立新	科学类	大洋能量传递过程、机制及其气候效应
中国海洋大学	青岛	综合性大学	吴立新	科学类	热带多尺度跨海盆海-气相互作用
清华大学	北京	综合性大学	吴良镛	科学类	发达地区城市化进程中建筑环境的保护与发展研究
哈尔滨工业大学	哈尔滨	国防类大学	吴林志	科学类	先进梯度功能材料的断裂力学研究
上海大学	上海	综合性大学	吴明红	科学类	石墨烯微结构调控及其表界面效应研究
上海交通大学	上海	综合性大学	吴　强	科学类	三维基因组调控与功能研究
南京大学	南京	综合性大学	吴兴龙	科学类	半导体微纳结构光致发光机制与拉曼散射研究
北京大学	北京	综合性大学	吴学兵	科学类	发现宇宙早期发光最亮、中心黑洞质量最大的类星体
北京化工大学	北京	行业特色型大学	吴一弦	技术类	烯烃可控配位聚合方法与高性能弹性体制备技术
中国人民解放军陆军军医大学	重庆	国防类大学	吴玉章	技术类	蛋白质抗原工程技术的创立及其应用
华南农业大学	广州	综合性大学	吴珍芳	技术类	高效瘦肉型种猪新配套系培育与应用
山东科技大学	青岛	综合性大学	武　强	技术类	煤矿深部开采突水动力灾害预测与防治关键技术
哈尔滨工业大学	哈尔滨	国防类大学	武高辉	技术类	仪表级铝基碳化硅复合材料
北京大学	北京	综合性大学	席振峰	科学类	双金属有机试剂的发现与发展
武汉大学	武汉	综合性大学	夏　军	科学类	流域径流形成与转化的非线性机理
厦门大学	厦门	综合性大学	夏海平	科学类	碳链与金属的螯合化学
西南大学	重庆	综合性大学	夏庆友	科学类	家蚕基因组的功能研究
北京师范大学	北京	综合性大学	夏星辉	科学类	流域水沙条件对水质的影响过程及机理
北京航空航天大学	北京	行业特色型大学	向锦武	技术类	长航时无人机关键技术

续表

高校名称	高校地点	高校类型	研究团队	成果类型	具体成果名称
华中科技大学	武汉	综合性大学	向　军	工程类	燃煤电站硫氮污染物超低排放全流程协同控制技术及工程应用
东北农业大学	哈尔滨	行业特色型大学	向文胜	技术类	农用抗生素高效发现新技术及系列新产品产业化
中国石油大学（北京）	北京	行业特色型大学	肖立志	工程类	油气井探测关键技术与工程应用创新
中国农业大学	北京	行业特色型大学	肖希龙	技术类	食品动物新型专用药物的创制与应用
清华大学	北京	综合性大学	谢道昕	科学类	植物分枝激素独脚金内酯的感知机制
广西大学	南宁	综合性大学	谢　斐	科学类	观测发现宇宙中X射线偏振度最高的天体
四川大学	成都	综合性大学	谢和平	技术类	全新原理实现海水直接电解制氢
北京科技大学	北京	行业特色型大学	谢建新	技术类	高性能铜铝复合材料连铸直接成形技术与应用
中国地质大学（武汉）	武汉	行业特色型大学	谢树成	科学类	显生宙最大生物灭绝及其后生物复苏的过程与环境致因
厦门大学	厦门	综合性大学	谢素原	技术类	新型富勒烯的合成
浙江大学	杭州	综合性大学	谢　涛	技术类	可再生活性4D打印
西安交通大学	西安	综合性大学	谢永慧	技术类	汽轮机系列化减振阻尼叶片设计关键技术及应用
北京邮电大学	北京	行业特色型大学	忻向军	工程类	超高速超长距离T比特光传输系统关键技术与工程实现
深圳大学	深圳	综合性大学	邢　锋	技术类	大掺量工业废渣混凝土高性能化活性激发与协同调制关键技术及应用
南京工业大学	南京	综合性大学	邢卫红	技术类	面向制浆废水零排放的膜制备、集成技术与应用
东南大学	南京	综合性大学	熊仁根	科学类	分子压电体的铁电化学设计
中山大学	广州	综合性大学	徐安龙	科学类	脊椎动物免疫的起源与演化研究
中国石油大学（北京）	北京	行业特色型大学	徐春明	技术类	复合离子液体碳四烷基化新技术
南京工业大学	南京	综合性大学	徐　虹	技术类	功能性高分子聚氨基酸生物制备关键技术与产业化应用
中国科学院大学	北京	综合性大学	徐洪杰	工程类	上海光源工程
河海大学	南京	综合性大学	徐　辉	工程类	长距离输水工程水力瞬变仿真控制理论与技术

续表

高校名称	高校地点	高校类型	研究团队	成果类型	具体成果名称
清华大学	北京	综合性大学	徐　恪	技术类	支持服务创新的可扩展路由交换关键技术、系统及产业化应用
北京航空航天大学	北京	行业特色型大学	徐立军	技术类	多层系油田开发注采剖面复杂流体测量关键技术及应用
南京大学	南京	综合性大学	徐　强	技术类	炎症及相关疾病治疗的新靶点和新策略研究
中山大学	广州	综合性大学	徐瑞华	技术类	分子标志物在消化系统肿瘤个体化诊疗中的应用研究
南京理工大学	南京	国防类大学	徐胜元	科学类	时延系统的鲁棒控制理论与方法
浙江大学	杭州	综合性大学	徐世烺	科学类	混凝土结构裂缝扩展过程双 K 断裂理论及控裂性能提升基础研究
华中科技大学	武汉	综合性大学	徐顺清	技术类	水中典型污染物健康风险识别关键技术及应用
中国科学技术大学	合肥	综合性大学	徐铜文	技术类	均相离子膜制备关键技术及应用
江苏大学	镇江	综合性大学	徐希明	技术类	天然保肝药物及其制剂创新关键技术研究与应用
复旦大学	上海	综合性大学	徐彦辉	技术类	DNA 甲基化动态调控蛋白 TET 的结构生物学研究
中国人民解放军海军军医大学	上海	国防类大学	徐志云	技术类	新型人造心脏瓣膜和瓣膜病外科新技术的研究和应用
西安交通大学	西安	综合性大学	徐　卓	技术类	具有超高压电性能的透明铁电单晶
西安交通大学	西安	综合性大学	徐宗本	科学类	弱观测成像反问题的 L（1/2）理论与自适应正则化方法
武汉大学	武汉	综合性大学	许才军	技术类	卫星大地测量反演地壳和断层精细变形的理论和方法
广州中医药大学	广州	行业特色型大学	许能贵	技术类	针刺治疗缺血性中风的理论创新与临床应用
上海交通大学	上海	综合性大学	许　平	技术类	难降解环境有害物的微生物代谢
清华大学	北京	综合性大学	薛其坤	科学类	拓扑绝缘体与量子反常霍尔效应的实验研究
中国海洋大学	青岛	综合性大学	薛长湖	技术类	海参功效成分解析与精深加工关键技术及应用
武汉大学	武汉	综合性大学	闫　利	工程类	厘米级型谱化移动测量装备关键技术及规模化工程应用
浙江大学	杭州	综合性大学	严建华	技术类	危险废物回转式多段热解焚烧及污染物协同控制关键技术

续表

高校名称	高校地点	高校类型	研究团队	成果类型	具体成果名称
浙江大学	杭州	综合性大学	严密	技术类	低功耗高性能软磁复合材料及关键制备技术
中山大学	广州	综合性大学	颜立新	科学类	与微分算子相联系的调和分析理论及其应用
北京大学	北京	综合性大学	颜学庆	技术类	世界上首台超小型激光加速器辐照装置
北京大学	北京	综合性大学	晏　磊	技术类	偏振遥感物理机理，关键方法与技术应用
中南大学	长沙	综合性大学	阳春华	技术类	锌冶炼过程智能控制与协同优化关键技术及应用
浙江大学	杭州	综合性大学	阳永荣	技术类	基于声发射监控的聚烯烃流化床反应器新技术
上海交通大学	上海	综合性大学	杨　启	技术类	海上大型绞吸疏浚装备的自主研发与产业化
北京大学深圳研究生院	深圳	综合性大学	杨　震	技术类	具有重要生物活性的复杂天然产物的全合成
中国石油大学（华东）	青岛	行业特色型大学	杨　进	技术类	海洋深水浅层钻井关键技术及工业化应用
哈尔滨医科大学	哈尔滨	行业特色型大学	杨宝峰	技术类	三氧化二砷心脏毒性发生新机制及防治新策略
浙江大学	杭州	综合性大学	杨　波	技术类	抗肿瘤新靶点发现、药物作用机制研究及创新药物研发
北京航空航天大学	北京	行业特色型大学	杨　超	技术类	C919 气动弹性技术
浙江大学	杭州	综合性大学	杨德仁	技术类	微量掺锗直拉硅单晶技术及其应用
清华大学	北京	综合性大学	杨殿阁	技术类	基于车联网的汽车智能导航关键技术与应用
中国农业大学	北京	行业特色型大学	杨富裕	技术类	饲草优质高效青贮关键技术与应用
浙江大学	杭州	综合性大学	杨华勇	技术类	盾构装备自主设计制造关键技术及产业化
北京大学	北京	综合性大学	杨　槐	技术类	特种液晶材料及调光膜制备技术
福州大学	福州	综合性大学	杨黄浩	技术类	柔性高分辨 X 射线成像技术研究
上海交通大学	上海	综合性大学	杨建民	工程类	4000 米级深海工程装备水动力学试验能力建设及应用
北京航空航天大学	北京	行业特色型大学	杨立军	技术类	多物理效应协同雾化水灭火系统关键技术及应用
浙江大学	杭州	综合性大学	杨立荣	技术类	化学-酶级联法烟酰胺生产成套技术及其产业化
复旦大学	上海	综合性大学	杨　珉	技术类	移动应用恶意行为检测技术平台
中国农业大学	北京	行业特色型大学	杨　宁	技术类	“农大 3 号”小型蛋鸡配套系培育与应用

续表

高校名称	高校地点	高校类型	研究团队	成果类型	具体成果名称
重庆医科大学	重庆	行业特色型大学	杨培增	技术类	免疫性高致盲眼病发生的创新理论，防治及应用
北京交通大学	北京	行业特色型大学	杨庆山	工程类	大型屋盖及围护体系抗风防灾理论、关键技术和工程应用
四川大学	成都	综合性大学	杨胜勇	科学类	基于药效团模型的原创小分子靶向药物发现
北京航空航天大学	北京	行业特色型大学	杨世春	技术类	新能源汽车能源系统关键共性检测技术及标准体系
清华大学	北京	综合性大学	杨知行	技术类	DTMB 系统国际化和产业化的关键技术及应用
浙江大学	杭州	综合性大学	杨宗银	技术类	基于渐变半导体的微型光谱仪
中国石油大学（华东）	青岛	行业特色型大学	姚　军	技术类	非常规油气藏多尺度渗流理论与方法
西安交通大学	西安	综合性大学	姚　熹	技术类	弛豫铁电体的微畴-宏畴理论体系及其相关材料的高性能化
北京航空航天大学	北京	行业特色型大学	姚仰平	科学类	土的统一硬化本构理论
北京理工大学	北京	国防类大学	姚裕贵	科学类	固体材料中贝里相位效应的第一性原理研究
暨南大学	广州	综合性大学	叶文才	技术类	中药和天然药物的三萜及其皂苷成分研究与应用
中国科学技术大学	合肥	综合性大学	叶向东	科学类	动力系统的结构及其复杂性研究
华中农业大学	武汉	行业特色型大学	叶志彪	技术类	茄果类蔬菜分子育种技术创新及新品种选育
大连理工大学	大连	综合性大学	伊廷华	科学类	结构运营模态测-辨相和理论
重庆大学	重庆	综合性大学	尹光志	技术类	煤岩非线性流固耦合理论及其致裂增渗技术
中国药科大学	南京	行业特色型大学	尤启冬	技术类	复杂结构天然产物抗肿瘤药物的研发及其产业化
东南大学	南京	综合性大学	尤肖虎	技术类	宽带移动通信容量逼近传输技术及产业化应用
清华大学	北京	综合性大学	尤　政	技术类	面向典型器件的体硅 MEMS 加工平台及其应用
哈尔滨医科大学	哈尔滨	行业特色型大学	于　波	技术类	急性冠脉综合征精准介入诊疗体系的建立与应用
吉林大学	长春	综合性大学	于吉红	技术类	特定结构无机多孔晶体的设计与合成
吉林大学	长春	综合性大学	于晓方	科学类	艾滋病病毒与宿主天然防御因子相互作用新机制的研究

续表

高校名称	高校地点	高校类型	研究团队	成果类型	具体成果名称
清华大学	北京	综合性大学	余　刚	科学类	卤代持久性有机污染物环境污染特征与物化控制原理
武汉理工大学	武汉	综合性大学	余家国	技术类	高性能半导体光催化材料制备与微结构调控
中南大学	长沙	综合性大学	余志武	技术类	高速列车-轨道-桥梁系统随机动力模拟技术及应用
南方科技大学	深圳	综合性大学	俞大鹏	科学类	用离散变量编码的逻辑量子比特打破盈亏平衡点
中国科学技术大学	合肥	综合性大学	俞汉青	科学类	废水处理系统中微生物聚集体的形成过程，作用机制及调控原理
中国科学技术大学	合肥	综合性大学	俞书宏	科学类	纳米结构单元的宏量制备与宏观尺度组装体的功能化研究
上海交通大学	上海	综合性大学	郁文贤	技术类	高精度高可靠定位导航技术与应用
浙江大学	杭州	综合性大学	喻景权	技术类	设施蔬菜连作障碍防控关键技术及其应用
天津大学	天津	综合性大学	元英进	技术类	真核生物酵母长染色体化学再造
清华大学	北京	综合性大学	袁宏永	技术类	城市生命线风险监测预警系统
湖南农业大学	长沙	行业特色型大学	袁隆平	技术类	两系法杂交水稻技术研究与应用
华中农业大学	武汉	行业特色型大学	袁宗辉	技术类	动物源食品中主要兽药残留物高效检测关键技术
哈尔滨工业大学	哈尔滨	国防类大学	苑世剑	技术类	轻合金管材热态内高压成形方法
西北工业大学	西安	国防类大学	苑伟政	技术类	航空航天特种 MEMS 制造技术及其应用
北京工业大学	北京	综合性大学	岳　明	技术类	稀土永磁二次资源绿色再生新技术及产业化
北京大学	北京	综合性大学	占肖卫	技术类	稠环电子受体光伏材料
南京大学	南京	综合性大学	张辰宇	技术类	细胞外小 RNA 原创发现、功能与应用
清华大学	北京	综合性大学	张晨辉	科学类	液体超滑机理及应用研究
大连理工大学	大连	综合性大学	张　弛	技术类	缺水条件下多水源多目标水资源精细配置与调控
北京航空航天大学	北京	行业特色型大学	张春熹	技术类	高动态快启动高精度光纤陀螺惯性体系重要性技能及利用
北京林业大学	北京	行业特色型大学	张德强	技术类	杨树分子育种技术体系创新与优良品种创制
上海交通大学	上海	综合性大学	张　荻	技术类	航天用非连续增强金属基复合材料制备科学基础研究

续表

高校名称	高校地点	高校类型	研究团队	成果类型	具体成果名称
燕山大学	秦皇岛	综合性大学	张福成	技术类	超细贝氏体钢制造关键技术及应用
中国农业大学	北京	行业特色型大学	张福锁	技术类	土壤-作物系统综合管理技术研究与应用
北京航空航天大学	北京	行业特色型大学	张广军	工程类	高动态星敏感器技术与工程应用
华中科技大学	武汉	综合性大学	张海涛	科学类	网络化集群系统的动力学演化分析与调控
北京航空航天大学	北京	行业特色型大学	张　弘	技术类	面向机动平台的高清晰精准光电探测关键技术与装备
北京大学	北京	综合性大学	张　宏	技术类	IgA 肾病序贯治疗策略及临床应用
北京航空航天大学	北京	行业特色型大学	张　虎	技术类	大尺寸铝合金车轮成型关键技术及应用
清华大学	北京	综合性大学	张建民	技术类	大型结构与土体接触面力学试验系统研制及应用
清华大学	北京	综合性大学	张建平	技术类	建筑全生命期 BIM 信息集成与应用技术研究
北京邮电大学	北京	行业特色型大学	张　杰	技术类	大容量弹性化灵活带宽光网络技术创新与规模应用
北京大学	北京	综合性大学	张　锦	科学类	低维碳材料的拉曼光谱学研究
山西大学	太原	综合性大学	张　靖	科学类	基于超冷费米气体的量子调控
北京航空航天大学	北京	行业特色型大学	张　军	技术类	复杂机场高精度飞行校验技术及装备
清华大学	北京	综合性大学	张俊智	技术类	车用高性能制动系统关键技术及产业化
西北工业大学	西安	国防类大学	张开富	技术类	大型功能壁板自动精准装配关键技术与装备
中国石油大学（北京）	北京	行业特色型大学	张来斌	技术类	基于巨磁阻效应的油井管损伤磁记忆检测诊断技术及工业化应用
北京化工大学	北京	行业特色型大学	张立群	技术类	节油轮胎用高性能橡胶纳米复合材料的设计及制备关键技术
南方科技大学	深圳	综合性大学	张立源	科学类	首次观测到三维量子霍尔效应
武汉大学	武汉	综合性大学	张俐娜	技术类	水溶剂低温溶解高分子技术
清华大学	北京	综合性大学	张林琦	技术类	抗新型冠状病毒保护性抗体的研发
陕西科技大学	西安	综合性大学	张美云	技术类	高性能纤维纸基功能材料制备关键技术及应用
北京邮电大学	北京	行业特色型大学	张　平	技术类	6G 通信

续表

高校名称	高校地点	高校类型	研究团队	成果类型	具体成果名称
北京大学	北京	综合性大学	张平文	科学类	复杂流体的数学理论和计算方法
北京林业大学	北京	行业特色型大学	张启翔	技术类	三种特色木本花卉新品种培育与产业升级关键技术
清华大学	北京	综合性大学	张　强	技术类	中国大气成分变化驱动因素及环境健康效应
中国农业大学	北京	行业特色型大学	张　勤	技术类	中国荷斯坦牛基因组选择分子育种技术体系的建立与应用
南京大学	南京	综合性大学	张荣	技术类	先进日盲紫外探测与应用技术
清华大学	北京	综合性大学	张荣庆	科学类	合浦珠母贝珍珠形成的分子机理研究
清华大学	北京	综合性大学	张书练	技术类	世界最高精度的光学材料相位延迟测量仪器
大连理工大学	大连	综合性大学	张淑芬	技术类	基团功能强化的新型反应性染料创制与应用
上海交通大学	上海	综合性大学	张万斌	科学类	基于角度调控和协同促进策略的不对称催化方法学研究
复旦大学	上海	综合性大学	张　卫	技术类	新型半浮栅晶体管
中国人民解放军海军军医大学	上海	国防类大学	张卫东	技术类	基于整体观的中药方剂现代研究关键技术的建立及其应用
上海交通大学	上海	综合性大学	张文军	技术类	数字电视广播系统与核心芯片的国产化
云南大学	昆明	综合性大学	张喜光	科学类	寒武纪特异保存化石与节肢动物早期演化
湖南大学	长沙	综合性大学	张晓兵	技术类	荧光探针性能调控与生物成像应用基础研究
北京大学	北京	综合性大学	张信荣	技术类	二氧化碳跨临界制冷系统
四川大学	成都	综合性大学	张兴栋	科学类	Ca-P 生物材料的骨诱导性及其机理研究
西北大学	西安	综合性大学	张兴亮	科学类	地球动物树成型
山东农业大学	泰安	行业特色型大学	张修国	技术类	主要蔬菜卵菌病害关键防控技术研究与应用
南京大学	南京	综合性大学	张徐祥	科学类	高风险污染物环境健康危害的组学识别及防控应用基础研究
四川大学	成都	综合性大学	张　旭	科学类	无限维控制系统的结构理论
清华大学	北京	综合性大学	张　学	科学类	遗传病致病基因和致病基因组重排的新发现
清华大学	北京	综合性大学	张扬军	工程类	内燃机全工况高增压关键技术及工程应用
清华大学	北京	综合性大学	张尧学	科学类	网络计算的模式及基础理论研究
武汉大学	武汉	综合性大学	张永军	技术类	航空航天遥感影像摄影测量网格处理关键技术与应用

续表

高校名称	高校地点	高校类型	研究团队	成果类型	具体成果名称
西北农林科技大学	陕西杨凌示范区	行业特色型大学	张　涌	技术类	良种牛羊高效克隆技术
山东大学	济南	综合性大学	张玉忠	科学类	海洋极端环境细菌的生命特征及环境适应机理
北京科技大学	北京	行业特色型大学	张　跃	科学类	一维氧化锌的界面调控及其应用基础研究
东南大学	南京	综合性大学	张在琛	技术类	宽频谱高能效无线通信技术与应用
清华大学	北京	综合性大学	张作义	技术类	第四代核电高温气冷示范堆
四川大学	成都	综合性大学	章　毅	科学类	神经网络的若干关键基础理论研究
复旦大学	上海	综合性大学	赵东元	科学类	有序介孔高分子和碳材料的创制和应用
香港大学	香港	综合性大学	赵国春	科学类	华北克拉通早元古代拼合与哥伦比亚超大陆形成
西南石油大学	成都	行业特色型大学	赵金洲	技术类	深层超深层油气藏压裂酸化高效改造技术及应用
清华大学	北京	综合性大学	赵劲松	科学类	石化行业工业互联网+安全生产智能化平台
武汉大学	武汉	综合性大学	赵齐乐	工程类	北斗及对地观测卫星精密定轨关键技术与重大工程应用
华中农业大学	武汉	行业特色型大学	赵书红	技术类	猪整合组学基因挖掘技术体系建立及其育种应用
北京理工大学	北京	国防类大学	赵维谦	技术类	光电成像系统参数测试与校准关键技术及应用
清华大学	北京	综合性大学	赵锡海	技术类	脑血管多模态影像关键技术研究
广西医科大学	南宁	行业特色型大学	赵永祥	技术类	生物靶向诊治肿瘤方法学研究
中国矿业大学	徐州	行业特色型大学	赵跃民	技术类	新一代流态化干法分选关键技术及应用
清华大学	北京	综合性大学	赵争鸣	技术类	大容量电力电子系统电磁瞬态过程分析与控制技术
中南大学	长沙	综合性大学	赵中伟	技术类	基于硫磷混酸协同浸出的钨冶炼新技术
清华大学	北京	综合性大学	赵作周	技术类	村镇建筑抗震节能结构体系与成套技术
重庆交通大学	重庆	综合性大学	郑皆连	技术类	大跨拱桥建造与维护创新技术
中山大学	广州	综合性大学	郑利民	科学类	组织免疫微环境促进人肝癌进展的新机制
厦门大学	厦门	综合性大学	郑南峰	科学类	金属纳米材料的表面配位化学

续表

高校名称	高校地点	高校类型	研究团队	成果类型	具体成果名称
清华大学	北京	综合性大学	郑泉水	科学类	范德华层状介质的滑移行为和力学模型
清华大学	北京	综合性大学	郑小平	技术类	大规模群体紧急疏散理论与方法
浙江大学	杭州	综合性大学	郑　毅	科学类	发现新奇量子霍尔态
广州医科大学	广州	行业特色型大学	钟南山	技术类	新发冠状病毒感染的防控策略与临床诊治
清华大学	北京	综合性大学	钟虓䶮	科学类	原子尺度测量材料轨道与自旋磁矩
清华大学	北京	综合性大学	周　济	科学类	非金属基超常电磁介质的原理与构筑
同济大学	上海	综合性大学	周彩存	技术类	肺癌精准诊疗关键技术研究与推广应用
中国石油大学（北京）	北京	行业特色型大学	周福建	技术类	深层油气藏靶向暂堵高导流多缝改造增产技术与应用
浙江大学	杭州	综合性大学	周继勇	技术类	猪圆环病毒病的免疫预防关键技术研究及应用
重庆交通大学	重庆	综合性大学	周建庭	技术类	公路桥梁检测新技术研发与应用
华中科技大学	武汉	综合性大学	周建中	技术类	大型水电机组动力学建模、故障诊断与优化控制
清华大学	北京	综合性大学	周　杰	技术类	大人群指掌纹高精度识别技术及应用
复旦大学	上海	综合性大学	周　磊	科学类	超构表面对电磁波的调控
南京农业大学	南京	行业特色型大学	周明国	技术类	杀菌剂氰烯菌酯新靶标的发现及其产业化应用
复旦大学	上海	综合性大学	周鸣飞	科学类	瞬态新奇分子的光谱、成键和反应研究
复旦大学	上海	综合性大学	周平红	技术类	内镜微创治疗上消化道肿瘤技术体系的创建与推广
南开大学	天津	综合性大学	周其林	科学类	高效手性螺环催化剂的发现
中国科学技术大学	合肥	综合性大学	周荣斌	科学类	炎症巨噬细胞的活化、调控及效应机制
重庆大学	重庆	综合性大学	周小平	科学类	岩石材料裂纹演化机理及非连续数值方法研究
重庆大学	重庆	综合性大学	周绪红	工程类	高层钢-混凝土混合结构的理论，技术与工程应用
浙江大学	杭州	综合性大学	周雪平	科学类	双生病毒种类鉴定，分子变异及致病机理研究
北京大学	北京	综合性大学	周　专	科学类	量子化神经递质囊泡的分泌机理
中国地质大学（北京）	北京	行业特色型大学	朱弟成	科学类	青藏高原南部拉萨地体的起源和演化
北京科技大学	北京	行业特色型大学	朱　荣	技术类	电弧炉炼钢复合吹炼技术的研究应用

续表

高校名称	高校地点	高校类型	研究团队	成果类型	具体成果名称
清华大学	北京	综合性大学	朱文武	科学类	大规模多媒体的资源跨域协同计算理论方法
中山大学	广州	综合性大学	朱熹平	科学类	Ricci 流理论及其几何应用
上海交通大学	上海	综合性大学	朱向阳	技术类	灵巧假肢及其神经信息通道重建技术
清华大学	北京	综合性大学	庄　茁	科学类	基于位错机制的微纳尺度晶体塑性理论、数值方法和应用
哈尔滨工业大学	哈尔滨	国防类大学	邹继斌	技术类	极端环境特种电机系统技术体系创建与应用
南京农业大学	南京	行业特色型大学	邹建文	科学类	稻田温室气体排放与生物质炭减排潜力
大连理工大学	大连	综合性大学	邹　丽	技术类	非线性水波和水下爆炸高效计算方法与应用